Autodesk®
3ds Max® 2012
ESSENCIAL

Guia de Treinamento Oficial

Os autores

Randi Lorene Derakhshani é instrutora no Instituto de Arte da Califórnia, Los Angeles. Ela começou a trabalhar com computação gráfica em 1992 e foi contratada pelo seu instrutor para trabalhar na Sony Pictures Imageworks, onde desenvolveu suas habilidades com o 3ds Max e o Shake, da Apple, entre muitos outros programas. Professora desde 1999, Randi gosta de compartilhar sua sabedoria com jovens talentos e vê-los se desenvolver no Instituto de Arte. Atualmente, tem um grande número de turmas, de Autodesk 3ds Max até a composição com Shake e Adobe After Effects. Conciliar suas atividades de ensino com a criação de um menino faz de Randi uma pessoa muito ocupada.

Dariush Derakhshani é supervisor de efeitos visuais e supervisor de jogos no Zoic Studios, em Culver City, CA, escritor e educador em Los Angeles, e também marido de Randi. Dariush utilizava o software AutoCAD da Autodesk em seus tempos de arquitetura, mas logo migrou para os programas 3D. Dariush começou a usar Alias PowerAnimator versão 6 quando se matriculou na University of Southern California (USC) no programa de Animação da Faculdade de Cinema, e vem usando o software de animação Alias/Autodesk por um bom tempo. Ele possui MFA em Filme, Vídeo e Animação por Computador pela USC Film School, desde 1997, e bacharelado em Arquitetura e Teatro pela Lehigh University, da Pensilvânia. Trabalhou em longas-metragens, vídeos de música, filmes de jogos e inúmeros comerciais como um generalista de 3D e supervisor de CG/VFX. Dariush também trabalha como editor e está no conselho consultivo da HDRI 3D, uma revista profissional de computação gráfica (CG) da DMG Publishing.

D427a	Derakhshani, Randi L.
	    Autodesk 3ds Max 2012 : guia de treinamento oficial / Randi L. Derakhshani, Dariush Derakhshani ; tradução: Daniel de Aguirres ; revisão técnica: Marco Antonio de Azevedo. – Porto Alegre : Bookman, 2012.
	    xx, 380 p. : il. color. ; 25 cm. – (Essencial)
	
	    ISBN 978-85-407-0088-8
	
	    1. Ciência da computação. 2. Software. 3. Autodesk 3ds Max. I. Derakhshani, Dariush. II. Título.
	
	                                             CDU 004.4Autodesk 3ds Max

Catalogação na publicação: Fernanda B. Handke dos Santos – CRB 10/2107

Randi L. Derakhshani
Dariush Derakhshani

Autodesk®
3ds Max® 2012
ESSENCIAL
Guia de Treinamento Oficial

Tradução
Daniel de Aguirres

Consultoria, supervisão e revisão técnica desta edição
Marco Antonio de Azevedo
Diretor Executivo e Instrutor
Van Marc Motion Design – Autodesk ATC – Florianópolis/SC
Membro Colaborador da Comunidade Autodesk do Brasil

2012

Obra originalmente publicada sob o título
Autodesk 3ds Max Essentials, 1st Edition
ISBN 9781118016756

Copyright © 2011
Todos os direitos reservados. Tradução publicada conforme acordo com a editora original, John Wiley & Sons, Inc.

Capa: *Rosana Pozzobon* (arte sobre capa original)

Leitura Final: *Aline Grodt*

Gerente editorial – CESA: *Arysinha Jacques Affonso*

Editora responsável por esta obra: *Verônica de Abreu Amaral*

Projeto e editoração: *Techbooks*

Reservados todos os direitos de publicação, em língua portuguesa, à
BOOKMAN EDITORA LTDA., divisão do GRUPO A EDUCAÇÃO S. A.
Av. Jerônimo de Ornelas, 670 – Santana
90040-340 – Porto Alegre – RS
Fone: (51) 3027-7000   Fax: (51) 3027-7070

É proibida a duplicação ou reprodução deste volume, no todo ou em parte, sob quaisquer formas ou por quaisquer meios (eletrônico, mecânico, gravação, fotocópia, distribuição na Web e outros), sem permissão expressa da Editora.

Unidade São Paulo
Av. Embaixador Macedo Soares, 10.735 – Pavilhão 5 – Cond. Espace Center
Vila Anastácio – 05095-035 – São Paulo – SP
Fone: (11) 3665-1100   Fax: (11) 3667-1333

SAC 0800 703-3444 – www.grupoa.com.br

IMPRESSO NO BRASIL
PRINTED IN BRAZIL

Para Max Henry

AGRADECIMENTOS

Estamos emocionados por fazer parte do *Autodesk 3ds Max 2012 Essencial*, uma atualização completa e uma mudança de estilo da nossa série anterior, *Introducing 3ds Max*. Educação é um objetivo da maior importância na vida e deve sempre ser abordada com fervor e seriedade. Gostaríamos de lembrar os professores que nos inspiraram; os professores que impactaram sua vida são sempre lembrados e a eles dizemos obrigado. Também gostaríamos de agradecer a todos os nossos alunos que nos ensinaram muito ao longo de nossa vida acadêmica. De igual modo, queremos estender nossos agradecimentos aos artistas estudantes que contribuíram com este livro, muitos dos quais são nossos alunos no Instituto de Arte da Califórnia, Los Angeles.

Ter bons computadores é importante para esse tipo de trabalho, então, um agradecimento especial a Hewlett-Packard por nos manter na vanguarda com seus *workstation hardware*. Um obrigado especial a Mariann Barsolo, Dick Margulis, Dassi Zeidel e Liz Welch, nossos editores na Wiley que têm sido profissionais, atenciosos e sempre pacientes. Nosso reconhecimento também aos editores técnicos Jon McFarland e Jeff Harper, que trabalharam bastante para garantir que este livro fosse da melhor qualidade possível, além de contribuir com a composição de alguns capítulos. Não poderíamos fazer essa revisão sem tal ajuda.

Ainda agradecemos ao irmão e à mãe de Dariush pelo amor e apoio, sem falar nos seus serviços de salva-vidas, cuidando de nossos filhos.

Randi L. Derakhshani, Dariush Derakhshani

Introdução

Bem-vindo ao *Autodesk 3ds Max 2012 Essencial*. O mundo de imagens geradas por computador (CG) é divertido e dinâmico. Se você é um iniciante ou um veterano em CG, mas está dando seus primeiros passos em 3ds Max, este livro é o manual perfeito. Apresentamos o Autodesk 3ds Max e mostramos como trabalhar com o programa para criar sua arte, seja um projeto animado ou estático.

Autodesk 3ds Max 2012 Essencial expõe todas as facetas do 3ds Max introduzindo e discutindo plenamente suas ferramentas e funções para ajudar a entender como o programa funciona, mas não para por aí. Explicamos também o uso de ferramentas e conceitos indispensáveis por trás delas. Há exemplos práticos e tutoriais que possibilitam uma experiência valiosa com os conjuntos de ferramentas. Assim você desenvolverá suas habilidades e o conhecimento conceitual para progredir com confiança. Esses tutoriais apresentam várias maneiras de realizar tarefas com essa ampla e complexa ferramenta artística. Os capítulos darão a confiança necessária para você se aventurar ainda mais no conjunto de características do 3ds Max, seja por conta própria ou usando outros livros e ferramentas de aprendizagem do 3ds Max como guia.

Aprender a usar uma ferramenta poderosa como o 3ds Max pode ser frustrante. Você precisa se aperfeiçoar. A maior parte das críticas que os leitores de livros de CG têm consiste no rápido andamento do conteúdo ou no fato de que as etapas são muito complicadas ou estafantes. Lidar com essas queixas é difícil, sem dúvida. Nenhum leitor é igual. Contudo, este livro oferece a oportunidade de fazer as coisas no seu próprio ritmo. As etapas e os exercícios podem ser confusos às vezes, mas tenha em mente que quanto mais você tentar e quanto mais falhar em algumas tentativas, mais aprenderá a operar o 3ds Max.

A experiência é o mais importante quando se aprende o fluxo de trabalho para qualquer programa de software, e junto com a experiência vêm o fracasso e a irritação. Mas tente e tente de novo. Você descobrirá que tentativas extras sempre serão mais fáceis e mais produtivas.

Acima de tudo, entretanto, este livro pretende inspirar o leitor a usar o 3ds Max como uma ferramenta criativa para realizar e explorar sua própria visão artística.

Quem deveria ler este livro

Qualquer interessado em aprender 3ds Max deve começar com este livro.

Se você é instrutor, encontrará um fundamento sólido a partir do qual pode fazer um novo curso. Você também pode tratar o livro como um recurso de base para adaptar em currículos já existentes. Escrito em um estilo aberto, o *Autodesk 3ds Max 2012 Essencial* contém vários tutoriais de autoajuda para estudar em casa, bem como uma ampla gama de material que pode ser integrado em qualquer aula.

Se você estiver interessado em certificação para o 3ds Max 2012, este livro pode ser um grande recurso para sua preparação. Acesse *www.autodesk.com.br* para obter mais informações sobre certificação.

O que você aprenderá

Você aprenderá a trabalhar em CG com o 3ds Max 2012. O importante a ter em mente, porém, é que este livro é apenas o início de sua formação em CG. Com a confiança que ganhará com os exercícios deste livro e a tranquilidade em usar esta obra como referência, é possível continuar a criar e aperfeiçoar seus próprios projetos de CG.

O que você precisa

Hardware é algo que muda constantemente e evolui mais rápido do que as publicações podem acompanhar. Ter uma máquina boa é importante para a produção, embora simples computadores de uso pessoal consigam rodar o 3ds Max muito bem. Qualquer laptop (com gráficos discretos, não um netbook) ou um desktop que roda Windows XP Professional, Windows Vista ou Windows 7 (32 ou 64 bits) com no mínimo 2GB de RAM e processador Intel Pentium Core2 Duo/Quad ou AMD Phenom ou superior vai funcionar. É claro que ter uma boa placa de vídeo ajuda; você pode usar qualquer placa de vídeo OpenGL ou Direct3D como acelerador de hardware.

Seu sistema deve ter no mínimo um processador 2.4-GHz Core2 ou i5/i7, alguns GBs de espaço de disco rígido disponível e uma placa de vídeo GeForce FX ou ATI Radeon. Os profissionais podem querem optar por placas gráficas de *workstations*, como as placas AMD ou Nvidia Quadro. Os seguintes sistemas são recomendados:

▶ Intel i7, 4 GB de RAM, Quadro FX 2000, disco rígido *7200-RPM* de *400 GB*

▶ AMD Phenom II, 4 GB de RAM, ATI FirePro V5700, disco rígido de *400 GB*

Uma lista de requisitos do sistema está disponível na web em: *www.autodesk.com.br*.

O que é abordado neste livro

O *Autodesk 3ds Max 2012 Essencial* está organizado para oferecer uma experiência básica e rápida com o software 3ds Max, permitindo um aprendizado produtivo no mundo da computação gráfica.

Capítulo 1: A interface do 3ds Max   Começa com uma introdução à interface do 3ds Max para pôr você no trabalho rapidamente.

Capítulo 2: Seu primeiro projeto no 3ds Max É uma introdução aos conceitos de modelagem e fluxo de trabalho em geral. Mostra como modelar usando as ferramentas do 3ds Max com malhas poligonais e modificadores para criar uma cômoda de quarto.

Capítulo 3: Modelando no 3ds Max: Parte I Leva sua lição de modelagem do Capítulo 2 um passo adiante ensinando como modelar um objeto complexo, um foguete de brinquedo.

Capítulo 4: Modelando no 3ds Max: Parte II Mostra como usar e fazer acréscimos às ferramentas que você aprendeu no Capítulo 3 para completar o modelo do foguete de brinquedo. Você aprenderá a usar *Loft* e a tornear objetos e também como utilizar *Booleans*.

Capítulo 5: Animando uma bola em movimento Discute os fundamentos das técnicas de animação e do fluxo de trabalho do 3ds Max usando uma bola em movimento. Você também aprenderá a usar o *Track View--Curve Editor* para determinar a duração e editar e refinar sua animação.

Capítulo 6: Animando o arremesso de uma faca Aperfeiçoa sua experiência em animação explorando os conceitos de peso, continuidade (*follow--through*) e antecipação ao animar uma faca arremessada em um alvo.

Capítulo 7: Modelagem poligonal de personagens: Parte I Introduz o primeiro dos três capítulos sobre criação de um modelo de personagem de um soldado em uma malha de baixa contagem de polígonos. Neste capítulo, você começa com as partes maiores e primárias do corpo.

Capítulo 8: Modelagem poligonal de personagens: Parte II Continua o modelo do soldado, focando no uso do conjunto de ferramentas *Editable Poly*. Você terminará o corpo e acrescentará mãos e botas.

Capítulo 9: Modelagem poligonal de personagens: Parte III Mostra como terminar o modelo do soldado de operações especiais iniciado no Capítulo 7. Você criará a cabeça e combinará elementos como óculos de proteção e máscara facial para integrá-los na cena.

Capítulo 10: Introdução aos materiais: O foguete vermelho Demonstra como atribuir texturas e materiais aos seus modelos. Você aprenderá a texturizar o foguete de brinquedo do Capítulo 4 à medida que aprende o básico do trabalho com os materiais do 3ds Max e *UVW mapping*.

Capítulo 11: Texturas e fluxo de trabalho UV: O soldado Estende a sua compreensão dos materiais e texturas e introduz o Fluxo de Trabalho *UV* na preparação e texturização do soldado.

Capítulo 12: *Character Studio: Rigging* Aborda os conceitos básicos do *Character Studio* para criar um sistema *biped* e associar o bípede ao modelo do soldado.

Capítulo 13: *Character Studio*: Animação Expande o Capítulo 12 mostrando a você como utilizar *Character Studio* para criar e editar um ciclo de caminhada usando o modelo do soldado.

Capítulo 14: Introdução à iluminação: O foguete vermelho Começa mostrando como iluminar uma cena 3D com o sistema de iluminação de três pontos. Em seguida, discute como usar as ferramentas para criar e editar luzes do 3ds Max para iluminação, sombras e efeitos especiais de iluminação. Você iluminará o foguete de brinquedo que recebeu os materiais no Capítulo 10.

Capítulo 15: Renderização no 3ds Max Explica como criar arquivos de imagem de sua cena do 3ds Max e como conseguir o melhor visual para a sua animação usando câmeras adequadas e configurações de renderização ao renderizar o foguete de brinquedo.

Capítulo 16: *mental ray e HDRI* Mostra como renderizar com *mental ray*. Com *Final Gather*, você aprenderá a usar a iluminação indireta. Também trazemos uma breve introdução à iluminação *HDRI*.

O site da Bookman Editora, **www.bookman.com.br**, fornece todas as imagens de amostra, filmes e arquivos que você precisará para trabalhar nos projetos deste livro. Lá você encontrará também um capítulo bônus, "Partículas", para baixar em formato PDF que apresenta os sistemas de partículas do 3ds Max e *space warps*, ferramentas úteis para a criação de uma metralhadora.

A série *Essencial*

A série *Essencial* é um excelente recurso para os leitores que estão começando a desenvolver suas habilidades profissionais. Cada livro da série inclui o seguintes recursos:

- ▶ Ensino baseado em habilidades, com capítulos organizados em torno de projetos em vez de conceitos abstratos ou assuntos.
- ▶ Sugestões de exercícios adicionais ao final de cada capítulo, para você praticar e ampliar as suas habilidades e o seu conhecimento.
- ▶ Arquivos digitais (via download) para que você possa trabalhar com os tutoriais de projetos. Acesse o site da Bookman Editora, www.bookman.com.br, para baixar esses arquivos.

Você pode contatar os autores pelo Facebook em www.facebook.com/3ds-Max-Essentials.

Sumário Resumido

Capítulo 1	A interface do 3ds Max	1
Capítulo 2	Seu primeiro projeto no 3ds Max	19
Capítulo 3	Modelando no 3ds Max: Parte I	51
Capítulo 4	Modelando no 3ds Max: Parte II	87
Capítulo 5	Animando uma bola em movimento	111
Capítulo 6	Animando o arremesso de uma faca	129
Capítulo 7	Modelagem poligonal de personagens: Parte I	141
Capítulo 8	Modelagem poligonal de personagens: Parte II	165
Capítulo 9	Modelagem poligonal de personagens: Parte III	185
Capítulo 10	Introdução aos materiais: O foguete vermelho	201
Capítulo 11	Texturas e fluxo de trabalho UV: O soldado	225
Capítulo 12	*Character Studio: Rigging*	255
Capítulo 13	*Character Studio*: Animação	275
Capítulo 14	Introdução à iluminação: O foguete vermelho	289
Capítulo 15	Renderização no 3ds Max	311
Capítulo 16	*mental ray* e *HDRI*	341
	Índice	371

Sumário

Capítulo 1	**A interface do 3ds Max**	**1**
	A área de trabalho	1
	Elementos da interface do usuário (*UI*)	1
	Viewports	4
	ViewCube	5
	Botões do mouse	6
	Menu quad	6
	A interface do *caddy*	8
	Exibição de objetos em uma *viewport*	8
	Navegação na *viewport*	10
	Transforme objetos usando *gizmos*	11
	Move (mover)	11
	Rotate (rotacionar)	12
	Scale (escalar)	12
	A faixa de opções *Graphite Modeling Tools*	13
	Painel de Comando	13
	Valores e parâmetros de objeto	14
	A pilha de modificadores	14
	Objetos e subobjetos	15
	Time slider e *track bar*	15
	Gerenciamento de arquivos	16
	Configure um projeto	16
	Version up!	17
	Além do essencial	18
Capítulo 2	**Seu primeiro projeto no 3ds Max**	**19**
	Comece a modelar uma cômoda	19
	Pronto, ajuste, referencie!	20
	Pronto, ajuste, modele!	21
	Modele o topo	21
	Eu posso ver as gavetas	28
	Modele o assoalho	33
	Crie os puxadores	42
	Edite o perfil	46
	Copie o puxador	47
	Além do essencial	49

Capítulo 3	**Modelando no 3ds Max: Parte I**	**51**
	Construa o foguete vermelho	51
	Crie *planes* e adicione materiais	52
	Crie o corpo do foguete	55
	Suavize o corpo	61
	Acrescente detalhe ao corpo do foguete	62
	Crie o vão da roda	64
	Crie o painel de controle	69
	Crie o conjunto do eixo das rodas traseiras	76
	Trabalho adicional no corpo	79
	Segure-se no seu assento	83
	Além do essencial	85
Capítulo 4	**Modelando no 3ds Max: Parte II**	**87**
	Crie o propulsor	87
	Use *Lathe* para dar forma ao propulsor	88
	Crie o objeto 3D para o detalhe do propulsor	91
	Faça as rodas	96
	Crie a primeira roda	97
	Coloque as rodas	99
	Dê um jeito nas coisas	100
	Crie o caminho	101
	Crie a forma	102
	Edite o objeto *Loft*	103
	Acrescente detalhes	105
	Além do essencial	110
Capítulo 5	**Animando uma bola em movimento**	**111**
	Anime a bola	111
	Copie *keyframes*	113
	Use o *Track View-Curve Editor*	113
	Leia curvas de animação	116
	Refine a animação	118
	Edite curvas de animação	118
	Refine a animação	120
	Achate e estique	120
	Configure o tempo	121
	Mova a bola para frente	123
	Acrescente uma rolagem	124
	Use o modificador *XForm*	125
	Anime o modificador *XForm*	126
	Além do essencial	128

Capítulo 6 Animando o arremesso de uma faca — 129

Impulso e momento da ação no arremesso de uma faca — 129
   Delimite a animação — 129
   Trajetórias — 132
   Acrescente rotação — 133
   Acrescente impulso — 135
   Continuidade — 136
   Coloque dinâmica no alvo — 137
   Objetos pais e objetos filhos — 137
Além do essencial — 139

Capítulo 7 Modelagem poligonal de personagens: Parte I — 141

Configure a cena — 141
   Crie *planes* e acrescente materiais — 142
   Acrescente materiais — 143
Crie o soldado — 144
   Forme o tronco — 144
   Crie os braços — 154
   Crie as pernas — 158
   Conserte o corpo — 162
Além do essencial — 164

Capítulo 8 Modelagem poligonal de personagens: Parte II — 165

Complete o corpo — 165
Crie os acessórios — 169
Coloque as botas — 176
Crie as mãos — 180
Além do essencial — 183

Capítulo 9 Modelagem poligonal de personagens: Parte III — 185

Crie a cabeça — 185
Combine e una os acessórios da cabeça — 198
Além do essencial — 200

Capítulo 10 Introdução aos materiais: O foguete vermelho — 201

Materiais — 201
Editor de material compacto — 202
   Standard — 203
   Shaders — 204
Mapeie o foguete — 204
   As rodas — 205

Crie um material multi/sub-object	205
Selecione polígonos	206
Carregue o material *MSO* para dentro do *Material Editor*	207
Refine os materiais	208
Aplique *Bump map*	211
Mapeie os estabilizadores verticais: introdução às coordenadas de mapeamento	211
O material base	212
Acrescente o decalque	213
Use o modificador *UVW Mapping*	213
Mapeie o corpo	216
Crie o material	218
Inverta o decalque	218
O painel de controle	221
Crie a ponta do foguete	222
Além do essencial	224

Capítulo 11 Texturas e fluxo de trabalho UV: O soldado — 225

Mapeie o soldado	225
UV unwrapping	226
Ajuste os *UVs* do braço esquerdo	233
Ajuste os *UVs* do braço direito	235
Unwrapping e Pelt para a cabeça	236
Emende o resto do corpo	240
Exiba o resto do corpo	242
Aplique o *Color map*	248
Aplique o *Bump map*	249
Aplique o *Specular map*	253
Além do essencial	254

Capítulo 12 Character Studio: Rigging — 255

Fluxo de trabalho do *Character Studio*	255
Fluxo de trabalho geral	256
Associe um bípede ao modelo do soldado	258
Crie e modifique o bípede	258
Ajuste o tronco e os braços	263
Ajuste o pescoço e a cabeça	264
Aplique o modificador *Physique*	265
Controle a visualização	268
Ajuste o *Physique*	270
Além do essencial	273

Capítulo 13 Character Studio: Animação — 275

- Anime personagens — 275
- Anime o soldado — 275
  - Acrescente animação de forma livre — 277
  - Modifique a animação no *Dope Sheet* — 282
- Além do essencial — 288

Capítulo 14 Introdução à iluminação: O foguete vermelho — 289

- Iluminação de três pontos — 289
- Luzes do 3ds Max — 290
- Luzes predefinidas — 290
- Luzes padrão — 291
  - *Target spotlight* — 291
  - *Target direct light* — 293
  - *Free spot* ou *free direct light* — 294
  - *Omni light* — 296
- A iluminação do foguete vermelho — 297
- Selecione um tipo de sombra — 301
  - *Shadow maps* — 302
  - *Raytraced shadows* — 303
- Atmosferas e efeitos — 303
  - Crie uma luz volumétrica — 304
  - Acrescente sombras — 305
  - Exclua um objeto de uma luz — 306
  - Acrescente um efeito volumétrico — 307
  - Os parâmetros do *Volume Light* — 308
- *Light Lister* — 309
- Além do essencial — 310

Capítulo 15 Renderização no 3ds Max — 311

- Configurações de renderização — 311
  - A aba *Common* — 312
  - Escolha um nome para o arquivo — 313
  - A janela *Rendered Frame* — 314
  - O processo de renderização — 315
  - Atribua um renderizador — 315
  - Renderize a bola em movimento — 316
- Câmeras — 318
  - Crie uma câmera — 318
  - Use câmeras — 319

Falar é fácil!	319
Anime uma câmera	321
Clipping planes	321
Safe Frame	322
Reflexos e refrações *raytraced*	323
Raytrace material	323
Refine a renderização	324
Raytrace mapping	325
Refrações usando o *raytrace material*	326
Refrações usando *raytrace mapping*	329
Renderize o foguete	331
Crie o movimento de câmera	331
Acrescente *raytraced reflections*	334
Ative os efeitos do ambiente	337
Produza a renderização	338
Além do essencial	339

Capítulo 16 — *mental ray* e HDRI — 341

mental ray Renderer	341
Ative o *mental ray Renderer*	341
A qualidade de amostra do *mental ray*	342
Final Gather com *mental ray*	344
Final Gather	344
Os materiais *mental ray*	348
As luzes fotométricas do 3ds Max nas renderizações do *mental ray*	352
O 3ds Max *Daylight System* em renderizações do *mental ray*	358
HDRI	363
Além do essencial	369

Índice — 371

CAPÍTULO 1

A interface do 3ds Max

Este capítulo explica a Interface do 3ds Max e sua operação básica. Você pode usá-lo como uma referência para o seu trabalho ao longo deste livro, embora os capítulos posteriores e seus respectivos exercícios venham a orientá-lo na interface de usuário 3ds Max (*UI – User Interface*) rapidamente. É importante estar na frente do seu computador quando ler este capítulo, de forma que você possa experimentar as técnicas à medida que nós as discutimos no livro.

A área de trabalho

Esta seção apresenta um breve resumo do que você precisa saber sobre a *UI* e como navegar na área de trabalho 3D do 3ds Max.

Elementos da interface do usuário (*UI*)

A Figura 1.1 mostra a *UI* do 3ds Max. No canto superior esquerdo da janela do aplicativo está um grande botão (⬛) chamado *Application*; ao clicar nele, você abre o menu que oferece acesso a muitas operações de arquivos. Também sendo executados ao longo da parte superior está a barra de ferramentas do *Quick Access*, que dá acesso aos comandos comuns, e o *InfoCenter*, que oferece apoio para vários aplicativos *Autodesk*.

Alguns dos comandos mais importantes na barra *Quick Access* são de gestão de arquivos, como o *Save File* e o *Open File*. Se você fez algo que não queria ter feito, pode clicar no ícone *Undo Scene Operation* ( ) ou pressionar *Ctrl+Z*. Para refazer um comando ou uma ação que acabou de desfazer, clique no botão *Redo Operation Scene* ( ) ou pressione *Ctrl+Y*.

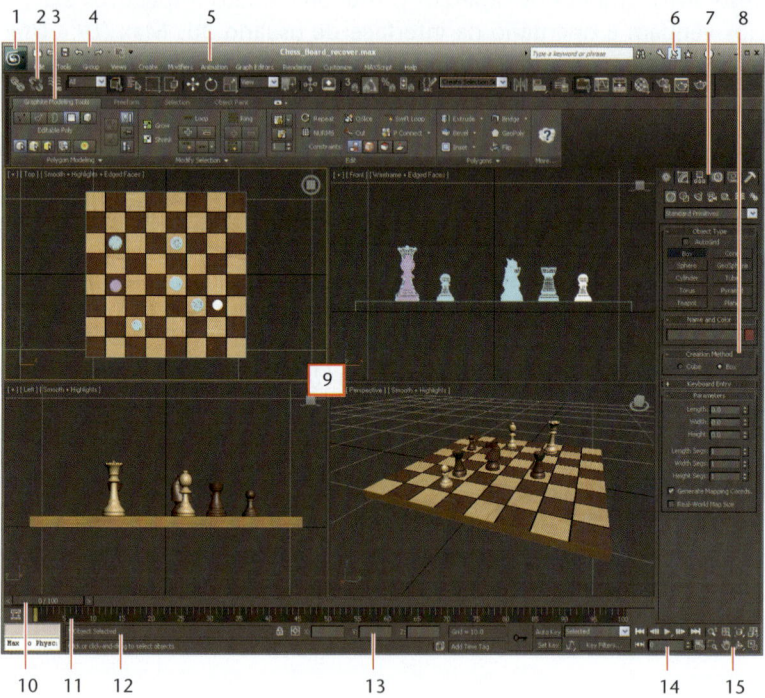

FIGURA 1.1 Elementos da Interface do 3ds Max.

1	Botão *Application*	Abre o menu *Application* que fornece os comandos de gerenciamento de arquivo.
2	Barra de ferramenta principal (*Main Toolbar*)	Disponibiliza acesso rápido às ferramentas e caixas de diálogo para muitas das tarefas mais comuns.
3	Faixa de opções de ferramentas *Graphite Modeling*	Oferece uma ampla gama de ferramentas para modelagem e edição no 3ds Max, de maneira rápida e fácil.
4	Barra de ferramenta *Quick Access*	Traz alguns dos comandos de gerenciamento de arquivos mais comumente usados, bem como *Undo* e *Redo*.
5	Barra do menu	Possibilita acesso aos comandos agrupados por categoria.

6	*InfoCenter*	Fornece acesso a informação sobre o 3ds Max e outros produtos *Autodesk*.
7	Abas do Painel de Comando	Onde toda a edição de parâmetros ocorre; dá acesso a muitas funções e opções de criação; divide em abas que acessam diferentes painéis, como *Creation pane*, *Modify panel*, etc.
8	Menu de rolagem (*Rollout*)	Seção do Painel de Comando que pode expandir para deixar visível uma listagem de parâmetros ou simplesmente esconder, mostrando apenas seu nome de cabeçalho.
9	Janelas de visualização (*Viewports*)	Você pode escolher diferentes janelas para exibir nessas quatro *viewports*, como também pode escolher diferentes *layouts* a partir dos menus da *viewport*.
10	*Time slider*	Mostra o quadro atual e permite alternar para outros quadros, arrastando a barra de tempo para um lado ou outro.
11	*Track bar*	Fornece uma linha do tempo mostrando os números dos *quadros*; selecione um objeto para visualizar suas chaves de animação na *track bar*.
12	Controles *Prompt line* e *status bar*	Alertam e informam sobre sua cena e sobre comandos ativos.
13	Área de exibição de coordenada	Permite que você digite valores de transformação de posição.
14	Controles das chaves de animação (*Animation keying controls*)	Controles de *playback* de animação.
15	Controles de navegação da janela de visualização (*Viewport navigation controls*)	Ícones que controlam a exibição e a navegação das *viewports*; os ícones podem mudar dependendo da *viewport* ativa.

Logo abaixo da barra de ferramentas *Quick Access* está a barra de menu, que atravessa a parte superior da interface do usuário. Os menus dão a você acesso a uma tonelada de comandos, de operações de cena básicas, como *Undo* no menu *Edit*, até ferramentas avançadas, como aquelas encontrados no menu *Modifiers*. Por sua vez, abaixo da barra de menu está a barra de ferramentas principal. Ela contém vários ícones para funções como as três ferramentas de transformação (transformador) *Move*, *Rotate* e *Scale* (🔃).

Quando você abre pela primeira vez o 3ds Max, o espaço de trabalho tem muitos elementos *UI*. Cada um é projetado para lhe ajudar com seus modelos e suas ferramentas de acesso, e nos parâmetros de edição de objetos.

Viewports

A maior parte do seu trabalho será feita em *viewports*. Essas janelas representam o espaço 3D usando um sistema baseado em coordenadas cartesianas. Na verdade, essa é uma maneira mais sofisticada de dizer "espaço nos eixos X, Y e Z".

Você pode visualizar X como direita-esquerda, Y como de baixo para cima, e Z como fora-dentro (para fora e dentro da tela na *viewports Top*). As coordenadas são expressas como um conjunto de três números, como (0, 3, –7). Essas coordenadas representam um ponto que está em 0 no eixo X, 3 unidades para cima no eixo Y, e 7 unidades para trás no eixo Z.

Layout de quatro *viewports*

As *viewports* do 3ds Max são as janelas em sua cena. Por padrão, existem quatro principais posições: Front, Top, Left e Perspective. As três primeiras – Front, Top e Left – são chamadas de janelas ortográficas (2D), também conhecidas como janelas de modelagem.

Essas janelas são boas para expressar dimensões exatas e relacionamentos de tamanho, por isso são ferramentas úteis para o dimensionamento de seus objetos de cena e ajuste de esboço. O menu etiqueta da *viewport General* ([+]) no canto superior esquerdo de cada *viewport* fornece opções para a exibição geral da *viewport*, conforme mostrado na Figura 1.2. Ela também lhe dá acesso à caixa de diálogo *Viewport Configuration*.

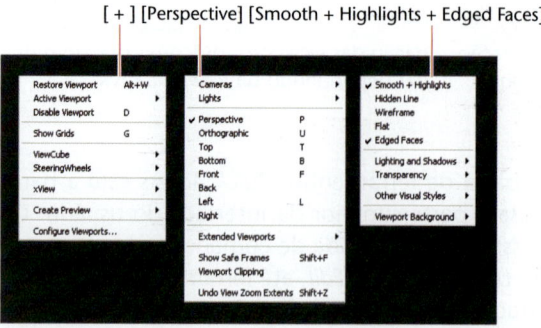

FIGURA 1.2 Menu etiqueta da *viewport*.

A *viewport Perspective* exibe objetos no espaço 3D usando perspectiva. Observe na Figura 1.1 como os objetos distantes parecem ficar menores na *viewport Perspective*. Na realidade, eles são do mesmo tamanho, como você pode ver nas *viewports* ortográficas. A *Perspective* dá a você a melhor representação possível do que a sua produção será de fato.

Para selecionar uma *viewport*, clique em uma parte em branco da *viewport* (não em um objeto). Se você tem algo selecionado, será cancelado quando clicar no espaço em branco. Também é possível clicar com o botão direito do mouse em qualquer lugar em uma *viewport* inativa para ativá-la, sem selecionar ou desmarcar qualquer coisa. Quando ativa, a janela vai ter um destaque amarelo em torno dela. Se você clicar com o botão direito do mouse em uma *viewport* já ativa, obterá um menu pop-up contextual chamado *menu quad*. Você pode usá-lo para acessar alguns comandos básicos para fluxo de trabalho mais veloz. Iremos abordar esse tema na seção "*Menus quad*", posteriormente neste capítulo.

ViewCube

O controle de navegação *ViewCube*, mostrado na Figura 1.3, fornece um *feedback* visual da orientação atual de uma *viewport*, permite ajustar a orientação da janela, assim como alternar os modos de visualização padrão e isométrico.

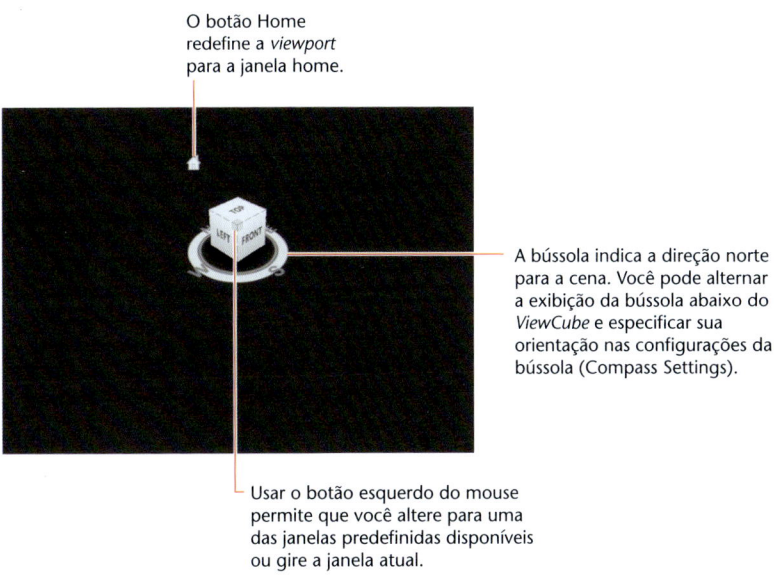

O botão Home redefine a *viewport* para a janela home.

A bússola indica a direção norte para a cena. Você pode alternar a exibição da bússola abaixo do *ViewCube* e especificar sua orientação nas configurações da bússola (Compass Settings).

Usar o botão esquerdo do mouse permite que você altere para uma das janelas predefinidas disponíveis ou gire a janela atual.

FIGURA 1.3 A ferramenta de navegação *ViewCube*.

ViewCube é exibido por padrão no canto superior direito da *viewport* ativa, sobreposto à cena em um estado inativo para mostrar a orientação da cena. Ele não aparece em exibições de câmera ou luz. Quando você posiciona o cursor sobre o ViewCube, ele se torna ativo. Usando o botão esquerdo do mouse, você pode mudar para uma das visualizações predefinidas disponíveis, girando o ponto de vista atual, ou mudando para a tela inicial do modelo. Ao clicar com o botão direito do mouse, você abre um menu contextual com opções adicionais.

Botões do mouse

Cada um dos três botões do mouse tem um papel um pouco diferente quando se pretende manipular *viewports* na área de trabalho. Quando usados com modificadores como a tecla *Alt*, eles são empregados para navegarem sua cena, como mostrado na Figura 1.4.

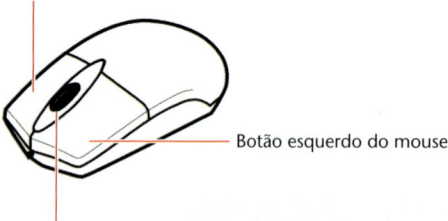

o Botão direito do mouse abre o *menu quad*. Quad menus especializados se tornam disponíveis quando você pressiona qualquer combinação de Shift, Ctrl e Alt enquanto clica com o botão direito em qualquer *viewport* padrão.

Botão esquerdo do mouse

A roda e o botão do meio do mouse (MMB). Use a roda para dar zoom. Use MMB para mover, Alt+MMB para girar o arco, Ctrl+Alt+MMB para alterar o zoom lentamente.

FIGURA 1.4   Apresentação dos três botões do mouse do computador.

Menu quad

Quando clicar com o botão direito do mouse em qualquer lugar na *viewport* ativa, exceto na etiqueta da *viewport*, um *menu quad* é exibido na posição do cursor do mouse (ver Figura 1.5). O *menu quad* pode exibir até quatro áreas quadrantes com vários comandos sem que você tenha que sair e voltar entre as *viewport* e os menus de rolagem no Painel de Comando (a área da *UI* à direita – mais sobre isso na seção posterior "*Painel de Comando*").

Os dois quadrantes à direita do *menu quad* padrão exibem comandos genéricos compartilhados entre todos os objetos. Os dois quadrantes à esquerda contêm comandos de contexto específico, como ferramentas de malha e comandos de luz. Você também pode repetir o último comando do *menu quad* clicando no título do quadrante.

Os conteúdos do *menu quad* dependem do que for selecionado. Os menus são criados para mostrar apenas os comandos que estão disponíveis para a seleção atual, portanto, a seleção de diferentes tipos de objeto exibe comandos distintos nos quadrantes. Consequentemente, se nenhum objeto é selecionado, todos os comandos de objetos específicos serão escondidos. Se todos os comandos para um quadrante estão escondidos, o quadrante não aparecerá.

Os menus em cascata exibem submenus da mesma maneira como um menu do botão direito. O item do menu que contém submenus é realçado quando expandido. Os submenus são destacados quando você move o cursor do mouse sobre eles.

Algumas das seleções no *menu quad* têm um pequeno ícone ao lado delas. Ao clicar nesse ícone você abre uma caixa de diálogo em que pode definir parâmetros para o comando. Para fechar o menu, clique com o botão direito em qualquer lugar da tela ou mova o cursor do mouse para longe do menu e clique no botão esquerdo do mouse. Para remarcar o último comando selecionado, clique no título do quadrante do último item do menu. O último item do menu selecionado é realçado quando o quadrante é exibido.

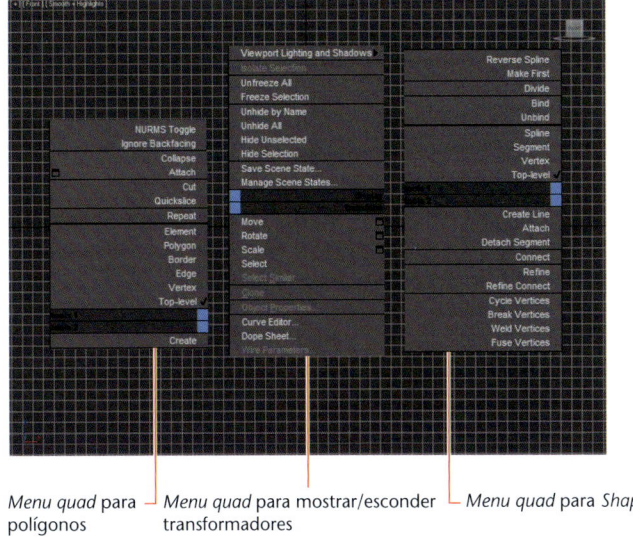

Menu quad para polígonos — Menu quad para mostrar/esconder transformadores — Menu quad para *Shapes*

FIGURA 1.5 *Menus quad.*

A interface do *caddy*

Como o *menu quad*, a nova interface do *caddy* é projetada para manter seus olhos nas *viewports*, proporcionando ferramentas sensíveis ao contexto. Os *caddies* substituem as caixas de diálogo *Settings* disponíveis em versões anteriores do 3ds Max. Dependendo da ferramenta, ao clicar no botão *Settings* (identificado como uma pequena seta abaixo do nome da ferramenta), o *caddy* específico de ferramentas será exibido diretamente sobre os objetos selecionados ou subobjetos. A Figura 1.6 mostra o *Extrude Polygons Caddy*. Cada ferramenta do *caddy* é um pouco diferente e pode incluir mais de um parâmetro.

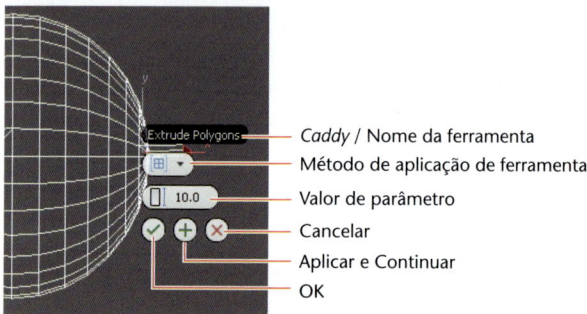

FIGURA 1.6 O *caddy* para extrudar polígonos.

Parar o cursor sobre qualquer uma das ferramentas do *caddy* altera o seu título para exibir o nome dessa ferramenta. Ao clicar em uma ferramenta com uma seta para baixo, você abre um menu vertical em que pode escolher uma opção. Existem três métodos para executar as mudanças em um *caddy*: OK, Aplicar e Continuar, e Cancelar. Clicar em OK aplica os valores de parâmetro e depois fecha o *caddy*. Clicar em Aplicar e Continuar aplica os valores de parâmetro, mas mantém o *caddy* aberto. Clicar em Cancelar termina o comando.

Exibição de objetos em uma *viewport*

As *viewports* podem mostrar seus objetos de cena de algumas maneiras. Se você clicar no nome da *viewport*, é possível mudar o painel para qualquer ângulo da *viewport* ou para outros pontos da janela. Se você clicar no modo de exibição da *viewport*, aparecerá um menu que lhe permite alterar o modo de exibição. Os nomes dos modos de exibição diferem dependendo do modo do driver gráfico selecionado ao iniciar o 3ds Max. Este livro utiliza o modo de exibição com o modo *Direct3D*. Se você usar o modo de driver gráfico recomendado *Nitrous*, encontrará nomes ligeiramente diferentes para os modos de exibição das *viewports*.

Os modos de exibição mais comuns são o *Wireframe* e o *Smooth + Highlights* (chamado *Realistic* no modo do driver gráfico *Nitrous*). O modo *Wireframe* exibe as arestas do objeto. É o mais rápido para se usar, pois requer menor processamento em sua placa de vídeo. O modo *Smooth + Highlights* é uma visão sombreada na qual os objetos na cena parecem sólidos (ver Figura 1.7).

FIGURA 1.7 Opções de renderização da *viewport* com *Direct3D* ou com modos do driver gráfico OpenGL.

Cada *viewport* exibe uma grade de plano de referência (conforme mostrada na *viewport Perspective*), chamada *Home Grid*. Esse é o sistema de referência de base do espaço 3D, em que o eixo X é vermelho, o eixo Y é verde, e o eixo Z é azul. É definido por três planos fixos sobre os eixos de coordenadas (X, Y, Z). O centro de todos os três eixos é chamado de origem, no qual as coordenadas são (0, 0, 0). A grade inicial é visível nas configurações padrão do 3ds Max, quando você iniciar o software, mas pode ser desativada no menu da *viewport* que abre com um clique no botão direito ou pressionando a tecla G.

Selecione objetos em uma *viewport*

Clique em um objeto para selecioná-lo em uma *viewport*. Se o objeto é exibido no modo *Wireframe*, sua estrutura de arame fica branca quando é selecionada. Se o objeto é exibido no modo *Shaded*, um colchete branco aparece ao redor do objeto.

Para selecionar vários objetos, mantenha pressionada a tecla *Ctrl* enquanto você clica em outros objetos para adicionar à sua seleção. Se pressionar *Alt+clique* em um objeto ativo, irá desmarcá-lo. É possível limpar todas as suas seleções ativas clicando em uma área vazia da *viewport*.

Altere/maximize as *viewports*

Para alterar a exibição de qualquer *viewport* – por exemplo, para ir de uma janela de perspectiva a uma janela frontal –, clique no nome da *viewport* atual. No menu, selecione a janela que você quer ter na *viewport* selecionada. Você também pode usar atalhos de teclado. Para passar de uma exibição para outra, pressione a tecla apropriada no teclado, conforme mostrado na Tabela 1.1.

TABELA 1.1 Atalhos das *viewports*

Viewport	Atalho do teclado
Visão superior (Top view)	T
Visão inferior (Bottom view)	B
Visão frontal (Front view)	F
Visão esquerda (Left view)	L
Visão da câmera (Camera view)	C
Ortográfica (Orthographic)	U
Visão de perspectiva (Perspective view)	P

Se quiser ter uma visão ampliada da *viewport* ativa que é fornecida pelo esboço padrão de quatro *viewports*, clique no ícone *Maximize Viewport Toggle* () no canto inferior direito da janela do 3ds Max. Você também pode usar o atalho do teclado *Alt+W* para alternar as exibições das quatro *viewports* e as exibições maximizadas.

Navegação na *viewport*

O 3ds Max permite que você se mova em torno de sua *viewport* usando combinações teclado/mouse, que são muito mais preferíveis, ou os controles da *viewport* encontrados no canto inferior direito da interface do usuário do 3ds Max. Um exemplo de ícones de navegação é mostrado na *viewport Top* na Figura 1.8, mas é melhor se familiarizar com as combinações teclado/mouse.

FIGURA 1.8 Os controles de navegação da *viewport* são úteis, mas as combinações teclado/mouse são muito mais rápidas para usar na navegação nas *viewports*.

Abra uma cena nova e vazia no 3ds Max. Experimente os seguintes comandos para ter uma ideia do que é de fato se mover no espaço 3D. Se você é novo em 3D, usar esses controles pode parecer estranho à primeira vista, mas se tornará mais fácil quando você adquirir experiência e será rapidamente algo natural.

Pan Deslocar a visão da *viewport* desliza a visualização ao redor da tela. Usando o botão do meio do mouse (MMB), clique na *viewport* e arraste o ponteiro do mouse para deslocar a janela.

Zoom O *Zoom* move sua visão para mais perto ou mais longe de seus objetos. Para usar essa função, pressione *Ctrl+Alt* e *MMB*+clique na sua *viewport*, e arraste o mouse para cima ou para baixo para ampliar ou reduzir, respectivamente. Você também pode usar a roda do mouse.

Orbit O *Orbit* permite que você gire sua janela em torno de seus objetos. Para orbitar, pressione *Alt* e *MMB*+clique e arraste na *viewport*. Por padrão, o Max vai girar em torno do centro da *viewport*.

Transforme objetos usando *gizmos*

Usar *gizmos* é uma maneira rápida e eficaz para transformar (mover, girar e/ou escalonar) seus objetos com uma resposta interativa. Quando você seleciona uma ferramenta de transformação, como *Move*, um *gizmo* aparece no objeto selecionado. *Gizmos* permitem manipular objetos em sua *viewport* interativamente para transformá-los. Caixas de visualização coordenada na parte inferior da tela exibem informações de percentual, de ângulo ou de coordenadas sobre a posição, a rotação e a escala do seu objeto a medida que você o transforma. Os *gizmos* aparecem na *viewport* do objeto selecionado em seu *pivot point* (ponto de articulação) assim que você seleciona uma das ferramentas de transformação, conforme mostrado na Figura 1.9.

Você pode selecionar as ferramentas de transformação clicando nos ícones da barra de ferramentas principal do conjunto de ferramentas *Transform* ( ) ou a partir das teclas de atalho: *W* para *Move*, *E* para *Rotate*, e *R* para a *Scale*. Em uma nova cena, crie uma esfera escolhendo *Create* → *Standard Primitives* → *Sphere*. Em uma *viewport*, clique e arraste para criar o objeto esfera. Acompanhe as explicações sobre as ferramentas de transformação a seguir.

Move (mover)

Lance mão da ferramenta *Move* pressionando *W* (ou acessando-a a partir da barra de ferramentas principal), e seu *gizmo* deverá se parecer com a imagem de cima na Figura 1.9. Arrastar as alças do Eixo XYZ move um objeto nesse eixo específico. Você também pode clicar na alça do plano, a caixa entre dois eixos, para mover o objeto naquele plano de dois eixos.

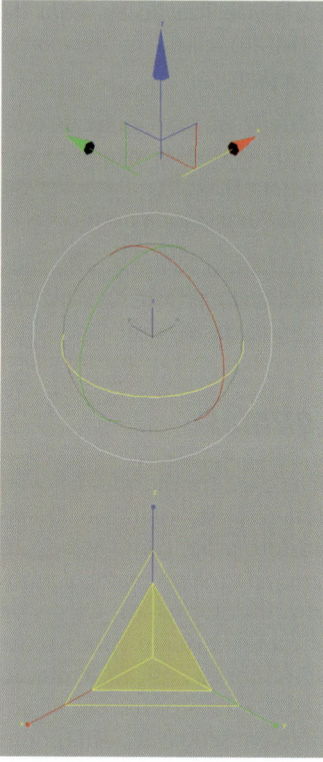

FIGURA 1.9 Gizmos para as ferramentas de transformação.

Rotate (rotacionar)

Ao abrir a ferramenta *Rotate*, pressionando E, seu *gizmo* se transformará em três círculos, como mostra a imagem do meio na Figura 1.9. Você pode clicar em um dos círculos coloridos para girar o objeto no eixo único ou clicar em qualquer lugar entre os círculos para girar livremente o objeto selecionado em três eixos.

Scale (escalar)

Quando se abre a ferramenta *Scale*, pressionando a tecla R, e seu *gizmo* se transforma em um triângulo, como ilustrado na parte inferior da Figura 1.9. Clicar e arrastar em qualquer lugar no interior do triângulo amarelo irá dimensionar o objeto de maneira uniforme em todos os três eixos. Ao selecionar as alças azul, verde e vermelho para o eixo apropriado, você pode escalonar ao longo de um eixo apenas. Você também pode dimensionar um objeto em um plano entre dois eixos selecionando o lado do triângulo amarelo entre dois eixos.

A faixa de opções *Graphite Modeling Tools*

As ferramentas de modelagem *Graphite* (também chamado de faixa de opções *Graphite Modeling Tools*) é uma seção da interface do usuário diretamente sob a barra de ferramentas principal (como visto na Figura 1.1). A faixa de opções *Graphite Modeling Tools* oferece uma ampla gama de ferramentas para fazer de forma rápida e fácil a construção e edição de modelos no 3ds Max. Todas as ferramentas disponíveis são divididas em guias organizadas por função e divididas em painéis. Por exemplo, a aba *Graphite Modeling Tools* contém as ferramentas que você utiliza com mais frequência para modelagem e edição de polígonos, organizadas em painéis separados para acesso fácil e conveniente. Nos capítulos seguintes, você fará um enorme uso de *Graphite Modeling Tools* (ver Figura 1.10).

FIGURA 1.10 A faixa de opções *Graphite Modeling Tools*.

Os painéis encontrados na guia de modelagem de polígonos são os seguintes:

- ▶ *Polygon Modeling panel* (painel de modelagem de polígono)
- ▶ *Modify Selection panel* (painel de seleção modificar)
- ▶ *Edit panel* (painel de edição)
- ▶ *Geometry* (All) *panel* (painel para todas as geometrias)
- ▶ [*Subobject*] *panel* (painel de subobjeto)
- ▶ *Loops panel* (painel de loops)
- ▶ *Additional panels* (painéis adicionais)

Painel de Comando

Tudo que você precisa para criar, manipular e animar objetos pode ser encontrado no Painel de Comando que se estende verticalmente no lado direito da *UI* (Figura 1.1). O painel de comando é dividido em abas de acordo com a função. A função ou conjunto de ferramentas que você precisa acessar irá determinar a guia em que você precisa clicar. Quando você encontrar um painel que seja maior do que sua tela, o 3ds Max exibe uma barra de rolagem fina vertical no lado direito. Seu cursor também se transforma em uma mão que permite clicar e arrastar o painel para cima e para baixo.

Você verá mais painéis à medida que progredir ao longo deste livro. A Tabela 1.2 é um resumo das funções do Painel de Comando e do que elas fazem.

TABELA 1.2 Funções do Painel de Comando

Ícone	Nome	Função
	Create panel (painel criar)	Permite criar objetos, luzes, câmeras, etc.
	Modify panel (painel modificar)	Permite aplicar e editar modificadores aos objetos.
	Hierarchy panel (painel de hierarquia)	Permite ajustar a hierarquia dos objetos e adaptar seus *pivot points*.
	Motion panel (painel de movimento)	Permite acessar as ferramentas de animação e funções.
	Display panel (painel de exibição)	Permite acessar opções de exibição de objetos de cena.
	Utilities panel (painel de utilidades)	Permite acessar várias funções do 3ds Max, como utilitários de captura de movimento e *Asset Browser*.

Valores e parâmetros de objeto

O Painel de Comando e todas as suas abas dão acesso aos parâmetros de um objeto. Os parâmetros são os valores que definem um atributo específico *do* objeto ou *para* o objeto. Por exemplo, quando um objeto é selecionado em uma *viewport*, seus parâmetros são apresentados no painel *Modify*, onde você pode ajustá-los. Quando você cria um objeto, os parâmetros de criação daquele objeto são mostrados (e editáveis) no painel *Create*.

A pilha de modificadores

No painel *Modify* você vai encontrar a pilha de modificadores (Figura 1.11). Esse elemento da interface do usuário (*UI*) lista todos os modificadores que estejam ativos em qualquer objeto selecionado. Os modificadores são ações aplicadas a um objeto que o mudam de alguma forma, dobrando-o ou entortando-o, por exemplo. Você pode empilhar modificadores em cima uns dos outros ao criar um objeto e depois ir para trás e editar qualquer um dos modificadores na pilha (na sua maior parte) para ajustar o objeto em qualquer ponto da sua criação. Você verá isso na prática nos capítulos seguintes.

FIGURA 1.11 A pilha de modificadores no painel *Modify*.

Objetos e subobjetos

Um objeto ou uma malha no 3ds Max é um elemento composto de polígonos que definem a superfície. Por exemplo, as facetas ou pequenos retângulos sobre uma esfera são polígonos, todos ligados em arestas comuns nos ângulos corretos e em combinação apropriada para fazer uma esfera. Os pontos que geram um polígono são chamados de vértices. As linhas que ligam os pontos são chamadas de *arestas*. Polígonos, vértices e arestas são exemplos de subobjetos e são todos editáveis para que você possa fazer qualquer tipo de superfície ou malha do jeito que desejar.

Para editar esses subobjetos, você tem que converter o objeto em um polígono editável, o que será ensinado nos capítulos seguintes.

Time slider e track bar

Estendendo-se na parte inferior da interface do usuário do 3ds Max estão o *time slider* (controle de tempo) e o *track bar* (barra de percurso), conforme mostrado anteriormente na Figura 1.1. O *time slider* permite que você se mova por qualquer quadro em sua cena arrastando (movendo o cursor para trás e para diante). Você pode mover-se em uma animação quadro a quadro clicando nas setas em ambos os lados do *time slider* ou pressionando as teclas < e >.

Você também pode usar o *time slider* para animar objetos definindo *keyframes* (quadros-chave). Com um objeto selecionado, clique com o botão direito do mouse no *time slider* para abrir a caixa de diálogo *Create Key*, que permite a criação de *keyframes* para transformar o objeto selecionado.

A *track bar* está diretamente abaixo do controle de tempo. Ela exibe o formato de linha de tempo para sua cena. Geralmente, a *track bar* é exibida em quadros (*frames*), com a diferença entre cada marca representando *frames*. Na *track bar*, você pode mover e editar as propriedades de animação para o objeto selecionado. Quando um *keyframe* estiver presente, clique nele com o botão direito do mouse para abrir um menu contextual em que você pode apagar *keyframes*, editar valores de transformação individuais e filtrar a exibição da *track bar*.

Os controles *Animation Playback* no canto inferior direito da interface do 3ds Max ( ) são similares aos que você encontraria em um videocassete (quantos anos você tem?) ou DVD.

Gerenciamento de arquivos

O 3ds Max lhe oferece várias subpastas automaticamente agrupadas em projetos. Diferentes tipos de arquivos são salvos em pastas classificadas de acordo com a pasta do projeto. Por exemplo, arquivos de cena são salvos em uma pasta Scenes e imagens renderizadas são salvas em uma pasta chamada Render Output dentro da pasta do projeto. Os projetos são estabelecidos de acordo com os tipos de arquivos em que você está trabalhando, então tudo é arrumado e organizado a partir do início. O 3ds Max gera essa estrutura de pastas assim que você cria um novo projeto, e suas configurações padrão mantêm os arquivos organizados dessa maneira.

As convenções seguidas neste livro seguem esse sistema baseado em projeto para que você possa se acostumar com ele e torná-lo parte do seu próprio fluxo de trabalho. Vale a pena mantê-lo organizado.

Configure um projeto

Os exercícios deste livro estão organizados em projetos específicos como a Cômoda (*Dresser*), que você fará no próximo capítulo. O projeto *Dresser* vai estar no seu disco rígido, e as pastas para seus arquivos de cena e as imagens renderizadas estarão no esboço do projeto. Uma vez que copiar os projetos adequados para o seu disco rígido, você pode dizer ao 3ds Max em qual projeto vai trabalhar escolhendo Application → Manage → Set Project Folder. Essa ação envia o projeto atual para a pasta do projeto. Por exemplo, quando você salvar sua cena, o 3ds Max levará automaticamente à pasta Scenes do projeto atual.

A designação de um lugar específico no seu PC ou servidor para todos os seus arquivos de projeto é importante, pois está formando uma convenção de nomenclatura estabelecida para seus arquivos e pastas. Por exemplo, se você estiver trabalhando em um projeto sobre um castelo, comece por definir um novo projeto chamado *Castle*. Escolha *Application* → *Manage* → *Set Project Folder* como mostrado na Figura 1.12. Na caixa de diálogo, clique em *Make New Folder* para criar uma pasta chamada **Castle** em seu disco rígido. O 3ds Max automaticamente criará o projeto e suas pastas.

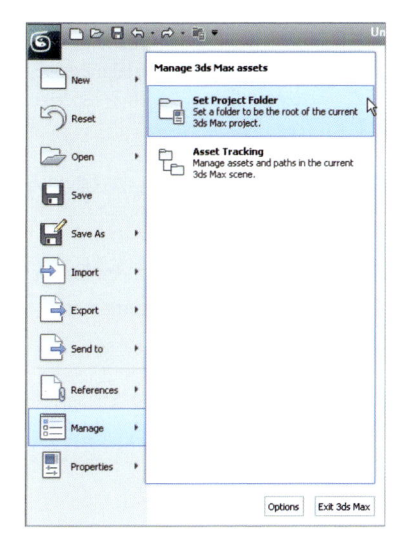

FIGURA 1.12 Escolhendo *Set Project Folder*.

Depois de salvar uma cena, um dos nomes de arquivo de sua cena deve ficar assim: Castle_GateModel_v05.max. Ele informa de imediato que essa é uma cena de seu projeto *Castle* e que ela é um modelo do portão (*gate model*). O número da versão indica que é a quinta iteração do modelo e, possivelmente, a versão mais recente. Ao seguir uma convenção de nomenclatura, você economiza tempo e evita aborrecimentos.

Version up!

Depois de gastar uma quantidade significativa de tempo de trabalho na sua cena, você quer que a versão suba. Isso significa você salvar seu arquivo usando o mesmo nome, mas aumentar o número de versão em 1. Salvar com frequência e usar números de versões é um procedimento prático para acompanhar o progresso do seu trabalho, protegê--lo dos erros e evitar sua perda.

Para que a versão suba, você pode salvar selecionando *Application* → *Save As* e manualmente mudar o número da versão anexada ao final do nome do arquivo. O 3ds Max também lhe permite fazer isso automaticamente usando um recurso de incremento na caixa de diálogo *Save As*. Nomeie seu arquivo de cena e clique no botão *Increment* (o ícone de +) para a direita do texto no nome do arquivo. Clicar no botão *Increment* acrescenta o nome do arquivo com 01, depois 02, depois 03, e assim por diante, enquanto você continuar salvando o seu trabalho usando *Save As* e o botão de incremento.

ALÉM DO ESSENCIAL

Neste capítulo você aprendeu sobre a interface de usuário e como navegar no espaço 3D do 3ds Max. Conforme prosseguir com os capítulos seguintes, você ganhará experiência e confiança com a interface do usuário, e muitas das características que parecem assustadoras agora se tornarão familiares.

EXERCÍCIOS ADICIONAIS

▶ A partir do painel *Create*, escolha Standard Primitives e crie cada uma das figuras primitivas. Preste atenção aos parâmetros de cada objeto para se familiarizar com o que cada objeto é capaz.

▶ Explore os rótulos da *viewport* para tipos de renderização e mudanças de *viewport*.

▶ Converta cada figura primitiva em um polígono editável e, usando as ferramentas de seleção, treine selecionar e desmarcar vértices, arestas e polígonos.

CAPÍTULO 2

Seu primeiro projeto no 3ds Max

Modelar em programas 3D é semelhante à escultura ou à carpintaria; você cria objetos a partir de formas geométricas mais primitivas. Até mesmo um modelo complexo é apenas um amálgama de partes mais simples. O modelador bem-sucedido pode dissecar uma forma até seus componentes e traduzi-los em superfícies e malhas.

As ferramentas de modelagem do 3ds Max são incrivelmente poderosas para modelagem poligonal. O foco deste livro é modelagem poligonal porque a maioria dos modelos 3ds Max é criada com polígonos. Além de modelos mecânicos, você pode criar um modelo de quantidade inferior de polígonos (*low poly*) – um soldado apto para o jogo – e utilizar esse modelo para dar vida a um personagem com o *Character Studio*.

Neste capítulo, você aprenderá a modelar e a usar o conjunto de ferramentas de modelagem do 3ds Max. Você também colocará em prática um modelo para ter noção de como funciona o fluxo de trabalho usando o 3ds Max.

Comece a modelar uma cômoda

Inicie modelando uma cômoda para começar a desenvolver suas habilidades em modelagem. Este exercício permite uma introdução às geometrias primitivas e aos polígonos. Você modelará editando o componente do polígono, chamado *editable poly*. Por que comprar uma cômoda quando você pode simplesmente fazer uma no 3ds Max? Faça uma cômoda larga o bastante para todas as suas meias.

Pronto, ajuste, referencie!

Você está muito perto de modelar algo! Talvez você precise de algum tipo de referência para o que está modelando. Estude a foto na Figura 2.1 para dar uma olhada no resultado desejado.

Existem muitas fotos de referência para ajudá-lo a construir diferentes partes da cômoda. Você pode dar uma passada pelas fotos nas páginas seguintes para ter uma ideia melhor do que estará modelando.

É claro, se essa for sua cômoda, você já deve ter tirado toneladas de fotos, certo?

FIGURA 2.1   Modele a cômoda.

Pronto, ajuste, modele!

Crie um projeto chamado *Dresser* ou faça o download do projeto *Dresser*, `Dresser.zip`, disponível no site da Bookman Editora, *www.bookman.com.br*.

Modele o topo

Para começar a modelar a cômoda, siga os seguintes passos:

1. Comece com um nova cena (escolha *Application → New → New All*, e então clique em *OK* na caixa de diálogo *New Scene*).
2. Selecione a *viewport Perspective*, a qual por padrão está configurada no modo de exibição *Smooth+Highlights*. Ative o modo *Edged Faces* na *viewport* movendo o cursor para a *Viewport Labels* na parte superior esquerda e clicando *Smooth+Highlights*. Esse procedimento abrirá um menu vertical. Escolha *Edged Faces*. Isso vai mostrar as arestas da estrutura da malha do objeto. (Ou use a tecla de atalho F4 para ligar e desligar o *Edged Faces*.)
3. No Painel de Comando, escolha a aba *Create* (), clique no ícone *Geometry* e certifique-se de que *Standard Primitives* esteja selecionado. No menu de rolagem *Object Type*, clique em Box. Você criará uma caixa usando o menu de rolagem *Keyboard Entry*, conforme ilustra a Figura 2.2. Essas opções permitem especificar o tamanho e o local exato para criar um objeto no seu cenário.
4. Deixe os valores *X, Y* e *Z* em 0, mas digite os seguintes valores: *Length* de **15**, *Width* de **30** e *Height* de **40**. Clique em *Create* para criar uma caixa alinhada no centro desse cenário com as dimensões especificadas.

◄ Com o software 3ds Max você tem a opção de alguns drivers de exibição. Enquanto nitrous é o padrão, este livro utiliza o conjunto de drivers *Direct3D*. Algumas telas podem ser levemente diferentes da sua se você rodar o 3ds Max com o driver nitrous. Por exemplo, a opção de exibição da *viewport* em *"Smooth+Highlights"* mostrará *"Realistic"* sob a configuração de exibição nitrous.

FIGURA 2.2 Menu de rolagem *Keyboard Entry*.

5. Com a caixa ainda selecionada, vá para a aba *Modify* (▣). Você pode ver os parâmetros da caixa aqui. É preciso acrescentar mais segmentos de altura, então mude o parâmetro *Height Segs* para **6**. Sua caixa deve se parecer com a da Figura 2.3.

FIGURA 2.3 A caixa a partir da qual uma bela cômoda vai emergir.

6. Para começar a usar as ferramentas de modelagem Graphite (*Graphite Modeling Tools*), nós converteremos a caixa para uma ferramenta de edição de polígono. Abaixo da barra de ferramentas principal e na faixa de opções *Graphite Modeling Tools*, clique na aba *Polygon Modeling*. Ela se expande e você então vê o botão *Convert To Poly*. Clique nele conforme a Figura 2.4.

7. Também no topo da aba *Polygon Modeling* você verá uma linha de ícones (topo da Figura 2.4). Esses são os componentes, ou subobjetos, de seu objeto. Clique no ícone *Polygon* (▣) ou use o atalho do teclado pressionando 4 para entrar o modo subobjeto do polígono. Agora selecione o polígono no topo da caixa. Como você pode ver na *viewport*, o polígono fica sombreado de vermelho quando selecionado.

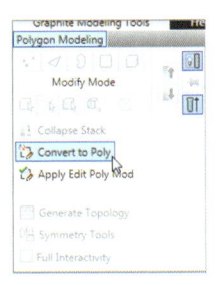

FIGURA 2.4 Converta a caixa para um *editable poly*.

8. Na aba *Polygons* da faixa de opções *Graphite Modeling Tools*, clique na seta pequena abaixo do botão *Bevel* e, então, no botão *Bevel Settings*, que abre os controles do *Bevel caddy* (Figura 2.5). Nos passos seguintes, vamos chanfrar várias vezes para criar a borda da coroa da cômoda conforme a Figura 2.6.

FIGURA 2.5 Controles *Bevel caddy*.

FIGURA 2.6 A borda de uma cômoda real.

9. Nas caixas de texto do *Bevel caddy*, entre com os seguintes parâmetros: *Height* **0,5** e *Outline* **1,3**. Mantenha o *Bevel Type* (botão superior no *caddy*) ajustado em *Group*. Clique em *Apply* e *Continue* (⊕); o 3ds Max aplica as configurações específicas, sem fechar o *caddy*, para apresentar os resultados que devem ser semelhantes aos da Figura 2.7.

FIGURA 2.7 O primeiro bisel para a coroa da cômoda.

10. No *Bevel caddy* ainda aberto, coloque esses parâmetros: *Height* **0,3** e *Outline* **0** (conforme a Figura 2.8). Clique em *Apply* e *Continue*.

11. Para o último bisel, coloque os seguintes valores: *Height:* **0,1** e *Outline:* **–0,03**. Clique em OK (✓). O topo da sua cômoda deve se parecer com a Figura 2.9.

FIGURA 2.8 O segundo bisel.

FIGURA 2.9 Esta etapa mostra uma versão inacabada da coroa da cômoda.

12. Clique no ícone do *Edge* (⬛) na aba *Polygon Modeling* da faixa de opções *Graphite Modeling Tools* ou pressione 2 no teclado para entrar no modo subobjeto *Edge*. Selecione as duas novas arestas que foram criadas com o bisel, conforme mostrado em vermelho na Figura 2.10.

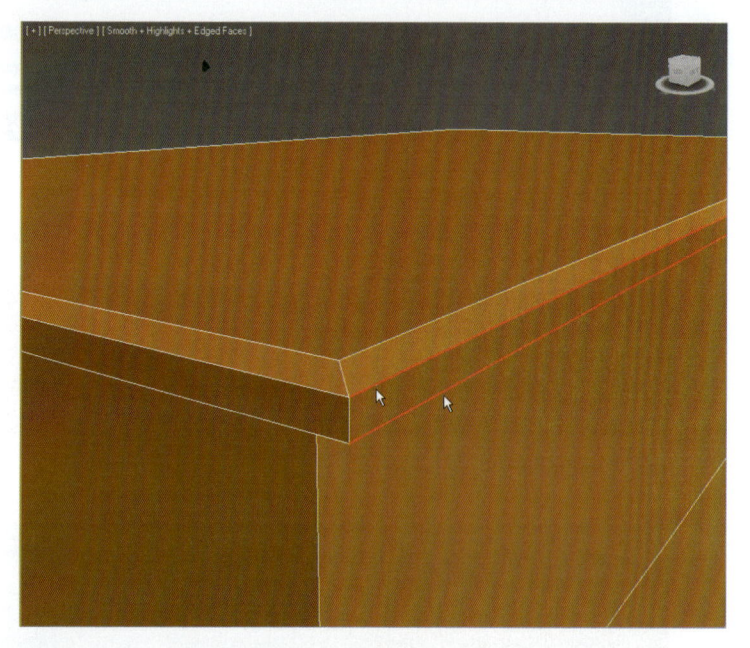

FIGURA 2.10 Selecione essas duas arestas.

13. Vá para a faixa de opções *Graphite Modeling Tools* e, na aba *Modify*, clique na ferramenta *Loop*. Isso seleciona um segmento de arestas (*edge loop*) baseado em sua seleção do subobjeto atual. Um *edge loop* é essencialmente um segmento de arestas que se estende por todo o caminho em torno de um objeto até se encontrar outra vez, tornando muito mais fácil ajustar os modelos.

14. Agora, com as arestas selecionadas (em *loop*) por toda a parte superior da cômoda, vá para a aba *Edges* na faixa de opções *Graphite Modeling Tools*. Escolha a ferramenta *Chamfer* e não se esqueça de selecionar o menu vertical de *Chamfer Settings* usando a seta abaixo do botão, conforme mostrado na Figura 2.11, para abrir o *Chamfer caddy*.

15. No *Chamfer caddy*, digite os seguintes parâmetros: *Edge Chamfer Amount:* **0,1** e *Connect Edge Segments:* **2**, em seguida, clique em OK. A Figura 2.12 mostra o resultado.

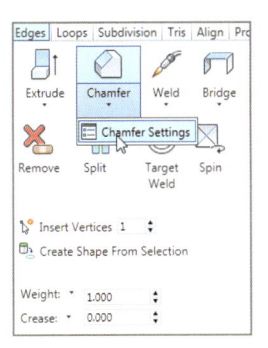

FIGURA 2.11 A aba *Edges*.

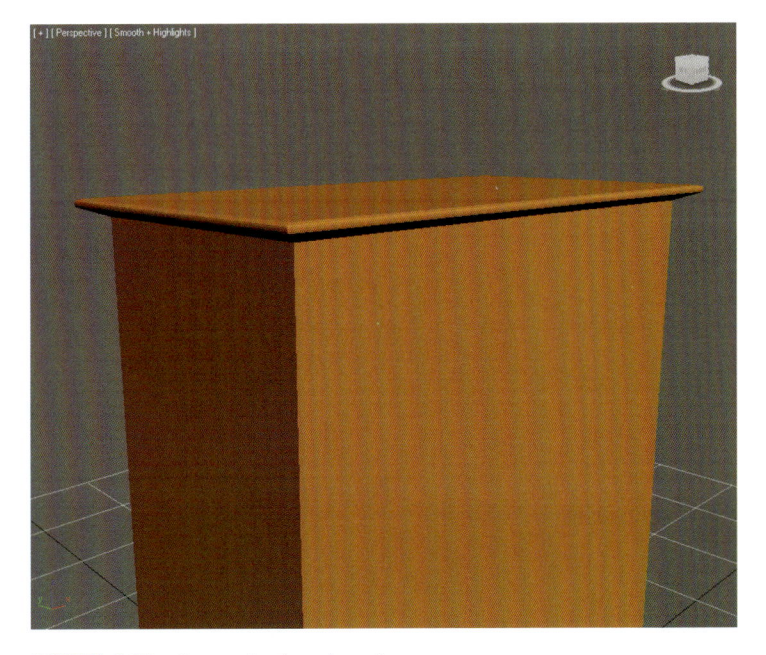

FIGURA 2.12 O topo da cômoda está pronto.

Esses valores não são necessariamente imutáveis. Você pode brincar com as configurações para chegar o mais próximo possível da imagem ou acrescentar seu próprio toque no projeto. Defina o seu projeto para *Dresser* e carregue o arquivo `Dresser01.max` da pasta Scenes no projeto *Dresser*, disponível no site da Bookman Editora, *www.bookman.com.br*.

Eu posso ver as gavetas

No início deste exercício, você criou uma caixa com seis segmentos na sua altura. Você pode usar esses segmentos para criar as gavetas. Isso significa pensar adiante e planejar o seu modelo antes de começar a trabalhar em um objeto; usar outra ferramenta para adicionar segmentos para as gavetas depois que a caixa já está feita é muito mais trabalhoso.

Para simplificar, neste exercício, você não criará gavetas que possam abrir e fechar. Se esta cômoda tivesse o objetivo de ser utilizada em uma animação na qual as gavetas ficassem abertas, você as faria de modo diferente. A Figura 2.13 mostra as gavetas e um detalhe importante que você precisa considerar.

Espaço entre as gavetas e o corpo principal da cômoda.

FIGURA 2.13 Observe a pequena diferença em torno da aresta da caixa. Essa diferença representa o espaço entre a gaveta e o corpo principal da cômoda.

Para modelar as gavetas, comece com os seguintes passos:

1. Vá para o modo *Polygon* (pressione 4) e selecione os seis polígonos na frente da caixa que representam as gavetas. Segure a tecla Ctrl enquanto seleciona os polígonos adicionais para permitir-lhe fazer múltiplas seleções de polígonos. Você pode alternar entre sombreado (*shaded*) e estrutura de malha (*wireframe*) pressionando F2.

2. Na faixa de opções *Graphite Modeling Tools*, vá para a aba *Polygons* e clique no botão *Inset Settings* para abrir o *Inset caddy*. Defina *Inset Amount* para 0,6, conforme mostrado na Figura 2.14, e mantenha o botão do *Inset Type* definido para *Group*. Clique em OK.

FIGURA 2.14   Controles de configurações do *Inset*.

Você pode carregar o arquivo Dresser02.max da pasta Scenes no projeto Dresser do site da editora para verificar o seu trabalho ou para continuar aqui.

3. Mantenha os polígonos selecionados (ou selecione-os) e volte para a aba *Polygon* para selecionar o botão *Bevel Settings* a fim de abrir o *caddy*. Altere *Height* para **–0,5**, mantenha *Type* definido para *Group* e clique em *Apply And Continue*. Os polígonos agora se projetam um pouco para dentro, conforme mostrado na Figura 2.15 (esquerda). Mantenha esses polígonos selecionados e repita o procedimento na etapa 2 para criar outra inserção, com um *Inset Amount* de **0,6** (veja a Figura 2.15, à direita).

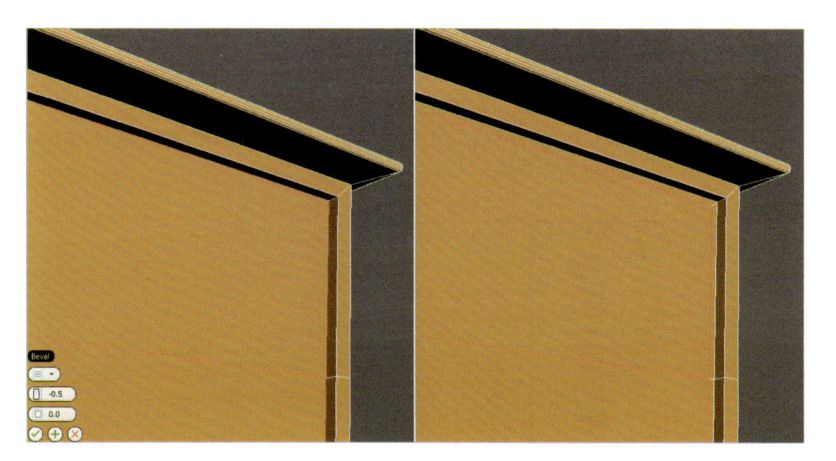

FIGURA 2.15   Usando *Bevel* para realizar uma projeção e outra inserção de 0,6 com *Inset*.

4. Na imagem de referência original (Figura 2.1), a primeira gaveta da cômoda é dividida em dois, por isso você precisa criar uma aresta verticalmente no polígono da primeira gaveta para dar origem a duas gavetas. Vá para o modo *Edge* e selecione as arestas horizontais superior e inferior na gaveta de cima, conforme mostrado em vermelho na Figura 2.16.

FIGURA 2.16   Selecione as arestas inferior e superior da primeira gaveta.

5. Vá para a faixa de opções *Graphite Modeling Tools* e, na guia *Loops*, clique no botão *Connect Settings* para abrir o *caddy* (Figura 2.17). Defina *Segments* para **1**, *Pinch* para **0**, *Slide* para **0** (Figura 2.18), e clique em *OK*.

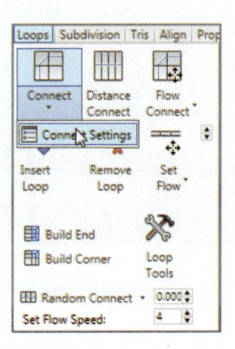

FIGURA 2.17   A aba *Loops* com uma seta apontando para a ferramenta *Connect*.

FIGURA 2.18 O *Conect Edges caddy*.

6. Selecione os dois polígonos nas gavetas de cima recém-criadas. Volte para a aba *Polygons* e clique em *Inset Settings*. Defina *Amount* em **0,25**. Dessa vez você mudará *Inset Type* do *Group* para *By Polygon*, conforme mostrado na Figura 2.19.

FIGURA 2.19 O *Inset caddy* com configurações para as gavetas superiores.

Essa configuração insere cada polígono individualmente em vez de executar essa operação em múltiplos, polígonos contíguos (que é o que faz a opção *Group*). Clique em OK para executar a operação de *Inset* e fechar o *caddy*. Seus polígonos devem se parecer com os da Figura 2.20.

FIGURA 2.20 As gavetas de cima são inseridas separadamente.

7. Realize a operação de inserção nos polígonos das gavetas restantes na parte da frente da caixa. Configure *Amount* em **0,25**, e defina *Inset Type* para *By Poligon*. Isso irá inserir as cinco gavetas largas inferiores, conforme mostrado na Figura 2.21.

FIGURA 2.21 As gavetas restantes são criadas.

8. Selecione todos os polígonos da gaveta. Vá até a aba *Polygons* e clique em *Extrude Settings*. Configure *Height* em **0,7**. Você não precisa que ele se extrude muito, apenas o suficiente para que as gavetas se projetem um pouco mais do que o corpo do armário (Figura 2.22).

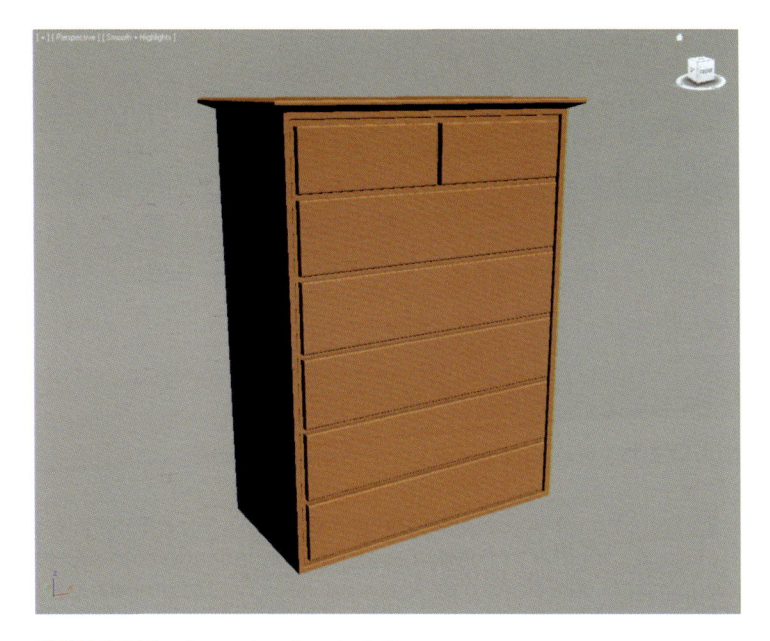

FIGURA 2.22   As gavetas são extrudadas.

Você pode carregar o arquivo `Dresser03.max` da pasta Scenes do projeto Dresser do site da editora para verificar o seu trabalho ou para pular para esta parte do exercício.

Modele o assoalho

Agora é hora de criar o assoalho do armário. Esse armário não tem pernas, mas mesmo assim tem um belo detalhe no assoalho, como você pode ver na Figura 2.23. Para criá-lo, você precisa extrudar um polígono.

FIGURA 2.23   Vista do ângulo do canto inferior da cômoda.

1. Entre no modo de polígono (pressione 4). Você pode já estar no modo subobjeto *Polygon* se estiver continuando com seu próprio arquivo. Selecione o polígono no assoalho da cômoda, conforme mostrado em vermelho na Figura 2.24.

FIGURA 2.24   Selecione o polígono no assoalho da cômoda.

2. Na faixa de opções *Graphite Modeling Tools*, vá para a aba *Polygon* e clique no botão *Extrude Settings* para abrir o *caddy*. Mude *Height* para **2,5**, conforme mostrado na Figura 2.25, e clique em *OK*. Isso vai extrudar um polígono para fora do assoalho da cômoda, basicamente adicionando um segmento à caixa, conforme mostrado na Figura 2.26.

FIGURA 2.25 O *Extrude Polygons caddy*.

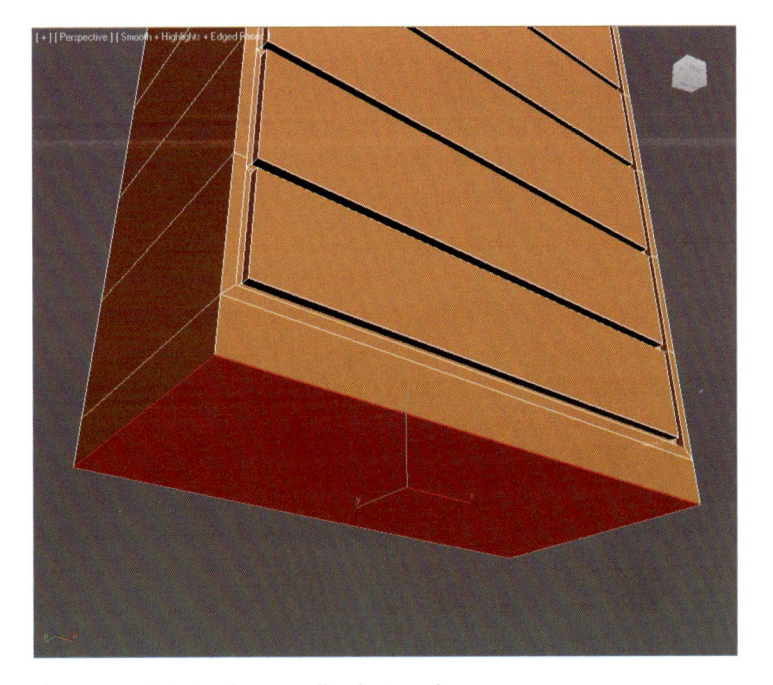

FIGURA 2.26 Extrude o assoalho da cômoda.

3. O polígono permanece selecionado, então clique no botão *Inset Settings* para abrir seu *caddy*. Altere *Amount* para **0,6** e clique em *OK*. Isso cria um polígono no centro, conforme mostrado na Figura 2.27

4. O polígono ainda deve estar selecionado, então clique no botão *Extrude Settings* para abrir o *caddy*, digite para o *Height* **–2,0**, e clique em *OK*. A Figura 2.28 mostra como o assoalho da cômoda subiu levemente em si mesma.

Para criar o detalhe na parte do assoalho, você precisa cortar para dentro dos polígonos recém-extrudados para criar as "pernas" nos cantos da cômoda que você viu na Figura 2.23. Para isso, você usará a ferramenta *ProBoolean*. Esse método utiliza dois ou mais objetos para criar um novo objeto executando uma operação booleana.

Precisamos de outro objeto para concretizar a forma da cômoda cortando a partir do seu assoalho. Vamos criar esse objeto na forma do recorte na parte do assoalho da cômoda (ver Figura 2.23). Trata-se de uma forma muito específica que começa com um simples retângulo.

FIGURA 2.27   Inserção de um polígono no centro.

FIGURA 2.28 A borda do assoalho da cômoda.

5. No Painel de Comando, clique na aba *Create* (◉), no ícone *Shapes* (◉) e, então, na ferramenta *Rectangle*, conforme mostrado na Figura 2.29.

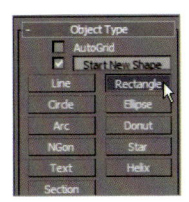

FIGURA 2.29 Selecione a ferramenta *Rectangle*.

6. Em uma visão frontal (*front view*), crie um retângulo com *Length* de **3,0** e *Width* de **26,0**, conforme mostrado na parte superior da Figura 2.30. Pressione W ou clique no botão da ferramenta *Select And Move* (✥), selecione a forma retângulo e mova-a para que ela fique em frente à cômoda, conforme mostrado na Figura 2.30.

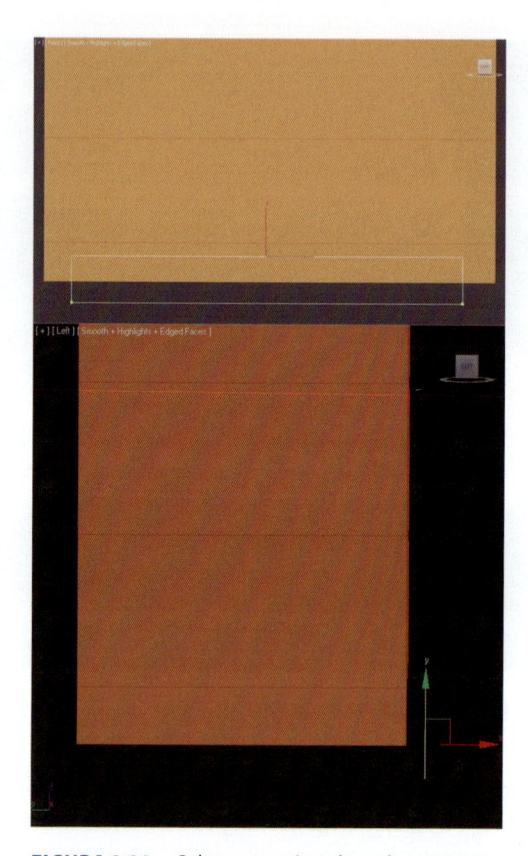

FIGURA 2.30 Coloque o retângulo no lugar. A imagem de cima mostra a *viewport* frontal, a imagem de baixo mostra a *viewport* esquerda.

7. No Painel de Comando, selecione a guia *Modify* ( ) e, na pilha de modificadores, clique com o botão direito do mouse na entrada *Rectangle*. No menu de contexto, escolha *Editable Spline*, conforme mostrado na Figura 2.31. Nos parâmetros de *Editable Spline*, abra o menu de rolagem *Selection* e clique no ícone *Vertex* ( ) para introduzir o modo subobjeto *Vertex*. Uma linha editável fornece controles para manipular um objeto como uma linha e em três níveis de subobjeto: *Vertex* (vértice), *Segment* (segmento) e *Spline* (linha).
8. Na *viewport Front,* selecione os dois vértices superiores clicando e arrastando uma área de seleção ao redor deles. No menu de rolagem *Geometry*, clique na ferramenta *Fillet*, conforme mostrado na Figura 2.32.
9. Clique e arraste um dos dois vértices selecionados para criar um canto arredondado. Como ambos os vértices estão selecionados, ambos receberão o efeito *Fillet*, conforme mostrado na Figura 2.33. A quantidade de efeito *Fillet* é **0,9**. Você pode ver o valor de *Fillet* no menu de rolagem *Geometry*.

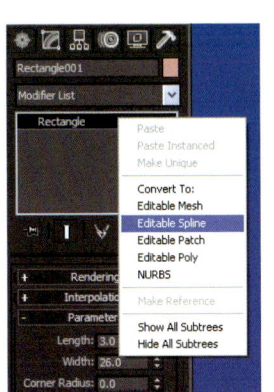

FIGURA 2.31 Conversão de um *Shape* em uma linha editável.

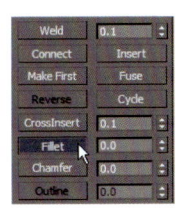

FIGURA 2.32 Ferramenta *Fillet*.

FIGURA 2.33 Os dois vértices são divididos com *Fillet*.

10. Com o retângulo selecionado, selecione a aba *Modify*. Em cima da pilha de modificadores (*modifier stack*) está localizado um menu vertical. Na lista modificadora escolha *Extrude*, que aparecerá na pilha de modificadores acima do modificador existente *Editable Spline*. Use um montante de **30,0** e, em seguida, extrude o suficiente para que penetre em ambos os lados da cômoda.

11. Faça o mesmo para o lado da cômoda:

   a. Crie outro retângulo, mas torne-o menor para caber no lado da cômoda.

   b. Converta em uma linha editável conforme o passo 7.

   c. Selecione os dois vértices superiores e aplique *Fillet*.

   d. Adicione o modificador *Extrude* e altere *Amount* para **40,0**.

   e. Posicione esse objeto passando por ambos os lados da cômoda, conforme mostrado na Figura 2.34.

FIGURA 2.34 Os objetos são posicionados para a operação *Boolean*.

Agora, para a operação *ProBoolean* propriamente dita. Não se confunda, no entanto, com a operação regular *Boolean*.

1. Para começar, selecione o objeto que você deseja manter, neste caso, o objeto cômoda.
2. No painel *Create*, selecione o menu de rolagem *Geometry*, escolha *Compound Objects* a partir do menu vertical e, na parte de baixo do menu de rolagem *Object Type*, clique no botão *ProBoolean*.
3. No menu de rolagem *Pick Boolean*, clique em *Start Picking* (Figura 2.35).

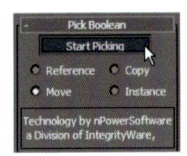

FIGURA 2.35 Clique no botão *Start Picking*.

4. Clique nos retângulos extrudados colocados no fundo da cômoda. Por padrão, *ProBoolean* é sempre definido como subtração, então a forma do objeto será subtraída da cômoda, conforme mostrado na Figura 2.36.

FIGURA 2.36 O assoalho da cômoda finalizado.

5. Na caixa de texto *Name* (mostrada na aba *Modify* no Painel de Comando à direita da Figura 2.37), altere o nome do objeto para **Dresser**, e escolha uma cor leve agradável. Vá pegar uma bebida gelada!

FIGURA 2.37 Nomeando e atribuindo cor ao corpo finalizado da cômoda.

O corpo finalizado da cômoda deve ser semelhante à cômoda na Figura 2.37. Lembre-se de salvar esta versão do seu arquivo. Você pode carregar o arquivo `Dresser04.max` da pasta Scenes do projeto *Dresser* no site da editora para verificar o seu trabalho ou para pular para este ponto no exercício.

Crie os puxadores

Agora que o corpo da cômoda está pronto, é hora de adicionar os puxadores. Nós vamos usar linhas *splines* e novas ferramentas de criação de superfície em seu fluxo de trabalho. Alguém aí está de cabelo arrepiado? Dê uma olhada na referência para os puxadores na Figura 2.38. Você criará um perfil de puxador e depois girará o perfil em torno de seu eixo para formar uma superfície. Essa técnica é conhecida como *lathe* (torno), e não deve ser confundida com *latte*, que é um negócio completamente diferente e não abordado neste livro.

FIGURA 2.38 O puxador da gaveta.

Uma *spline* é um grupo de vértices e segmentos de conexão que formam uma linha ou curva. Para criar o perfil do puxador, vamos usar uma linha *spline* criada a partir do contorno de, adivinhe, um puxador. A ferramenta *Line* permite criar uma *spline* de forma livre.

Você pode usar o último arquivo do exercício *Dresser*, ou pode carregar Dresser04.max da pasta Scenes do projeto *Dresser* no site da editora. Para criar o puxadores, siga estes passos:

1. Verifique se você está na *viewport* esquerda para que possa ver de que lado da cômoda as gavetas estão, conforme mostrado na Figura 2.39. Você vai criar um perfil da metade do puxador, conforme mostrado na Figura 2.40. Não se preocupe em gerar todos os detalhes no puxador, pois o detalhe não será visto; um simples esboço será o suficiente.

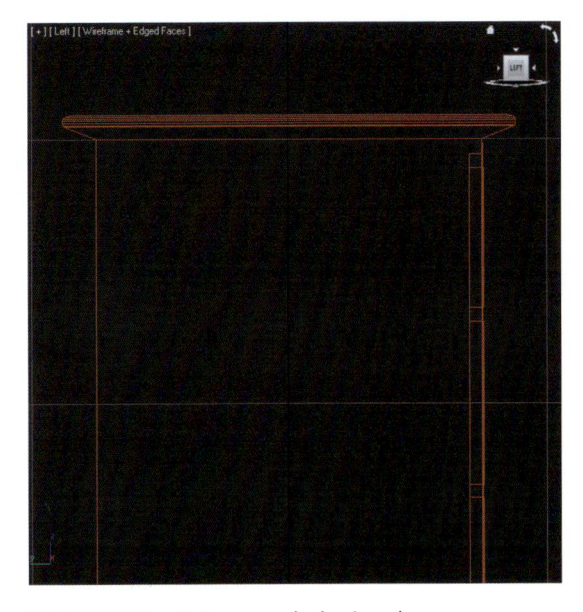

FIGURA 2.39 Visão esquerda da cômoda.

> Clique uma vez para criar um *corner vertex* para uma linha, mas clique e arraste para criar um *Bézier vertex* se você quiser colocar uma curva na linha.

2. Selecione *Create* → *Shapes* → *Line*. Use os valores predefinidos atuais no menu de rolagem *Creation Method*.

3. Na *viewport* esquerda, clique uma vez para fixar um vértice para essa linha, começando na parte inferior do perfil do puxador (Figura 2.41). Esse é o ponto de partida para a curva. Na criação de uma linha, cada clique estabelece o próximo vértice dela. Se você quiser gerar uma curva na linha, clique uma vez e arraste o mouse em qualquer direção para dar ao vértice um tipo de curvatura. Esse vértice da curva cria uma curva nessa parte da linha. Você precisa seguir o esboço de um puxador, então clique e arraste onde há uma curvatura na linha. Uma vez estabelecido seu primeiro vértice, continue a clicar e arrastar mais vértices no sentido horário da linha até que você tenha criado a forma de meio-perfil do puxador mostrada na Figura 2.40.

> Para criar um segmento de reta ortogonal entre dois vértices, pressione e segure a tecla Shift para manter o próximo vértice ortogonal até o último vértice, horizontalmente ou verticalmente.

A Figura 2.41 ilustra a linha do perfil com os vértices numerados de acordo com a ordem de criação dos mesmos.

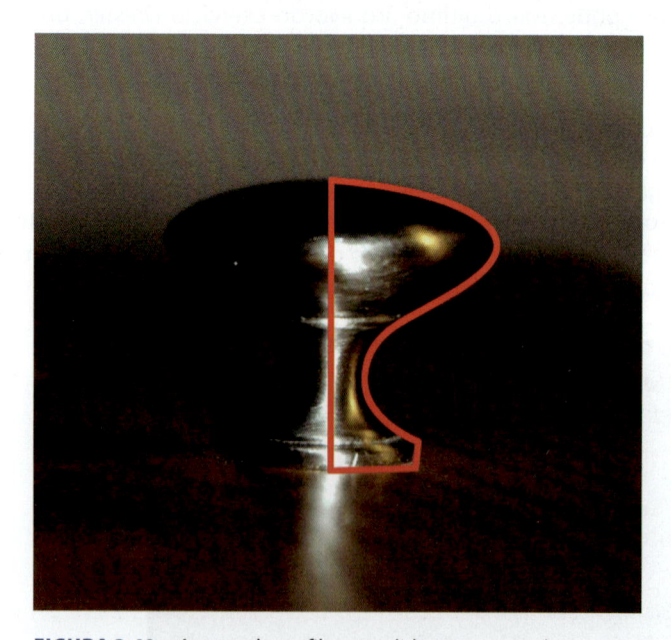

FIGURA 2.40 A curva de perfil pretendida para o puxador.

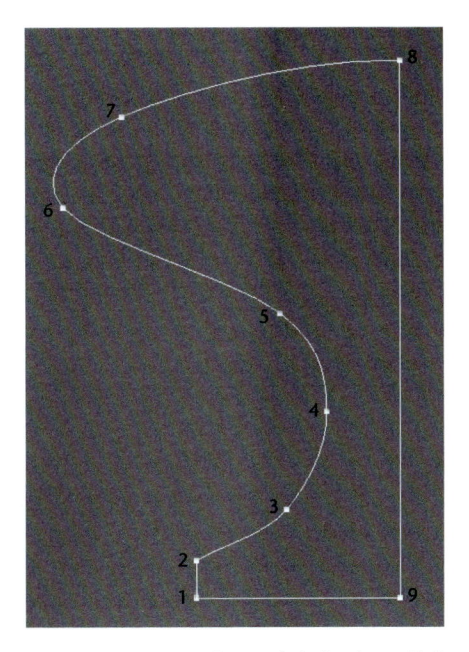

FIGURA 2.41 Os vértices da linha do perfil da maçaneta são numerados de acordo com a ordem na qual foram criados.

4. Depois de fixar o seu último vértice na parte inferior, termine a *spline* clicando com o botão direito do mouse para liberar a ferramenta *Line* ou clicando no primeiro vértice que você criou para fechar a *spline*. Para esse exemplo, não importa qual método você escolher. Uma *spline* aberta ou fechada de qualquer modo funcionará; uma *spline* fechada é mostrada na Figura 2.41. Desenhar *splines* implica um pouco de conhecimento sobre como as curvas funcionam, então, pode ser útil excluir o que você fez primeiro e tentar novamente para treinar. Depois de conseguir algo parecido com a *spline* da Figura 2.41, você pode editá-la. Não enlouqueça, apenas traga a *spline* o mais perto que você puder.

5. Com a *spline* selecionada, na pilha de modificadores no painel *Modify*, escolha *Line*. Clique no sinal de mais (+) para expandir a lista de subobjetos, conforme mostrado na Figura 2.42.

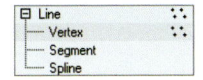

FIGURA 2.42 Modos subobjeto da linha.

Edite o perfil

Os subobjetos de uma linha são similares aos modos subobjeto do *Editable Spline*. Uma *spline* é composta por três subobjetos: um *vertex* (vértice), um *segment* (segmento) e uma s*pline* (linha). Um vértice é um ponto no espaço. Um segmento é a linha que liga dois vértices. Para continuar com o projeto, siga estes passos:

1. Escolha o subobjeto vértice da linha. Certifique-se de que você ainda eteja trabalhando na *viewport* esquerda. Use a ferramenta *Move* para clicar em um dos vértices e para editar a forma a fim de ela caber melhor no contorno do puxador.

    Para chegar nesse ponto e ter o perfil já criado para você, carregue o arquivo Dresser05.max do site da editora.

2. A linha do perfil está pronta para se transformar em um objeto 3D. É neste momento que os modificadores são usados. Saia do modo subobjeto de sua linha. Escolha *Modifiers* → *Patch/Spline Editing* → *Lathe*. Quando você colocar o modificador *Lathe* na sua linha, ela provavelmente não se parecerá em nada com um puxador (ver Figura 2.43), mas não entre em pânico, pois o objeto está virado do avesso! Selecione *Y* e *Max* e ajuste os parâmetros para coincidir com a Figura 2.44.

3. Ajuste a *viewport Perspective* para possibilitar a visualização da parte superior do puxador. Você observará um estranho artefato. Para corrigir isso, marque a caixa *Weld Core* sob o menu de rolagem *Parameters* em *Lathe*.

É isso aí! Confira a Figura 2.45 para visualizar o puxador torneado. Ao utilizar *splines* e *Lathe*, você pode criar todos os tipos de superfície para seus modelos. Na próxima seção, você irá redimensionar o puxador, posicioná-lo e copiá-lo para caber nas gavetas.

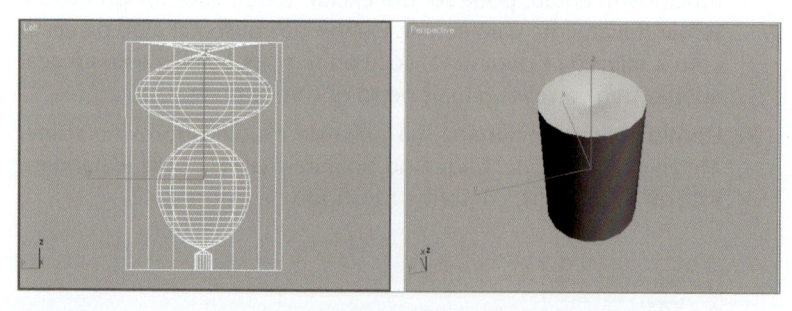

FIGURA 2.43   Isso não é um puxador de jeito nenhum!

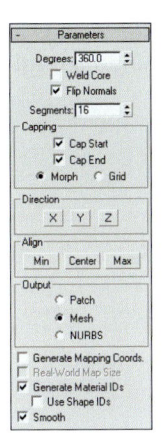

FIGURA 2.44 Os parâmetros para o modificador *Lathe*.

FIGURA 2.45 O *lathe* conclui o puxador.

Agora que você tem um puxador, pode ser necessário ajustá-lo e redimensioná-lo. Se você ainda quiser fuçar no puxador, volte para baixo da pilha para *Line* a fim de editar a sua *spline*. Por exemplo, você pode querer escalar o puxador um pouco mais para se ajustar à gaveta (ver foto de referência na Figura 2.38). Selecione a ferramenta *Scale* e clique e arraste até que a linha original tenha o tamanho certo da sua cena. O modificador *Lathe* recriará a superfície para se ajustar ao novo tamanho. Para treinar mais, você também pode excluir o puxador e reiniciar com outra linha.

Copie o puxador

Nas etapas a seguir, você vai copiar e posicionar o puxador para as gavetas.

1. Posicione e gire o puxador para ajustá-lo na frente de uma gaveta. Altere a cor padrão (se quiser) e seu nome para **Knob**.
2. Você precisará de algumas cópias do puxador original, uma para cada gaveta. Escolha *Edit → Clone* para abrir a caixa de diálogo *Clone Options* (Figura 2.46). Use a opção *Instance*. *Instance* é uma

cópia, mas ainda está ligada ao original. Se você editar a original ou uma *Instance*, todas as instâncias mudam (incluindo a original). Clique em *OK* para criar uma nova instância.

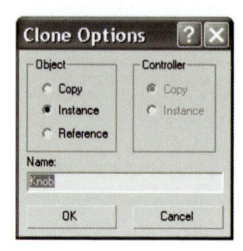

FIGURA 2.46 Use *Instance* para copiar um puxador.

3. Posicione o puxador instanciado no meio da outra gaveta superior.
4. Usando instâncias adicionais do puxador original, coloque os puxadores no meio de todas as demais gavetas de sua cômoda, conforme mostrado na Figura 2.47.

FIGURA 2.47 Cômoda, puxadores e tudo mais.

Como você viu com este exercício, há uma abundância de ferramentas para o objeto no modo *Editable Poly*. Seu modelo também não precisa ser todo do mesmo tipo de modelagem. Neste exemplo, criamos a cômoda com as técnicas de *box modeling*, a partir das quais você começa com um único *box* e se projeta para dentro de um modelo, e com as técnicas de criação de superfície usando *splines*.

Você pode comparar seu trabalho com o arquivo `Dresser06.max` da pasta Scenes do projeto Dresser, disponível no site da editora.

> **ALÉM DO ESSENCIAL**
>
> Neste capítulo, você aprendeu como modelar com o 3ds Max. Explorando o conjunto de ferramentas de modelagem e criando uma cômoda, você viu em primeira mão como as ferramentas de modelagem primária no 3ds Max operam. Você aprendeu como criar um *box* primitivo e, a partir daí, usar polígonos editáveis e as ferramentas de modelagem *Graphite, ProBoolean*, formas (*shapes*), linhas editáveis (*editable splines*) e a ferramenta de torno (*Lathe*) para fazer uma cômoda simples.
>
> **EXERCÍCIOS ADICIONAIS**
>
> ▶ Selecione as bordas em torno das gavetas e use o chanfro (*Chamfer*) para dar um pouco de arredondamento à cômoda.
> ▶ Modele uma das gavetas de forma que você possa animá-la abrindo e fechando. Isso pode ser feito selecionando os polígonos para uma das gavetas e excluindo-os. Em seguida, crie um *box* primitivo do tamanho de uma gaveta.
> ▶ Brinque com os puxadores e crie estilos diferentes. Você pode encontrar exemplos no site da Bookman Editora, *www.bookman.com.br*.
> ▶ Crie uma peça semelhante de móveis como um criado-mudo para combinar com o estilo da cômoda.

CAPÍTULO 3

Modelando no 3ds Max: Parte I

Construir modelos em 3D é tão simples quanto construí-los a partir do barro, da madeira, da pedra ou do metal. Usar o 3ds Max para modelar algo pode não ser tão táctil como construir fisicamente, mas os mesmos conceitos se aplicam: você tem que identificar como o modelo é feito e descobrir como decompô-lo em partes gerenciáveis para montar tudo em uma forma final.

Em vez de utilizar as ferramentas tradicionais para martelar ou talhar, ou ainda para soldar uma figura em uma forma, você usará os vértices da geometria para dar forma ao modelo gerado por computador (CG). Como você viu, o conjunto de ferramentas de polígono do 3ds Max é bastante robusto.

Neste capítulo, abordaremos um modelo mais complexo com um foguete vermelho infantil de brinquedo. Usaremos a ferramenta *Editable Poly* para criar o brinquedo. Também vamos analisar o uso de operações booleanas.

Construa o foguete vermelho

Usar materiais de referência irá ajudá-lo de forma eficiente a criar o seu modelo 3D e conseguir uma boa semelhança em seu resultado final. A tentação de simplesmente improvisar e começar a construir os objetos é forte, em especial quando o tempo é curto e você está ansioso para iniciar. Essa tentação sempre deve ser derrotada por uma abordagem bem pensada para a tarefa. Esboços, fotografias e desenhos podem ser usados como recursos para o processo de modelagem. As referências não são apenas úteis para indicar uma direção clara para onde ir, mas você também pode usá-las diretamente no 3ds Max para ajudá-lo a modelar. Fotos, em especial as tiradas de lados diferentes do modelo pretendido, podem ser adicionadas a uma cena como imagens de fundo para auxiliar a criação do seu modelo.

Crie *planes* e adicione materiais

Para o melhor em referência de modelagem, consiga fotos do seu modelo e use a técnica *crossing boxes,* que consiste em colocar as imagens de referência sobre objetos *plane* que se cruzam ou um objeto *box* fino na cena. Neste exercício, você construirá um foguete infantil de brinquedo, conforme mostrado na Figura 3.1.

FIGURA 3.1 Você construirá um foguete vermelho de brinquedo como esse.

Antes de começar, baixe a pasta *Red Rocket,* disponível no site da Bookman Editora, *www.bookman.com.br*, para o disco rígido onde você guarda seus outros projetos do 3ds Max.

1. Configure a pasta do projeto para o projeto Red Rocket que você acabou de baixar (*Application → Manage → Set Project Folder*).
2. Navegue até o local em que você salvou os projetos do livro no disco rígido.
3. Clique em *Red Rocket* e, em seguida, em *OK*.

Agora, quando você quiser abrir um arquivo de cena, é só escolher *Application → Open*, e você estará automaticamente na pasta *Scenes* do projeto *Red Rocket*.

Para começar o foguete, comece com um novo arquivo do 3ds Max:

1. Abra um novo arquivo do 3ds Max escolhendo *Application* →*New*.
2. Vá para o painel *Create* para criar um *box*, clique no ícone *Geometry* (◉) e, sob *Standard Primitives*, clique no botão *Box*.

    Em vez de criar o *box* com o método de clicar e arrastar, use o menu de rolagem *Keyboard Entry*, conforme mostrado na Figura 3.2. Expanda o menu de rolagem *Keyboard Entry*. Verifique se a *viewport Perspective* está selecionada. Deixe os parâmetros *X, Y* e *Z* definidos em **0**; isso coloca o *box* na origem (centro) de sua cena. Altere os parâmetros para *Lenght* **22**, *Width* **0,01** e *Height* **12** e clique em *Create*:

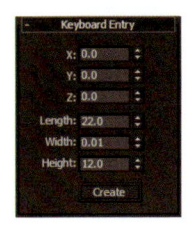

FIGURA 3.2 O menu de rolagem *Keyboard Entry* para criar o *box*.

3. Quando você clicar em *Create*, o 3ds Max cria um *image-plane* que usaremos para a visão lateral. Renomeie o objeto Box001 para **Side View**.
4. Ative a *viewport Top*. Use os seguintes parâmetros para criar um novo *box*:

    Length: 22
    Width: 12
    Height: 0,01

    Renomeie o *box* **Top View**. Não se esqueça de clicar em *Create*! Isso cria um *box* plano que você usará para o *image-plane* da *Top View*.

5. Ative a *viewport Front* e expanda o menu de rolagem *Keyboard Entry*. Deixe os parâmetros *X, Y* e *Z* definidos em *0* e use os seguintes parâmetros:

    Length: 12
    Width: 12
    Height: 0,01

    Clique em *Create*. Renomeie o *box* para **Front View**. Isso cria um *image-plane* para a visão frontal do foguete.

6. Mova o *box Front View* em até 6 unidades no eixo *Z* para erguê-lo a fim de que a aresta de baixo esteja diretamente no *Home Grid*, conforme mostrado na Figura 3.3. Depois mude todas as *viewports* para *Smooth+Highlights* (F3) e *Zoom Extents All* (Z).

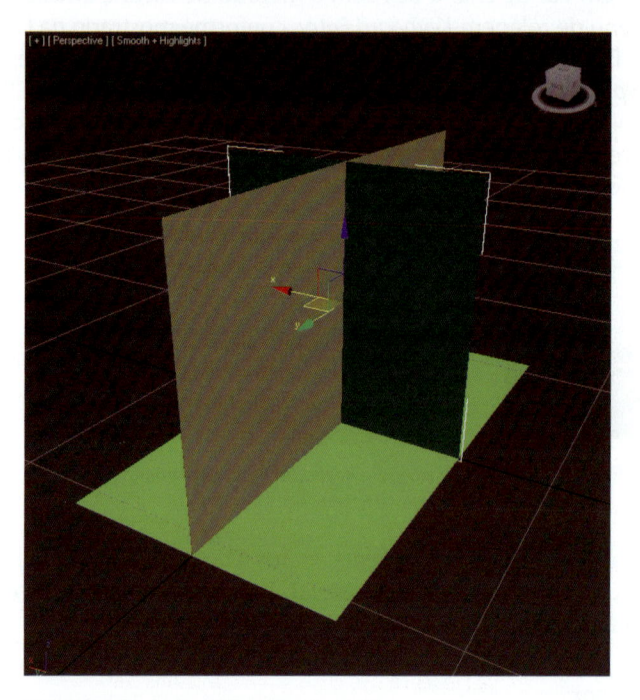

FIGURA 3.3 O *box Front View* é movido para cima.

> Se as imagens do foguete não aparecerem na *viewport* depois de soltá-las nos image-planes, verifique se a *viewport* está definida para *Smooth + Highlights* e tente novamente.

7. No *Windows Explorer,* navegue até a pasta sceneassets\images na pasta *Red Rocket* que você baixou para seu disco rígido. Nessa pasta, você encontrará três imagens de referência JPEG, uma para cada *image-plane* que você criou na cena. Selecione a imagem de referência *Top View* (chamada TOP VIEW.jpg), arraste-a até o *image-plane Top View*. Isso automaticamente coloca a imagem no *box*, de forma que a imagem fique visível na *viewport*

8. Repita o passo anterior para colocar SIDE VIEW.jpg no *box image-plane Side View* na *viewport Left* e coloque FRONT VIEW.jpg no *box image-plane* da *Front view*. A Figura 3.4 mostra os *image-planes* com as imagens referência aplicadas.

9. Se você precisar, ajuste o local do *image-plane Front View* de forma que as proporções do foguete se correspondam. O fundo das rodas e a parte superior da direção devem se alinhar em todas as

três imagens. Mova o *box* usando a ferramenta *Select and Move*. Use a ferramenta de navegação da *viewport Orbit* para girar a visualização para que os *image-planes* possam ser vistos de lados diferentes para colocá-los alinhados.

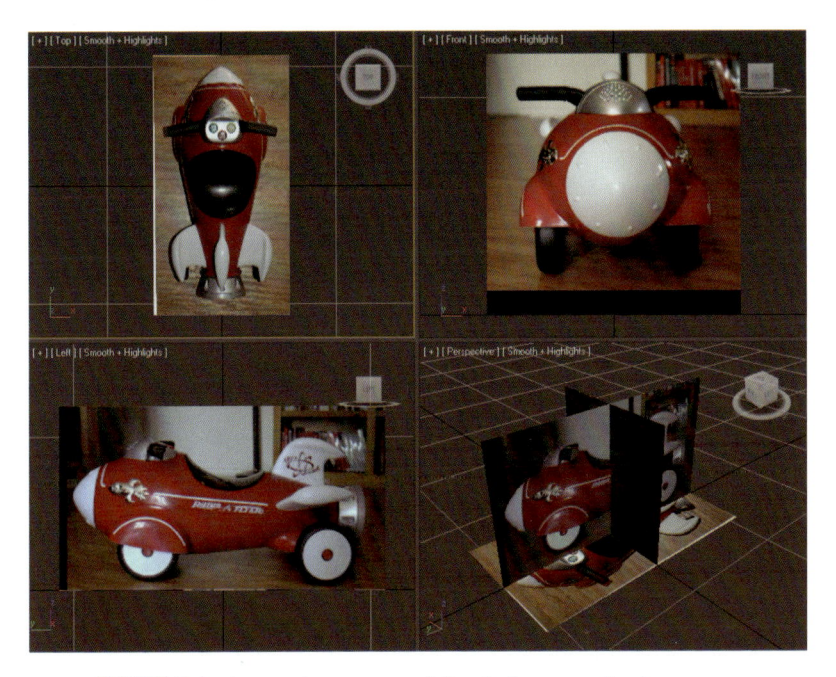

FIGURA 3.4 *Image-planes* com as visões do foguete aplicadas.

Arrume a Top View

Se por algum motivo a imagem no seu objeto *Top View* parecer ser o inverso do que é mostrado no livro, gire o objeto *Top View* para se alinhar da maneira como as imagens aparecem neste capítulo. Além disso, você pode notar as barras pretas nas imagens. Elas estão ali para permitir que as imagens se alinhem melhor umas com as outras.

Crie o corpo do foguete

Para iniciar o corpo do foguete, defina seu projeto como *Red Rocket* e carregue o arquivo de cena Rocket_00.max da pasta Scenes do projeto

Red Rocket que você baixou do site da editora. Nas etapas seguintes, você começará o modelo do foguete:

1. Altere a *viewport Front* para *viewport Back*. Clique no nome da *viewport* e escolha *Back* no menu vertical. No painel *Create*, clique no ícone *Geometry* (◯) e selecione *Extended Primitives* a partir do menu vertical. Clique para ativar a ferramenta *Capsule* e depois crie um objeto *Capsule* com os valores do *Keyboard Entry* configurados em *radius* de **3** e *height* de **21**. Lembre-se de usar a *viewport Back* para que a cápsula seja criada e orientada, conforme mostrado na Figura 3.5.

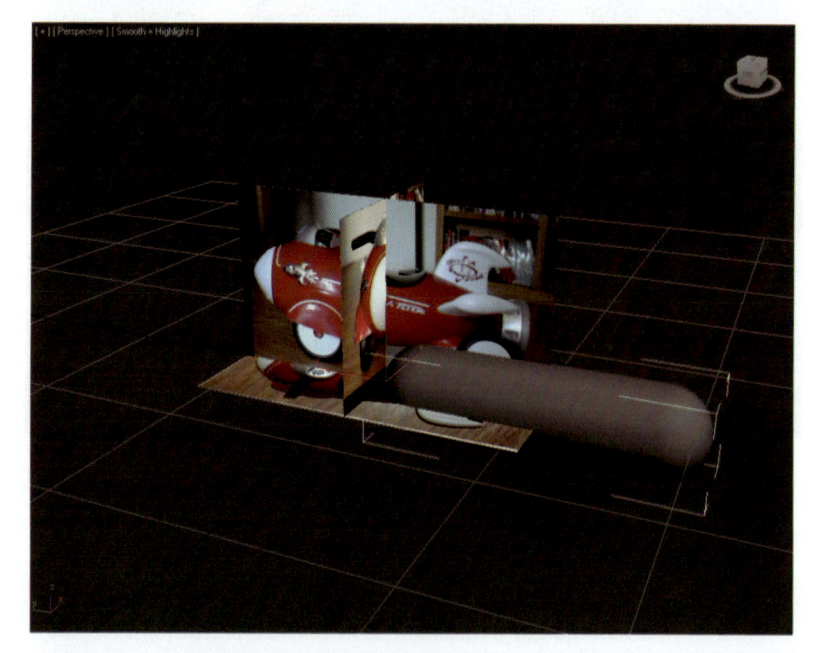

FIGURA 3.5 A cápsula na *viewport Perspective*.

2. Abra o painel *Modify* (🖉) para editar os parâmetros da cápsula. Configure os *Sides* da cápsula em **8** e os segmentos *Height Segs* em **6**. Desmarque a opção *Smooth*; vamos usar essa opção mais tarde.

3. Renomeie a cápsula **Rocket Body**. Faça *Rocket Body* ficar transparente pressionando Alt+X em todas as *viewports*. Dessa forma, você poderá ver os *image-planes* pela geometria. Além disso, defina as *viewports* para *Edged Faces* (F4), o que irá mostrar a estrutura de arames sobre o *Smooth+Highlights*.

Capítulo 3 ▶ Modelando no 3ds Max: Parte I   **57**

4. Usando a ferramenta *Select And Move*, alinhe o corpo do foguete com os *image-planes Side*, *Top* e *Front*, que correspondem ao corpo do foguete da extremidade da frente da imagem, conforme mostrado na Figura 3.6.

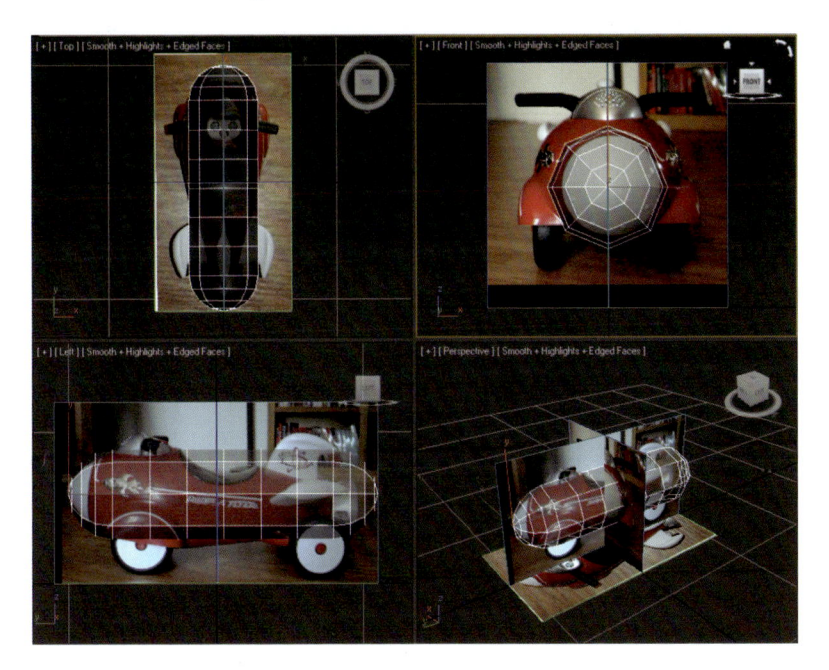

FIGURA 3.6   Alinhe o objeto *Rocket Body* nos *image-planes*.

5. Na faixa de opções *Graphite Modeling Tools*, clique na aba *Polygon Modeling* e selecione *Convert to Poly*, conforme ilustrado na Figura 3.7.

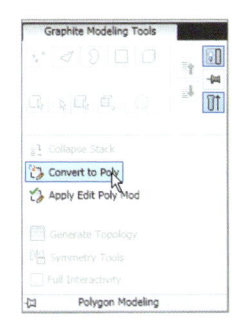

FIGURA 3.7   Converta para um *editable poly*.

6. Na aba *Polygon Modeling*, clique no ícone do modo subobjeto *Vertex* ( ) ou pressione (1) e selecione o vértice bem na ponta da frente do corpo do foguete, conforme a Figura 3.8.

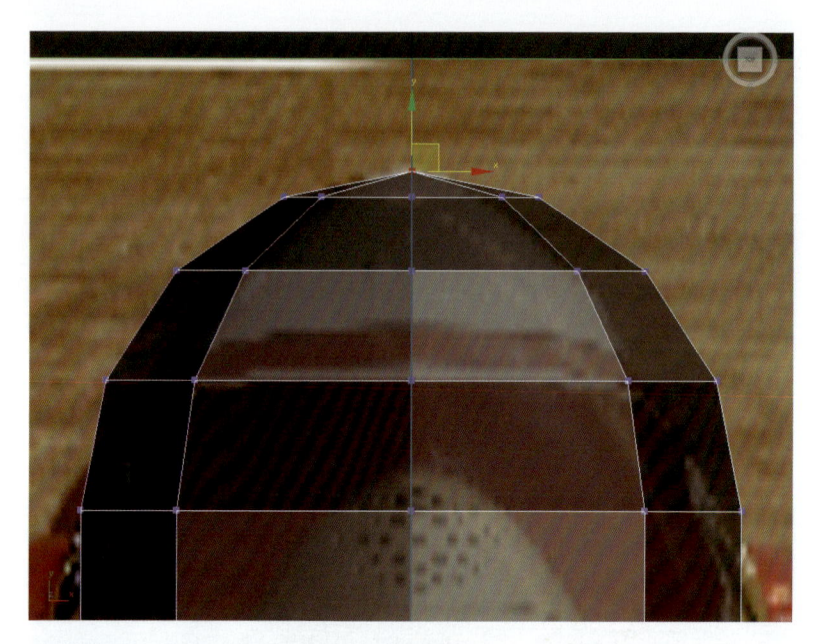

FIGURA 3.8 Selecione o vértice bem na ponta da frente.

7. Na aba *Polygon Modeling*, clique no ícone *Use Soft Selection*, conforme mostrado na Figura 3.9. Olhe para a extremidade da aba da faixa de opções *Graphite Modeling Tools*; clique na aba *Soft*. Configure *Falloff* em **6,0**, conforme a Figura 3.10.

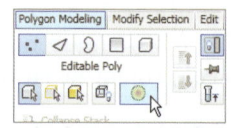

FIGURA 3.9 Clique no ícone *Use Soft Selection* na aba *Polygon Modeling*.

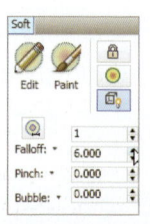

FIGURA 3.10 Aba *Soft* com configuração *Falloff* em 6,0.

Soft Selection permite modificações da sua superfície de forma macia, tipo escultura em argila. Quando *Use Soft Selection* estiver ativado, os efeitos das edições de movimento, escala e rotação são os mesmos, como de costume, nos elementos selecionados (vértices, arestas ou polígonos), mas também são distribuídos para os vértices adjacentes com base em um declínio gradual. Isso faz as edições terem um efeito polido ou suavizado no modelo.

8. Agora mude para a ferramenta *Scale* (R). Precisamos fazer ajustes ao longo do eixo *XY*, que é uma escala não uniforme. Faça o ajuste na *viewport Back*: centralize seu cursor sobre o eixo *XY* do *gizmo Transform* conforme mostrado na Figura 3.11 e execute o ajuste de escala enquanto você observa a *viewport Top*. Ajuste a escala para baixo a fim de criar uma frente mais pontiaguda.

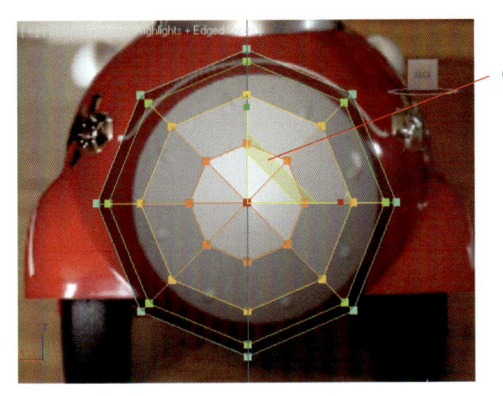

O eixo *XY* do *gizmo Transform*

FIGURA 3.11 Centralize seu cursor sobre o eixo *XY* do *gizmo Transform* (como mostrado na barra amarela angular).

9. Selecione alguns dos vértices frontais na *viewport Top*, ajuste a escala e mova o resto da frente para corresponder à frente do foguete no *image-plane Top View*, conforme mostrado na Figura 3.12.
10. Usando vértices *com* ou *sem Soft Selection* e alterando a configuração *Falloff* se quiser, forme o resto do corpo nos três *image-planes*. Não se preocupe com a extremidade traseira do corpo do foguete ainda; enfrentaremos isso na próxima etapa.
11. Quando você tiver a forma geral do corpo do foguete, vá para o modo *Polygon*; selecione os polígonos na extremidade arredondada de trás, conforme mostrado na Figura 3.13, e exclua-os, pressionando a tecla *Delete* em seu teclado.

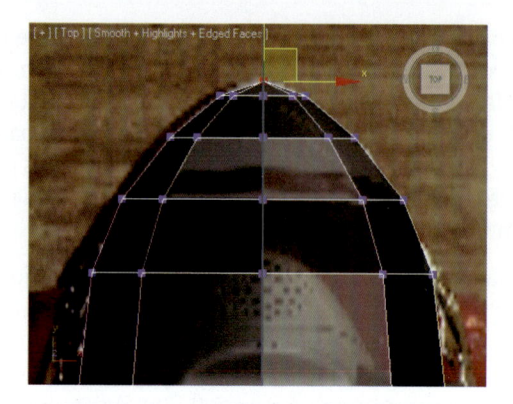

FIGURA 3.12 Selecione alguns vértices frontais, ajuste a escala e mova para corresponder.

Selecione e exclua a extremidade dos polígonos.

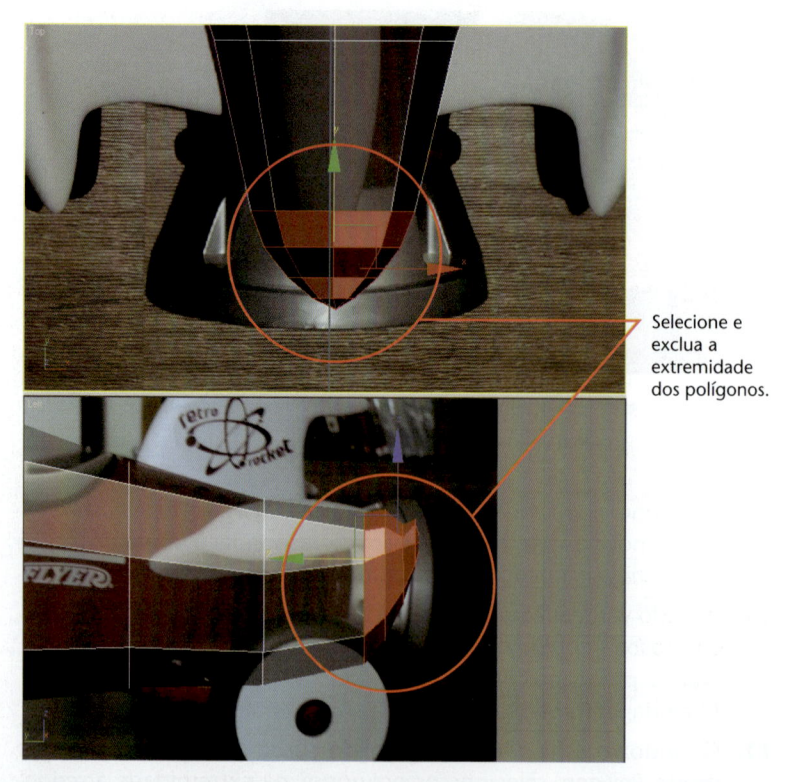

FIGURA 3.13 Selecione os polígonos da extremidade para excluir a extremidade do corpo do foguete.

Suavize o corpo

O corpo parece muito áspero e atarracado agora. Para suavizar o modelo bruto, usaremos uma malha racional não uniforme suave (NURMS). NURMS é uma superfície que foi dividida em mais faces para criar uma superfície mais suave, mantendo ainda a forma geral do objeto. Você subdivide para acrescentar mais detalhes a um objeto ou para suavizar o formato.

Os passos seguintes irão guiá-lo pelo processo de suavização do formato do corpo do foguete:

1. Com o corpo do foguete selecionado, vá para a faixa de opções *Graphite Modeling Tools* e, na guia *Edit,* clique no ícone *Use NURMS*. Enquanto isso, no modo subobjeto *Polygon,* você verá a gaiola laranja NURMS aparecer. Essa gaiola permite continuar a edição do formato geral do corpo selecionando os polígonos da gaiola de resolução inferior e editando-os. Isso possibilita alterar seu formato mais amplo sem ter que selecionar muito mais polígonos da versão suavizada. Clique no ícone *Use NURMS* novamente para desligá-lo.

2. Pressione 4 para entrar no modo subobjeto *Polygon.* Com o corpo do foguete selecionado, selecione os polígonos no lado direito do corpo do foguete, conforme mostrado na Figura 3.14, e exclua-os.

3. Vá para o nível superior do *editable poly* (pressione 6); isso retira você do modo subobjeto *Polygon.* Abra o painel *Modify* e, na lista de modificadores, escolha *Symmetry.* Nos parâmetros *Symmetry,* escolha *X* como o *Mirror Axis* e desmarque a caixa *Flip.* Isso cria uma cópia espelhada daquela metade do corpo. Utilizando *Symmetry* você pode fazer alterações para o lado original do corpo e ter essas alterações automaticamente espelhadas para o outro lado.

    Quando você voltar a editar a malha, a metade espelhada dos foguetes desaparece. Para impedir que isso ocorra, clique no ícone *Show End Result,* que está na linha de ícones abaixo da pilha de modificadores, conforme a Figura 3.15.

FIGURA 3.14   Selecione os polígonos conforme mostrado e a seguir exclua-os.

FIGURA 3.15   Clique no ícone *Show End Result*.

Acrescente detalhes ao corpo do foguete

O vão das rodas nas laterais da frente do corpo é o primeiro detalhe que vamos adicionar. Para criar o vão, é preciso acrescentar alguns segmentos a mais ao corpo principal. Para fazer isso, vamos utilizar uma ferramenta do *Graphite Modeling Tools* chamada *Swift Loop*. Ela coloca *edge loops* com apenas um clique. Conforme você move o cursor do mouse sobre o objeto, uma pré-visualização em tempo real mostra onde o *loop* será criado quando você clicar.

ISOLATE SELECTION

Ocasionalmente, você pode precisar isolar seu modelo para evitar as distrações de planos de referência e até mesmo outras malhas na sua cena. Aqui está uma técnica fácil para fazer isso: clique com o botão direito do mouse no modelo selecionado. No menu pop-up, clique em *Isolate Selection*. De repente, tudo está escondido em sua cena, exceto o modelo, e você terá um ícone *Exit Isolation Mode* flutuante, no qual você clica quando quiser sua cena de volta. *Isolate Selection* pode ser usado em objetos individuais ou em vários. Basta manter a tecla Ctrl pressionada enquanto você seleciona múltiplos objetos.

A ferramenta *Swift Loop*, como veremos nos passos a seguir, pode ser usada em qualquer um dos modos subobjeto ou em nível superior sem que o modo subobjeto esteja selecionado.

1. Com o corpo do foguete selecionado, certifique-se de que você está no nível *Editable Poly*. Na faixa de opções *Graphite Modeling Tools*, escolha o painel *Edit* e selecione *Swift Loop*. Mova o cursor sobre o foguete para ter uma pré-visualização de onde um *loop* vai aparecer. Quando o *loop* estiver no lugar certo, apenas clique e ele será acrescentado. Você pode combinar a colocação de quatro novos *loops* com aqueles mostrados na Figura 3.16.

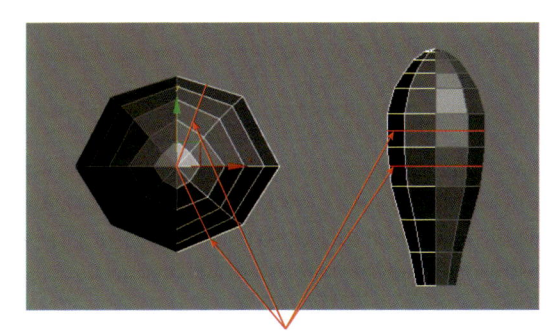

Use Swift Loop para criar novas arestas.

FIGURA 3.16 Utilize a ferramenta *Swift Loop* para acrescentar detalhes a essas áreas no corpo do foguete.

Agora que novos *loops* foram inseridos, desative *Swift Loop*; você verá que há um pequeno problema. A extremidade da frente do vértice do foguete não se conecta com a recém-acrescentada aresta do *Swift Loop*. Todas aquelas arestas precisam ficar em um local específico da ponta, então você continuará manualmente o novo segmento até a ponta, usando a ferramenta *Connect*, no próximo passo.

2. Pressione a tecla 1 para entrar no modo subobjeto *Vertex* e desative *Use Soft Selection,* se já não estiver desativada. Selecione os dois vértices mostrados na Figura 3.17.

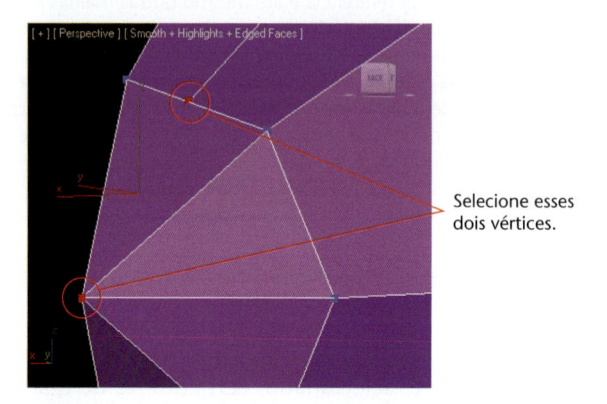

Selecione esses dois vértices.

FIGURA 3.17 Selecione esses dois vértices.

3. Vá para a faixa de opções *Graphite Modeling Tools* e, na aba *Loops,* clique na ferramenta *Connect*, conforme a Figura 3.18. Essa ação completa o *loop*.
4. Repita o mesmo com o vértice na parte inferior do foguete.

Crie o vão da roda

Agora que você já criou mais detalhes na malha, é possível moldar o vão das rodas, conforme mostrado no foguete na Figura 3.18.

Você pode continuar com o seu próprio arquivo de cena (só não se esqueça de desativar a função de suavização *NURMS* antes de continuar) ou usar o arquivo de cena Rocket_01.max da pasta Scenes do projeto *Red Rocket* que você baixou para seu disco rígido.

O vão da roda do corpo.

FIGURA 3.18 O vão das rodas do foguete.

Aqui estão os passos para seguir:

1. Selecione o foguete e mude para o modo subobjeto *Polygon* (pressione 4) e, a partir da *viewport Left*, selecione os três polígonos no meio do corpo, conforme mostrado na Figura 3.19

FIGURA 3.19 Mude para o modo subobjeto *Polygon* e selecione esses três polígonos.

2. Na faixa de opções *Graphite Modeling Tools* na aba *Polygons*, clique no botão *Extrude Settings*, conforme ilustrado na Figura 3.23, para fazer aparecer o *caddy*, configure *Extrusion Type* para *Group* e *Height* em **0,8**, conforme a Figura 3.20. Clique em *OK*.

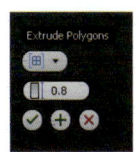

FIGURA 3.20 Configure os parâmetros de extrusão no *caddy*.

3. Agora selecione todos os polígonos que foram criados com a operação de extrusão, mostrada na Figura 3.21 (à esquerda). Ative uma *viewport Back* e saia do modo *Isolate* se você ainda estiver nele. Em seguida, use as ferramentas *Rotate* e em seguida *Red Move* para alinhar os polígonos de modo que eles fiquem com o vão da roda bem em frente ao *box image-plane Front View*, conforme mostrado na Figura 3.21 (à direita).

FIGURA 3.21 Use as ferramentas *Rotate* e *Move*.

4. Alterne para o modo *Vertex*. Use uma janela de seleção para selecionar e mover a segunda fileira de vértices da parte inferior do corpo do foguete para a direita e ligeiramente para baixo, conforme mostrado na Figura 3.22. Isso iguala a parte inferior do corpo para dar-lhe uma aparência mais arredondada. Se deixássemos aqueles vértices onde eles estavam, aquela parte do corpo pareceria torta. E quem quer isso?

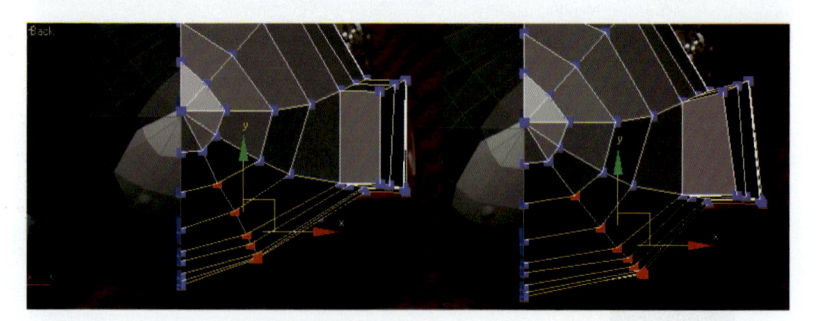

FIGURA 3.22 Arredonde o fundo do corpo do foguete.

5. Vamos aplicar *NURMS* ao modelo novo para ver como o vão da roda se parece quando suavizado. Ainda há várias coisas que precisamos fazer para melhorar a aparência do corpo. Os polígonos do vão precisam ser movidos para baixo e remodelados para terem um arco na parte superior.

6. Saia do modo subobjeto e selecione *Rocket Body*, e, na faixa de opções *Graphite Modeling Tools*, clique no botão *Use NURMS* na aba *Edit*. Agora, subdividido, parece um pouco melhor. A Figura 3.23 mostra o foguete após *NURMS* ter sido habilitado para a malha.

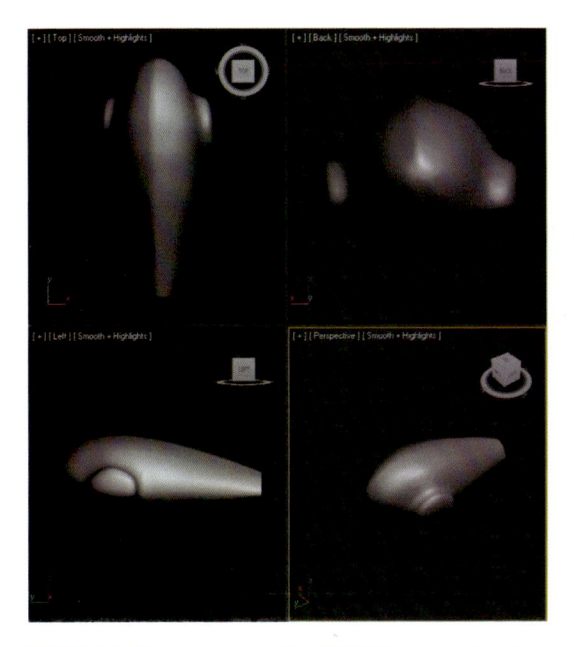

FIGURA 3.23 Depois que *Use NURMS* for aplicado, o foguete suavizado parece melhor (mostrado aqui com o foguete no modo *Isolate Selection*).

Agora você precisa tornar o vão da roda oco. Siga estes passos.

7. Desative a função de suavização *NURMS*, clicando no botão *Use NURMS* de novo.
8. Entre no modo subobjeto *Polygon*. Selecione os polígonos no lado de baixo do vão da roda, conforme mostrado na Figura 3.24. Use *Isolate* se você precisar.

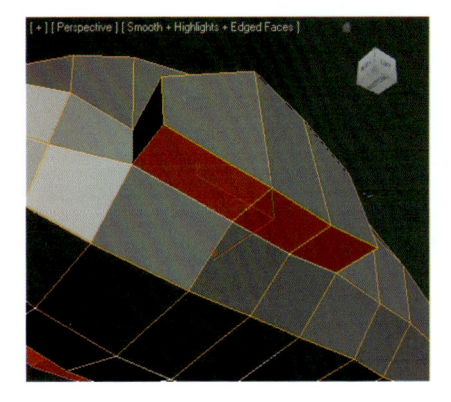

FIGURA 3.24 Selecione os polígonos no fundo do vão da roda.

9. Na faixa de opções *Graphite Modeling Tools*, vá para a aba *Polygons* e clique no botão *Bevel Settings* para fazer o *caddy* aparecer. Configure *Outline* em **–0,1** e *Height* em **0**; a seguir, clique em *Apply and Continue*. Reajuste *Outline* em **0,0**, ajuste *Height* em **–0,7** para empurrar a área para dentro e, em seguida, clique em *OK*.

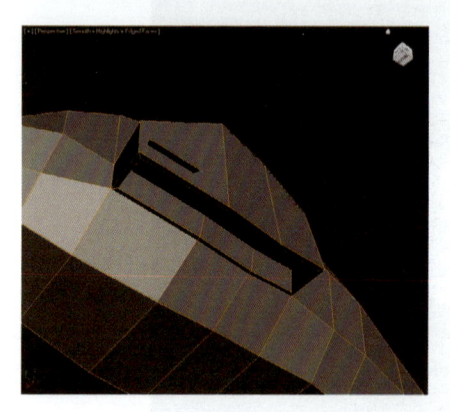

FIGURA 3.25 O vão das rodas depois que os polígonos são excluídos. Você pode ver alguma geometria transpassando pelo lado, como mostrado aqui.

Não precisamos criar o lado de dentro do vão da roda porque não o veríamos. Extrudamos para dentro do vão da roda na etapa 3 a fim de produzir uma borda consistente no vão, mas isso só precisa ser feito até a metade.

10. Certifique-se de que as novas arestas não transpassem a tela, conforme mostrado na Figura 3.26. Se isso acontecer, selecione os vértices e mova-os para dentro.

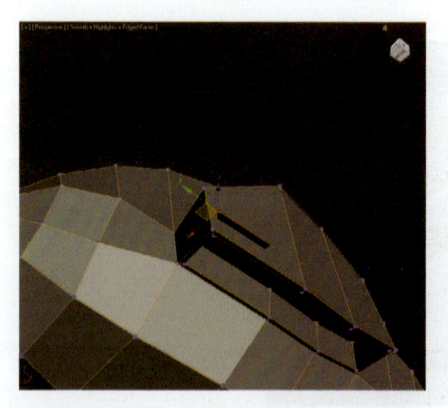

FIGURA 3.26 A geometria está transpassando para fora!

11. Ative a função de suavização *NURMS*, e o corpo do foguete deve se parecer com o da Figura 3.27. Desabilite *NURMS* antes de continuar o exercício.

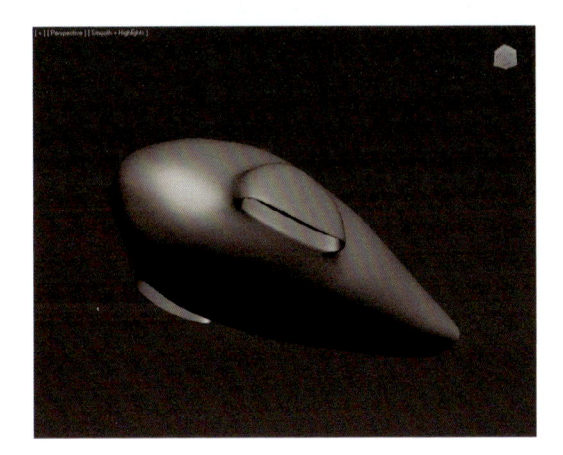

FIGURA 3.27   O vão das rodas suavizado parece muito bom.

12. Salve o seu trabalho.

Crie o painel de controle

Vamos agora criar o painel de controle para o foguete, conforme mostrado na Figura 3.28. Você pode continuar com o seu próprio arquivo da cena ou usar o arquivo de cena Rocket_02.max da pasta Scenes do projeto *Red Rocket* que você baixou do site da editora.

FIGURA 3.28   O painel de controle.

1. Para criar o painel de controle, é necessário adicionar mais um segmento na parte superior do corpo para um detalhamento extra da malha, como você pode ver na Figura 3.29. Vá para a faixa de opções *Graphite Modeling Tools*, clique na aba *Edit*, selecione *Swift Loop* e crie uma aresta conforme mostrado na Figura 3.29.

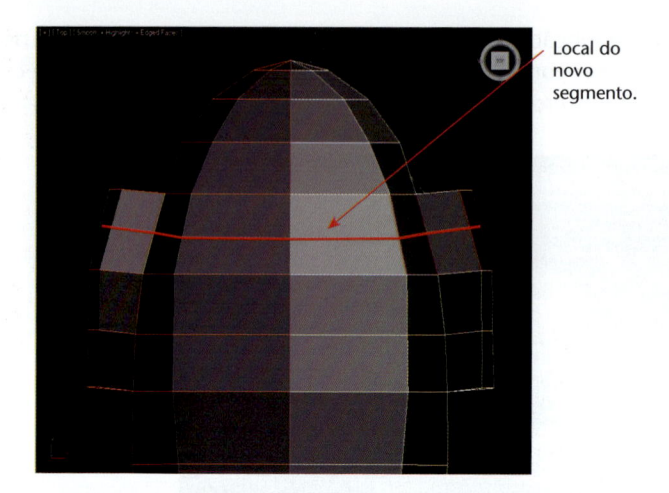

FIGURA 3.29 Acrescente um *edge loop* usando *Swift Loop* para criar um detalhe extra da malha.

2. Repita a etapa 2 para criar um segmento verticalmente para baixo do corpo do foguete, desde a ponta até a rabeta, conforme ilustrado na Figura 3.30.

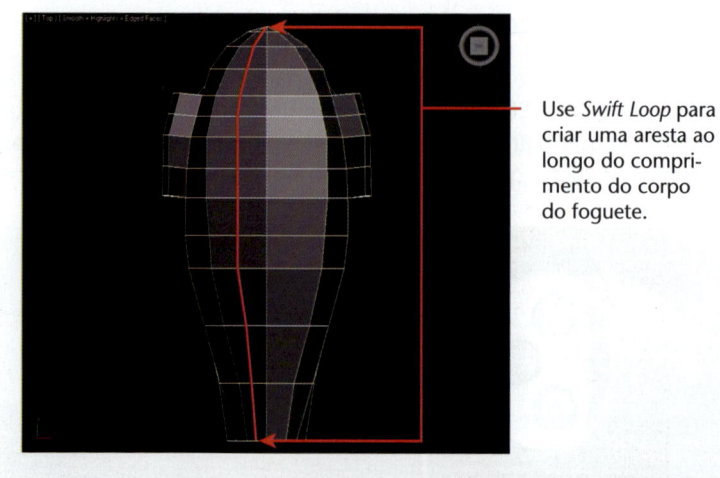

FIGURA 3.30 Adicione uma linha de corte longitudinal ao corpo do foguete.

Agora vemos o mesmo problema na ponta do foguete que você viu no início deste exercício. Você precisa conectar os vértices, como fez anteriormente. Volte para as etapas começando com a Figura 3.16 para uma revisão a fim de orientá-lo na ligação entre dois vértices.

3. Na *viewport Top*, mova os vértices para se ajustar no formato do painel de controle, conforme mostrado no *box image-plane Top View*. Veja a Figura 3.31.
4. Mude para o modo subobjeto *Polygon* e selecione os polígonos do painel de controle mostrados na Figura 3.32.
5. Vá para a faixa de opções *Graphite Modeling Tools* e clique no botão *Extrude Settings* na aba *Polygons*. Extrude os polígonos com *Height* de 1.0 e *Extrude Type* configurado em *Group* e clique em *OK*.

Se você olhar para a vista superior do foguete, vai ver a nova extrusão onde se encontra a metade referência do corpo do foguete, conforme mostrado na Figura 3.33.

Os dois lados, onde você fez a extrusão, devem se separar um do outro. Lembre-se de que os dois lados estão sendo reunidos para formar o corpo inteiro usando o modificador *Symmetry*, por isso, tudo o que precisamos é garantir que todos os vértices do lado original estão alinhados no meio. Para a metade do foguete original, você vai precisar excluir os polígonos ao longo do meio e mover os vértices juntos. Faremos isso nos passos a seguir.

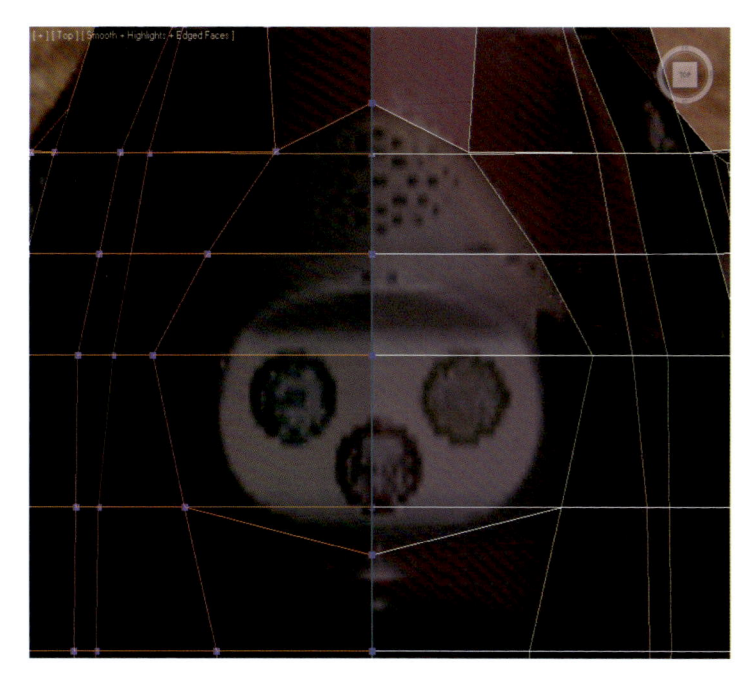

FIGURA 3.31 Crie os novos vértices ao redor do painel de controle na *viewport Top*.

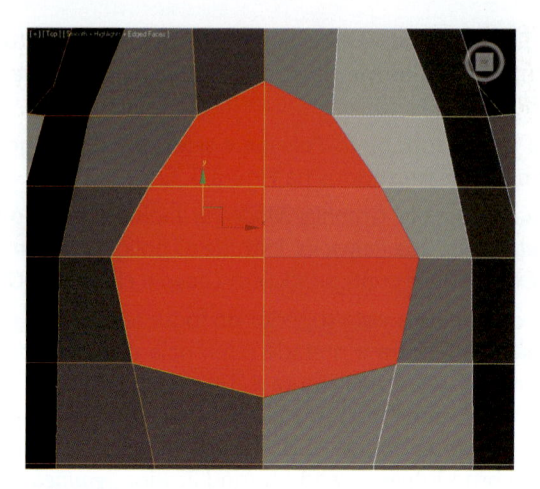

FIGURA 3.32 Selecione os polígonos do painel de controle.

FIGURA 3.33 A visão de cima do foguete.

6. Selecione os polígonos de dentro do meio, conforme mostrado na Figura 3.34, e exclua-os.
7. Alterne para o modo *Vertex* e selecione os vértices do lado original do modelo, onde as metades do painel de controle se encontram. Mova-as ao longo do eixo *X* para o meio, onde a original e as metades referência se encontram, conforme mostrado na Figura 3.35. O problema está resolvido! Quando as duas metades do corpo forem costuradas depois, a malha do corpo vai parecer sem costura.
8. Cerifique-se de que você está no modo *Vertex*. Usando as *viewports Front*, *Side* e *Top*, mova os vértices do painel de controle para alinhar com o painel de controle do foguete nos *image-planes* conforme mostrado na Figura 3.36.

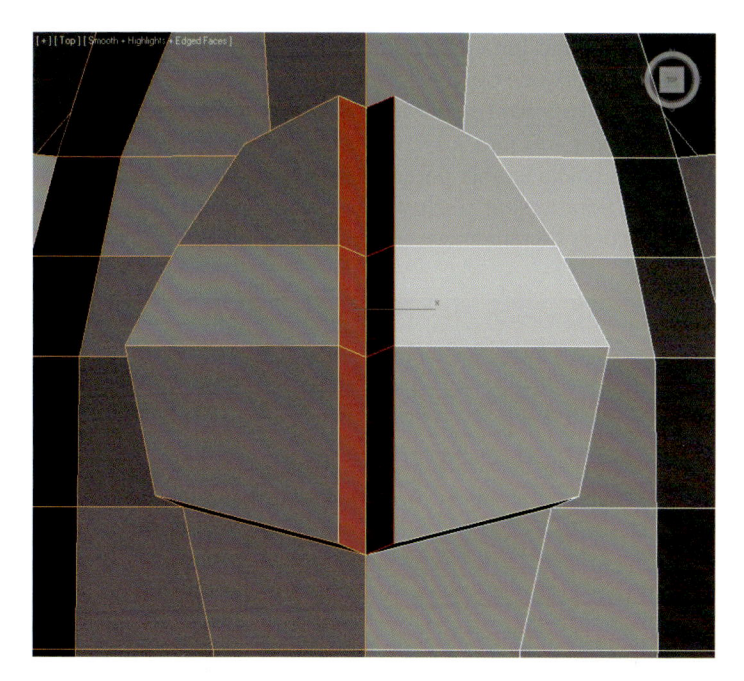

FIGURA 3.34 Selecione os polígonos de dentro do meio e exclua-os.

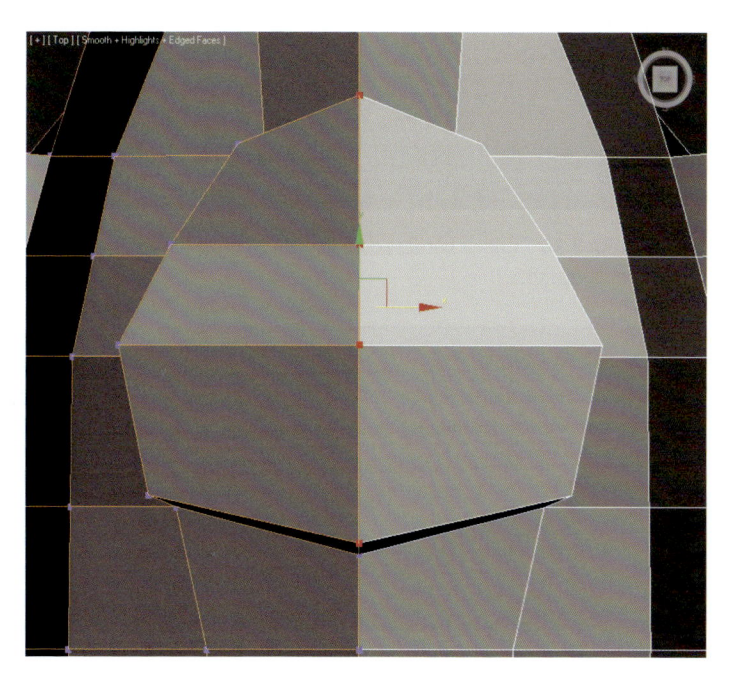

FIGURA 3.35 Alinhe os vértices para corrigir a divisão no painel de controle entre as duas metades do corpo do foguete.

9. Vamos olhar para esse corpo de foguete suavizado. Vá até a aba *Edit* na faixa de opções *Graphite Modeling Tools* e clique no botão *Use NURMS* para suavizar o modelo novamente. Ele deve ser semelhante à Figura 3.37.

10. Use a gaiola laranja para ir além com a edição do painel de controle para melhor se ajustar ao painel de controle da foto os *image-planes* de referência.

> Você verá a gaiola *Subdivision Surface* enquanto estiver no modo subobjeto.

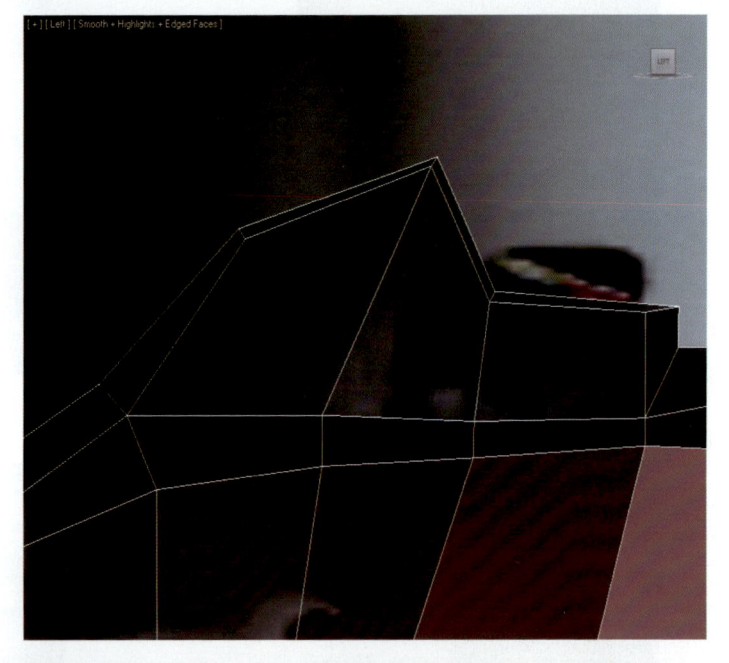

FIGURA 3.36 Crie os vértices do painel de controle para o esboço mostrado nos *image-planes*.

FIGURA 3.37 Use a subdivisão *NURMS*.

Quando você desativar *NURMS*, os polígonos para o painel de controle vão parecer grandes demais, conforme mostrado na Figura 3.38, e vão além dos contornos do painel de controle real nos *image--planes*.

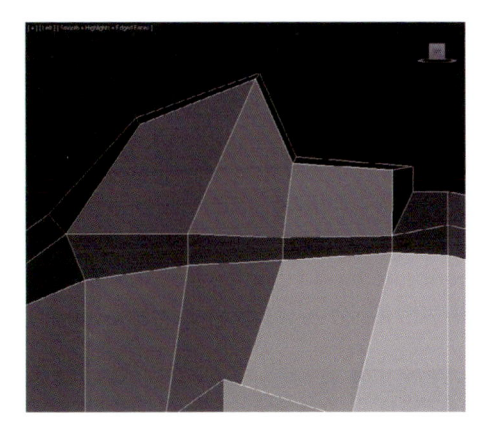

FIGURA 3.38 Os polígonos parecem exagerados.

Isso acontece porque o modelo de baixa resolução da gaiola é uma forma bruta, antes de a suavização ser aplicada a ele. Uma vez que *NURMS* é ativado, ele suaviza os detalhes, diminuindo-os um pouco para dentro da gaiola. Com *NURMS* habilitado, o painel de controle parece como a Figura 3.39 e se encaixa no modelo real.

FIGURA 3.39 O painel de controle suavizado como visto no perfil.

Crie o conjunto do eixo das rodas traseiras

Voltaremos nossa atenção para as rodas traseiras. Nas etapas seguintes, criaremos o conjunto do eixo traseiro mostrado na Figura 3.40. Você pode usar seu próprio arquivo de cena ou carregar o arquivo de cena Rocket_03.max da pasta Scenes do projeto *Red Rocket*.

1. Se a suavização está selecioanda, desative-a clicando na opção *Use NURMS* e mude para o modo subobjeto *Polygon*. Mude sua *viewport Top* para uma *viewport Bottom,* usando (V) em seu teclado no modo de exibição selecionado acima. Depois, escolha *Bottom View* no menu vertical. Além disso, selecione o foguete e entre no modo *Isolate Selection*.
2. Selecione os quatro polígonos no fundo da rabeta do corpo, conforme a Figura 3.41, e extrude-os com *Height* de **0,6**.

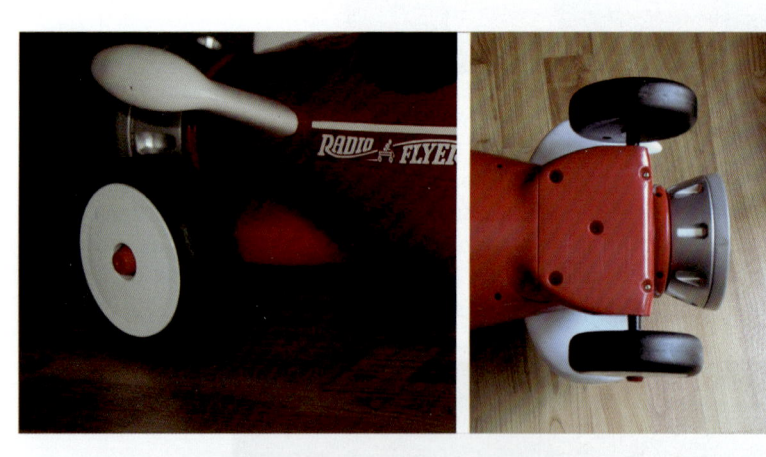

FIGURA 3.40   As rodas traseiras.

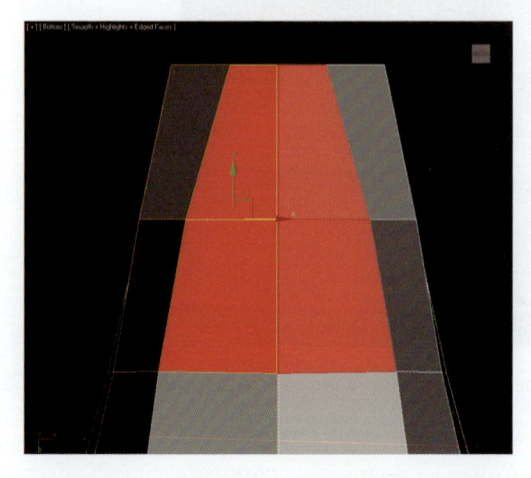

FIGURA 3.41   Selecione os quatro polígonos no fundo do corpo.

3. Os polígonos extrudados serão divididos ao meio, onde a meia-referência original e espelhada do corpo se encontra com a outra metade, como elas fizeram com o painel de controle no início deste exercício. Mova os vértices e arrume a costura no centro da mesma forma que você fez com o painel de controle. Apague os polígonos desnecessários como você fez com o painel de controle. O resultado deve se parecer com a Figura 3.42.

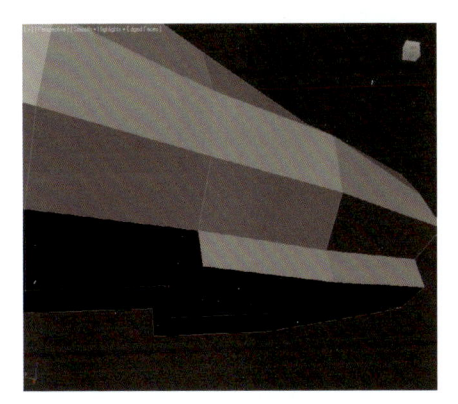

FIGURA 3.42   O resultado da extrusão.

4. Alterne para o modo *Vertex* e ajuste os polígonos extrudados do eixo traseiro de modo que eles tenham a forma do eixo do *box image-plane Side View*, conforme mostrado na Figura 3.43. Saia do modo *Isolate Selection* para que você possa ver seus planos de imagem.

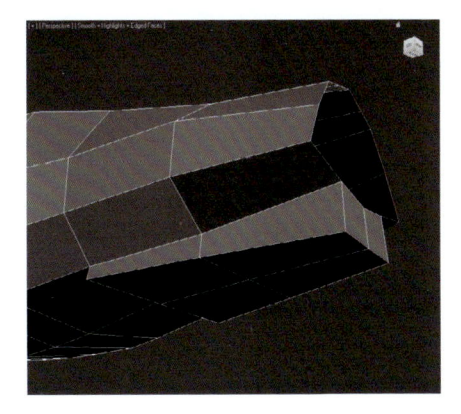

FIGURA 3.43   Ajuste os polígonos extrudados para melhor se encaixar com a forma de trás.

5. Alterne para modo *Polygon*, selecione os polígonos ao lado dos polígonos extrudados e extrude-os com *Height* de *0,6*. A seguir, clique em *OK*, conforme a Figura 3.44.

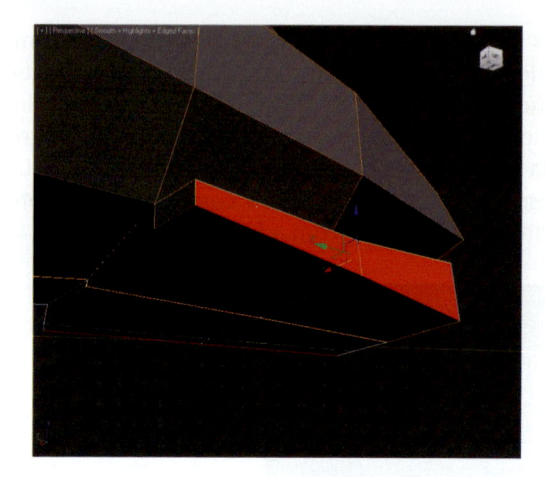

FIGURA 3.44 Uma extrusão com *Height* de 0,6.

6. Reorganize os vértices para criar uma asa-delta pequena saindo do lado inferior/lateral do corpo, conforme mostrado na Figura 3.45.

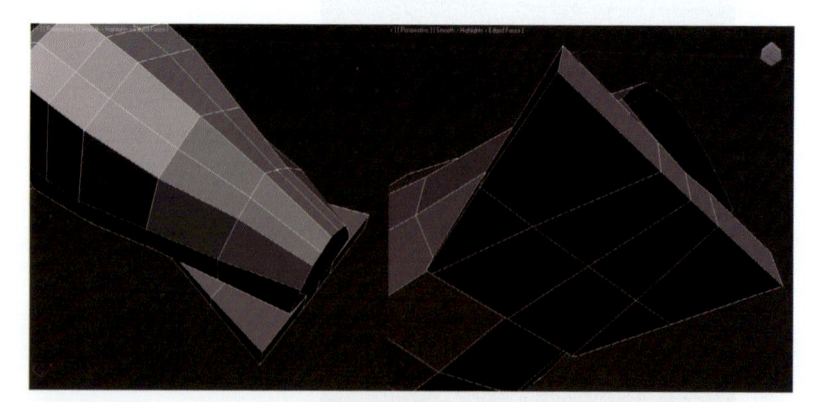

FIGURA 3.45 Crie uma pequena asa-delta.

7. Ative *NURMS* de novo para ver os resultados do processo de suavização mostrados na Figura 3.46.
8. Enquanto ainda estiver em *Use NURMS*, tente mover os vértices da gaiola para esculpir o eixo das rodas traseiras. Salve seu trabalho.

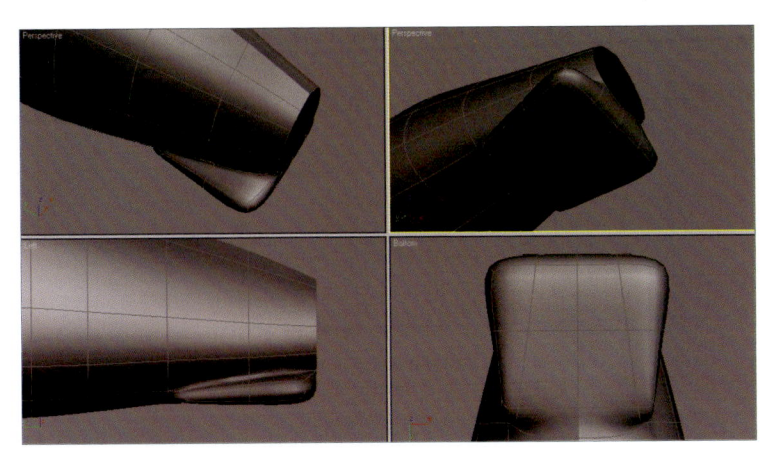

FIGURA 3.46 O corpo do foguete está começando a ganhar forma.

O corpo está acabado agora. Posteriormente, vamos criar o banco e adicionar a pequena borda que liga o propulsor à traseira.

Trabalho adicional no corpo

Precisamos acrescentar alguns retoques finais no corpo do foguete. Você pode continuar trabalhando com seu próprio arquivo de cena ou carregar Rocket_04.max a partir da pasta Scenes do projeto *Red Rocket*.

Você deverá ver uma emenda correndo ao longo da parte superior central do corpo, conforme mostrado na Figura 3.47. Para corrigi-la, precisamos trazer os vértices em direção ao centro do corpo até a emenda desaparecer.

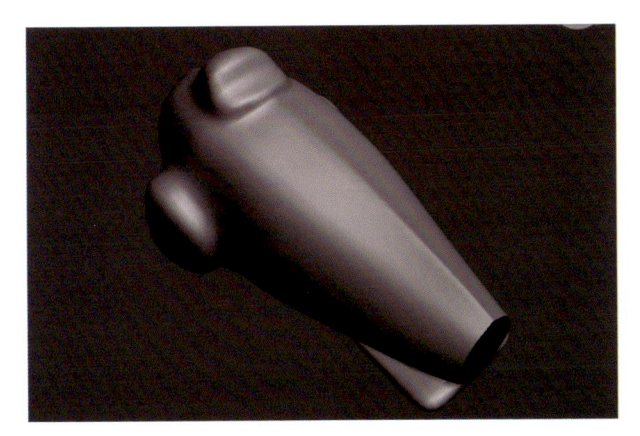

FIGURA 3.47 Uma emenda que corre em direção à rabeta no meio do corpo do foguete.

1. Selecione o foguete. Na faixa de opções *Graphite Modeling Tools*, entre no modo *Vertex*. O lado espelhado do corpo vai desapa-

recer porque nós estamos abaixo na pilha de modificadores. Se quiser que *Symmetry* permaneça, clique no ícone *Show End Result* ( ), que se encontra na linha de ícones abaixo da pilha de modificadores.

2. Selecione *Graphite Modeling Tools* e clique na aba *Edit;* em seguida, desative *Use NURMS*. Depois, selecione os vértices que são executados ao longo do meio. Selecione e mova um pouco de cada vez. Do ponto de vista lateral, você pode ver que os vértices se aderem até mais longe do que a linha de baixo; é isso que causa a saliência. Nivele os vértices com a linha de vértices abaixo deles, movendo-os ao longo do eixo *Y*, conforme mostrado na Figura 3.48.

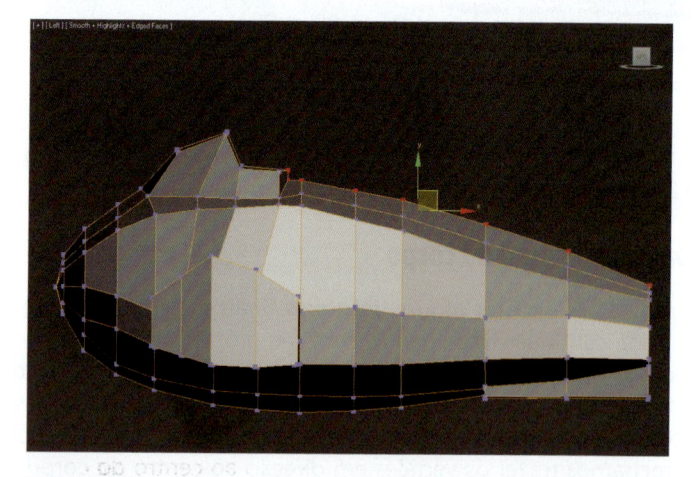

FIGURA 3.48 Nivele os vértices com a linha de vértices abaixo deles.

3. Vá para *Symmetry* acima na pilha de modificadores a fim de visualizar o corpo inteiro sem a emenda. Ative de novo *Use NURMS* para ver se a emenda desapareceu, conforme mostrado na Figura 3.49.

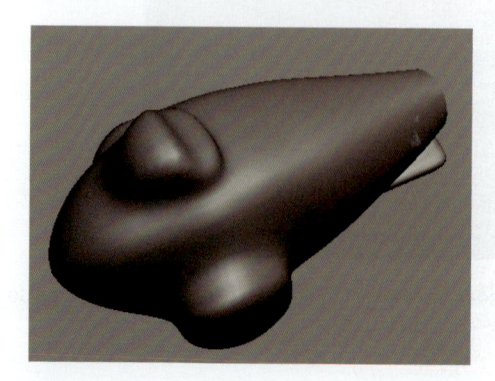

FIGURA 3.49 A emenda se foi!

O próximo detalhe a ser gerenciado é uma pequena borda na extremidade traseira do corpo, conforme mostrado na Figura 3.50. Faremos a borda depois de completar o corpo porque esse pormenor é mais fácil criar depois que o corpo é costurado.

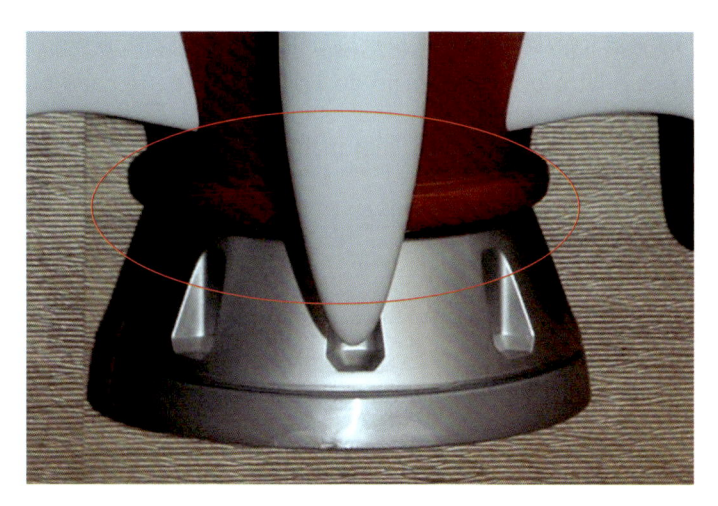

FIGURA 3.50 A borda entre o propulsor e o corpo do foguete.

1. Desative *Use NURMS* se estiver selecionado no momento.
2. Certifique-se de que o corpo esteja selecionado (com o modificador *Symmetry*). Vá para a faixa de opções *Graphite Modeling Tools* e, no menu *Polygon Modeling*, clique em *Collapse Stack*. Isso combina as duas metades separadas do foguete em uma.
3. No menu *Polygon Modeling*, clique no modo *Border* ( ) e selecione as arestas da borda na parte traseira do corpo, conforme ilustrado na Figura 3.51.

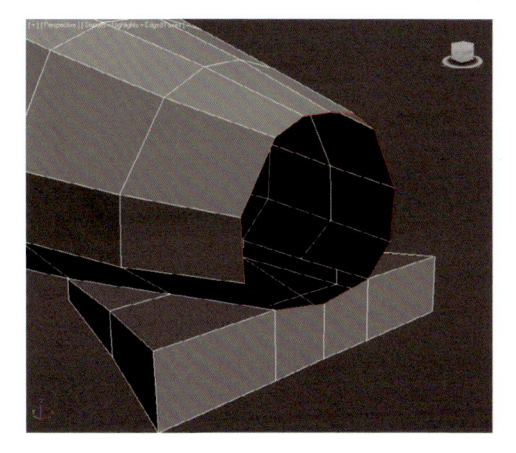

FIGURA 3.51 Selecione as arestas da borda na parte traseira do corpo.

4. Vá para a aba *Geometry* (*All*) na faixa de opções *Graphite Modeling Tools* e clique em *Cap Poly*, conforme mostrado na Figura 3.52. Isso irá criar um polígono onde estava o buraco.

5. Alterne para o modo subobjeto *Polygon* e selecione o novo polígono. Vá para a aba *Polygons* da faixa de opções *Graphite Modeling Tools* e clique no botão *Bevel Settings* para abrir o *Bevel caddy*. Faremos quatro biséis por meio do *Bevel caddy*. Entre cada bisel, assegure-se de clicar em *Apply And Continue* (⊞), não em *OK* (☑). Isso aplica seu bisel, mas mantém o *caddy* aberto para mais.

6. Faça quatro biséis com os seguintes valores:

Bevel No.	Height	Outline
1	0,05	0,3 (⊞)
2	0,2	0,1 (⊞)
3	0,2	–0,1 (⊞)
4	0,05	–0,3 (☑)

7. Clique na entrada *Editable Poly* na pilha de modificadores. Ative *NURMS* para visualizar o corpo do foguete. (ver Figura 3.52).

FIGURA 3.52 Detalhe do propulsor completado com NURMS.

Segure-se no seu assento

Será que seria divertido andar em um foguete em pé? Por experiência, não é divertido. Então vamos dar ao nosso modelo de foguete um assento confortável e agradável. Utilizaremos *ProBoolean* para criar o recorte do banco. A *Boolean Operation* é uma operação geométrica no 3ds Max que cria uma forma a partir da adição de duas formas, da subtração de uma forma a outra, ou da interseção comum de duas formas.

Em teoria, teremos de subtrair um formato cilíndrico do corpo do foguete que criamos até agora. Vamos começar com o cilindro:

Você pode continuar com o seu próprio arquivo de cena ou carregar Rocket_05.max a partir da pasta Scenes do projeto *Red Rocket*.

1. Usando seu próprio arquivo de cena ou a cena Rocket_05.max fornecida, na *viewport Left*, crie um cilindro com os parâmetros mostrados na Figura 3.53.

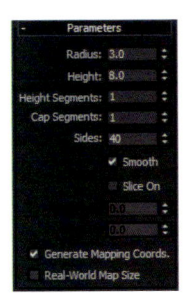

FIGURA 3.53   O menu de rolagem *Parameters*.

2. A partir da visão lateral, alinhe o cilindro de modo que ele fique sobre a parte do corpo do foguete em que o banco estaria, conforme ilustrando na Figura 3.54.

FIGURA 3.54   Alinhe o cilindro com a área do assento.

Da visão de cima, o cilindro deve ser igualmente distribuído em ambos os lados do foguete, conforme a Figura 3.55.

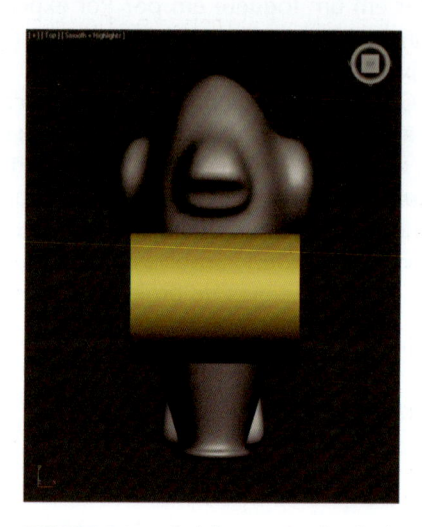

FIGURA 3.55 A visão superior do cilindro.

3. Selecione o corpo do foguete e, antes de realizar a operação *Boolean*, ative *Use NURMS* se necessário a partir da *Graphite Modeling Tools*. Depois, na aba *Create*, clique em *Geometry, Compound Objects* e *ProBoolean*. Escolha *Start Picking* no menu de rolagem *Pick Boolean*, e, a seguir, selecione o cilindro na *viewport*. O cilindro vai cavar um assento para dentro do corpo do foguete, conforme a Figura 3.56.

FIGURA 3.56 O corpo do foguete está pronto.

MESCLANDO OBJETOS EM UMA CENA

Vamos tentar mesclar um modelo externo nessa cena. Finja que você tenha criado um modelo de estabilizador vertical para o foguete vermelho em um arquivo de cena diferente. Você pode importar esse estabilizador em seu cenário atual com o corpo do foguete em vez de criar um novo objeto para ele nesta cena. No 3ds Max, esse procedimento é chamado de *merging*.

1. Salve seu trabalho.
2. Clique em *Application* → *Import* → *Merge* e navegue até o arquivo Fin.max na pasta Scenes do projeto Red Rocket.
3. Clique em *Open*. A janela de diálogo *The Merge* se abre.
4. Selecione o objeto que servirá como estabilizador do foguete na janela de diálogo e clique em *OK*. O objeto estabilizador vai aparecer em sua cena como o estabilizador vertical central da parte superior do foguete.

Você pode clonar e posicionar o estabilizador vertical para criar os estabilizadores laterais, ou pode carregar o seu arquivo de cena anterior e continuar com o exercício Red Rocket.

ALÉM DO ESSENCIAL

Quanto mais você usar essas ferramentas, mais rápido elas se tornarão parte indistinta de seu fluxo de trabalho.

Depois de configurar a cena com imagens de fundo, você conseguiu alinhar as peças do modelo e construí-las, ajustando-as conforme os objetos das *image planes* em que você trabalhou na cena. Quando você construiu o foguete vermelho, empregou várias funções das ferramentas *Editable Poly* e das funções *ProBoolean* que aprendeu no capítulo anterior. Você também usou o modificador *Symmetry* para reduzir o seu trabalho sobre o corpo do foguete pela metade.

Se estudar a imagem do foguete no início do capítulo, você verá que existem muitos elementos que ainda precisam ser feitos. Alguns serão construídos no capítulo seguinte. Mas outros, você, como um modelador em evolução, deve tentar por si mesmo.

EXERCÍCIOS ADICIONAIS

▶ Estude as imagens do foguete no início do capítulo. Os estabilizadores verticais na parte de trás do foguete não estão inclusos nos exercícios passo a passo. Tente construí-los por conta própria usando planos de imagem de referência para orientá-lo. Comece com uma geometria primitiva simples como o *box*, converta-a em um polígono editável (*Editable Polygon*) e use o modo *Vertex* para transformar o *box* em uma forma bruta do estabilizador. Ative *NURMS* e continue a remodelar até que você tenha uma correspondência com a imagem. Você pode encontrar imagens dos estabilizadores verticais do foguete disponíveis no site da Bookman Editora, *www.bookman.com.br*.

(Continua)

> **ALÉM DO ESSENCIAL** *(Continuação)*
>
> **EXERCÍCIOS ADICIONAIS**
> ▶ Outro modelo que você pode praticar é o assento do foguete. No foguete, subtraímos uma forma cilíndrica com *ProBoolean*, mas deve haver uma borda suave no topo e nas arestas. Novamente, use as mesmas técnicas que você empregou no corpo do foguete e na rabeta.
> ▶ O painel de controle na parte superior do foguete tem alguns botões. Estude-os na referência e tente recriá-los.
> ▶ Se você quiser ver as partes prontas desses modelos, pode mesclar os modelos prontos na cena do corpo do foguete que criou escolhendo *Application* → *Import* → *Merge*.

CAPÍTULO 4

Modelando no 3ds Max: Parte II

No capítulo anterior, você começou a trabalhar em um modelo complexo com um foguete de brinquedo vermelho. Neste capítulo, você completará o modelo usando os modificadores *Lathe* e *Bevel*, e também usará o objeto composto *Loft* para criar o brinquedo. Além disso, aprenderá mais sobre *splines* e *shapes*.

Crie o propulsor

Antes de começar, baixe a pasta Red Rocket do site da Bookman Editora, *www.bookman.com.br*, para o seu disco rígido onde você guarda seus outros projetos do 3ds Max.

A extremidade traseira do foguete de brinquedo é o propulsor arredondado mostrado na Figura 4.1. Você pode continuar com seu próprio arquivo de cena ou pode abrir Rocket_05.max da pasta Scenes no projeto *Red Rocket* que você baixou do site da Editora.

FIGURA 4.1 O propulsor visto de cima e de baixo.

Você criará o propulsor utilizando a técnica de modificador *Lathe* usada na criação dos puxadores para o modelo da cômoda no Capítulo 2, "Seu primeiro projeto no 3ds Max". *Lathe* só funciona quando o objeto a ser modelado é redondo e tem a mesma aparência e detalhe em todo o contorno. Assim como fez com o puxador da cômoda desenvolvida no Capítulo 2, você usará linhas (*splines*), mais especificamente *Line Tool*, para fazer o perfil do propulsor. A ferramenta *Line* cria uma forma 2D sem profundidade. O modificador *Lathe* cria um objeto 3D, girando essa forma em um dos três eixos (X, Y ou Z).

Use *Lathe* para dar forma ao propulsor

Você precisa identificar o perfil e desenhá-lo com o *Line Tool*.

1. A forma do perfil que você precisa usar está desenhada na Figura 4.2. Na aba *Create*, clique no ícone *Shapes*. Lá você encontrará o botão da ferramenta *Line*. Clique em *Line* e, na *viewport Top*, desenhe um perfil com forma semelhante à da Figura 4.2. A forma terá mais sentido assim que você a vir torneada.

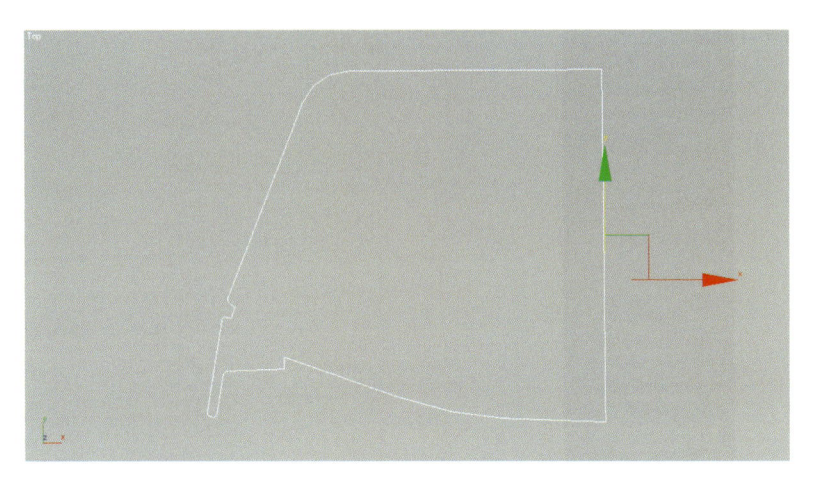

FIGURA 4.2 Essa forma será usada para tornear o propulsor do foguete.

2. Uma vez que você criou a *spline* ou mesclou na cena a que já existia, selecione a *spline*, vá para a aba *Modify* e acrescente o modificador *Lathe* à *spline*.

   Não se preocupe se você tem algo como o torno mostrado na Figura 4.3, em que a linha de perfil está girando em torno do eixo no centro da forma da linha. Você precisa que o eixo de rotação esteja na aresta interna da forma do perfil.

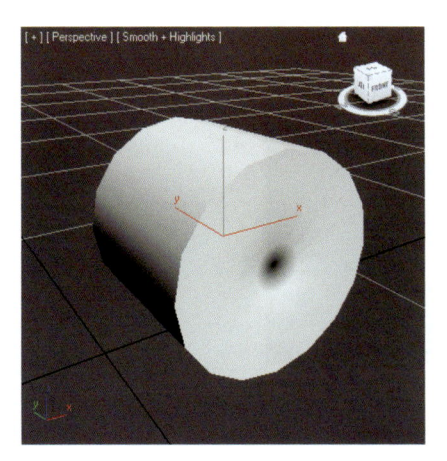

   ◀ Você pode mesclar em uma forma existente para o perfil do propulsor. Navegue até a pasta Scenes do projeto *Red Rocket* e abra ThrusterProfile. max. Selecione o objeto *Exhaust Profile Line* e clique em *OK*.

FIGURA 4.3 O torno está girando sobre o eixo errado.

3. Vá para o painel *Modify* e, na pilha de modificadores, certifique-se de que *Lathe* esteja selecionado. Debaixo do menu de rolagem *Parameters,* na seção *Align*, clique no botão *Min*, conforme mostrado na Figura 4.4. Isso move o eixo de rotação do perfil para a aresta interna.

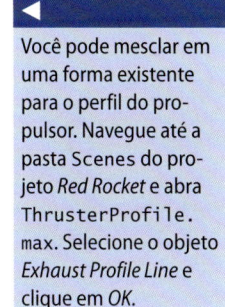

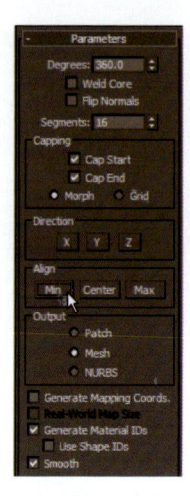

FIGURA 4.4 No modificador *Lathe*, clique no botão *Min*.

O objeto torneado deve se parecer mais com o propulsor, mas terá um grande buraco no meio, conforme mostrado na Figura 4.5. Isso é também um problema do eixo. Você precisa ajustar o eixo do torno de rotação para se livrar do buraco.

FIGURA 4.5 O torno está começando a se parecer mais como um propulsor.

> Seja cauteloso com o passo 4. Não feche o buraco, apenas torne-o tão pequeno quanto for possível. Se você cruzar a linha, as normais viram sobre o objeto inteiro.

4. Na pilha de modificadores, expanda o modificador *Lathe* (clique no sinal de mais à esquerda da entrada *Lathe*) e selecione *Axis* para o modo subobjeto do torno. Vá para a *viewport Perspective* e mova o *gizmo Transform* para a esquerda (ou direita, dependendo da sua orientação) ao longo do eixo *X* até que o buraco esteja fechado a olho nu.

5. Volte para os parâmetros *Lathe* e altere *Segments* para **20**. Isso ajudará o propulsor a parecer menos facetado do que agora, mas vai ficar um pouco volumoso nas bordas. Não se preocupe muito com isso; os propulsores não serão vistos de perto neste cenário. Use o parâmetro *Segments* para fazer seus tornos parecer apenas tão suaves quanto necessário para a sua foto.
6. Nomeie sua geometria de propulsor para **Thruster**.
7. Mova-o para a parte traseira do corpo do foguete, de acordo com as imagens de referência.

Crie o objeto 3D para o detalhe do propulsor

Para criar o detalhe do entalhe do propulsor, você usará uma operação *Boolean*, então será necessário um objeto para ser subtraído do propulsor. Na Figura 4.1, você pode ver que a parte superior da forma recortada tem cantos planos, os cantos inferiores são arredondados, e a forma do retângulo se estreita inteiramente. Você criará esse detalhe usando uma forma de retângulo simples e vai editá-la em um nível subobjeto para aperfeiçoar.

Você pode continuar com seu próprio trabalho ou pode abrir Rocket_06.max da pasta Scenes do projeto *Red Rocket* para chegar nesse ponto. Essa cena tem o propulsor criado até esse ponto do exercício. Se você quiser usar o que você já criou, sinta-se à vontade para apenas selecionar e excluir o propulsor. A seguir, mescle seu propulsor na cena.

1. Vamos deixar a área de trabalho um pouco melhor de navegar ocultando algumas das partes do foguete. Você não pode usar o modo *Isolate Selection* porque deseja esconder todos os objetos na cena. Selecione todos os objetos na cena, diminua o zoom até que você veja cinza ao redor de todo o modelo e das *image-planes*. Clique e arraste uma caixa de seleção ao redor dos objetos. Clique com o botão direito do mouse sobre os objetos selecionados para abrir o menu contextual e, a partir da lista, escolha *Hide Selection*, conforme mostrado na Figura 4.6.

2. Vá para o painel *Create* e, debaixo de *Shapes*, selecione *Rectangle*. Clique e arraste na *viewport Top* para criar um retângulo com *Lenght* de **0,74** e *Width* de **0,42**. Mova o retângulo para cima da geometria do propulsor que você acabou de tornear.

    Ah! Não... você escondeu alguma coisa! Tudo bem. Apenas clique de novo com o botão direito do mouse em sua *viewport* e logo aparece o menu contextual. Escolha *Unhide By Name* a partir da caixa de diálogo, conforme mostrado na Figura 4.7. A seguir escolha *Thruster* a partir da caixa de diálogo *Unhide Objects* e clique no botão *Unhide* na parte de baixo da caixa de diálogo.

> Você pode mesclar uma *spline* já existente a partir do arquivo de cena Thruster Detail Spline.max na pasta Scenes do projeto *Red Rocket* e pular para o passo 3.

FIGURA 4.6 Escolha *Hide Selection* no menu contextual.

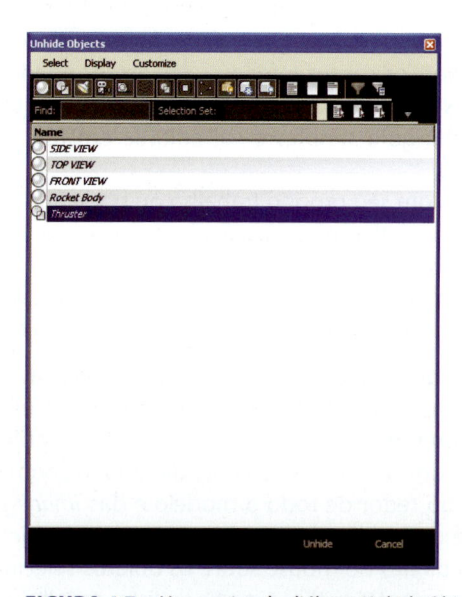

FIGURA 4.7 Use a caixa de diálogo *Unhide Objects*.

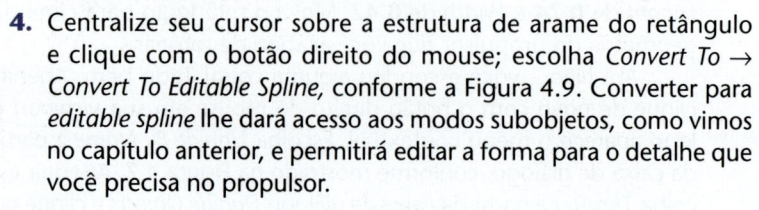

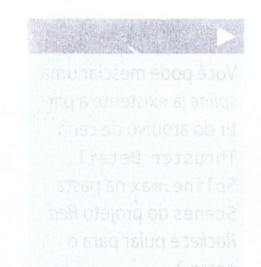

3. Agora mova o retângulo para cima da geometria do propulsor que você acabou de tornear, conforme mostrado na Figura 4.8.
4. Centralize seu cursor sobre a estrutura de arame do retângulo e clique com o botão direito do mouse; escolha *Convert To → Convert To Editable Spline,* conforme a Figura 4.9. Converter para *editable spline* lhe dará acesso aos modos subobjetos, como vimos no capítulo anterior, e permitirá editar a forma para o detalhe que você precisa no propulsor.

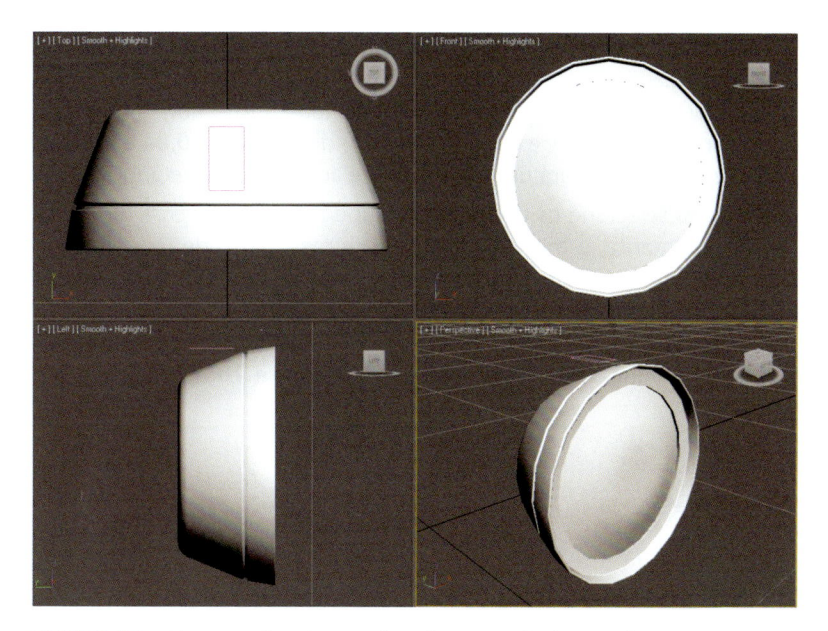

FIGURA 4.8 Mova o retângulo para cima da geometria do propulsor.

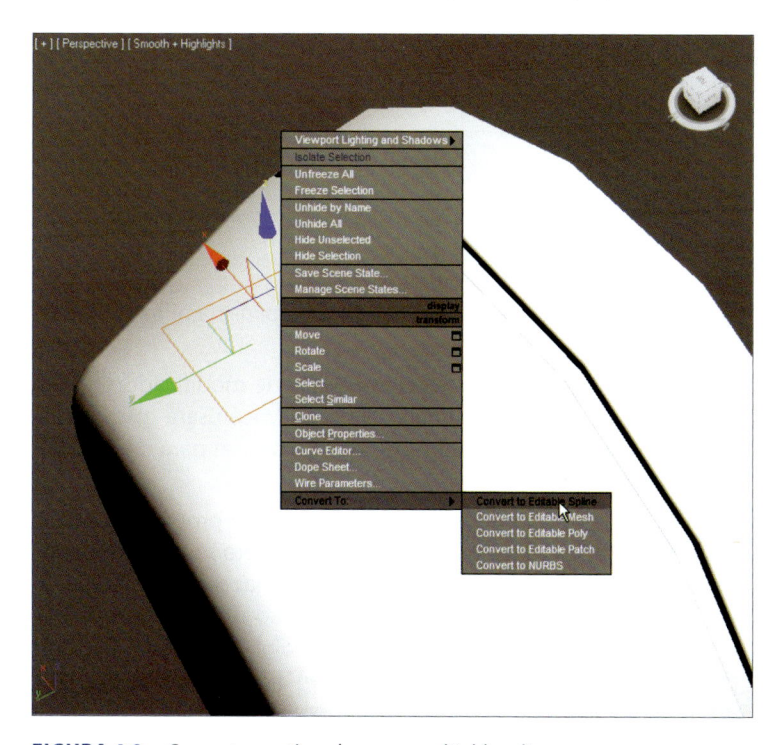

FIGURA 4.9 Converta o retângulo em um *editable spline*.

> Observe cuidadosamente para garantir que o chanfro e o *fillet* nos passos 5 e 6 não criam vértices sobrepostos. Algo bom pode causar problema se for exagerado.

5. Entre no modo *Vertex* para o *rectangle spline* e, a partir da janela de visualização *Top*, selecione os dois vértices do fundo. Selecione o painel *Modify* e, nos parâmetros do *Editable Spline*, abra o menu de rolagem *Geometry* e escolha *Chamfer*, digite o valor **0,04** e pressione *Enter*. Isso criará um ângulo limite aos cantos do retângulo.

6. Agora selecione os dois vértices superiores na *viewport Top*, individualmente, e mova-os juntos para mais perto de maneira que o retângulo se estreite na extremidade. Selecione os dois vértices superiores e, no menu de rolagem *Geometry*, escolha *Fillet*, digite o valor **0,1** e pressione *Enter*; essa ação arredondará a parte superior da linha, conforme mostrado na Figura 4.10.

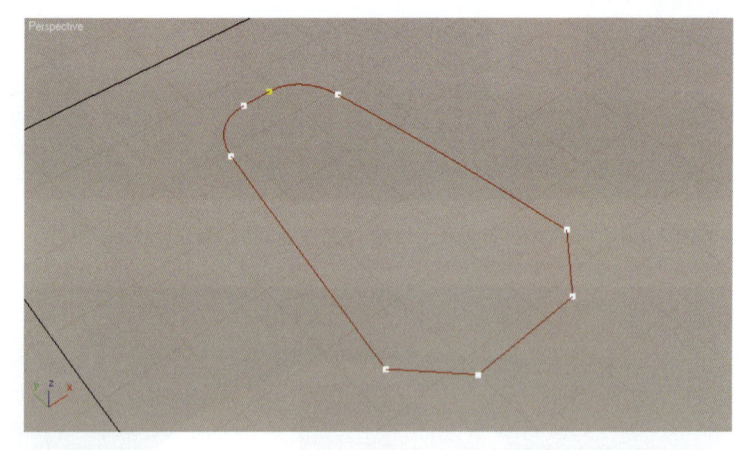

FIGURA 4.10 Digite o valor 0,1 e pressione *Enter* para arredondar a parte superior da linha.

7. Saia do modo *Vertex* clicando em *Editable Spline* na pilha de modificadores.

8. Com a linha selecionada, selecione a lista de modificadores e escolha *Extrude*. Configure *Amount* em **0,4**. Você usará esse objeto para a operação *Boolean* a fim de criar a margem para dentro dos lados do propulsor.

9. Alinhe o objeto da subtração do propulsor com o propulsor, conforme mostrado na Figura 4.11. Centralize o objeto na parte superior do propulsor para obter melhores resultados nas seguintes etapas.

　　Vamos copiar o objeto e ordená-lo ao redor do propulsor oito vezes. Para facilitar, mova o *pivot points* do objeto *Boolean* para o centro do propulsor; isso fará com que o objeto seja copiado harmoniosamente ao redor do propulsor.

FIGURA 4.11 Centralize o objeto cuja forma será subtraída no propulsor.

10. Selecione o detalhe extrudado do propulsor. O eixo do detalhe extrudado do propulsor precisa se mover para o centro do objeto *Thruster*. No Painel de Comando, selecione o painel *Hierarchy* (　) e clique no botão *Affect Pivot Only*.

    ◀ Você pode mesclar o modelo previamente feito do arquivo de cena `Thruster Detail.max` da pasta Scenes do projeto *Red Rocket*.

11. Na barra de ferramentas principal, selecione o ícone *Align* (　), e, em seguida, selecione o propulsor; não importa em qual *viewport*. A caixa de diálogo *Align Selection* aparecerá; deixe as configurações da caixa de diálogo em seus valores padrão (exceto para *Target Object*, que deve ser configurado em *Center*) e clique em *OK*.

12. Clique em *Affect Pivot Only* de novo e desative-o. Pressione a tecla *A* para ativar *Angle Snap* e, a seguir, selecione a ferramenta *Rotate*. Enquanto mantém a tecla *Shift* pressionada, gire o objeto de entalhe do propulsor em 45 graus em qualquer direção ao redor do prato do propulsor. Quando você soltar o botão do mouse, a caixa de diálogo *Clone Options* será aberta. Selecione *Copy*, digite o valor **7** para *Number of Copies* e clique em *OK*. Isso colocará sete cópias do objeto que vai fazer o entalhe no propulsor, cada uma com 45 graus de rotação em torno do propulsor, perfazendo um total de oito objetos que formam 360 graus ao redor.

    ◀ O eixo deve ser a única coisa que se move. Se o objeto se move, desfaça (*Ctrl+Z*) e tente a mesma etapa novamente.

13. Depois, selecione o propulsor e escolha *Create* → *Geometry* → *Compound Objects* → *ProBoolean*. Escolha *Choose Start Picking* no menu de rolagem *Pick Boolean*, mova os objetos de entalhe do propulsor e clique em cada um para removê-los do propulsor.
    Seu propulsor deve ter os entalhes mostrados na Figura 4.12.

14. Clique com o botão direito do mouse para desativar o recurso *Start Picking*. Em seguida, exiba as outras partes do foguete para ver como as coisas estão até agora.

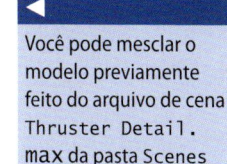

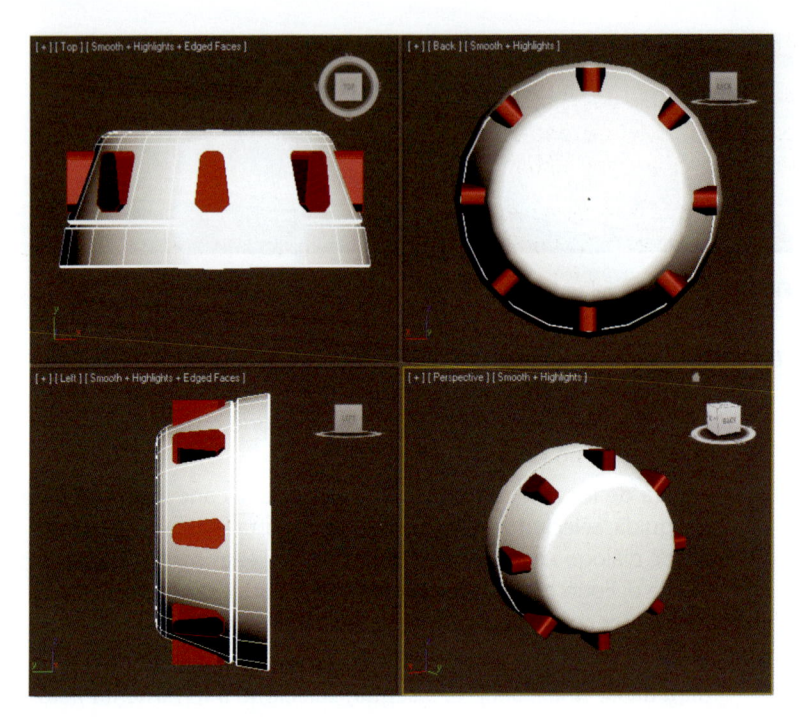

FIGURA 4.12   O propulsor com seus detalhes de entalhes.

Faça as rodas

Estamos na reta final. Nesta seção, você vai modelar as rodas mostradas na Figura 4.13. Você pode continuar com seu próprio arquivo de cena ou carregar Rocket_07.max da pasta Scenes do projeto *Red Rocket*.

FIGURA 4.13   As rodas do foguete vêm a seguir.

Crie a primeira roda

As rodas são criadas usando a mesma técnica geral do corpo: Selecione os polígonos de geometria primitiva *standard/extended* e edite-os. Dessa vez, vamos usar o *Chamfer Cylinder*.

> Você pode mesclar as rodas usando os modelos já criados a partir do arquivo de cena Wheels.max da pasta Scenes do projeto *Red Rocket*.

1. Se os *image-planes* estão escondidos, exiba os *image-planes* da visão lateral. Se você está no modo *Isolate Selection*, saia dele e selecione o *image plane* visão lateral e entre novamente em *Isolate Selection*.

2. Escolha a aba *Create*. A partir do menu vertical, selecione *Extended Primitives* e clique em *ChamferCyl* para criar um cilindro chanfrado.

3. Para terminar o lado da roda, clique e arraste na *viewport Left* para criar o círculo do cilindro e, a seguir, libere o botão do mouse. Arraste o mouse e clique novamente para definir a profundidade do cilindro. Finalmente, arraste o mouse pela terceira vez a fim de definir o montante do chanfro. Clique para definir a forma final na *viewport Left.* Selecione o painel *Modify* e defina os parâmetros *Chamfer Cylinder* de acordo com a Figura 4.14.

FIGURA 4.14 Configure os parâmetros *Chamfer Cylinder* conforme mostrado.

4. Selecione a faixa de opções *Graphite Modeling Tools* e, na aba *Polygon Modeling*, clique em *Convert To Poly*. Vá para o modo *Vertex* e selecione o vértice da frente no centro, conforme a Figura 4.15.

FIGURA 4.15 Selecione o vértice da frente no centro.

5. Vá para a aba *Vertices* da faixa de opções *Graphite Modeling Tools* e clique no botão *Chamfer Settings*. Configure *Vertex Chamfer Amount* em **0,4** e clique em *OK*.
6. Alterne para o modo *Polygon* e selecione o novo polígono do centro.
7. Selecione a aba *Polygons* e abra o *Bevel Settings caddy*. Configure *Height* em **–0,4** e *Outline* em **0,0** e clique em *Apply And Continue* para criar um bisel. A seguir, configure *Height* em **0,5** e *Outline* em **–0,12** e clique em *OK* para criar um segundo bisel.
8. Mude a *viewport* de maneira que você possa ver a parte de trás da roda. A imagem da *Side View* estará agora no caminho, então, saia do modo subobjeto clicando no ícone *Polygon* na aba *Polygon Modeling* da faixa de opções *Graphite Modeling Tools*. Selecione a roda e entre no modo *Isolate* de novo. Isso acrescenta uma imagem da *Side View* à seleção isolada que você já configurou.

9. Volte para o modo *Vertex* e selecione o vértice do centro. Escolha a aba *Vertices* e clique no botão *Chamfer Settings.* Configure *Vertex Chamfer Amount* em **0,2** e clique em *OK.*
10. Volte ao modo *Polygon* e selecione o novo polígono do centro. Na aba *Polygons,* extrude o polígono com *Amount* **3,0**. Veja a roda completa na Figura 4.16.

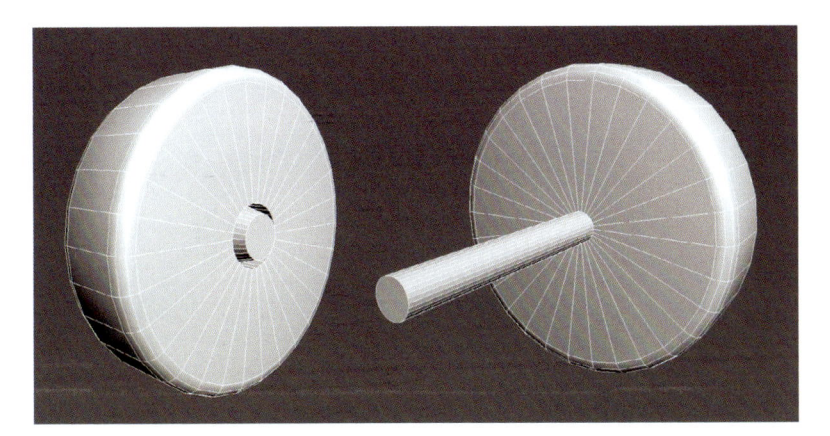

FIGURA 4.16   A roda completa.

Coloque as rodas

Uma roda está feita! Agora saia do nível *Polygon* e faça três clones para as rodas dianteiras e traseiras. Exiba o corpo do foguete e coloque as rodas nos vãos apropriados. Não se preocupe se as rodas da frente não se encaixarem perfeitamente na geometria do corpo. Era difícil imaginar o tamanho dos vãos das rodas até que você tivesse, de fato, as rodas. Vamos arrumar isso assim:

1. Exiba ou saia do modo *Isolate Selection* de maneira que você possa selecionar o corpo do foguete.
2. Entre no modo *Vertex*. Alterne qualquer *viewport* para uma visão inferior. Selecione os vértices no interior do vão da roda e mova-os para fazer a abertura maior a fim de que as rodas possam caber. Use *Soft Selection* para facilitar o movimento de múltiplos vértices. O vão da roda bem acabado é mostrado na Figura 4.17.

Uma última coisa que você pode fazer é dar nomes próprios às suas novas rodas. Nós usamos *Wheel01*, *Wheel02*, *Wheel03* e *Wheel04*.

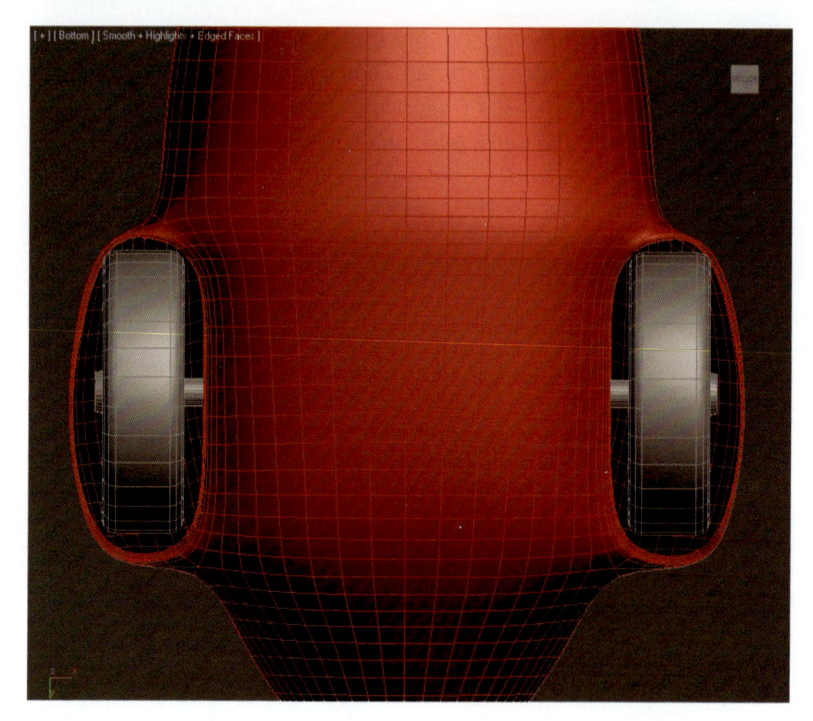

FIGURA 4.17 Certifique-se de que as rodas cabem nos seus respectivos vãos.

Dê um jeito nas coisas

O foguete vermelho tem um conjunto de guidões como uma bicicleta. Eles evitam que o motorista (geralmente uma criança) tenha que enfrentar a tarefa de achar o posicionamento certo toda vez que queira subir no veículo. Por mais estranho que possa parecer, os pais veem isso acontecer com muita frequência. É por isso que a maioria dos adultos acha que o guidão, conforme mostrado na Figura 4.18, é a parte mais importante do foguete. Você vai modelá-los agora.

FIGURA 4.18 Os guidões ajudam a prevenir acidentes, como quedas, por exemplo.

Os guidões serão gerados com o uso de uma técnica de modelagem chamada *lofting,* responsável pela criação de uma forma que é depois extrudada ao longo do processo. Cada guidão é um objeto composto que usa uma forma como um perfil e outra como o caminho para formar uma superfície 3D ou objeto.

> **LOFTING**
>
> O objeto composto *Loft* tem muitos recursos e poucas restrições. O objeto *Shape* pode ser complexo, constituído de várias *splines* não contíguas e até mesmo *splines* aninhadas. Um novo objeto *Shape* pode ser selecionado em qualquer momento ao longo do caminho, e a seção transversal passará automaticamente de um formato para outro. Qualquer forma 2D pode ser usada como objeto *Shape*, mas apenas uma forma que consiste em uma única *spline* pode ser usada como objeto *Path* (caminho de extrusão).

Crie o caminho

Dê uma olhada na Figura 4.18 e imagine uma linha reta que passa pelo meio de um dos guidões. Esse é o caminho que você quer criar.

Você pode continuar com seu próprio arquivo de cena ou pode abrir Rocket_08.max da pasta Scenes do projeto *Red Rocket*. Selecione a imagem Front View e entre no modo *Isolate Selection*.

1. Comece escolhendo o painel *Create*. Clique no ícone *Shapes* e selecione a ferramenta *Line*.
2. Altere a *viewport* para *Back* pressionando V em qualquer janela e escolhendo *Back* da lista *pop-up*. Contra a imagem da visão frontal do foguete, clique para colocar o primeiro ponto da linha onde termina o guidão. Mova o cursor para onde o guidão dobra e crie outro ponto. Coloque um ponto final onde o guidão encontra o painel de controle, conforme mostrado na Figura 4.19, e clique com o botão direito do mouse para completar a linha. Você pode precisar mover a linha para frente na *viewport Top* a fim de obter o alinhamento apropriado mostrado na Figura 4.19.
3. Mova o painel *Modify* e entre no modo *Vertex* da linha. Selecione o vértice do meio, vá para o parâmetro *Fillet* no menu de rolagem *Geometry* e digite **0,1**. Isso acrescentará uma dobra suave à curva.

◂

Mescle o arquivo de cena Handle Bar Spline.max do arquivo Scenes do projeto *Red Rocket* se você não quiser criar, por si mesmo, o caminho.

FIGURA 4.19   O caminho completo para a extrusão (via *loft*) do guidão.

Crie a forma

Agora que você tem o caminho para o *loft*, você precisa da forma do perfil, que é uma secção transversal do guidão. Este é um formato oval, com um topo plano, conforme mostrado na Figura 4.20.

Para criar essa forma, siga os seguintes passos:

1. Saia do modo *Vertex*. Volte para o painel *Create*, clique em *Shapes* e crie uma forma de círculo com um raio de **0,4** na *viewport Left*. Converta a forma de círculo em *editable spline* clicando no círculo e escolhendo *Convert To* → *Editable Spline* a partir do menu contextual.

2. Entre no modo *Vertex*, selecione o vértice superior e exclua-o para tornar o topo plano. Mova a nova forma de maneira que ela fique na extremidade do caminho.

   A seguir, você criará o objeto *Loft*.

3. Saia do modo *Vertex*, selecione a linha do caminho (*path spline*) para o guidão e escolha o painel *Create*. Clique no menu de rolagem *Geometry* e, em seguida, em *Compound Objects* → *Loft*.

4. Por ter começado o processo *lofting* com a linha do caminho do guidão, você tem apenas que deixar o 3ds Max saber que forma usar. No menu de rolagem *Creation Method*, selecione *Get Shape*.

5. Selecione a forma do guidão em uma *viewport* para usar como a forma do *loft*.

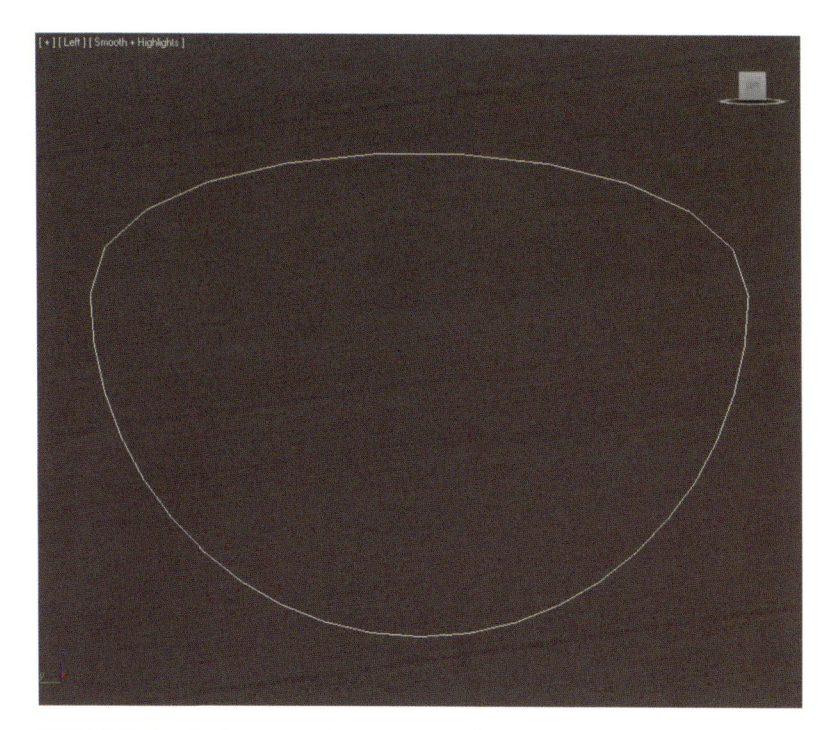

FIGURA 4.20 Um formato oval com um topo plano.

Edite o objeto *Loft*

Na Figura 4.21, você pode ver o caminho do *loft* e a forma da seção transversal, como também o objeto resultante do *Loft*. Mudamos o objeto *Loft* para próximo do caminho a fim de que você possa ver o resultado. No seu arquivo, o objeto *Loft* será criado em cima do caminho.

Nesse exemplo, a forma está virada em 90 graus ao longo do caminho, posicionando o cabo do guidão do seu lado, como você pode ver na Figura 4.22.

A forma deve ser virada para que o lado principal plano fique no topo. Para editar o *loft*, você vai entrar em seu modo subobjeto. Os subobjetos de um *loft* são o caminho e a forma.

1. Selecione o objeto *Loft* e, na aba *Modify*, expanda o objeto na pilha de modificadores.

FIGURA 4.21 O *loft* ganha vida!

FIGURA 4.22 O guidão está orientado de forma incorreta, com o lado plano principal de frente para o condutor.

> **SPLINES PARA O LOFT**
>
> As *splines* originais foram instanciadas quando o *loft* foi criado para que elas ainda estejam ligadas ao *loft*. Isso significa que as alterações feitas ao nível subobjeto nas *splines* serão transferidas para o objeto *loft*. Se necessário, você pode alterar a forma da linha do caminho ou a forma das *splines* que o *loft* também mudará. Você não pode, no entanto, mover ou girar o caminho ou alterar as *splines* para que afetem a forma do *loft*. Você deve, em vez disso, usar *Move* or *Rotate* ao nível subobjeto do *loft*.

2. Entre no modo subobjeto *Shape*, conforme mostrado na Figura 4.23.

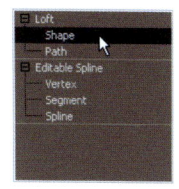

FIGURA 4.23 O modo subobjeto *Shape*.

3. Em uma *viewport*, selecione o *shape* do *loft* na extremidade do objeto *Loft*. A forma ficará vermelha quando for selecionada, conforme mostrado anteriormente na Figura 4.22. A *spline* da forma é a linha fina e mais suave nessa figura em escala de cinza.

4. Selecione a ferramenta *Rotate* e gire a forma no *loft* em –90 graus. O *loft* inteiro vai ser atualizado.

Acrescente detalhes

O próximo passo é criar as curvas sutis e os sulcos do guidão. A extremidade externa do guidão real é curvada. Há um sulco para o meio, e o cabo se estreita até onde se encontra com o painel de controle. Para deixar isso benfeito, o guidão que você criou precisa mais do que uma secção transversal. Com um objeto composto *Loft* no 3ds Max, você pode ter qualquer número de seções transversais para o seu *loft*, e elas podem ser de diferentes formas.

Para editar um *loft* com esses detalhes, você terá que acrescentar mais formas ao longo do caminho e, em seguida, editar essas formas conforme seu gosto.

1. Volte para o nível superior do objeto *Loft* na aba *Modify* e abra o menu de rolagem *Skin Parameters*. É aí que você pode gerenciar as etapas (subdivisões) no *loft*. Por padrão, há um valor de 5 para ambos, *Shape Steps* e *Path Steps*. *Shape Steps* aqui está OK, mas o valor de *Path Steps* é muito alto. Para arrumar isso, diminua *Path Steps* para **1**, conforme mostrado na Figura 4.24. Se houver etapas demais em seu *loft*, ele ficará muito pesado e denso para modelar.

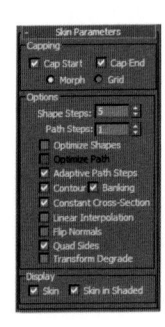

FIGURA 4.24 Reduza o valor de *Path Steps*.

> Se preferir, você pode mesclar o arquivo de cena Handle Bar.max do projeto *Red Rocket* para conferir seu próprio trabalho.

2. Volte para o modo *Shape* e selecione a forma. Usando a ferramenta *Move*, centralize o cursor sobre o eixo *Z* do *Gizmo Transform* que está conectado à forma.

3. Você precisa fazer cópias das formas a fim de poder estreitar para baixo a extremidade do guidão. Pressione *Shift*+clique e arraste o *gizmo* para mover a forma apenas para um pouco acima do corpo do guidão a fim de fazer uma cópia da forma do *loft*, conforme mostrado na Figura 4.25. A forma do *loft* é mostrada com uma linha pontilhada vermelha.

4. Na caixa de diálogo *Copy Shape*, escolha *Copy* e clique em *OK*. Repita essas etapas duas vezes para ficar com três cópias no final e coloque-as perto da extremidade do cabo, como mostrado na Figura 4.26 (imagem da esquerda). Alterne para a ferramenta *Scale* e reduza a forma externa em 30% e a forma do meio em 10%. Deixe a última forma de dentro sozinha; isso deve criar uma bela curva mais estreita na extremidade do guidão, conforme a Figura 4.26 (imagem da direita).

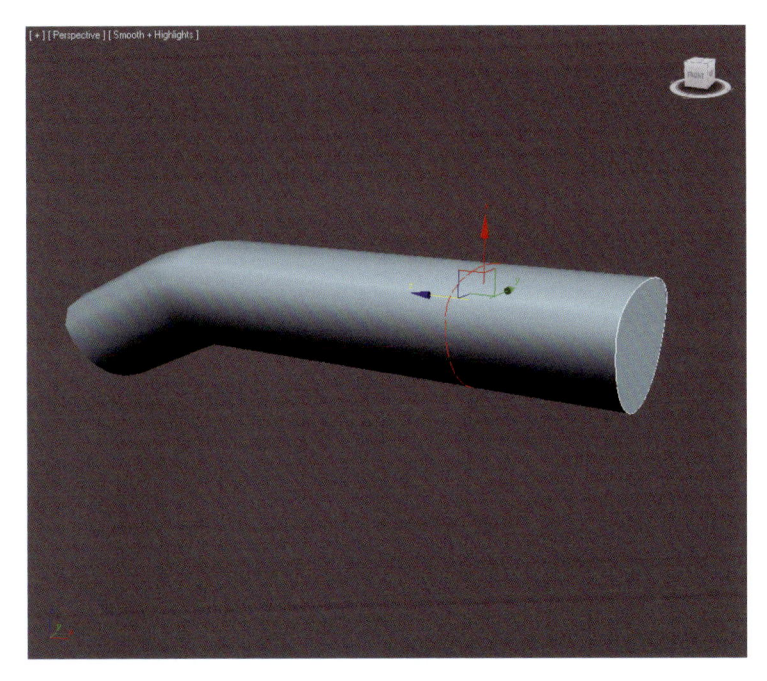

FIGURA 4.25 Faça uma cópia da forma do *loft*.

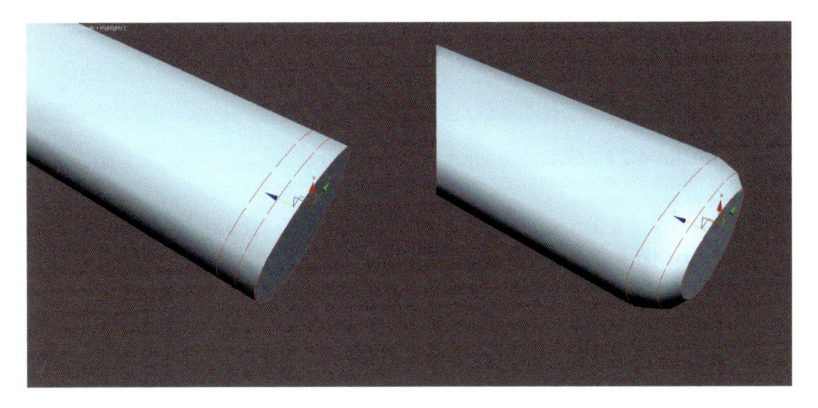

FIGURA 4.26 Coloque juntas as cópias da forma do *loft* (imagem da esquerda). Na ponta, reduza-as para criar a extremidade do guidão (imagem da direita).

5. Selecione a forma de dentro do *loft* e faça mais quatro cópias em uma fileira perto de onde a barra se curva para baixo. Selecione as duas cópias de dentro e reduza ambas em 20%. Essa ação criará o sulco em direção ao centro do guidão, como mostrado na Figura 4.27.

FIGURA 4.27 Criando o sulco.

6. Selecione a forma mais próxima da curva e faça uma cópia. Mova-a por todo o caminho até a outra extremidade do objeto, longe da ponta estreitada. Esse é o local em que ela encontrará o corpo do foguete. Selecione a ferramenta *Scale,* escale essa extremidade da forma em até 50%. Saia do modo subobjeto *loft*.
7. Se quaisquer partes do foguete estiverem escondidas, desoculte-as e veja como os guidões se alinham. Você provavelmente vai concordar que há espaço para melhorias.
8. Em vez de girar o objeto *Loft*, gire a última forma do perfil na extremidade do *loft*. Volte ao modo subobjeto *Shape* e selecione a última forma do perfil para girar e alinhar com o corpo, conforme a Figura 4.28.

Capítulo 4 ▶ Modelando no 3ds Max: Parte II **109**

9. Selecione o guidão e, na barra de ferramentas principal, clique no ícone *Mirror* (🔲) para espelhar uma cópia do cabo para o outro lado do foguete. Posicione-a conforme necessário. A Figura 4.29 mostra o foguete com seus guidões.

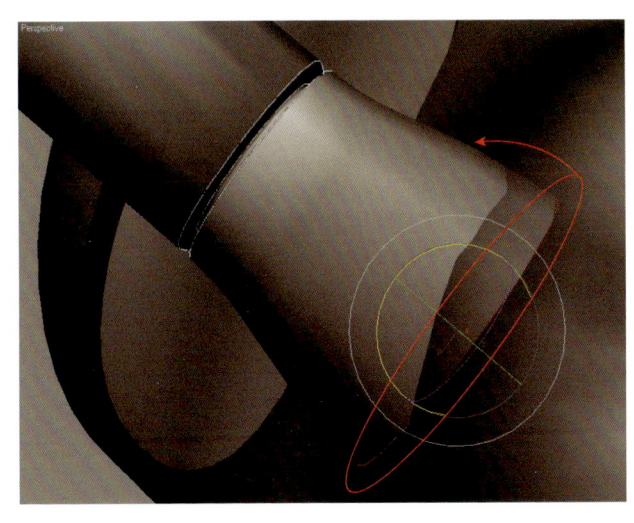

Gire a extremidade do objeto loft

Posição em que a malha do corpo do foguete atravessa o loft do guidão

FIGURA 4.28   Gire o *shape* ao fim do *loft* para se alinhar com o corpo do foguete.

A maioria das partes está concluída, então agora é uma boa hora de mesclar com todas as outras partes que você fez para o foguete. Se você não tiver construído nenhuma delas neste capítulo ou no Capítulo 3, "Modelando no 3ds Max: Parte I", você poderá mesclá-las com os arquivos Red Rocket/Scenes. Você pode selecionar cada modelo e alterar a cor para ajustar ao original, conforme a Figura 4.29.

FIGURA 4.29   Etapa final do foguete vermelho com todas as suas partes.

Além do essencial

Neste capítulo, você concluiu o foguete vermelho. Usando a ferramenta *Line*, criou um perfil para o torno. Em seguida, usando um retângulo convertido em uma *spline* editável, criou o detalhe, e, então, com a operação *Boolean*, terminou o propulsor. Você aprendeu a usar *Loft*, uma ferramenta que emprega uma combinação de *splines*, para criar o guidão. Agora que já completou um modelo complexo em 3D usando várias técnicas, é hora de aplicá-las em um modelo de sua preferência. Ache um objeto no qual você pode visualizar claramente as formas e as figuras primitivas.

Exercícios adicionais

▶ Comece com partes simples de mobiliários, como uma cadeira de sala de jantar ou uma mesa de café, para treinar com os polígonos editáveis, e com as ferramentas de modelagem *Graphite*. Você pode achar alguns exemplos no site da Bookman Editora, *www.bookman.com.br*.

▶ Quando você se sentir mais à vontade, tente uma superfície mais macia, como uma poltrona confortável, uma cama, ou uma cadeira; dessa forma você pode utilizar *NURMS*.

▶ Tire algum tempo para explorar algumas das outras ferramentas nas ferramentas de modelagem *Graphite* à medida que você cria seus próprios modelos.

CAPÍTULO 5

Animando uma bola em movimento

A melhor maneira de aprender a animar é entrar de cabeça e começar a animar. Você vai dar uma boa olhada em ferramentas de animação do 3ds Max para poder começar a edição de animação e para poder desenvolver suas habilidades com o tempo.

Um exercício clássico para todos os animadores é criar uma bola. É um exercício simples, mas há muito que você pode fazer com uma bola quicando para mostrar personalidade. Animar uma bola é um bom exercício de física e também de desenho animado. Primeiro você criará uma bola de borracha, depois, acrescentará movimentos de desenho animado para acentuar alguns princípios de animação. Os animadores aspirantes podem usar este exercício por anos e sempre encontrar algo novo para aprender sobre uma bola quicando.

No processo de preparação, baixe o projeto *Bouncing Ball* disponível no site da Bookman Editora, *www.bookman.com.br* para o seu disco rígido. Defina o seu projeto atual escolhendo *Application → Manage → Set Project Folder* e selecione o projeto *Bouncing Ball* que você baixou.

Anime a bola

Seu primeiro passo é fazer o *keyframe* nas posições da bola. Como você aprendeu no Capítulo 1, "A interface do 3ds Max", *keyframing* é o processo – emprestado da animação tradicional – de definir as posições e os valores nos *frames* particulares da animação. O computador faz a interpolação entre esses *keyframes* para preencher os outros *frames* com a finalidade de completar uma animação suave.

Abra o arquivo de cena Animation_Ball_00.max na pasta Scenes do projeto *Bouncing Ball* que você baixou. Se você receber o aviso "*Disable Gamma/LUT*", clique em *OK*.

Inicie com uma animação mais bruta ou com movimentos gerais. Isso é também chamado de *blocking*. Primeiro, mova a bola para cima e para baixo para começar sua coreografia.

Siga estes passos para animar a bola:

1. Mova o *point pivot* da bola do centro para a parte inferior da mesma. Selecione a bola e vá para o painel *Hierarchy* (▣). Escolha *Pivot* e, sob o menu de rolagem *Adjust Pivot,* clique no botão *Affect Pivot Only*. Aproxime a bola com *Zoom in* na *viewport Front* e mova o *pivot* de forma que fique no fundo da bola. Então, clique de novo no botão *Affect Pivot Only* para desativar (se bem que você já sabia disso).

2. Mova o *time slider* para o *frame* 10. O *time slider* está na parte inferior da tela abaixo das *viewports*, conforme mostrado na Figura 5.1. O *time slider* é usado para alterar sua posição no tempo, contado em *frames*.

FIGURA 5.1 O *time slider* permite que você altere sua posição no tempo e corra sua animação.

> **CORRENDO O TIME SLIDER**
>
> Você pode clicar e arrastar a barra horizontal de controle do tempo para alterar o *frame* da sua animação de uma hora para outra. Isso é o que chamamos de correr a animação (*scrubbing*). A barra mostra *frame* atual/*frame* final. Por padrão, a janela do 3ds Max mostra um *frame* inicial de 0 e um *frame* final de 100.

3. Agora, no canto inferior direito da janela, clique no botão *Auto Key,* conforme mostrado na Figura 5.2. O botão *Auto Key* e o *time slider* ficam vermelhos. Isso significa que qualquer movimento nos objetos da sua cena será gravado como uma animação. Que emocionante!

4. Com a bola selecionada, mova-a para baixo ao longo do eixo Z até o *ground plane** de forma que a unidade fique em 0 no eixo Z quando você liberar o botão do mouse na caixa *Transform Type-In* na parte inferior da interface. Você também pode apenas digitar o valor e pressionar *Enter*.

Este exercício criou dois *keyframes,* um no *frame* 0 para a posição original que a bola estava, e um no *frame* 10 para a nova posição para a qual você acabou de mudar a bola.

---

* N. de R.T.: Conforme o autor explica no primeiro capítulo, *ground plane* é um plano de referência exibido nas *viewports* como uma grade quadriculada chamada *Home Grid*. Essa grade, por padrão, existe em cada plano cartesiano do software e se encontra na posição zero do seu respectivo plano (X,Y,Z = 0,0,0).

FIGURA 5.2 O botão *Auto Key* grava suas animações.

Copie *keyframes*

Agora você deseja mover a bola para a mesma posição no ar em que ela estava no *frame* 0. Em vez de tentar estimar onde isso ocorreu, é possível simplesmente copiar o *keyframe* do *frame* 0 para o *frame* 20.

Você pode ver os *keyframes* que criou na *timeline*. Eles aparecem como caixas vermelhas. As chaves vermelhas representam *Position keyframes*, as chaves verdes representam *Rotation*, e as chaves azuis representam *Scale*. Quando um *keyframe* na *timeline* é selecionado, ele fica branco. Agora vamos copiar um *keyframe*:

1. Selecione o *keyframe* no *frame* 0; ele deve ficar branco quando estiver selecionado. Mantenha pressionada a tecla *Shift* no teclado (esse é um atalho para a ferramenta *Clone*) e clique e arraste o *keyframe* selecionado para copiá-lo até o *frame* 20. Isso criará um *keyframe* com os mesmos parâmetros de animação que o *keyframe* no *frame* 0, conforme mostrado na Figura 5.3.

FIGURA 5.3 Pressione *Shift* e mova o *keyframe* até o frame 20 para copiá-lo.

2. Clique e arraste o *time slider* para correr através dos *keyframes*. Desative *Auto Key*.

Use o *Track View-Curve Editor*

Agora a bola está indo para baixo e depois voltando para cima. A fim de continuar a animação ao longo da duração da *timeline*, você poderia continuar a copiar e colar *keyframes* como fez anteriormente, mas isso seria muito demorado, e você ainda precisa fazer sua outra lição de casa e limpar seu quarto. Uma maneira mais prática é fazer um *loop*, ou *cycle*, com os *keyframes* que você já tem. Um *animation cycle* é um segmento de animação que é repetido em um *loop*. O estado final da animação é igual ao estado inicial, portanto, não há pulos no ponto de *loop*.

No 3ds Max, a animação cíclica é conhecida como *parameter curve out-of-range types* (*tipos fora de alcance de parâmetro de curva*). Essa é uma maneira extravagante de criar *loops* e ciclos com suas animações e especificar como o objeto irá se comportar fora do alcance das chaves que você criou. Isso nos levará ao *Track View*, que é o melhor amigo de um animador. Você aprenderá os conceitos fundamentais do *Curve Editor*, bem como sua interface básica, ao longo deste exercício.

O *Track View* é uma função de dois editores de animação, o *Curve Editor* e o *Dope Sheet*. O primeiro permite que você trabalhe com animação representada como curvas em um gráfico que define o valor de um parâmetro contra o tempo. O segundo exibe *keyframes* ao longo do tempo em um gráfico horizontal, sem qualquer curva. Essa apresentação gráfica simplifica o processo de ajuste de tempo de animação, pois você pode ver todas as chaves de animação de uma só vez em um formato de planilha. *Dope Sheet* é semelhante às folhas de exposição de animação tradicional, ou *X-sheets*.

Você usará o *Track View – Curve Editor* (ou apenas o *Curve Editor* para simplificar) para fazer um *loop* na sua animação nas seguintes etapas.

> Navegar no interior do *Track View – Curve Editor* é praticamente o mesmo que navegar em uma *viewport*, as mesmas combinações teclado / mouse funcionam para *panning* e *zoom*.

1. Com a bola selecionada, na barra menu escolha *Graph Editors* → *Track View – Curve Editor*. Na Figura 5.4, o *Curve Editor* exibe as curvas de animação da bola até aqui.

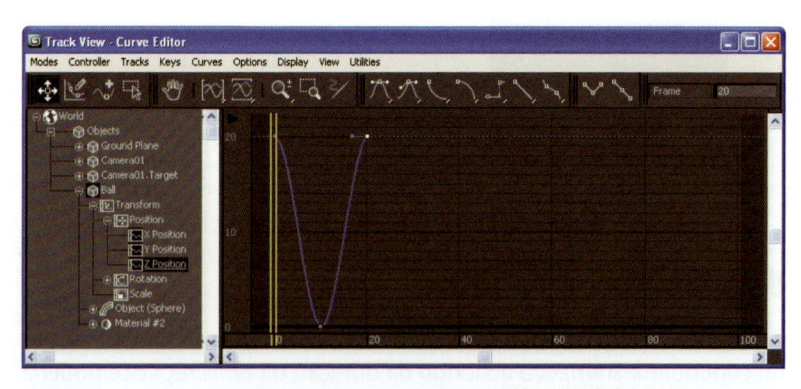

FIGURA 5.4 O *Curve Editor* mostra as curvas de animação da bola.

2. Uma barra de menu se estende pela parte superior do *Curve Editor*. No menu *Controller*, selecione a opção *Out-of-Range Types*, conforme mostrado na Figura 5.5.

3. Esse procedimento abre a caixa de diálogo *Param Curve Out-of-Range Types*, ilustrada na Figura 5.6. Selecione *Loop* nessa caixa de diálogo clicando em seu ícone. As duas pequenas caixas debaixo dela vão ficar destacadas. Clique em *OK*.

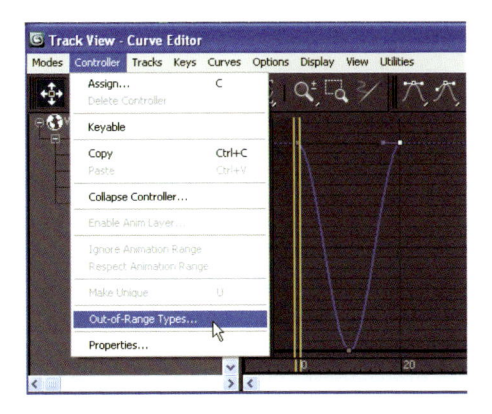

FIGURA 5.5 Selecione *Out-of-Range Types*.

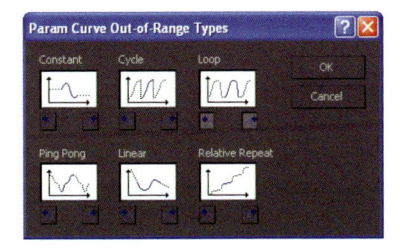

FIGURA 5.6 Escolha fazer um *loop* em sua animação.

4. Uma vez que você tiver configurado a curva para *Loop*, o *Curve Editor* exibirá sua animação, conforme mostrado na Figura 5.7. A animação *out-of-range* é mostrada como uma linha pontilhada. Corra sua animação em uma *viewport* e veja como a bola quica para cima e para baixo por todo o alcance da *timeline*.

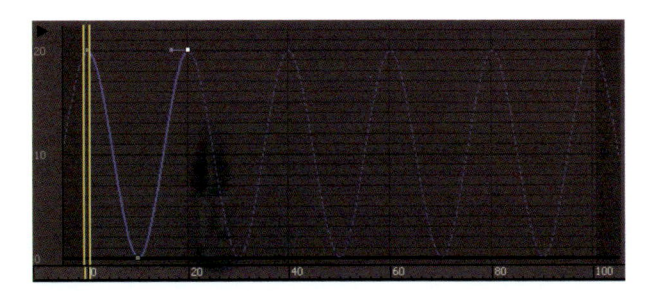

FIGURA 5.7 O *Curve Editor* agora mostra a curva da animação com *loop*.

Leia curvas de animação

Como você pode ver, o *Track View – Curve Editor* (daqui em diante chamado apenas o *Curve Editor*) lhe dá o controle sobre a animação em um ambiente gráfico. O gráfico do *Curve Editor* é uma representação de um parâmetro do objeto, tal como a posição (valores mostrados na vertical) ao longo do tempo (tempo exibido na horizontal). As curvas permitem que você visualize a interpolação do movimento. Considerando que você está acostumado a ler as curvas de animação, você pode julgar direção, velocidade, aceleração e sincronismo de um objeto com um simples olhar.

Trazemos a seguir um breve comentário sobre como ler uma curva no *Curve Editor*.

Na Figura 5.8, um parâmetro de *Z Position* do objeto está sendo animado. No início, a curva começa a se mover rapidamente de forma positiva (isto é, para a direita) sobre o eixo *Z*. O objeto dispara e chega a um *ease-in*, onde se desacelera até parar, atingindo sua altura máxima. A parada *ease-in* é representada pela curva que começa a ficar plana por volta do *frame* 70.

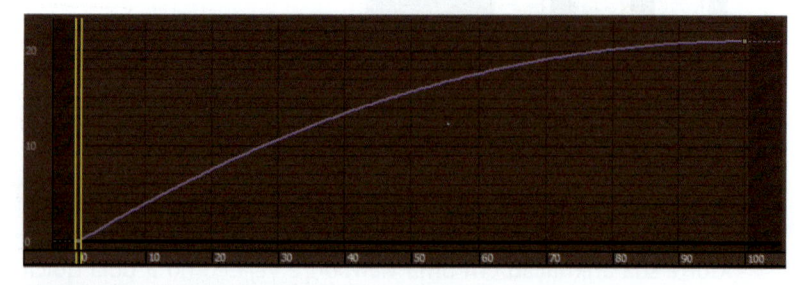

FIGURA 5.8 O objeto rapidamente acelera para uma parada *ease-in*.

Na Figura 5.9, o objeto lentamente acelera em um *ease-out* na direção *Z* positiva até atingir o frame 100, onde de repente para.

Na Figura 5.10, o objeto sai de *ease-in* e viaja para *ease-out*, onde desacelera, começando ao redor do frame 69 até onde ele lentamente para, no frame 100.

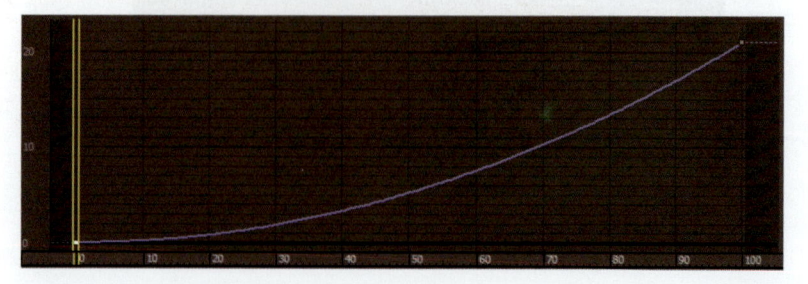

FIGURA 5.9 O objeto cessa a aceleração e subitamente para na sua maior velocidade.

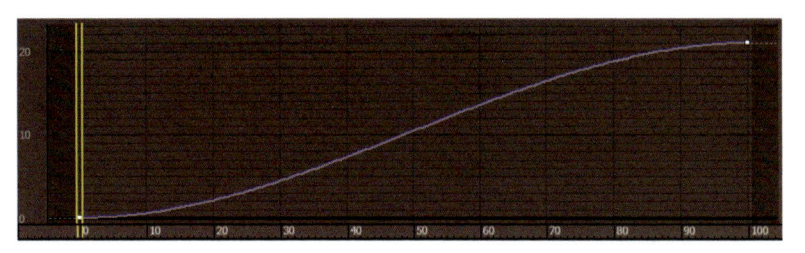

FIGURA 5.10 *Ease-out* e *ease-in*.

Finalmente, na Figura 5.11, para ilustrar um outro tipo de tangente, a interpolação faz o objeto saltar de sua *Z Position* no *frame* 20 para sua nova posição no *frame* 21.

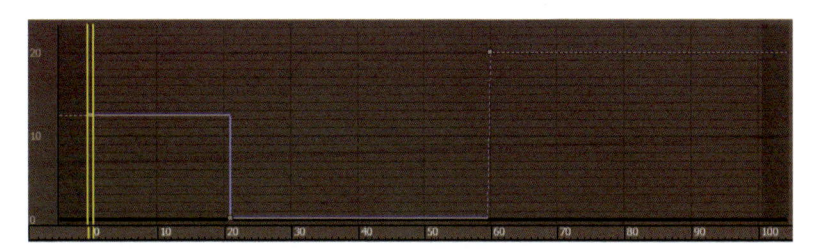

FIGURA 5.11 A interpolação *Step* faz o objeto "saltar" subitamente de um valor para outro.

A Figura 5.12 mostra o *Curve Editor*, com seus aspectos principais destacados para sua informação.

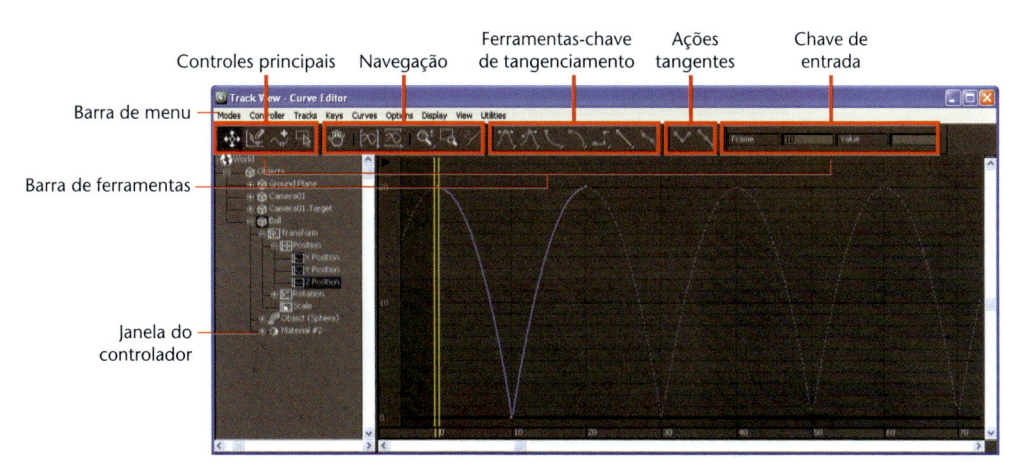

FIGURA 5.12 O *Curve Editor*.

Refine a animação

Vamos rodar a animação agora. No canto inferior direito da interface você verá um botão de animação com o triângulo de lado que significa *Play*. Selecione a *viewport* Camera01 e clique no botão *play*. A estrutura do movimento está chegando lá. Observe como a velocidade da bola é consistente. Se esta fosse uma bola real, ela estaria tendo que lidar com a gravidade; a bola iria acelerar à medida que ficasse mais perto do chão e ali não haveria "tempo para segurar" quando estivesse no ar em seu caminho de volta para cima após quicar, quando a gravidade dominaria a situação novamente para puxá-la de volta para baixo.

Isso significa que será necessário editar o movimento que acontece entre os *keyframes*. Esse procedimento é feito ajustando a forma como os *keyframes* formam da curva em si, usando tangentes. Quando você seleciona um *keyframe*, uma alça aparece na interface do usuário, como mostrado na Figura 5.13.

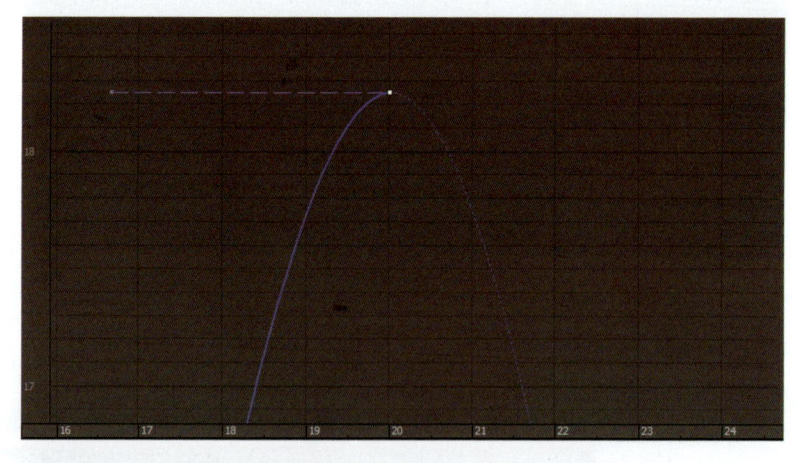

FIGURA 5.13 A alça do *keyframe*.

Essa alça ajusta a tangência do *keyframe* para alterar a curvatura da curva de animação, que, por sua vez, modifica a animação. Existem vários tipos de tangentes, dependendo de como você pretende editar o movimento. Por padrão, a tangente *Auto* é aplicada a todos os novos *keyframes*. Isso não é o que você quer para a bola, embora seja um tipo de tangente padrão perfeita para se ter.

Edite curvas de animação

Vamos editar algumas tangentes para ajustar melhor a sua animação. A intenção é acelerar a curva à medida que ela bate no chão e retardá-la quando atinge seu ápice. Em vez de abrir o *Curve Editor* através da barra de menu, desta vez você vai usar o atalho. Feche a caixa de diálogo grande *Curve Editor* e, depois, no canto inferior esquerdo da interface, clique no botão *Open Mini Curve Editor* mostrado na Figura 5.14.

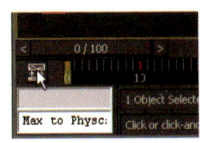

FIGURA 5.14 Clique no botão *Open Mini Curve Editor*.

O *Mini Curve Editor* é quase exatamente o mesmo que aquele executado a partir do menu principal. Algumas ferramentas não estão incluídas na barra de ferramentas *Mini Curve Editor*, mas você pode encontrá-las na barra do menu do *Mini Curve Editor*.

Para editar as curvas, siga estes passos:

1. Role para baixo a janela do *Controller* na esquerda do *Mini Curve Editor* arrastando a ferramenta *Pan* (cursor da mãozinha) para achar a posição do objeto *Ball*. Clique no percurso Z *Position*. Isso trará para a janela *Key Editing* apenas as curvas que você quer editar.

2. A curva *Z Position* é azul, assim como quase tudo relacionado ao eixo Z. As pequenas caixas cinza nas curvas são *keyframes*. Selecione o *keyframe* no *frame* 10. Talvez você tenha que correr o *time slider* para fora do caminho se estiver no *frame* 10. A chave de animação ficará branca quando selecionada. Lembre-se, se você precisar usar *zoom* ou *pan* na janela *Key Editing* do *Curve Editor*, você pode lançar mão dos mesmos atalhos que usaria para navegar pelas *viewports*. Você vai alterar a tangente dessa chave para fazer a bola ficar mais rápida à medida que ela bate no solo e quica.

3. Na barra de ferramentas *Mini Curve Editor*, altere o tipo de tangente para o *keyframe* selecionado do padrão *Auto* para *Fast* clicando em *Set Tangents To Fast Icon* ( ). Quando fizer isso, verá a curva da animação mudar de forma, conforme mostrado na Figura 5.15.

4. Selecione a *viewport Camera* e rode a animação. Você pode facilmente comparar como a animação funciona com a forma da curva à medida que vê o controlador de tempo passar pelo *Mini Curve Editor* enquanto a animação roda.

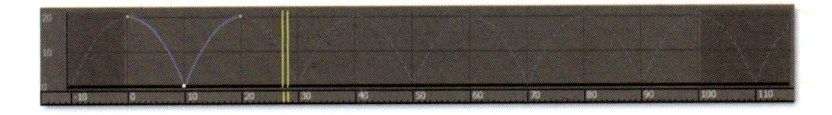

FIGURA 5.15 O efeito do novo tipo de tangente.

Refine a animação

Apesar de a animação ter melhorado, a bola tem uma clara falta de peso. Ela ainda parece muito simples e sem nenhuma personalidade. Em situações como essa, animadores podem ter uma atitude mais radical e tentar técnicas diferentes conforme bem entenderem. Aqui é onde a criatividade ajuda a aprimorar suas habilidades de animação; tanto faz se você é novo em animação ou se tem feito isso há 50 anos.

A Animação mostra a mudança ao longo do tempo. A boa animação transmite a *intenção*, a motivação para essa mudança entre os *frames*.

Achate e estique

O conceito de achatar e esticar (*squash and stretch*) tem sido um princípio básico de animação desde que existe animação. Trata-se de uma maneira de transportar o peso de um objeto, deformando-o, para reagir (normalmente de uma forma exagerada) com a gravidade, com o impacto e com o movimento.

Você pode dar à sua bola um monte de elegância, esmagando-a e esticando-a para dar ao objeto alguma personalidade. Acompanhe estas etapas:

1. Pressione a tecla *N* para ativar *Auto Key*. No *Mini Curve Editor,* arraste o *time slider* de linha dupla amarelo (chamado *track bar time slider*) para o *frame* 10. Clique e segure a ferramenta *Scale* para acessar o *flyout**. Escolha a ferramenta *Select and Squash* (![]). Centralize o cursor *Scale* sobre o eixo *Z* do *gizmo* do transformador *Scale* na *viewport Camera*. Clique e arraste para baixo a fim de achatar em cerca de 20%. Esse procedimento irá escalonar negativamente no eixo *Z* e positivamente nos eixos *X* e *Y* para compensar, conforme mostrado na Figura 5.16.

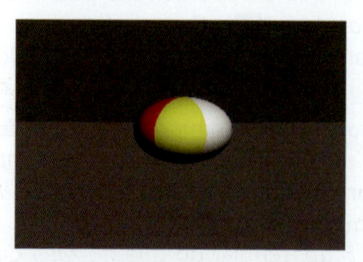

FIGURA 5.16 Use a ferramenta *Select And Squash* para achatar a bola para baixo no impacto.

---

* N. de R.T.: Expressão em inglês designada ao menu de opções da ferramenta específica. Ele aparece quando o botão que possui essa propriedade é clicado sem que se solte durante um tempo mais longo. Como exemplo, o botão para *Scale* possui em si três opções de tipos de escala num menu *flyout* com três sub--botões de escalas diferentes.

2. Mova para o *frame* 0. Clique e arraste para cima para esticar a bola até cerca de 20% (de modo que a escala da bola em Z seja de aproximadamente 120). Quando você correr pela animação, verá que no *frame* 0 a bola esticou; em seguida, comprime e assim fica pelo resto do tempo. Você arrumará isso na próxima etapa.

    Primeiro você precisa copiar a chave *Scale* do *frame* 0 para o *frame* 20, e, depois, aplicar um *loop* para *Parameter Curve Out-of-Range Type*. Como o *Mini Curve Editor* está aberto, ele obstrui a *timeline*; portanto, você deve copiar as chaves no *Mini Curve Editor*. Você também pode facilmente fazer isso no *Curve Editor* regular.

3. No *Mini Curve Editor*, role na janela *Controller* até achar o percurso *Scale* para a bola. Destaque-o para ver os *keyframes* e as curvas de animação. Clique e segure a ferramenta *Move Keys* na barra de ferramentas *Mini Curve Editor* a fim de que ela role para fora e acesse a ferramenta *Move Keys Horizontal* (■).

4. Clique e arraste a seleção ao redor dos dois *keyframes* no *frame* 0 no percurso *Scale* para selecioná-los. Mantenha a tecla *Shift* pressionada e, em seguida, clique e arraste os *keyframes* no *frame* 0 para o *frame* 20.

5. Na barra do menu do *Mini Curve Editor*, selecione *Controller → Out-of-Range Types*. Escolha *Loop* e, a seguir, clique em *OK*. Gire a animação. As curvas estão mostradas na Figura 5.17.

FIGURA 5.17 As curvas finais.

Configure o tempo

Bem, você comprimiu e esticou a bola, mas isso ainda não parece muito bom, pois a bola não deve se comprimir antes de atingir o chão. Ela precisa voltar à escala de 100% e ficar lá por alguns *frames*. Imediatamente antes que a bola bata no chão, ela pode bater no *ground plane* para aumentar a sensação de impacto. Os passos seguintes são mais fáceis de executar no *Curve Editor* regular do que no *Mini Curve Editor*. Então feche o *Mini Curve Editor*, clicando no botão *Close* no lado esquerdo da sua barra de ferramentas.

Abra o *Curve Editor* para corrigir o ritmo do tempo (*timing*), e siga estes passos como se fossem lei:

1. Mova o *time slider* para o *frame* 8; a tecla *Auto* deve estar ativada. No *Curve Editor*, na janela *Controller*, selecione o percurso *Scale* da bola, de forma que apenas as curvas *Scale* apareçam na janela *Editing*. Na barra de ferramentas *Curve Editor*, clique no ícone *Insert Keys* ( ). Seu cursor mudará para uma seta com um círculo branco em sua parte direita inferior. Clique em uma das curvas *Scale* para acrescentar um *keyframe* em todas as curvas *Scale* no *frame* 8. Como as *scales* X e Y são do mesmo valor, você verá apenas duas curvas em vez de três.

2. Devido ao fato de elas estarem selecionadas, as chaves de animação ficarão brancas. Nas ferramentas *Key Entry*, você achará dois tipos de caixas de texto para digitar. A caixa da esquerda é o número do *frame*, e a caixa da direita, o valor da chave selecionada. Como mais de uma chave com valor diferente está selecionada, não há número algum nessa caixa de texto. Digite **100** (para uma escala de 100%) na caixa de texto da direita e isso aplicará esse valor para todos os eixos que estão selecionados, isto é, os eixos X, Y e Z para a bola no *frame* 8.

FIGURA 5.18 Digite um valor de 100.

3. Mova o *time slider* para o *frame* 12 e faça a mesma coisa no *Curve Editor*. Essas configurações estão relacionadas com o escalonamento do achatamento da bola de modo que isso ocorra apenas alguns poucos *frames* antes e alguns poucos *frames* depois que a bola atinge o chão. Pressione a tecla *N* para desativar a tecla *Auto*. Salve seu trabalho.

Uma vez que você reproduzir a animação, a bola começará a parecer muito mais como uma bela bola de desenho animado, com certa personalidade. Experimente mudar alguns dos valores de escala para ampliar ou diminuir o bate e volta da bola, ou estique-a para mais ou para menos a fim de ver como esse procedimento afeta a animação. Veja se isso acrescenta uma personalidade diferente à bola. Se conseguir dominar uma bola quicando e evocar todos os tipos de emoção com o seu público, será um grande animador de fato.

Mova a bola para frente

Você pode carregar o arquivo de cena `Animation_Ball_01.max` do projeto *Bouncing Ball* do seu disco rígido (ou do site da Bookman) para chegar neste ponto ou para verificar seu trabalho.

Agora que você já fez a bola quicar, é hora de adicionar movimento a ela para que se mova pela tela à medida que quica. Sobrepor camadas de animação nessa elaboração, em que você ajusta um movimento antes de passar para o outro, é comum. Isso não quer dizer que você não precisará ir e voltar e fazer ajustes durante todo o processo, mas geralmente é mais agradável trabalhar uma camada da animação antes de adicionar outra. Os passos seguintes lhe mostrarão como:

1. Mova o *time slider* para o *frame* 0. Selecione a bola com a ferramenta *Select And Move* e a mova na *viewport Camera* para a esquerda de forma que ela ainda fique dentro do escopo da câmera. Isso ocorre a cerca de 30 unidades no eixo X.

2. Mova o *time slider* para o *frame* 100. Pressione a tecla N para ativar a tecla *Auto* novamente. Mova a bola para a direita em cerca de 60 unidades de forma que o valor da posição X da bola seja de aproximadamente 30.

3. Não rode a animação ainda; ela não vai ficar boa. Vá para o *Curve Editor*, role para baixo na janela *Controller* e selecione o percurso *Position X* para a bola, conforme mostrado na Figura 5.19.

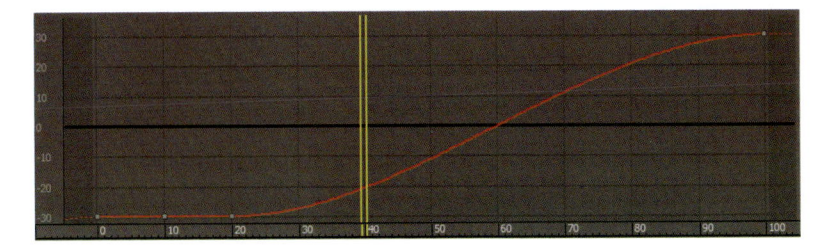

FIGURA 5.19 A posição X da bola não parece boa.

Quando você criou os *keyframes* para os movimentos da bola (que era o eixo Z), o 3ds Max automaticamente gerou *keyframes* para os percursos *X* e *Y Position*, ambos com nenhum valor de fato. Para arrumar isso, siga as seguintes etapas.

4. Selecione os *keyframes* no percurso *X Position* no *frame* 10 e no *frame* 20 e exclua-os pressionando a tecla *Delete* no seu teclado.

5. Clique no botão *Parameter Curves Out-of-Range Types* e selecione *Constant*. Isso remove o *loop* do percurso *X Position*, mas não afeta o percurso *Z Position* do quique da bola. Pressione a tecla *N* para desativar a tecla *Auto*. Rode a animação. Você pode usar o botão / (barra) como atalho para rodar a animação.

6. Há ainda um pequeno problema. Observe o movimento horizontal. A bola está devagar no começo, acelera no meio e a seguir fica lenta de novo no fim. Ela fica assim em *ease-out* e *ease-in* devido à tangente padrão a qual automaticamente diminui a velocidade à medida que o objeto se move para dentro ou para fora do *keyframe*. No *Curve Editor*, selecione ambas as chaves para *X Position Curve* e clique no ícone *Set Tangents To Linear* (■) para criar uma linha reta do movimento de forma que não haja mudança de velocidade no movimento da bola para a esquerda ou para a direita.

A Figura 5.20 mostra a curva apropriada.

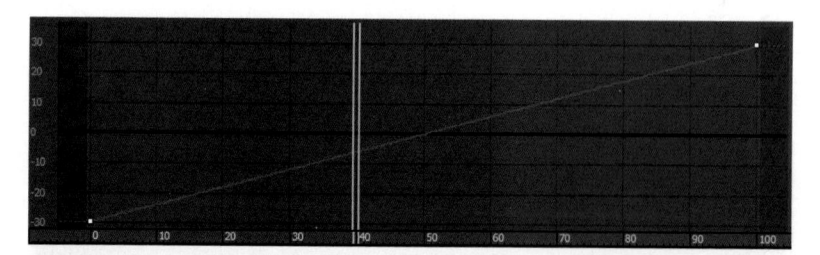

FIGURA 5.20 A curva *X Position* para o movimento da bola agora não tem *ease-out* ou *ease-in*.

Acrescente uma rolagem

Você precisa adicionar alguma rotação, mas há vários problemas com isso. Você mudou o *pivot point* para a parte inferior da bola no primeiro passo do exercício para que o achatamento na batida da bola funcionasse corretamente, ou seja, o achatamento ocorreria no ponto de contato com o solo. Se você fosse girar a bola com o *pivot* na parte inferior, aconteceria algo semelhante à Figura 5.21.

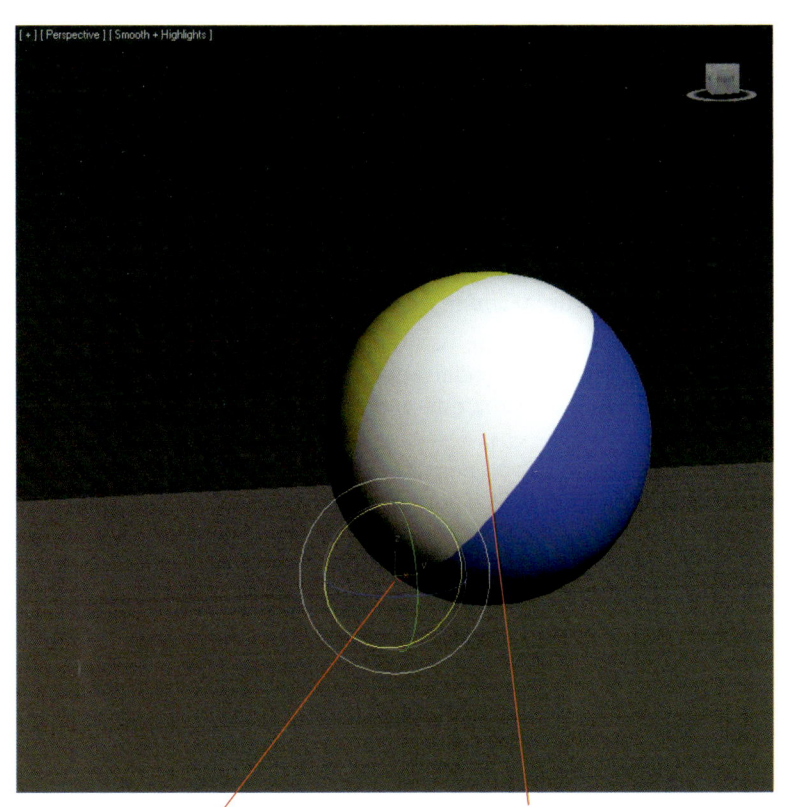

O *pivot point* na parte inferior faz a bola girar a partir da parte inferior.

Para a bola girar de forma adequada, o *pivot* deve estar no centro.

FIGURA 5.21 A bola não vai girar corretamente porque o *pivot point* está na parte inferior.

Use o modificador *XForm*

Você precisa de um *pivot point* no centro da bola, mas não pode apenas mudar o *pivot* já existente da parte inferior para o meio, pois isso jogaria fora toda a animação de *squash* e *stretch*. Infelizmente, um objeto pode ter apenas um *pivot point*. Para resolver o problema, você usará um modificador chamado *XForm*, que possui muitas utilidades. Você vai empregá-lo para adicionar outro *pivot* à bola nas seguintes etapas:

1. Selecione a bola. A partir da barra do menu, selecione *Modifiers* → *Parametric Deformers* → *XForm*. Você pode também selecionar essa opção a partir da lista de modificadores na aba *Modify*. O *XForm* será acrescentado à bola na pilha de modificadores, e uma caixa de ativação laranja vai aparecer sobre a bola na *viewport*. O *XForm* não tem parâmetros, mas possui subobjetos.

2. Expanda a pilha de modificadores clicando na caixa preta com o sinal de mais próximo ao *XForm*. Em seguida, clique em *Center*. No próximo passo, você usará a ferramenta *Align* para centralizar o ponto central do *XForm* na bola.

3. Clique na ferramenta *Align* e, então, na bola. Na caixa de diálogo resultante, assegure-se de que o sinal de marcação nas caixas *X*, *Y* e *Z Position* estão marcados, ou seja, de que esses eixos estejam ativos. Clique em *Center* debaixo de *Target Object* e, depois, em *OK*. O centro do *XForm* se moverá.

Agora, para ficar claro, isso não é um *pivot point*, mas o ponto central (*center point*) do modificador *XForm*. Se você for para a pilha de modificadores e clicar na esfera, o *pivot point* ainda estará na parte inferior.

O modificador *XForm* permite que a bola rode sem que os seus movimentos *squash* e *stretch* fiquem no caminho da rotação. Ao separar a animação da rotação para a rolagem da bola no modificador, a animação no objeto esfera é preservada.

Anime o modificador *XForm*

Para adicionar a rolagem da bola ao modificador *XForm*, acompanhe estes passos:

1. Ative a tecla *Auto* e escolha a ferramenta *Select And Rotate*.
2. Na pilha de modificadores, clique em *Gizmo* para o subobjeto do *XForm*. Esse é um passo muito importante porque diz para o modificador usar o centro do *XForm* em vez do *pivot point* da bola.
3. Na *viewport Camera*, mova o *time slider* para o *frame* 100 e gire a bola 360 graus no eixo *Y* (você pode usar *Angle Snap Toggle* para que fique mais fácil girar exatamente 360 graus). Clique no modificador *XForm* para desativar o modo subobjeto. Rode a animação.

> **A BOLA NÃO GIRA 360 GRAUS!**
>
> Se você girar a bola na terceira etapa de 360 graus, mas a animação não funcionar, o 3ds Max pode estar interpretando 360 graus como 0 grau no *Curve Editor*, criando assim uma curva plana. Se esse for o caso, você pode, em vez disso, tentar girar a bola 359 graus para fazer a animação funcionar. Você também pode alterar manualmente o valor do *Curve Editor* do *keyframe* no *frame* 100 para um valor de 360.

A bola deve ser uma bola de borracha de desenho animado neste ponto na animação. Apenas para treinar, vamos supor que você precise voltar e editar os *keyframes* porque girou na direção errada e a rotação da bola está indo para trás. Corrigir esse problema requer que você volte para o *Curve Editor* da seguinte forma:

1. Abra o *Curve Editor* (míni ou regular) e role para baixo na janela *Controller* até visualizar o percurso da bola (*Ball tracks*). Abaixo do percurso *Ball's Transform* está um novo percurso chamado *Ball/Modified Object*.
2. Expanda o percurso clicando no sinal de mais no círculo próximo ao nome. Vá para o percurso *Gizmo* e selecione o percurso *Y Rotation*. Você verá a curva *Function* na janela *Key Editing*.
3. Coloque o *keyframe* no *frame* 0 para ter o valor 0 e o *keyframe* no *frame* 100 para ter um valor de 360. Selecione ambos *keyframes* e altere as tangentes para *Linear,* conforme mostrado na Figura 5.22.

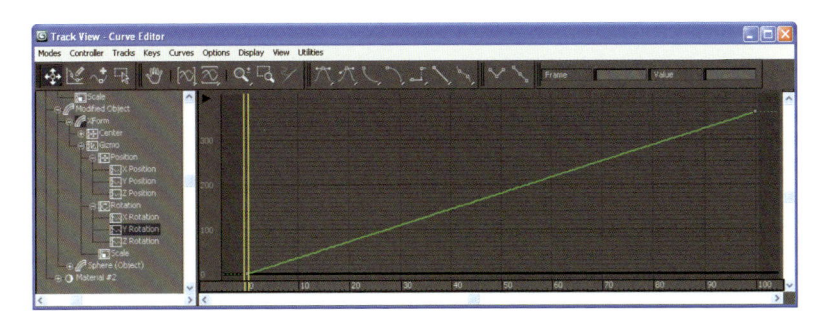

FIGURA 5.22 O *gizmo do XForm* selecionado na janela *Controller* com a rotação da bola configurada em *Linear Tangents*.

Feche o *Curve Editor* e rode a animação. Rode o arquivo do filme bounce ball.avi localizado na pasta RenderOutput do projeto *Bouncing Ball* para ver uma renderização da animação. Você também pode carregar o arquivo de cena Animation_Ball_02.max do projeto *Bouncing Ball* para verificar seu trabalho.

Além do essencial

Trabalhar com a bola quicando deu a você um pouco de experiência com o conjunto de ferramentas de animação do 3ds Max. Existem várias maneiras de animar uma bola quicando no 3ds Max. É definitivamente uma boa ideia tentar primeiro este exercício algumas vezes, e logo voltar para ele mais tarde, depois de ter aprendido outras técnicas do 3ds Max.

A animação pode ser muito divertida, mas também é tediosa e algumas vezes irritante. Um monte de tempo, paciência e prática é necessário para se tornar excelente em animação. Tudo se resume à forma como a animação faz você pensar. Tem peso suficiente para os sujeitos na animação? Será que os movimentos fazem sentido? Como a nuance aumenta a animação? Essas são as perguntas que você vai começar a descobrir por si mesmo. Este capítulo introduziu apenas como fazer as coisas se moverem no 3ds Max. Aqui você também aprendeu algumas técnicas de animação básicas para auxiliar no aprimoramento de sua percepção sobre o movimento. Não pare aqui. Volte para o capítulo e refaça alguns exercícios.

Exercícios adicionais

Experimente diferentes variações sobre os mesmos temas, como:

- ▶ Quicar a bola no chão e, em seguida, em uma parede. Tente quicar a bola em uma mesa, em uma cadeira e, depois, no chão.
- ▶ Anime três tipos diferentes de bola quicando uma ao lado da outra, como uma bola de boliche, uma bola de pingue-pongue e uma bola de tênis. Exemplos podem ser encontrados no site da Bookman Editora, *www.bookman.com.br*.

O mais importante é continuar trabalhando!

CAPÍTULO 6

Animando o arremesso de uma faca

Este capítulo é uma continuação do trabalho de animação que começou no Capítulo 5, "Animando uma bola em movimento", e apresenta alguns novos fundamentos de animação.

Impulso e momento da ação no arremesso de uma faca

Este exercício vai propiciar mais experiência de animação no 3ds Max. Você editará mais no *Curve Editor* (é isso aí!) e será apresentado aos conceitos de impulso (*anticipation*), momento de ação (*momentum*) e movimento secundário. Primeiro, baixe o projeto *Knife* disponível no site da Bookman Editora, www.bookman.com.br. Configure a sua pasta do projeto 3ds Max escolhendo *Application* → *Manage* → *Set Project Folder* e selecionando o projeto *Knife* que você baixou.

Delimite a animação

Para começar este exercício, abra o arquivo Animation_Knife_00.max no projeto *Knife* e siga por aqui:

1. Mova o *Time Slider* para o *frame* 30 e ative o botão *Auto Key*.
2. Mova a faca para o objeto-alvo, conforme mostrado na Figura 6.1.

FIGURA 6.1 Mova a faca para o alvo no *frame* 30.

3. Mova o *Time Slider* para o *frame* 15, onde a faca está na metade do caminho entre seu início e seu alvo, mova a faca levemente para cima no eixo *Z* de forma que se movimente com um arco pequeno, conforme mostrado na Figura 6.2.

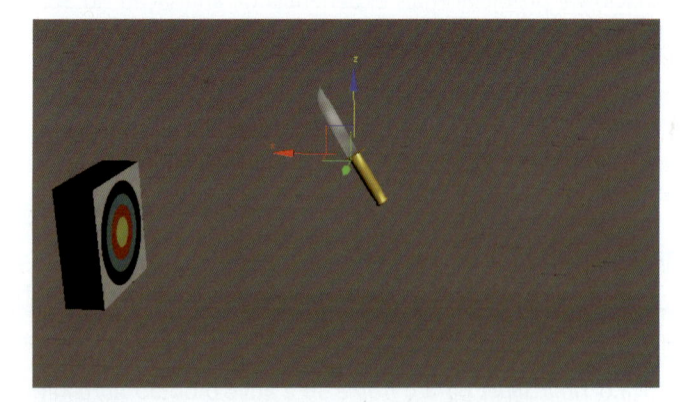

FIGURA 6.2 Mova a faca para cima levemente no *frame* 15.

4. Clique no ícone *Time Configuration* ( ) na parte inferior da interface do usuário próximo aos controles de navegação. A Figura 6.3 ilustra a caixa de diálogo *Time Configuration*. Na seção *Animation*, altere *End Time* para **30** e clique em *OK*. O *Time Slider* mostrará essa alteração imediatamente.

5. Rode sua animação. Você deverá ver a faca mover-se com um leve *ease-out* e *ease-in* em direção ao alvo, com um pequeno arco virado para cima no meio. A animação da faca precisa começar no *frame* 0, então abra o *Curve Editor* e role para baixo na janela *Controller* até que você veja os percursos *X,Y, Z Position* para a faca. Mantenha pressionada a tecla *Ctrl* e selecione todos os três percursos para exibir suas curvas, conforme mostrado na Figura 6.4.

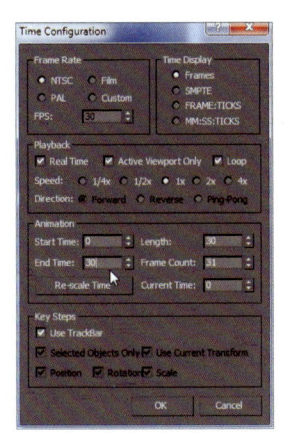

FIGURA 6.3 Altere o alcance do *frame* na caixa de diálogo *Time Configuration*.

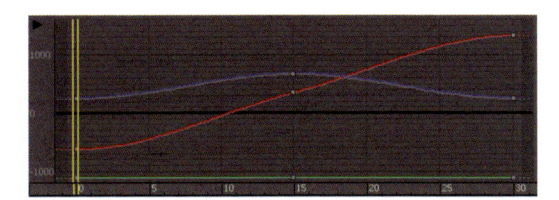

FIGURA 6.4 As curvas iniciais para a faca.

6. Arraste uma seleção ao redor das três chaves de animação no *frame* 0. Na barra de ferramentas *Key Controls,* selecione e mantenha pressionada a ferramenta *Move Keys* (■) para acessar os ícones *flyout* e selecione a ferramenta *Move Keys Horizontal* no *flyout* (■). Use essa ferramenta para mover as chaves de animação para o *frame* 10.

7. Essa ação compacta a curva, então você precisa mover as chaves do *frame* 15 para o novo *frame* 20 do meio. A curva finalizada é mostrada na Figura 6.5.

Era isso aí para a animação bruta (ou delimitação) do arremesso. Você se divertiu?

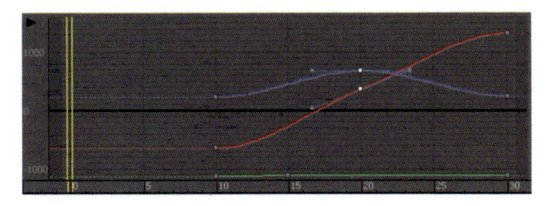

FIGURA 6.5 As curvas finalizadas com a posição da faca começando no *frame* 10.

Trajetórias

Quando se trata de animação, é muito útil poder ver o caminho que o seu objeto está tomando ao longo do tempo; a esse caminho damos no nome de *trajetórias* (*trajectories*). Selecione o objeto faca, vá para o Painel de Comando, clique no ícone *Motion* ( ) para abrir as opções mostradas na Figura 6.6 e, em seguida, clique em *Trajectories*. Suas *viewports* exibirão uma curva vermelha para mostrar a você a trajetória do movimento da faca, à medida que ela assume a forma de arco em direção ao alvo, como mostrado na Figura 6.7.

FIGURA 6.6 Ative *Trajectories* para a faca.

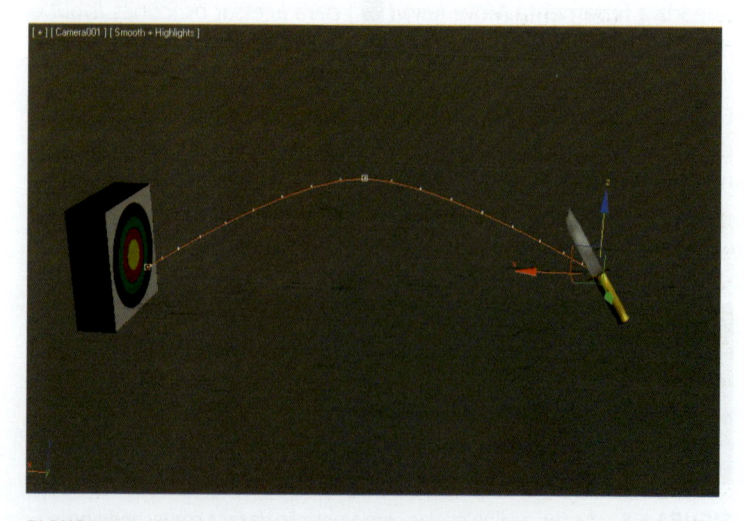

FIGURA 6.7 A curva mostra a trajetória para o movimento da faca.

Os grandes pontos ocos quadrados na curva da trajetória representam o conjunto de *Keyframes* configurados na faca até o momento. Vamos ajustar a altura do arco usando a curva da trajetória. Selecione o botão *Sub-Object* na parte superior do painel *Motion*.

Chaves de animação são a sua única escolha de subobjeto no menu vertical à direita do botão. Selecione o *keyframe* do meio e mova para cima ou para baixo para se adequar ao seu gosto. Uma vez que você projetar um belo arco para o caminho da faca, desative o modo *Trajectories* clicando no botão *Parameters* no painel *Motion*.

Como você pode imaginar, as opções de *Trajectories* podem ser úteis em muitas situações. Elas não só lhe dão uma visão da trajetória do seu objeto, mas também permitem editar esse caminho fácilmente e em um contexto visual, o que pode ser muito importante.

Acrescente rotação

Arremessar facas é geralmente uma má ideia, mas você pode jogar alguma coisa em um alvo (do tipo inanimado) para ver como animar a sua faca. Você verá que o objeto irá girar uma ou duas vezes antes de atingir seu alvo. Para adicionar rotação à sua faca, siga estes passos:

1. Mova para o *frame* 30 e pressione a tecla *E* para selecioanr a ferramenta *Select And Rotate*. A tecla *Auto* deve ainda estar ativa. Na *viewport Camera001*, gire 443 graus no eixo *Y*.

2. Com a faca selecionada, entre no *Curve Editor*. Role para baixo para achar os percursos *X, Y* e *Z Rotation* e selecione-os. Selecione as chaves de animação no *frame* 0 e use a ferramenta *Move Keys Horizontal* para mudar os *keyframes* para o *frame* 10. Pressione *N* para desativar *Auto Key*. A Figura 6.8 mostra o gráfico do *Curve Editor* para a faca.

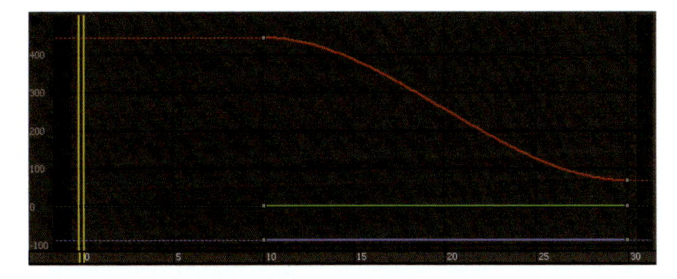

FIGURA 6.8 O gráfico do *Curve Editor* para a faca.

3. Rode a animação. Você verá que a posição e a rotação da faca têm *ease-in* e *ease-out*. Uma faca real não suavizaria suas rotações ou seu movimento. Sua velocidade seria aproximadamente consistente ao longo da animação.

4. Volte para o *Curve Editor*; mude *Move Keys Horizontal* de volta para *Move Keys*. A seguir, selecione o percurso *X Position* e todos os *keyframe*s e mude a tangente para *Linear*. Agora, selecione o percurso *Z Position*; você precisará refiná-lo um pouco mais do que o percurso *X Position*. Você usará alças nas tangentes que aparecem quando uma chave é selecionada. Essas alças podem ser ajustadas; apenas centralize seu cursor sobre a extremidade e clique e arraste usando a ferramenta *Move Keys*. A Figura 6.9 ilustra como você quer que a curva de animação *Z Position* se pareça. Isso dará à trajetória um belo arco e um bom tempo de viagem.

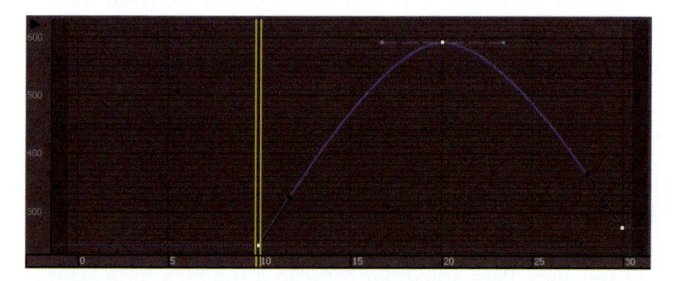

FIGURA 6.9   Ajuste a curva para o arco da faca no ar.

5. Agora é hora de editar as chaves *Rotation*. No *Curve Editor,* role para achar os percursos *X, Y* e *Z Rotation*. A primeira coisa que você pode fazer é acrescentar um pouco de drama à faca a fim de deixar a ação mais emocionante. Para isso, você pode supor que a rotação da faca é muito lenta. Selecione o percurso *X Rotation* e sua chave no *frame* 30. Em *Key Stats,* altere o valor para **–290**. Quanto maior o valor, mais rapidamente a faca irá girar. Isso acrescentará uma revolução total à animação e mais emoção à ação.

6. Ajuste as alças da tangente para que se pareçam com a curva mostrada na Figura 6.10. A faca vai acelerar só um pouco à medida que deixar o primeiro *keyframe* de rotação. A velocidade será a mesma até ela entrar no último *keyframe*.

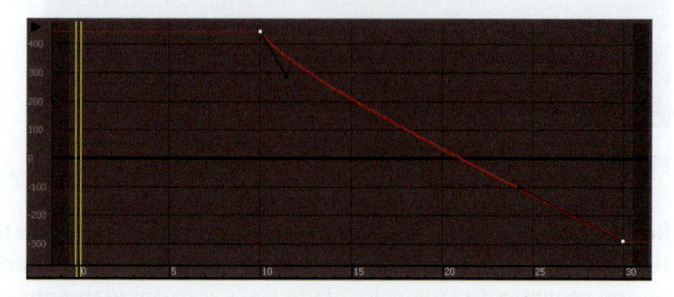

FIGURA 6.10   Combine sua curva com essa aqui.

Com apenas um pouco de rotação rápida à medida que a faca deixa o *frame* 10, você adiciona mais tempero à animação. A faca deve agora ter uma aparência levemente mais pesada do que antes, quando ela girou com um *ease-in* e *ease-out*.

Acrescente impulso

Agora, vamos animar a faca movendo-a de volta primeiro e criando um *impulso*, como se uma mão invisível segurando a faca puxasse-a para trás um pouco antes de jogá-la a fim de obter mais força no arremesso. Esse impulso, embora seja um pequeno detalhe, adiciona um nível de nuance à animação que aumenta o efeito total. Siga estes passos:

1. Mova o *Time Slider* para o *frame* 0. Vá para *Curve Editor*, role pela janela *Controller* e selecione o percurso *X Rotation* da faca. Na barra de ferramentas *Curve Editor,* clique no ícone *Insert Keys* ( ), traga seu cursor para o *frame* 0 da curva e clique para gerar um *keyframe*. Essa ação cria uma chave no *frame* 0 com os mesmos parâmetros da próxima chave, conforme mostrado na Figura 6.1.1

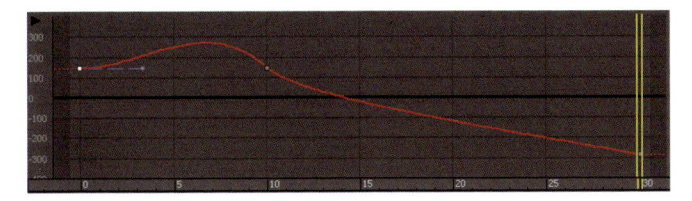

FIGURA 6.11 Acrescente uma chave no início com a finalidade de criar impulso para o arremesso da faca.

2. Selecione a ferramenta *Move Keys* e selecione a chave no *frame* 10. Em *Key Stats type-in,* altere o valor dessa chave para **240**. Se você rodar de novo a animação, verá que ela está estranha. A faca vai se armar de volta realmente rápido e rodopiar um pouco. Isso ocorre devido a uma grande protuberância entre os *frames* 0 e 10.
3. Mantenha a tangente no *frame* 0 configurada no padrão, mas altere a tangente da chave no *frame* 10 para *Linear* ( ). Rode de novo a animação. Você terá um pouco de impulso, mas o tempero será perdido e a faca se parecerá menos ativa e muito mecânica.
4. Para reobter o peso que você havia conseguido para a faca, pressione *Ctrl+Z* para desfazer sua mudança da tangente do *frame* 10 e configure-a de volta ao que você tinha. Você poderá ter de desfazer mais do que uma vez. Agora, selecione a ferramenta *Move Keys Vertical* ( ) e selecione a alça da tangente *In* do *keyframe* 10. Essa é a alça da tangente que fica à esquerda da chave.

> É comum tentar algo e confiar em *Undo* para voltar ao ponto de partida. Você pode usar várias vezes *Undo* quando se encontra num beco sem saída.

5. Pressione *Shift* e arraste a alça da tangente para baixo a fim de criar uma curva que seja semelhante àquela mostrada na Figura 6.12. Pressionar *Shift* enquanto arrasta a alça da tangente quebra a continuidade entre as alças *In* e *Out*, de forma que somente a alça *In* é afetada. Rode de novo a animação. Ela deve ter ficado muito melhor agora.

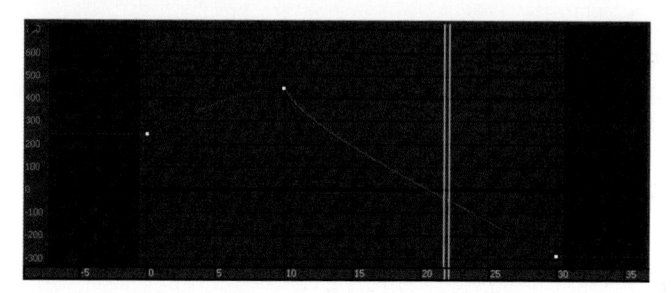

FIGURA 6.12 Para criar um impulso crível para o arremesso da faca, configure sua curva para se parecer com essa.

Continuidade

A faca precisa de mais peso. Uma ótima maneira de mostrar isso em animação é adicionar continuidade (*follow-through*); faça a faca afundar um pouquinho no alvo e empurre o alvo para trás. Para adicionar continuidade à sua animação, use estas etapas:

1. Talvez você queira afundar a faca no alvo depois que ela o atingir. Selecione o botão *Time Configuration* e altere *End Time* para **45** a fim de acrescentar 15 *frames* à sua área de *frame*. Clique em OK. Isso não afetará a animação; simplesmente adicionará 15 *frames* à área de *frame* atual.
2. Selecione a faca e vá ao *frame* 30, onde ela atinge o alvo. No *Curve Editor*, selecione o percurso *X Position* da faca. Acrescente um *keyframe* com a ferramenta *Insert Keys* no *frame* 35.
3. Observe o valor da chave nas caixas *type-in* na parte superior direita do *Curve Editor* (não as caixas *type-in* na parte inferior da interface de usuário principal). Nesse caso, o valor nesta cena é de cerca de **–231**. Você deseja definir o valor para essa chave no *frame* 35 para cerca de **–224** a fim de afundá-la ainda mais no alvo. Se os seus valores são diferentes, ajuste apropriadamente com o intuito de não adicionar muito movimento. Certifique-se também de que o movimento flui para o alvo e não para fora dele como se a faca estivesse saltando para fora.
4. Mantenha a tangente para esta nova chave configurada em *Auto*. Com esses valores relativos, corra a animação entre os *frames* 30 e

35. Você poderá visualizar o leve movimento da faca para dentro do alvo. O fim da sua curva deve ser semelhante à curva da Figura 6.13.

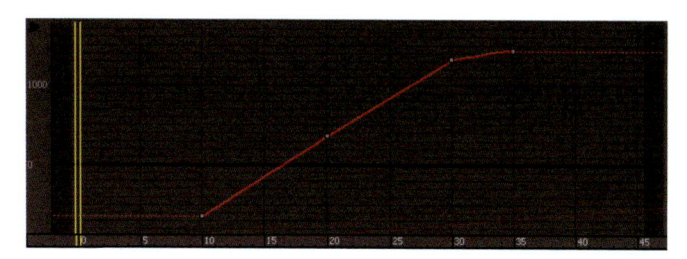

FIGURA 6.13 Sua animação deve terminar desse jeito.

5. Você ainda tem que acrescentar um pouco de continuidade à rotação da faca para fazê-la afundar melhor no alvo. No *Curve Editor*, selecione o percurso *X Rotation* para exibir sua curva. Acrescente uma chave para a curva no *frame* 35. O valor da chave no *frame* 30 deve já ser de cerca de **–652**. Configure o valor do *keyframe* no *frame* 35 para algo em torno de **–655**. Mantenha a tangente configurada em *Auto*. Se os seus valores forem diferentes, ajuste de acordo com o que funcionar melhor para a cena.

Tenha cuidado com o quanto a faca afunda no alvo. Embora seja importante para mostrar o peso da faca, é também imprescindível para mostrar o peso do alvo, pois você não vai querer que o alvo pareça tão macio.

Coloque dinâmica no alvo

Para fazer a dinâmica funcionar ainda melhor para a animação de faca, você terá que empurrar o alvo para trás no momento em que a faca o atinge. O problema é que, se você animar o alvo em movimento para trás, a faca vai ficar no lugar, flutuando no ar. Você tem que animar a faca *com* o alvo.

Objetos pais e objetos filhos

Para animar a faca e o alvo juntos, a faca tem de estar ligada ao alvo de maneira que, quando o alvo estiver animado para ser empurrado para trás com o impacto, siga de forma exata, uma vez que está presa no alvo. Fazer isso não bagunçará a animação existente da faca porque ela será o filho na hierarquia e reterá sua própria animação separada do alvo. Basta seguir estes passos:

1. Vá para o *frame* 30, onde ocorre o impacto da faca. Na extrema esquerda da barra de ferramentas principal, escolha a ferramenta *Select And Link*. Selecione a faca e arraste-a para o alvo conforme

mostrado na Figura 6.14 (esquerda). Nada deve mudar até que você anime o objeto-alvo.

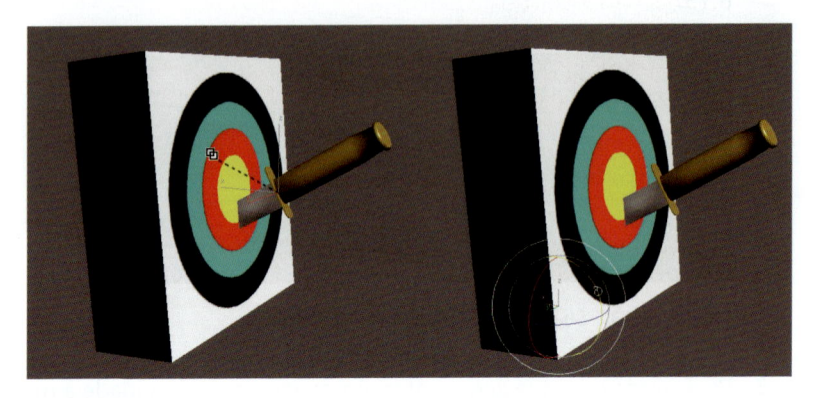

FIGURA 6.14 Ligue a faca ao alvo (esquerda), e a seguir gire o alvo de volta levemente (direita).

2. Mova o *Time Slider* para o *frame* 34 e pressione a tecla *N* para ativar a ferramenta *Auto Key*. Com a ferramenta *Select And Rotate*, selecione o objeto alvo e gire-o de volta cerca de 5 graus, conforme mostrado na segunda imagem da Figura 6.14 (direita). O *pivot point* do alvo já foi colocado apropriadamente na aresta inferior de trás.

3. Vá para o *Curve Editor*, role para achar o percurso *Y Rotation* do objeto alvo, selecione o *keyframe* no *frame* 0 e mova-o para o *frame* 30. Agora mantenha a tecla *Shift* pressionada e clique e arraste o *keyframe* (isso fará uma cópia dele) para o *frame* 37.

4. Altere a tangente da chave no *frame* 30 para *Fast* e deixe as outras tangentes da chave sozinhas.

5. Adicione um pouco de oscilação ao alvo com o objetivo de tornar a animação ainda mais interessante. Isso pode ser facilmente feito no *Curve Editor*. Use *Insert Keys* para acrescentar chaves aos *frames* 40 e 44. Usar a ferramenta *Move Keys Vertical* dá à chave no *frame* 40 um valor de cerca de 1,7. Sua curva deve se parecer com aquela da Figura 6.15.

6. Finalmente, acrescente uma "escorregada" ao alvo. Usando a ferramenta *Select And Move*, mova o *Time Slider* para o *frame* 37 e mova o alvo apenas um pouco ao longo do eixo *X*. Vá para o *Curve Editor*, role até *X Position* do objeto alvo, selecione o *keyframe* no *frame* 0 e mova-o para o *frame* 30 a fim de que o movimento comece quando a faca atingir o alvo. Altere a tangente do *frame* 30 para *Fast* e deixe a outra tangente em *Auto*.

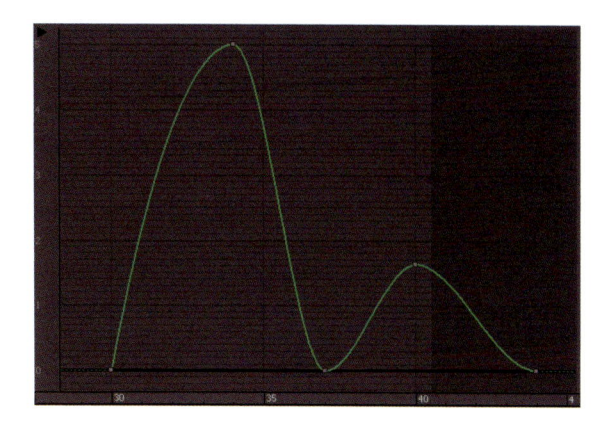

FIGURA 6.15 A curva de animação do alvo.

Feito! Reproduza a animação. Experimente e altere alguns dos tempos do final da animação e valores de reação do alvo ao impacto a fim de verificar diferentes pesos da faca e do alvo e observar como se parece a animação do ponto de vista do espectador.

Você pode ver uma amostra renderizada da cena em knife_animation.mov, um arquivo tipo *QuickTime* na pasta RenderOutput do projeto *Knife* disponível no site da Bookman Editora, *www.bookman.com.br* (ou copiado para o seu disco rígido). Você também pode fazer o download do arquivo de cena Animation_Knife_01.max da pasta Scenes do projeto *Knife* para verificar seu trabalho.

ALÉM DO ESSENCIAL

Nesse nosso segundo capítulo da animação, você expandiu seu conhecimento de criação e edição de animação. Você aprendeu sobre as hierarquias e como ligar os objetos em conjunto para criar uma hierarquia útil para a nossa animação da faca, e também como *pivot points* são usados. Você também aprendeu que os termos de animação, tais como impulso (*anticipation*), continuidade (*follow-through*) e momento da ação (*momentum*) são fundamentais, e também como eles se aplicam à animação.

EXERCÍCIOS ADICIONAIS

▶ Tente animar objetos simples, como caixas, e brincar com impulso, continuidade e dinâmica.

▶ Mais uma vez utilizando geometria primitiva simples, crie hierarquias e brinque com impulso, continuidade e dinâmica.

▶ Restrinja e anime uma câmera em um caminho ao longo de um ambiente bem modelado.

▶ Anime planetas em torno do sol usando caminhos.

CAPÍTULO 7

Modelagem poligonal de personagens: Parte I

Nos jogos, os personagens são desenhados e criados de maneira inteligente a fim de alcançar a melhor aparência possível com uma menor quantidade de detalhes de malha, pois, dessa forma, mantém-se a contagem de polígonos baixa. Com isso em mente, este e os próximos dois capítulos apresentam a modelagem de personagens, focando a utilização do conjunto de ferramenta de Edição de Polígono (*Editable Poly*) para criar um modelo de soldado de contagem relativamente baixa de polígonos (*low poly*), adequado para animação de personagens e para uso em um mecanismo de jogo (embora tal assunto não seja abordado neste livro). Este capítulo começa com a forma básica do primeiro personagem.

Configure a cena

Você pode importar e usar esboços frontais e laterais do personagem como imagens de fundo enquanto cria o personagem no 3ds Max. Esboços adicionais de seu personagem a partir de vários pontos de vista podem ser úteis durante o processo de modelagem para referência rápida do seu objetivo.

> **MODELAGEM POLIGONAL ALTA E BAIXA**
>
> Modelos de contagem de polígono alta são usados quando o nível de detalhamento do modelo precisa estar impecável, como em cenas em que o modelo é usado em *close-ups*.
>
> Modelagem de contagem de polígonos baixa, também chamada de modelagem *low-poly*, refere-se a um estilo de modelagem que sacrifica o detalhamento em favor da geometria eficiente que coloca uma carga muito mais baixa no sistema no qual ele está sendo criado ou renderizado.

Crie *planes* e acrescente materiais

Assim como na criação do foguete do Capítulo 3, "Modelando no 3ds Max: Parte I", este exercício começa criando boxes cruzados e aplicando imagens de referência a eles. Configure seu projeto no projeto *Soldier* que foi baixado para o seu sistema:

1. Em uma nova cena, vá para a *viewport Front* e crie um *plane*.
2. No menu de rolagem *Parameters* do Painel de Comando, configure *Length* em **635** e *Width* em **622**. As unidades estão em polegadas, que é o padrão do 3ds Max. O tamanho dos *image-planes* em unidade é o mesmo das imagens de referência em pixels. Portanto, quando você aplicar a imagem ao *plane*, ele será proporcional, mantendo sua largura e seu comprimento sem esticar ou espremer as imagens.
3. Altere o nome desse *box* para **Image_Plane_Front**.
4. Com o *plane* ainda selecionado, vá para a aba *Modify* e, no menu de rolagem *Parameters*, configure *Length* e *Width Segs* em **1**. A seguir, selecione a ferramenta *Move* (*W*) e, na barra de ferramentas principal, no *transform-type-ins* no fundo da interface do usuário, mova o *plane* para essas coordenadas: (0,0; 80,169; -5,228).
5. Clique no espaço em branco na *UI* e pressione a tecla *Z* no seu teclado; esse é o atalho para *Zoom Extents All*. Na barra de ferramentas principal, ative o alternador *Angle Snap* ( ) ou pressione *A* em seu teclado. Isso condiciona sua rotação a girar a cada 5 graus. Selecione a ferramenta *Rotate* (*E*) e mantenha a tecla *Shift* pressionada no teclado; em seguida, na *viewport Front*, gire o *image-plane* ao longo do eixo *Y* em 90 graus. Usar *Shift* ativa a ferramenta *Clone*, conforme mostrado na Figura 7.1.
6. Na caixa de diálogo *Clone Options*, debaixo de *Object*, selecione *Copy*, nomeie **Image_Plane_Side** e clique em *OK*.
7. Alterne para a ferramenta *Move* e mova o *plane* para essas coordenadas: (–311,084; –229,692; –5,228).

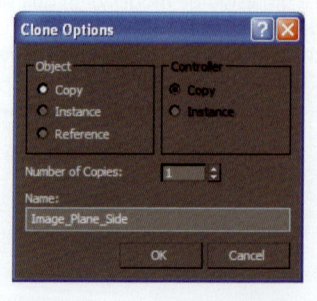

FIGURA 7.1 Caixa de diálogo *Clone Options*.

Acrescente materiais

Neste ponto, os materiais de referência são de textura mapeada para os planos que constituem uma referência dentro da cena em si enquanto você modela o personagem. Portanto, isso é fundamental para garantir que as características do personagem que aparece em ambas as imagens de referência (à frente e ao lado) estejam na mesma altura. Por exemplo, o topo da cabeça e os ombros devem estar na mesma altura em ambas as janelas, frontal e lateral, para tornar o processo de modelagem mais fácil.

1. Na *viewport Left*, pressione a tecla *V* no seu teclado e selecione *Right View* a partir da lista. Altere a sombra na *viewport Right* para *Smooth + Highlights* (*F3*).
2. Abra uma janela do *Windows Explorer* do seu sistema operacional e navegue até o arquivo Soldier/sceneassets/images no seu disco rígido a partir do projeto *Soldier* que você baixou do site da Bookman Editora, *www.bookman.com.br*. Arraste ImagePlane_Front.jpg da janela do *Windows Explorer* para o *image-plane* na *viewport Front*.
3. Arraste ImagePlane_Side.jpg até o *image-plane* na *viewport Right*. Os *image-planes* devem ter as duas imagens mapeadas neles, conforme mostrado na Figura 7.2.

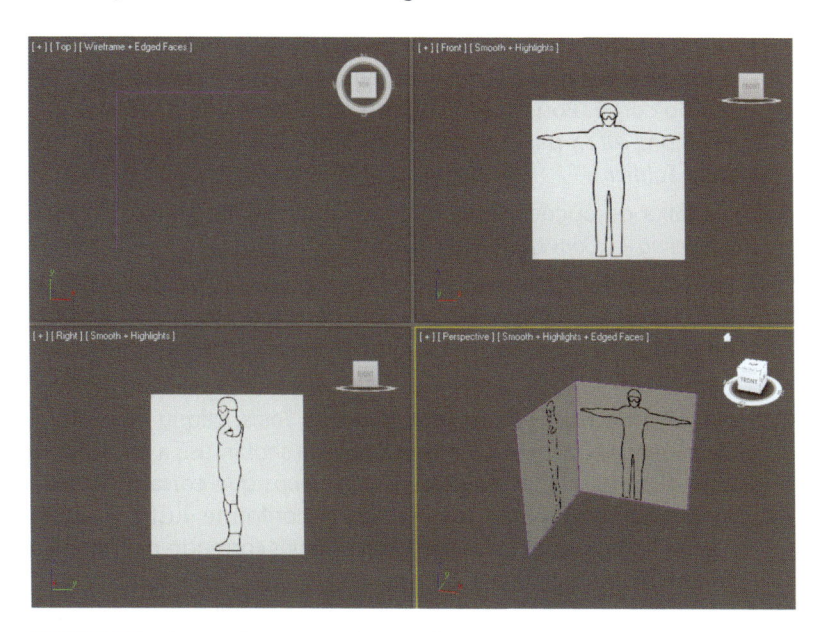

FIGURA 7.2 *Image-planes* mapeados nas *viewports*.

Crie o soldado

Configura-se uma boa prática delimitar a forma básica do personagem e focar no tamanho e nas formas cruciais dos principais elementos e, em seguida, acrescentar detalhes às características mais sutis. Os exercícios a seguir descrevem as etapas necessárias para delimitar os principais membros do soldado. Vá com tudo!

Forme o tronco

A estrutura básica para o tronco começará com um *box* primitivo simples. Após convertê-lo em um *editable poly*, você usará a ferramenta *Mirror* sobre o objeto de modo que quaisquer manipulações realizadas em um lado também sejam feitas no outro. Você iniciará a criação da forma básica do tronco movendo os vértices da ferramenta *editable poly* e extrudando os seus polígonos nas seguintes etapas.

Continue com o arquivo de cena do exercício anterior ou abra o arquivo de cena `Soldier_V01.max` da pasta Scenes do projeto *Soldier* baixado do site da Bookman.

1. Configure cada *viewport* em *Smooth + Highlights* (F3) com *Edged Faces* (F4) se já não estiver configurada.

2. Comece criando um *box* na *viewport Perspective* com esses parâmetros: *Length* **25**, *Width* **16**, *Height* **53**, *Input Height Segs* **8**. Deixe *Width* e *Length Segs* em **1**, conforme mostrado na Figura 7.3. Esse é um ponto inicial do detalhamento necessário para criar a forma do corpo. Posicione o *box* conforme mostrado na Figura 7.4. Pressione *Alt+X* para torná-lo transparente. Mude o nome do *box* para **Soldier**.

3. Na faixa de opções *Graphite Modeling Tools*, clique em *Polygon Modeling* → *Convert To Poly*.

4. Entre no nível subobjeto *Vertex*. Na *viewport Right,* posicione os vértices no lado direito do *box* para corresponder com o contorno lateral do personagem no *image-plane*, conforme mostrado na Figura 7.5.

5. Na faixa de opções *Graphite Modeling Tools*, clique em *Edit* → *SwiftLoop*. Alterne para o modo *Edge* e, a seguir, use a ferramenta *Swift Loop* para criar dois novos *edge loops* que corram verticalmente da frente para trás do modelo, conforme ilustra a Figura 7.6. As linhas pontilhadas mostram os *loops* correndo na traseira e embaixo do modelo.

Capítulo 7 ▶ Modelagem poligonal de personagens: Parte I   **145**

FIGURA 7.3   Parâmetros do *box*.

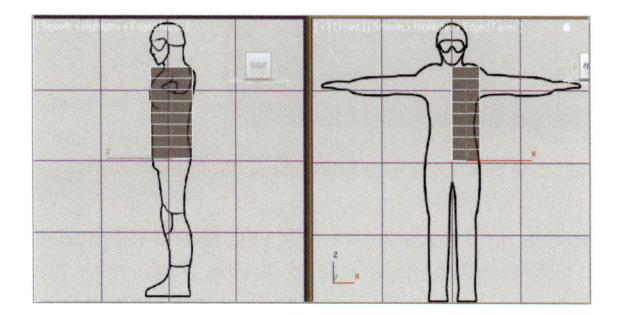

FIGURA 7.4   Posição do *box* a partir das visões frontal e lateral.

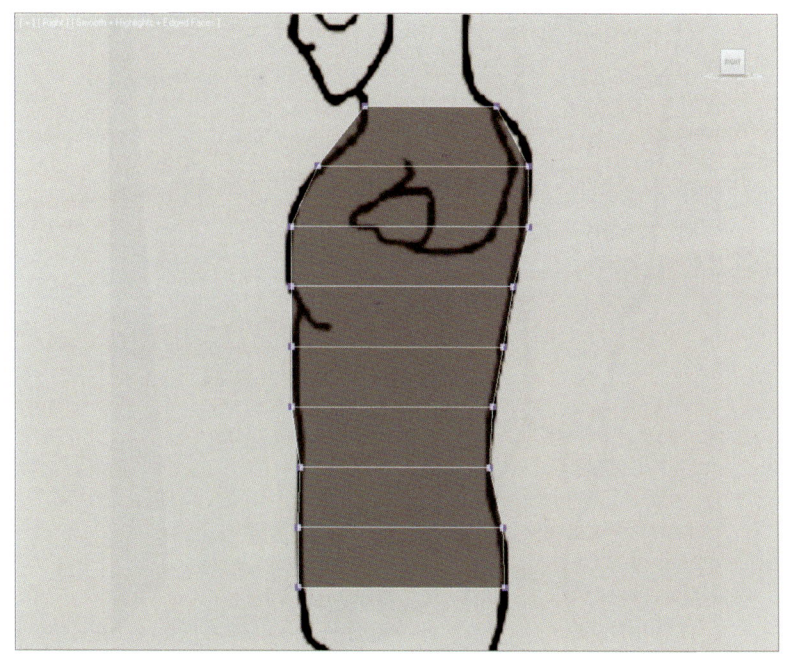

FIGURA 7.5   Mova os vértices para corresponder à imagem do soldado na *viewport Right*.

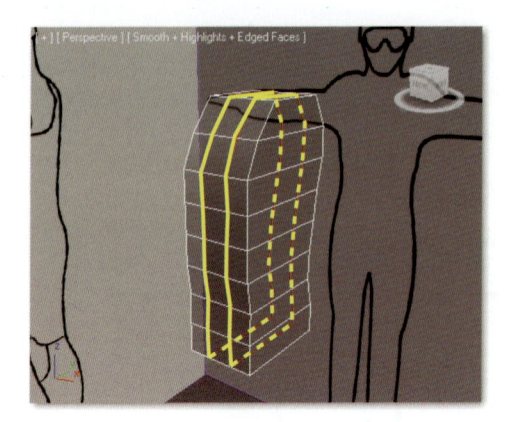

FIGURA 7.6 Crie dois novos *edge loops* usando *Swift Loop*.

6. *Swift Loop* cria uma nova aresta única na lateral do modelo correndo do lado esquerdo para o lado direito, conforme é apresentado na Figura 7.7. As linhas pontilhadas mostram o *loop* correndo por baixo do modelo. Desative a ferramenta.

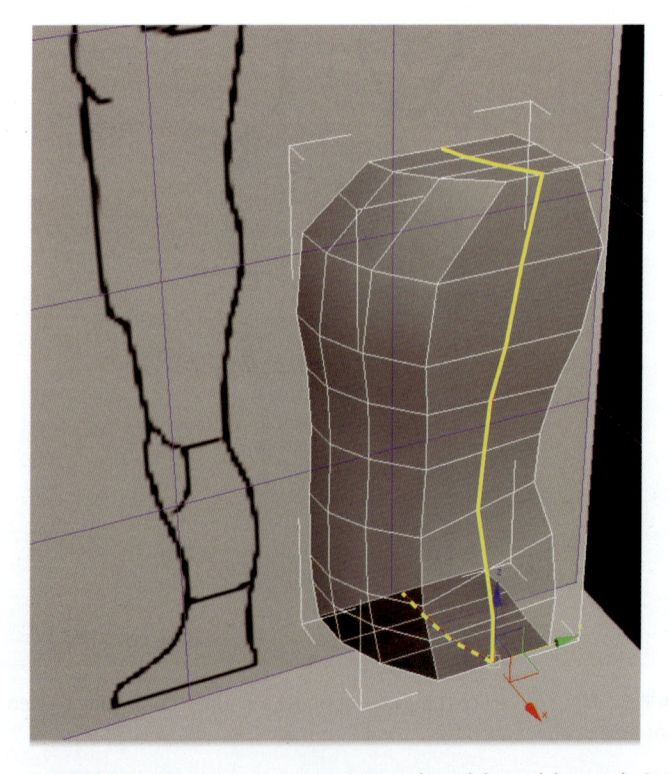

FIGURA 7.7 Crie uma nova aresta única na lateral do modelo usando *Swift Loop*.

7. Agora, arredonde a lateral do tronco. Você ainda deve estar no modo *Edge*. Selecione uma das arestas que correm verticalmente na lateral do *box* do tronco (Figura 7.8). Na faixa de opções *Graphite Modeling Tools*, selecione a aba *Modify Selection* e clique em *Loop* para selecionar o segmento de arestas (*loop of edges*) que correm ao longo da lateral do tronco, conforme mostrado na Figura 7.8. Mova o segmento de arestas mais para trás do modelo para começar o arredondamento dessa aresta. Em seguida, selecione o segmento das arestas imediatamente à esquerda do segmento anterior com a ferramenta *Loop* e mova-o também mais para trás a fim de formar uma frente mais arredondada para o tronco, de acordo com a Figura 7.8

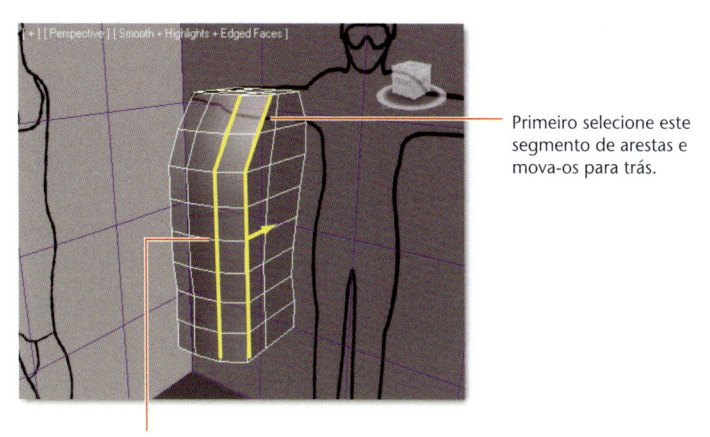

Primeiro selecione este segmento de arestas e mova-os para trás.

Depois selecione este segmento de arestas e mova-os para trás.

FIGURA 7.8 Selecione e mova as arestas em direção à parte de trás do modelo.

8. Alterne para o modo *Vertex* e selecione o vértice no lado esquerdo abaixo da aresta superior, conforme mostrado na Figura 7.9. Na aba *Vertices* da faixa de opções *Graphite Modeling Tools*, selecione *Chamfer Settings* clicando no nome da ferramenta debaixo do ícone e depois clique em *Chamfer Settings*. Essa ação abre o *caddy* da ferramenta conforme mostrado na Figura 7.10. Use o valor de **4,808** para *Vertex Chamfer Amount* e clique no botão de marcação e verificação verde (*OK*) no *caddy* para ativar a ação. É aí que o braço vai ser posicionado.

9. Vá para o modo *Polygon*, selecione o novo polígono em forma de diamante no meio e pressione *Delete* para excluí-lo. Um buraco aparece onde o braço estará posicionado.

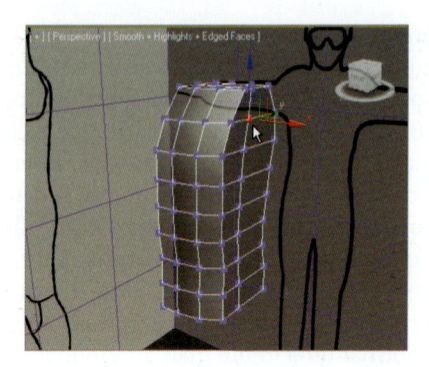

FIGURA 7.9 Selecione o vértice bem acima do cursor do mouse mostrado aqui.

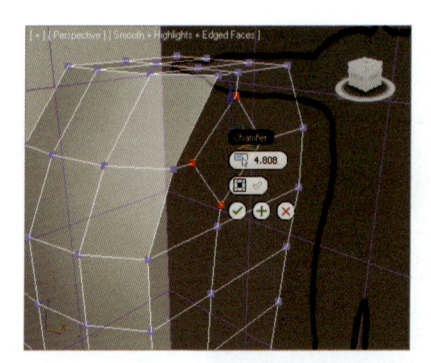

FIGURA 7.10 Use *Chamfer* para criar um novo polígono onde o braço estará posicionado.

10. Alterne para o modo *Edge* e selecione as quatro arestas diagonais do buraco em forma de diamante e as quatro arestas mostradas na Figura 7.11.

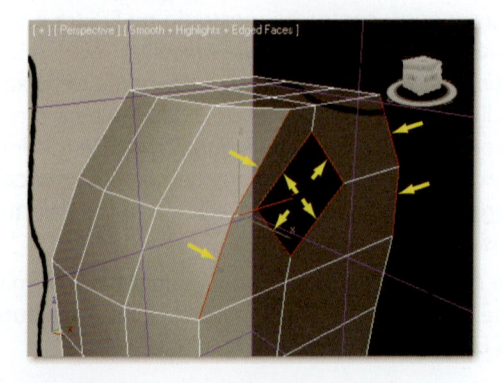

FIGURA 7.11 Selecione estas oito arestas.

11. Na faixa de opções *Graphite Modeling Tools*, escolha *Modify Selection → Ring* para selecionar o conjunto de arestas que correm pela parte superior do peito. Novamente na faixa de opções *Graphite Modeling Tools,* escolha *Loops → Flow Connect* para criar divisões mais horizontais para a parte superior do peito. *Flow Connect* liga as arestas selecionadas com um ou mais conjuntos de arestas e ajusta a nova posição do *loop* para encaixar a forma da malha que envolve. As arestas recém-criadas estão ilustradas na Figura 7.12. O buraco em forma de diamante no ombro está agora mais arredondado também (o buraco é um octógono), uma vez que mais arestas foram criadas nele. As linhas pontilhadas mostram os *loops* correndo atrás do modelo.

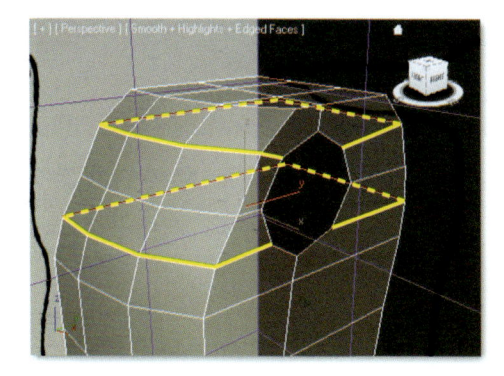

FIGURA 7.12 Use *Flow Connect* para criar duas novas arestas ao redor do modelo.

12. Selecione as duas arestas horizontais debaixo do buraco do braço, conforme mostrado na Figura 7.13 (esquerda) e, na faixa de opções *Graphite Modeling Tools,* escolha *Modify Selection → Ring* para selecionar as arestas horizontais que correm para baixo, para cima e para o fundo do tronco. Novamente na faixa de opções *Graphite Modeling Tools*, selecione *Loops → Flow Connect* para criar dois novos segmentos de arestas, conforme mostrado à direita na Figura 7.13.

13. O novo conjunto de arestas não alcança todo o percurso até o buraco do octógono. Você precisará cortar uma aresta da parte superior das novas arestas que acabou de fazer até a base do buraco. Selecione a faixa de opções *Graphite Modeling Tools* e escolha *Edit → Cut* para entrar na ferramenta *Cut*. Clique no primeiro vértice debaixo do buraco e, em seguida, no segundo vértice acima do buraco para criar a primeira nova aresta. Como você ainda está na ferramenta *Cut*, clique no terceiro vértice mostrado na Figura 7.14 e crie a segunda nova aresta até o quarto vértice ilustrado na Figura 7.14. Clique com o botão direito do mouse para ativar a segunda aresta.

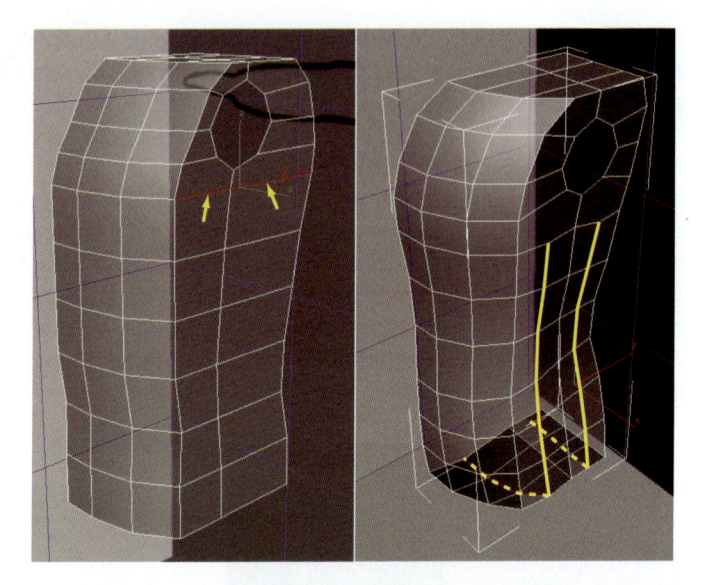

FIGURA 7.13 Selecione as duas arestas horizontais debaixo do buraco (esquerda) e use *Flow Connect* para criar mais arestas (direita).

Quarto vértice
Segunda nova aresta
Terceiro vértice
Segundo vértice
Primeira nova aresta
Primeiro vértice

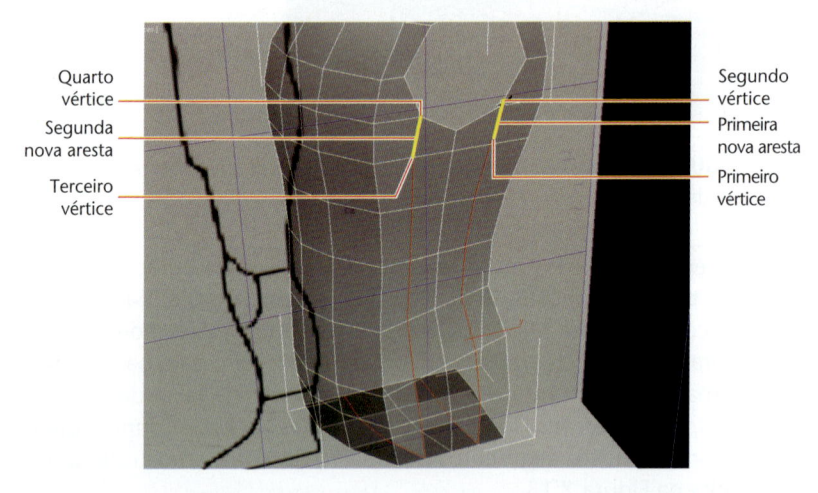

FIGURA 7.14 Use a ferramenta *Cut* para acrescentar duas novas arestas ao buraco.

14. O buraco ainda não está muito bom; será mais fácil começar a partir de uma forma circular em vez da forma octogonal desigual que temos agora. Entre no modo subobjeto *Border*, selecione a aresta do buraco e, na aba *Geometry* (*All*) da faixa de opções *Graphite Modeling Tools*, clique na ferramenta *Cap Poly* para criar *NGon cap* (um polígono com mais de quatro lados) para preencher o buraco.

15. Entre no modo *Polygon* e selecione o novo *NGon*. Vá para a aba *Polygons* da faixa de opções *Graphite Modeling Tools* e clique na ferramenta *GeoPoly* para criar um polígono simétrico da forma anterior, conforme mostrado na Figura 7.15. O *GeoPoly* desembaraça um polígono e organiza os vértices para criar uma forma geométrica perfeita. Isso deixará as coisas mais fáceis para quando formos criar o braço mais tarde.

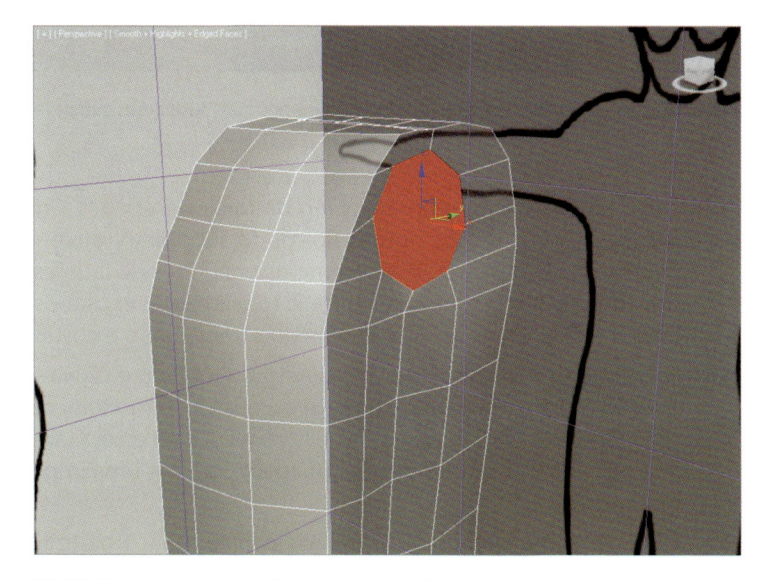

FIGURA 7.15 Use *GeoPoly* para criar uma forma simétrica para o buraco.

16. Selecione o novo *NGon cap* que você criou na etapa 14 e pressione *Delete* para excluir o *Ngon*. Também selecione e exclua os polígonos superiores e inferiores no modelo, coonforme mostrado na Figura 7.16 (esquerda).

Exclua estes
polígonos.

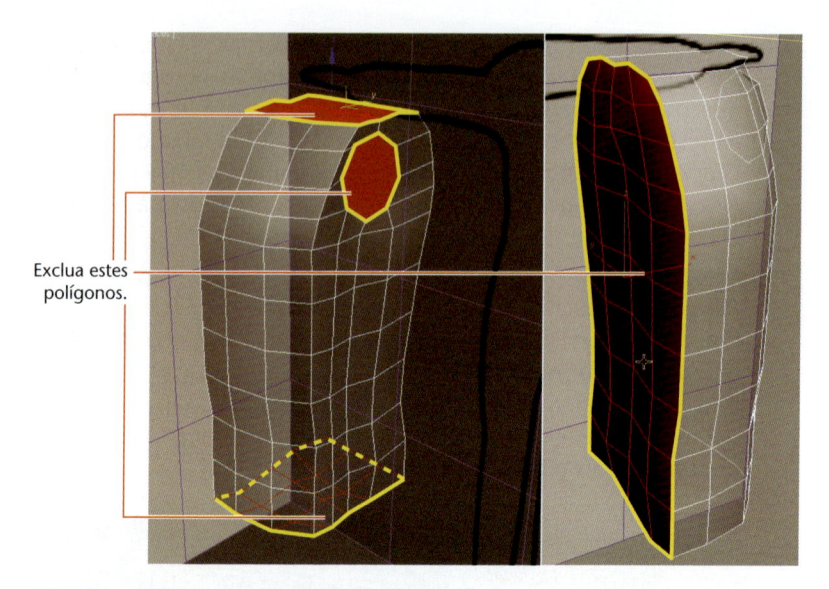

FIGURA 7.16 Exclua *NGon*, bem como os polígonos mais superiores e mais inferiores do modelo.

17. Debaixo da aba *Polygon Modeling* da faixa de opções *Graphite Modeling Tools*, sob os botões do modo subobjeto, ative *Ignore Backfacing* (). A seguir, selecione os polígonos do lado esquerdo, conforme mostrado na Figura 7.16 (direita) e exclua-os também. Seu tronco deve ter agora apenas frente, lado e costas.

18. Selecione os *edge loops* no lado direito do modelo e mova-os em direção à esquerda para mais perto do centro do modelo, conforme a Figura 7.17. Talvez você queira movê-los no eixo *Y* também. Seu objetivo é arredondar o personagem para dar uma impressão mais orgânica.

19. Observe como o círculo do buraco parece mais organizado na Figura 7.18, mas as arestas da direita e de cima estão um pouco estranhas. Entre no modo *Vertex* e mova as arestas a fim de o buraco do braço parecer mais arredondado.

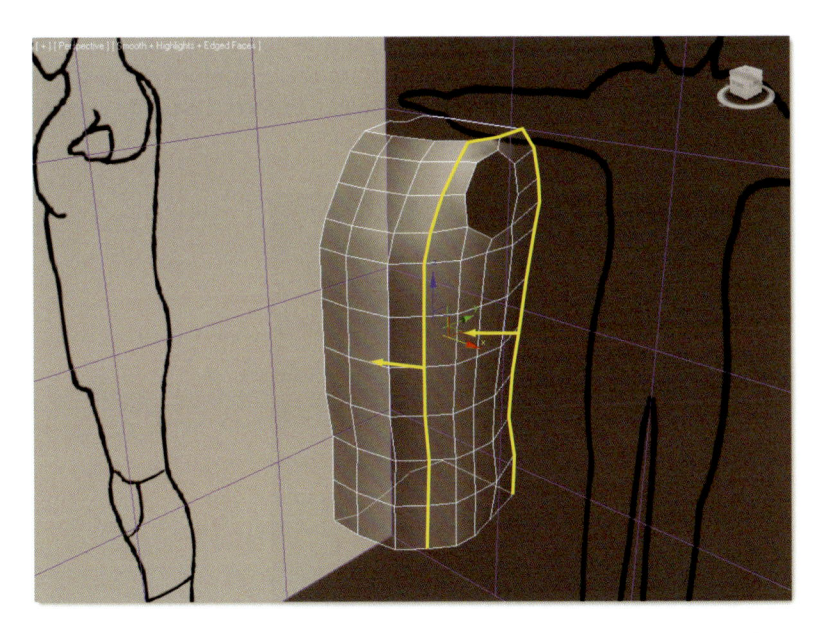

FIGURA 7.17 Selecione os *edge loops* e mova-os para criar um visual mais arredondado do modelo.

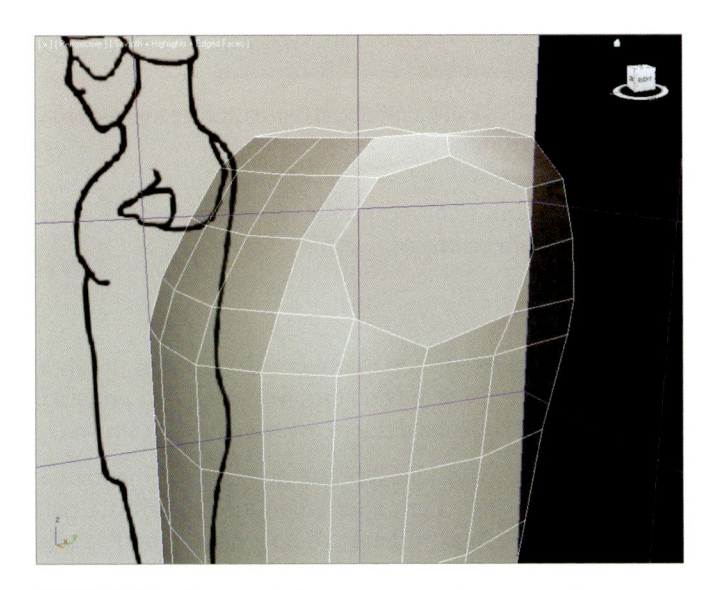

FIGURA 7.18 Ajuste os vértices para fazer um buraco mais limpo para o braço.

20. Vá para o modo *Edge* e selecione a aresta que corre verticalmente no lado direito da parte de trás do modelo, conforme mostrado na Figura 7.19, e mova-o em direção ao buraco. Essa ação tornará a parte de trás mais redonda.

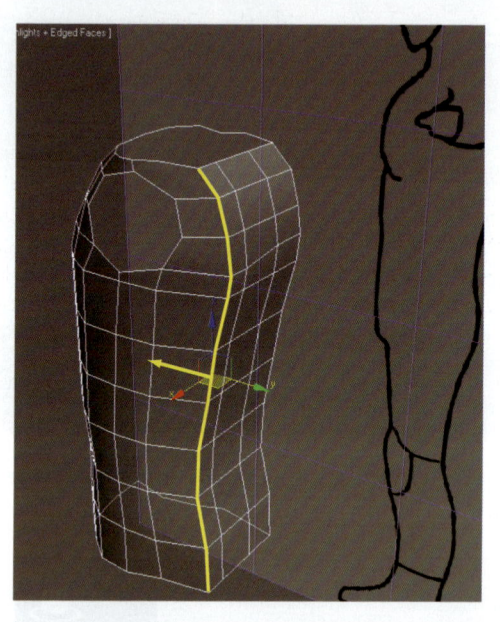

FIGURA 7.19 Mova a aresta selecionada em direção à parte frontal do tronco para arredondar a parte de trás.

Agora que estamos começando a ver alguma forma no tronco, vamos prosseguir para os braços.

Crie os braços

Continue com o arquivo de cena do exercício anterior ou abra o arquivo de cena `Soldier_V02.max` do arquivo Scenes do projeto *Soldier* disponível no site da Bookman Editora, *www.bookman.com.br*.

1. No modo *Border*, selecione a borda do buraco e mantenha pressionada a tecla *Shift*. Com a ferramenta *Move*, arraste para fora do corpo no eixo *X*, extrudando os polígonos à medida que você arrasta. Esse método é uma forma de *Border Extrude*. Esse método oferece mais controle sobre o processo de extrusão porque você pode escolher mais facilmente o eixo ao longo do qual deseja extrudar. Libere o botão do mouse e veja seu modelo na *viewport Front* para alinhar a borda com o pulso do braço no *image-plane*.

2. Na faixa de opções *Graphite Modeling Tools*, selecione *Edit → SwiftLoop* para criar três *edge loops* no braço, igualmente distribuídos sobre o braço recém-criado; a seguir, desative a ferramenta.

3. Entre no modo *Vertex* e mova os vértices recém-criados no eixo *Y* para encaixar na forma no *image-plane*. Você pode selecionar um grupo de vértices e graduá-los no eixo *Y* para estreitar a parte do braço em que o punho será criado.

4. No modo *Edge*, selecione e use a seleção *Loop* (na faixa de opções *Graphite Modeling Tools*, escolha *Modify Selection → Loop*) na aresta horizontal que corre ao redor do corpo debaixo do braço e mova as arestas para baixo. Repita o mesmo processo com o segmento de arestas sob o *loop* anterior, conforme mostrado na Figura 7.20. Isso garantirá que a geometria da área debaixo do braço esteja alinhada adequadamente, conforme mostrado mais tarde na Figura 7.22.

5. No modo *Edge,* selecione e use *Loop* (na faixa de opções *Graphite Modeling Tools,* escolha *Modify Selection → Loop*) na aresta horizontal que corre diretamente para debaixo do braço e mova o *loop* para baixo, conforme mostrado na Figura 7.21.

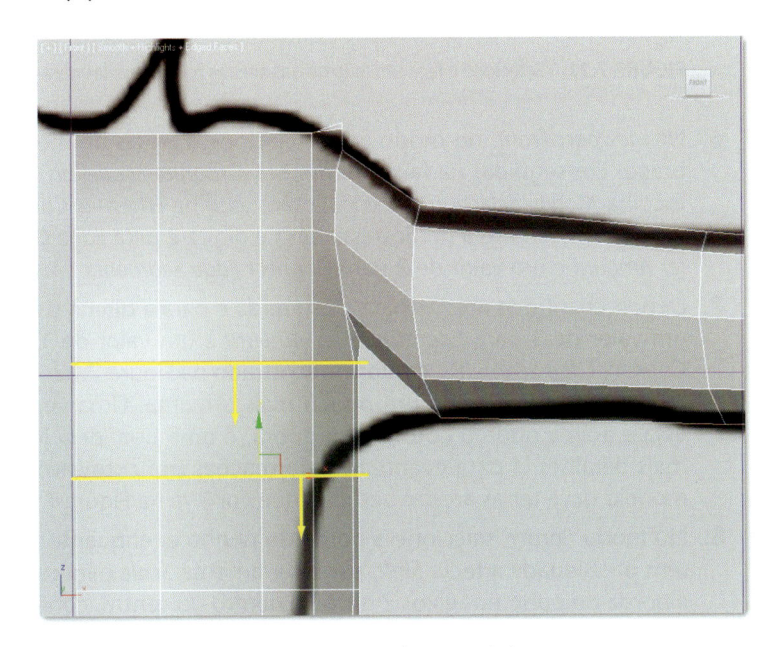

FIGURA 7.20 Mova essas arestas com *loop* para baixo.

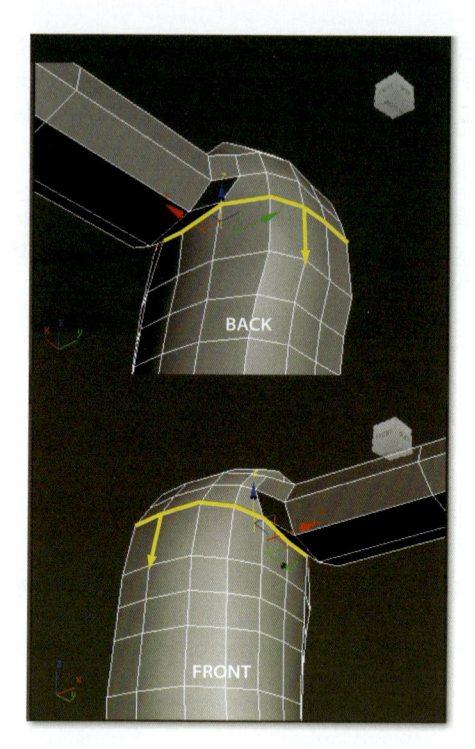

FIGURA 7.21 Selecione e faça um *loop* nessas arestas para movê-las para baixo.

6. Na *viewport Front,* no modo *Edge*, selecione a aresta do meio no braço. Em seguida, na faixa de opções *Graphite Modeling Tools*, escolha *Modify Selection* → *Loop*. Então, escolha *Edges* → *Chamfer* → *Chamfer Settings* a partir dessa faixa e digite **2** para *Edge Chamfer Amount* e um valor de **2** para *Connect Edge Segments*.

7. Depois chanfre as arestas para a esquerda e para a direita usando um valor de **3** para *Edge Chamfer Amount* e um valor de **1** para *Connect Edge Segments,* conforme mostrado na Figura 7.22. Mantenha a aresta do meio um pouco mais próxima. Uma vez que essa é a área onde o cotovelo se dobra, é uma boa ideia incluir mais detalhes lá para eventuais deformações (no cotovelo). Seu modelo deve ter as arestas verticais que você vê na Figura 7.22.

8. No modo *Border*, selecione a borda do punho e, enquanto mantém pressionada a tecla *Shift*, use a ferramenta *Scale* para reduzir a borda do pulso nos eixos *Z* e *Y* para dentro do centro, conforme mostrado na Figura 7.23 (esquerda). Usar *Shift* enquanto realiza uma operação *Scale* clona os objetos selecionados de maneira se-

melhante a uma extrusão com o método *Shift+Move* usado anteriormente. Nesse caso, ela faz uma cópia da borda e fecha a extremidade da abertura do punho.

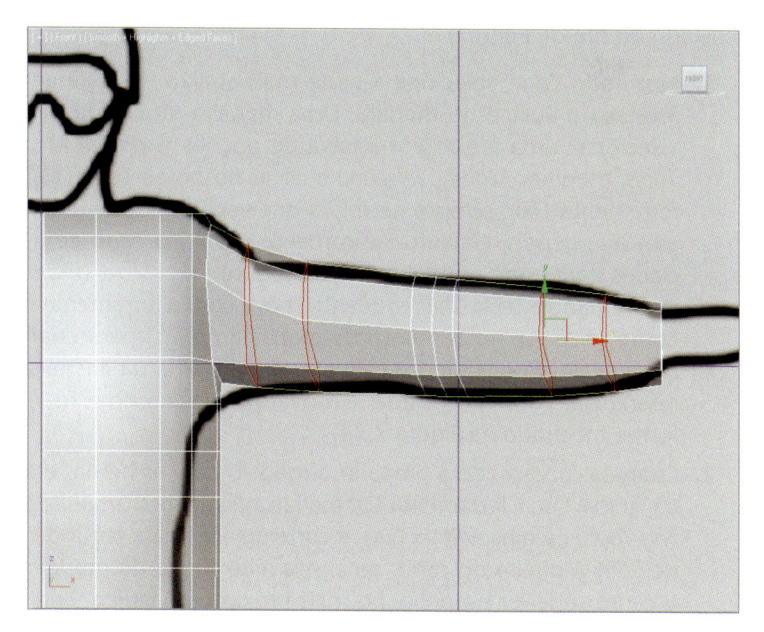

FIGURA 7.22 Chanfre o braço para acrescentar mais arestas para detalhes.

9. A seguir, entre no modo *Vertex*, selecione os vértices do buraco do punho menor e, depois, *Vertices → Weld → Weld Settings* na faixa de opções *Graphite Modeling Tools* para abrir o *Weld Vertices caddy*, como apresentado na Figura 7.23 (meio). Use um valor de **3,39** para *Weld Threshold*, conforme mostrado. Isso cria uma tampa completa na extremidade do braço, de acordo com a Figura 7.23 (direita). Continuaremos com a mão em uma seção adiante.

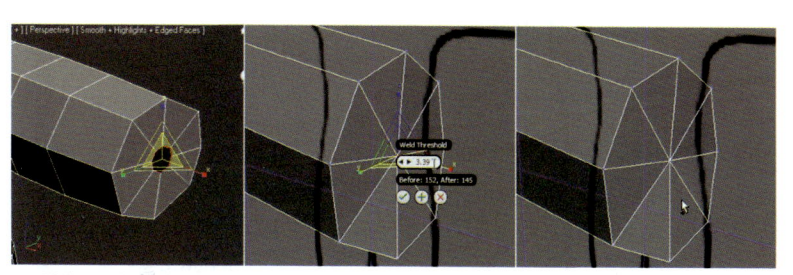

Shift+Escalonar arestas Junte os vértices para se fundirem no centro. Finalizado

FIGURA 7.23 Faça uma fusão da aresta do pulso em direção ao centro.

Crie as pernas

Continue com o arquivo de cena do exercício anterior ou abra o arquivo de cena Soldier_V03.max da pasta Scenes do projeto *Soldier* baixado do site da Editora.

1. No modo *Edge*, selecione a parte mais abaixo do segmento de arestas no tronco do modelo. Uma maneira fácil de fazer isso é selecionar uma aresta e, na faixa de opções *Graphite Modeling Tools*, escolher *Modify Selection* e clicar no botão *Loop* ( ). A ferramenta *Loop* sempre permitirá que você selecione uma única aresta e, depois, ela automaticamente seleciona *edge loops* associados do mesmo segmento. Agora segure *Shift+Move* (mantenha pressionado a tecla *Shift* enquanto move com a ferramenta *Move*, como você fez no conjunto de etapas anterior) para criar uma nova extrusão por todo o caminho até a virilha da ilustração de referência. Você vai extrudar e mover para baixo no eixo *Y*, conforme mostrado na Figura 7.24.

2. Estamos começando a preparar o modelo para as pernas e a área da virilha. Use a ferramenta *Cut* (na faixa de opções *Graphite Modeling Tools*, escolha *Edit* → *Cut*), e corte uma aresta a partir de cerca de 25% à direita do canto da aresta mais funda do modelo para o canto superior no polígono mais próximo da virilha, conforme ilustra a Figura 7.25 (esquerda). Faça o mesmo com o polígono da parte de trás do modelo no canto correspondente.

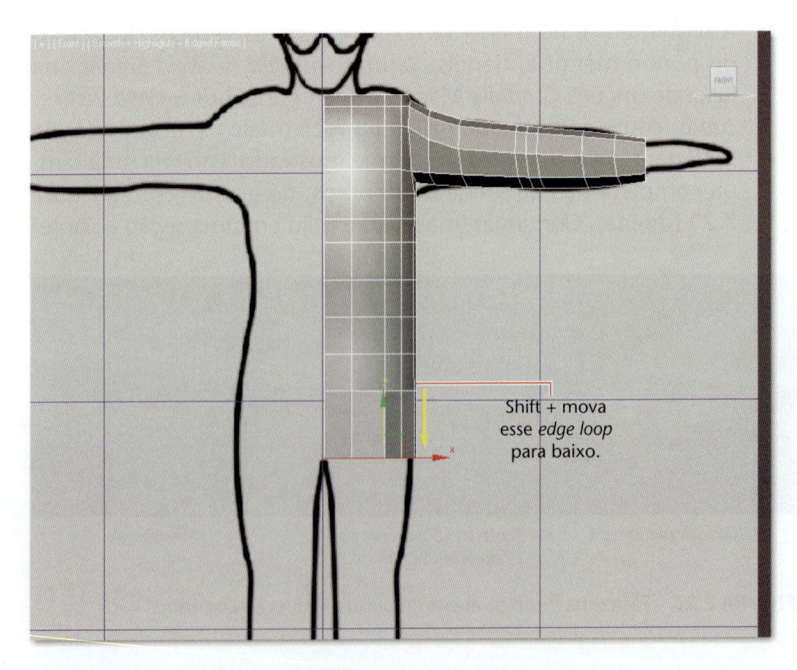

FIGURA 7.24 Selecione o *edge loop* na parte de baixo do modelo e pressione *Shift+Move*.

Use a ferramenta *Cut* para cortar a aresta.

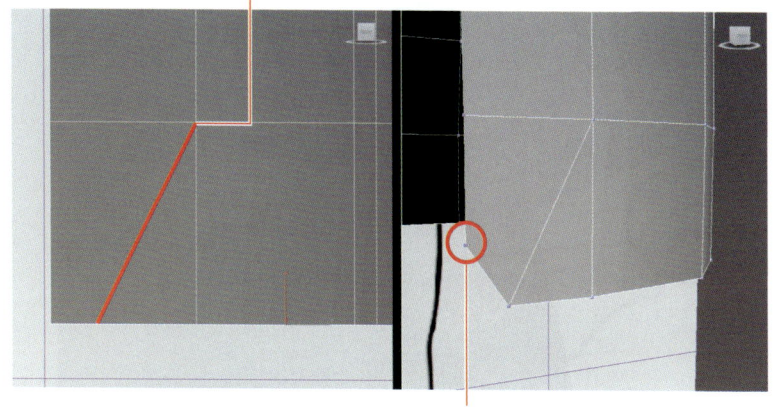

Selecione este vértice e mova-o para cima

FIGURA 7.25 Corte o polígono e levante os cantos.

3. No modo *Vertex*, selecione os vértices internos mais baixos e mova-os um pouco para cima a fim de criar uma aresta diagonal. Faça isso nas partes da frente e de trás do modelo, conforme mostrado na Figura 7.25 (direita).

4. No modo *Edge*, selecione as novas arestas diagonais (frente e trás) e escolha *Edges* → *Bridge* → *Bridge Settings* da faixa de opções *Graphite Modeling Tools*. Use quatro segmentos para criar uma ponte, conforme mostrado na Figura 7.26. Isso vai criar uma ponte entre a parte da frente e a parte de trás.

Com a ponte no local, a aresta da borda da parte de baixo do tronco se assemelha a uma letra maiúscula D, como apresenta a Figura 7.26. Se extrudar a perna para baixo a partir daqui, a parte interna da coxa ficará plana. Para um melhor ponto de partida para formar a perna, é preciso tampar o buraco, como fizemos anteriormente com o braço.

Para começar a extrusão da parte superior da coxa, continue com as etapas seguintes para tampar a forma em D.

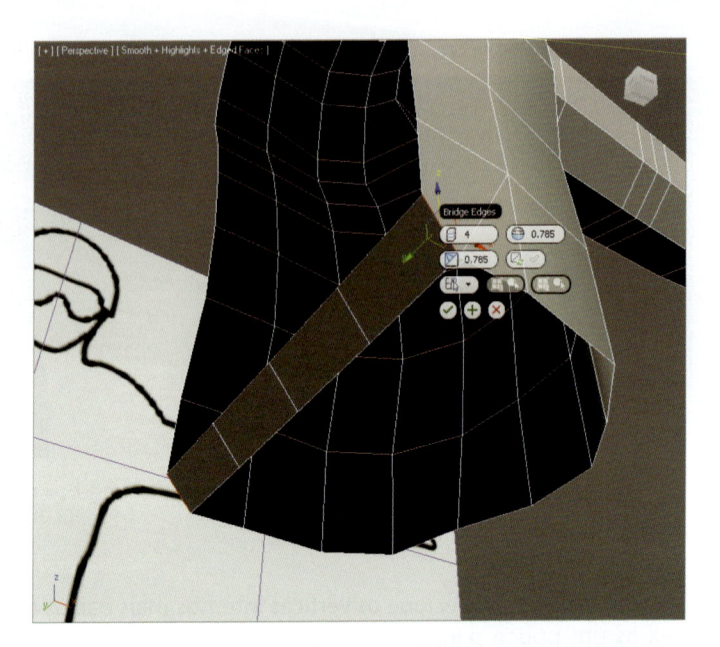

FIGURA 7.26 Ponte entre as duas arestas para criar a área da virilha.

5. Selecione a aresta da borda em forma de D e pressione *Shift+Move* no eixo Z para extrudar a parte superior da coxa para baixo à direita acima da joelheira, conforme mostrado na Figura 7.27 (esquerda). A posição da joelheira pode ser melhor vista no *image-plane* de referência lateral. Não se preocupe; você ajustará a forma para encaixar-se na coxa mais tarde.

FIGURA 7.27 Crie a parte superior da coxa.

6. Com a borda em forma de D ainda selecionada, na faixa de opções *Graphite Modeling Tools*, selecione *Geometry (All)* → *Cap Poly* para tampar a ponta do coto da coxa. Selecione o novo polígono e, na mesma faixa de opções escolha, *Polygons* → *GeoPoly* para dar à ponta da coxa uma forma mais plana; veja a Figura 7.27 (meio).

7. Selecione o polígono da extremidade da coxa e escalone no eixo X, conforme mostrado na Figura 7.27 (direita), para criar uma forma mais oval. Em seguida, exclua a tampa para que a parte inferior da perna fique aberta novamente.

8. Na *viewport Front,* alterne para o modo *Vertex* e escalone e mova os vértices sobre a perna para corresponder com o *image-plane*. Vá para a *viewport Right* e forme a coxa, conforme necessário. Observe que a parte inferior da geometria deve estar localizada mais ou menos no topo da joelheira. Use a *viewport Perspective* várias vezes para garantir que alguns dos vértices não estão sendo movidos acidentalmente.

9. No interior da região da virilha, onde você criou a ponte de quatro segmentos na etapa 4, movimente as arestas para se certificar de que os segmentos estejam igualmente espaçados. Este passo deve ser repetido durante todo o exercício para manter as arestas igualmente espaçadas e assegurar que o modelo esteja organizado e limpo.

10. Entre no modo *Border* e selecione a abertura da borda na parte inferior da perna. Em seguida use o método *Extrude Border* (pressione *Shift+Move*) para extrudar a perna até o tornozelo, conforme mostrado na Figura 7.28 (esquerda).

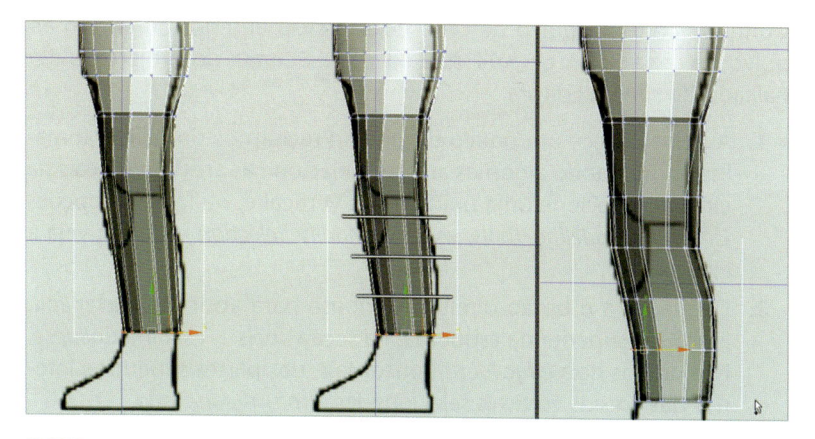

FIGURA 7.28 Extrude até o tornozelo usando a ferramenta *Swift Loop* para criar três novos *loops* e encaixar as novas arestas no *image-plane*.

11. Na faixa de opções *Graphite Modeling Tools*, escolha *Edit → SwiftLoop* e crie três novos segmentos horizontais ao redor da perna, assim como é exibido na Figura 7.28 (meio). A seguir, ajuste os vértices na forma da perna do soldado no *image-plane* lateral da *viewport Right*, conforme mostrado na Figura 7.28 (direita). Vá para a *viewport Front* e faça o mesmo com a forma da perna.

12. No modo *Border*, selecione a borda do tornozelo, de acordo com a Figura 7.29 (esquerda) e pressione *Shift+escalonar* na borda de baixo nos eixos *Z* e *Y* e em direção ao centro do tornozelo, deixando um pequeno buraco; veja a Figura 7.29 (meio). Depois, ative o modo *Vertex* e selecione os vértices ao redor do pequeno buraco resultante e use *Weld* (faixa de opções *Graphite Modeling Tools*, escolha *Vertices → Weld*) para trazer os vértices juntos, conforme mostrado na Figura 7.29 (direita). Ajuste a configuração *Weld Threshold* conforme necessário para soldar esses vértices.

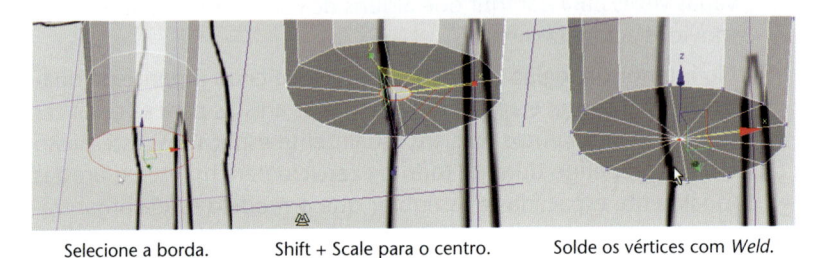

Selecione a borda.   Shift + Scale para o centro.   Solde os vértices com *Weld*.

FIGURA 7.29   Feche o buraco do tornozelo.

Conserte o corpo

Continue com o arquivo de cena do exercício anterior ou abra o arquivo de cena `Soldier_V04.max` da pasta Scenes do projeto *Soldier* baixado do site da Editora.

1. A pelve parece um pouco esquisita. Precisamos simplificar a malha combinando algumas arestas. Selecione as arestas verticais na cintura (selecione uma única aresta vertical e, na faixa de opções *Graphite Modeling Tools*, escolha *Modify Selection → Ring)*; veja a Figura 7.30.
2. Clique com o botão direito do mouse para abrir o *Quad menu*. No *Quad* superior da esquerda, na seção *Tools 1*, escolha *Collapse*. Isso une os dois *edge loops* horizontais, das partes superior e inferior das arestas verticais selecionadas, em um *edge loop*.
3. Na *viewport Perspective*, use *Orbit* (utilize *ViewCube* ou Alt+MMB) para ajustar a visão a fim de visualizar debaixo da área da virilha. No modo *Edge* ou no *Vertex*, mova os segmentos para arredondar a seção, conforme mostrado na Figura 7.31.

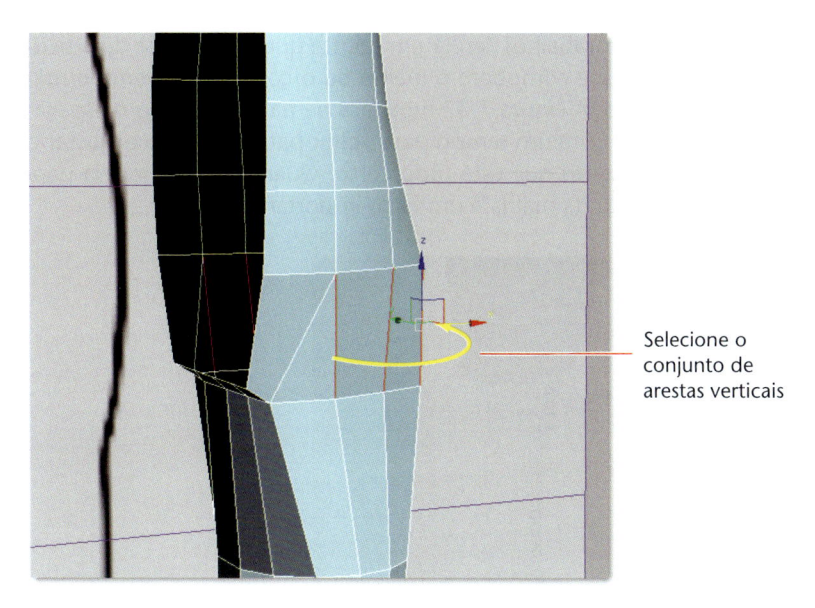

FIGURA 7.30 Selecione as arestas da cintura e use *Ring* para preparar para *Collapse*.

(Selecione o conjunto de arestas verticais)

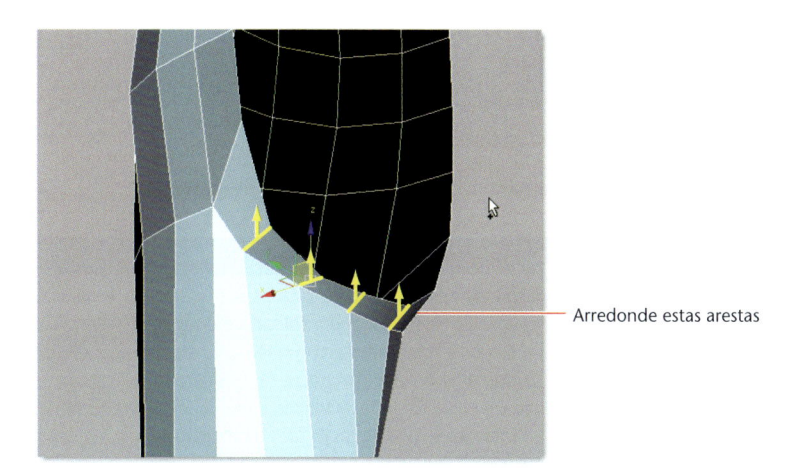

FIGURA 7.31 Arredonde as arestas na área da virilha.

(Arredonde estas arestas)

4. Na *viewport Perspective,* use *Orbit* ao redor da perna de novo e procure por pontas ou pontos espremidos que possam ter aparecido no modelo. O objetivo é dividir a diferença de espaço entre as arestas de modo que elas fiquem o mais próximo possível de 50% de qualquer outra aresta.

Salve o seu trabalho! Tenha em mente que uma aresta de articulação, como as que compõem o joelho ou o cotovelo, devem permanecer onde estão. A Figura 7.32 mostra a perna com um bom espaçamento de aresta. Tire um tempo para voltar para o modelo e ajustar o resto, até você sentir que está tudo certo. Quando você modela para animação, o fluxo da malha é um fator importante.

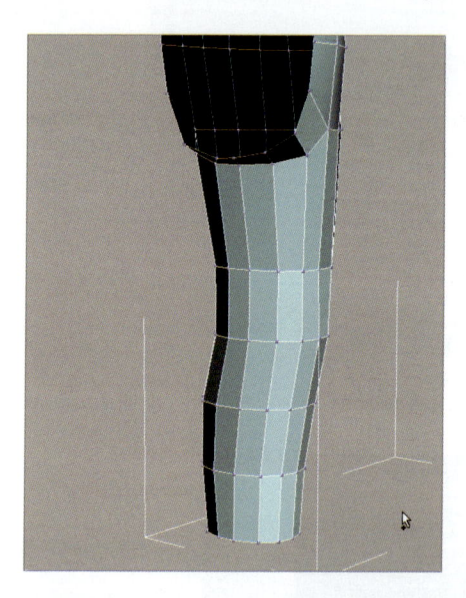

FIGURA 7.32 A perna com um bom espaçamento de aresta.

> **ALÉM DO ESSENCIAL**
>
> Este capítulo explorou e explicou várias ferramentas utilizadas na modelagem, orgânicas ou não, para começar a forma básica do personagem soldado. *Planes* de referência do projeto do soldado foram utilizados em um primeiro momento, e, em seguida, de um simples *box*, um tronco foi formado para coincidir com as formas gerais mostradas nas imagens de referência. Braços e pernas foram extrudados e moldados para combinar. Como você pode ver, quanto mais você modela, mais fácil o processo se torna, e mais detalhados e refinados seus modelos vão ficar.

CAPÍTULO 8

Modelagem poligonal de personagens: Parte II

Personagens realistas gerados por computador (*CG*) são comuns na televisão e em filmes; eles aparecem como dublês, como grandes multidões e como personagens principais. Às vezes, o uso de um personagem CG funciona melhor do que o de uma pessoa real (produzir um golpe duplo CG é mais seguro e, por vezes, mais barato do que usar um dublê de carne e osso). Essas criaturas estranhas podem ser criadas com mais clareza em CG em vez de empregar marionetes e efeitos especiais de maquiagem.

Neste capítulo, você continuará com o modelo de soldado de operações especiais, com foco no uso do conjunto de ferramentas *Editable Poly* para criar um modelo de baixa contagem de polígonos, adequado para animação de personagens e para uso em um *engine* de jogo.

Complete o corpo

Continue com o arquivo do exercício da cena do capítulo anterior ou abra o arquivo de cena Soldier_V05.max da pasta Scenes do projeto *Soldier* disponível no site da Bookman Editora, *www.bookman.com.br*.

Para criar a outra metade do modelo que você tem até aqui (Figura 8.1), você usará a ferramenta *Mirror*, que trabalha fora do *pivot point* do seu personagem atual. Você deve espelhar no eixo X, de modo que o *gizmo* tem que estar no centro morto de seu personagem em fase de acabamento (no lado esquerdo da metade do modelo na *viewport Front*). Cuidaremos disso na etapa 1 do exercício seguinte.

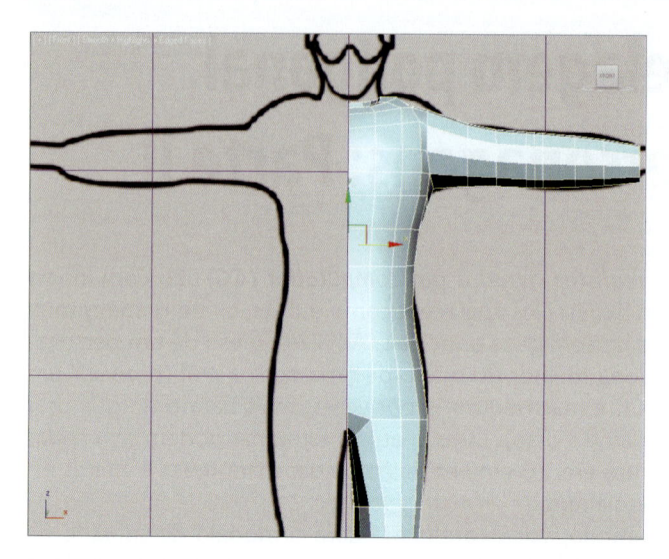

FIGURA 8.1 Mova o *pivot point* para a borda da geometria.

No Capítulo 4, "Modelando no 3ds Max: Parte II", quando criou o foguete vermelho, você usou um modificador chamado *Symmetry*. Essa técnica obtém espelhamento com os mesmos resultados, mas de uma maneira diferente. Você espelhará o corpo do soldado nas seguintes etapas:

1. Na *viewport Front*, selecione o modelo. Vá para os Painéis de Comando à direita da interface e selecione a aba *Hierarchy* (). Em seguida, no menu de rolagem *Adjust Pivot*, clique no botão *Affect Pivot Only*. Você deseja que o ponto de articulação esteja na aresta esquerda do modelo de forma que ele fique no centro do tronco quando for espelhado. Com *Affect Pivot Only*, use a ferramenta *Move* para mover o *gizmo* para a borda esquerda da geometria, conforme mostrado na Figura 8.1. Se não conseguir achar o *gizmo*, clique em *Center To Object* debaixo de *Alignment*. Isso faz o *gizmo* aparecer no centro do modelo.

2. Desative *Affect Pivot Only*. Selecione todos os vértices internos e, na faixa de opções *Graphite Modeling Tools*, escolha *Align → X*. Isso move todos os vértices para alinhamento ao longo do eixo *X*.

3. Na barra de ferramentas *Main*, clique no botão *Mirror* () para abrir a caixa de diálogo *Mirror*. Selecione *Mirror Axis X* e *Instance* debaixo de *Clone Selection*, conforme mostrado na Figura 8.2. A seguir, clique em *OK*.

    Com a ferramenta *mirror* configurada em *Instance*, você pode fazer pequenas alterações no modelo antes de combinar os dois lados permanentemente. Na próxima etapa, você explorará a área do pescoço, em que extrudará as arestas de um lado e verá o lado espelhado fazer o mesmo com o outro.

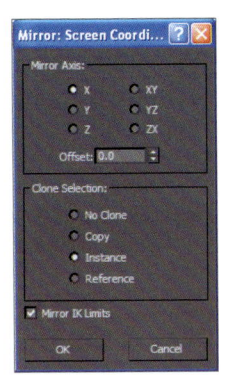

FIGURA 8.2 Caixa de diálogo *Mirror*.

4. No modo *Edge*, selecione as arestas na parte superior do lado direito da geometria do tronco, conforme mostrado na Figura 8.3 (imagem esquerda) e use *Shift+Scale* nelas nos eixos Y e X para extrudar o topo dos ombros em direção ao pescoço (imagem do meio). Todas as arestas se escalonam em direção ao meio da área do ombro e não ao centro do pescoço na espinha, então, ative o modo *Vertex* e mova os vértices a fim de se parecerem mais com a forma mostrada na Figura 8.3 (imagem direita).

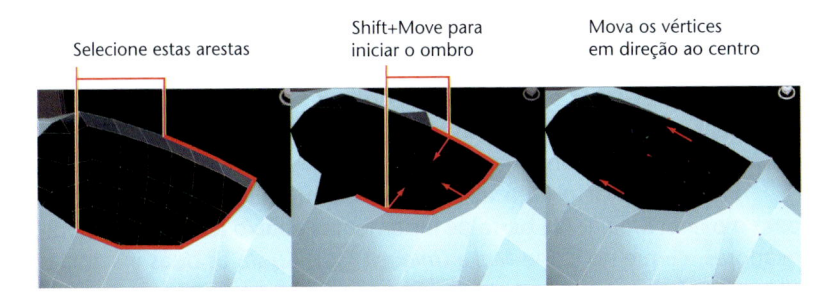

FIGURA 8.3 Arraste as arestas ao redor do pescoço.

5. Volte para o modo *Edge* e selecione as arestas internas do pescoço e extrude-as/mova-as (*Shift+Move*) para então extrudar outro conjunto de polígonos em direção ao centro do pescoço e, a seguir, mover os vértices em direção ao centro do modelo.

6. No modo *Edge* novamente, selecione as mesmas arestas internas do pescoço e extrude-as/mova-as para baixo a fim de criar uma aba no tronco (mais uma vez você pode ver a aba vertical na Figura 8.4). Solte o mouse e clique de novo em *Shift+Move* em direção

ao centro do modelo para criar uma tampa na área do pescoço, conforme mostrado em vermelho na Figura 8.4. Você pode ver a metade do modelo original em modo *X-ray* (raio X) (*Alt+X*), ao passo que a metade espelhada instanciada imita o que você fez na parte original.

FIGURA 8.4 O modelo original está em modo *X-ray*, ao passo que o espelhado é sólido.

Agora, revise uma última vez e corrija quaisquer problemas de espaçamento de aresta ou de geometria torta que você encontrar. Quando estiver pronto, você combinará e soldará as duas partes do modelo.

Para desativar o lado instanciado do modelo, selecione-o e vá para o painel *Modify*. Na barra de ferramentas abaixo da pilha de modificadores, clique no ícone *Make Unique* ( ). Agora as duas instâncias são duas cópias independentes e não mais espelham uma a outra.

7. Selecione a metade da direita e, na faixa de opções *Graphite Modeling Tools*, escolha *Geometry (All)* → *Attach*. Selecione o outro lado do modelo e ambas as metades vão se combinar.

    Você não terminou, entretanto. Os vértices no centro do modelo ainda não estão soldados; eles são conjuntos separados de vértices se estendendo para baixo na costura onde as duas metades se unem. Você precisa manter esse modelo sólido para evitar que a malha se rasgue durante a animação.

8. Entre na *viewport Front* e ative o modo *Vertex*. Certifique-se de que *Ignore Backfacing* esteja desativado e arraste a caixa de seleção para baixo no centro do tronco do modelo para selecionar os vér-

tices ao longo da costura das duas metades. Na faixa de opções *Graphite Modeling Tools*, selecione *Align* e clique em *X* para alinhar os vértices ao longo do eixo *X*.

9. Com os vértices selecionados, na faixa de opções *Graphite Modeling Tools*, selecione *Vertices → Weld → Weld Settings* ( ) para abrir o *Weld Vertices caddy*. Observe que há uma contagem anterior e posterior no *Weld Vertices caddy* que aparece na *viewport*. Aumente a configuração de *Weld Threshold* até que algo mude visivelmente na *viewport* e a seguir reduza um pouco o valor a fim de desfazer a alteração. Sinta-se à vontade para entrar na *viewport Perspective* a fim de verificar o resultado. Solde os vértices juntos clicando no botão (*check mark*) *OK*.

Crie os acessórios

Continue com o arquivo de cena do exercício anterior ou abra o arquivo de cena `Soldier_V06.max` da pasta `Scenes` do projeto *Soldier* disponível no site da Bookman Editora. A maior parte dos detalhes do modelo será acrescentada por meio de texturas; contudo, é de grande auxílio adicionar detalhes, como bolsas, cotoveleiras e joelheiras, na geometria real. Isso cria uma silhueta mais adequada para o seu personagem. Esses detalhes são aprimorados com texturas no Capítulo 10, "Introdução aos materiais: O foguete vermelho".

1. Para criar o cinto, você vai chanfrar e extrudar um *edge loop* que está localizado o mais próximo possível da linha do cinto no modelo. Selecione a aresta do meio da linha da cintura do soldado e, na faixa de opções *Graphite Modeling Tools*, escolha *Modify Selection → Loop* ( ).
2. Com o *loop* da aresta selecionado, na faixa de opções *Graphite Modeling Tools*, escolha *Edges → Chamfer → Chamfer Settings*. Configure *Edge Chamfer Amount* em **1,5** e clique em *OK*.
3. Com as duas arestas do chanfro ainda selecionadas, mantenha *Shift* pressionada e, na faixa de opções *Graphite Modeling Tools*, escolha *Polygon Modeling → Polygon*. Isso seleciona os polígonos associados às duas arestas selecionadas. Se não funcionar, mantenha pressionada a tecla *Ctrl* e clique nos polígonos restantes que precisam ser selecionados.
4. Depois, na faixa de opções *Graphite Modeling Tools*, escolha *Polygons → Extrude → Extrude Settings* e certifique-se de que você extrudou com *Local Normal* e *Height* no valor de **0,5**, conforme mostrado na Figura 8.5.

5. A seguir, você colocará uma bolsa no cinto. Exclua as duas seções do cinto no lado esquerdo do corpo, conforme mostrado na Figura 8.6.

6. Selecione os quatro polígonos acima e abaixo da área excluída, também mostrados na Figura 8.6. Na faixa de opções *Graphite Modeling Tools*, selecione *Polygons* → *Extrude* → *Extrude Settings*, configure um valor de **0,5** e clique em (⊕) para aplicar uma extrusão. Depois, clique em (✓) para uma segunda extrusão e para sair do *caddy*. A bolsa agora é extrudada duas vezes em uma profundidade de extrusão total de 1 polegada.

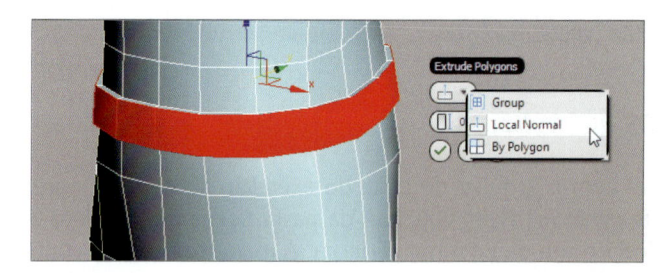

FIGURA 8.5 Extrude os polígonos do cinto.

Exclua estes polígonos.

Selecione estes polígonos.

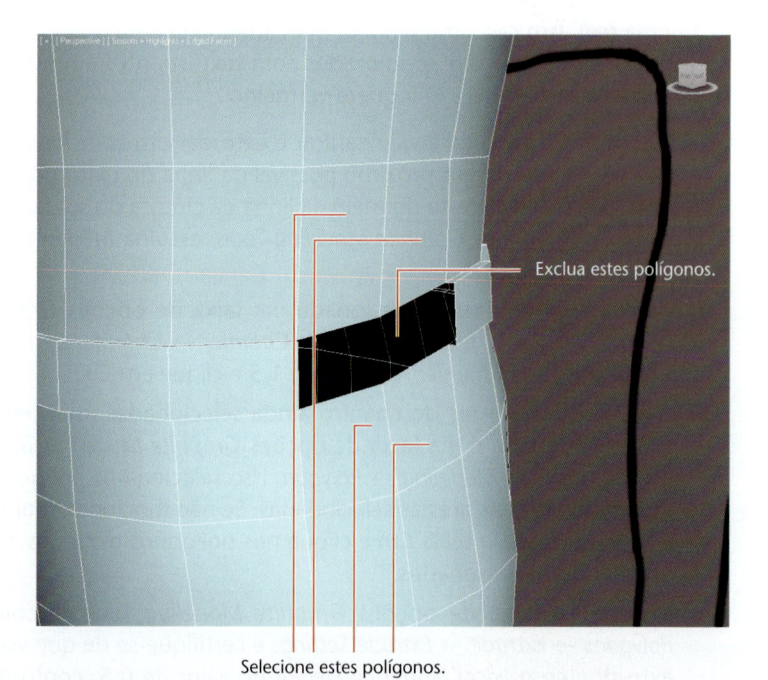

FIGURA 8.6 Exclua os polígonos do cinto no lado esquerdo do cinto. Em seguida, selecione os polígonos indicados para o próximo passo.

Capítulo 8 ▶ Modelagem poligonal de personagens: Parte II   171

7. Selecione os quatro polígonos na parte superior da metade inferior da bolsa e os quatro polígonos na parte inferior da metade superior da bolsa, conforme mostrado na Figura 8.7, e exclua-os. A Figura 8.7 apresenta o modelo no modo *See-Through*. Clique em *Alt+X* para ver todos os oito polígonos serem selecionados e excluídos.

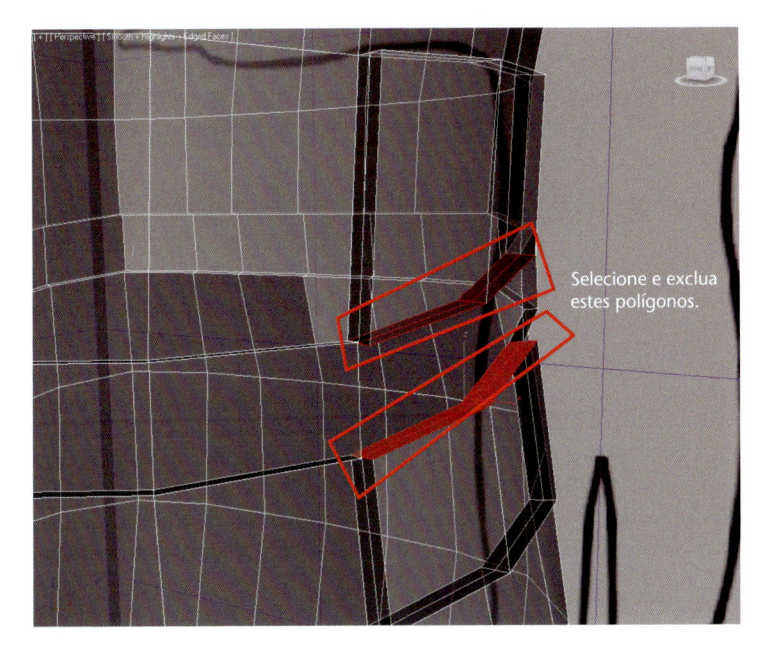

FIGURA 8.7   Selecione e exclua os polígonos.

8. No modo *Edge,* selecione as arestas superiores e inferiores ao redor das áreas recém-excluídas e, na faixa de opções *Graphite Modeling Tools,* escolha a seta abaixo de *Edges* → *Bridge* → *Bridge*, conforme mostrado na Figura 8.8, para abrir o *caddy*. Aceite os valores padrão que aparecem na Figura 8.9 e clique em *OK*.

FIGURA 8.8   A ferramenta *Edge Bridge*.

FIGURA 8.9 As configurações do *Bridge caddy*.

A bolsa deve se parecer com uma caixa; se ela não ficar assim, mova os vértices a fim de que obtenha tal aparência. Assim que a bolsa tiver a forma correta, mova o nível superior de polígonos para mais longe do cinto com a finalidade de dar mais profundidade à bolsa.

9. Para criar profundidade ao colete que o nosso personagem estará vestindo, você deve fazer um corte em um nível de vestuário, debaixo dos braços. Selecione duas colunas e duas filas de polígonos logo abaixo da axila, conforme mostrado na Figura 8.10.

FIGURA 8.10 Selecione os polígonos logo abaixo da axila.

10. Na faixa de opções *Graphite Modeling Tools*, selecione *Polygons → Bevel → Bevel Settings* e, no *caddy*, use *Height* de **–0,5** e *Outline* de **–1,0**.

    À medida que houver necessidade, ajuste quaisquer vértices para obter uma aparência suave e regular. Faça o mesmo para o outro lado do modelo. A aparência final da área abaixo da axila é mostrada na Figura 8.11.

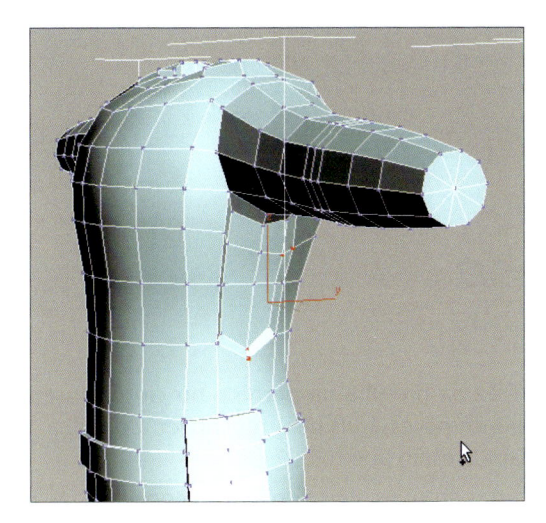

FIGURA 8.11   A aparência final da área abaixo do braço.

11. No próximo passo, você acrescentará uma presilha de perna para segurar o coldre de uma arma. Na faixa de opções *Graphite Modeling Tools,* escolha *Edit → SwiftLoop* e acrescente um novo *loop* de arestas horizontal embaixo da área da virilha em ambas as pernas. Quando o *loop* é criado, ele fica torto, mas é preciso que as novas arestas sejam posicionadas corretamente. A ferramenta *Swift Loop* deve ainda estar ativa quando você estiver fazendo isso. Então, depois que criar a aresta, mantenha pressionadas *Ctrl+Alt,* clique e arraste a aresta para baixo; você verá que ela se endireita.

12. Na perna direita, no modo *Edge,* selecione uma aresta do novo *loop* de arestas que criou na etapa anterior. Na faixa de opções *Graphite Modeling Tools,* selecione *Modify Selection → Loop,* depois *Edges → Chamfer → Chamfer Settings*. Digite um valor de **1,5** para o chanfro da aresta e clique em *OK*.

13. No modo *Polygon,* selecione o *loop* dos novos polígonos pressionando *Shift* e clicando no ícone *Polygon* no painel *Polygon Modeling* da faixa de opções *Graphite Modeling Tools*. A seguir, selecione *Polygon → Extrude → Extrude Settings,* usando um valor de **0,4** para *Height*.

14. No modo *Polygon,* selecione a tira de polígonos que vai da parte superior da presilha da perna à parte inferior do cinto e exclua-a (ver Figura 8.12).

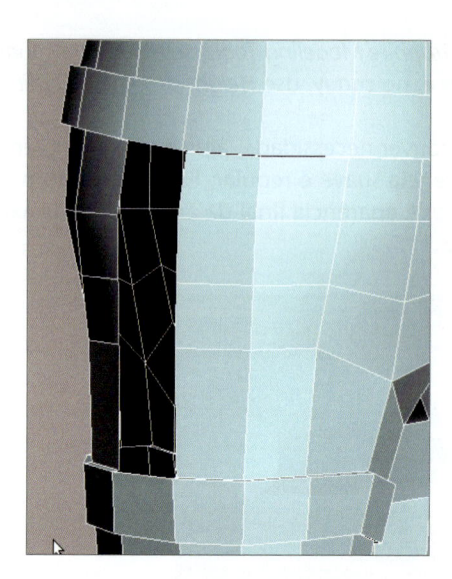

FIGURA 8.12 Exclua os polígonos.

15. Selecione a aresta na presilha da perna e no cinto e use *Bridge* para criar polígonos necessários para preencher a presilha. Os lados do coldre ainda estão abertos.

16. Selecione as arestas entre os novos polígonos conectados e o quadril do modelo e, depois, use *Bridge* de novo nessa área, conforme mostrado na Figura 8.13. Não se esqueça de repetir esse passo no outro lado do coldre.

17. Clique no botão *Edge Mode* para sair do modo subobjeto. A seguir, com o modelo do soldado ainda selecionado, clique com o botão direito do mouse e entre no modo *Isolation*. Agora volte para o modo *Edge* e, na *viewport Left*, crie um *plane* com esses parâmetros: *Length*: **20**, *Width*: **7**, *Length Segs*: **4**, *Width Segs*: **1**.

18. Converta o *plane* em um *editable poly*. Posicione o *plane* onde o coldre estará no soldado. A seguir, no modo *Vertex*, crie a forma conforme mostrado na Figura 8.14.

19. No painel *Modify*, use a lista de modificadores para adicionar um modificador *Shell* para o *plane* e dar a ele os seguintes parâmetros: *Inner Amount*: **1,2**, *Outer Amount*: **1,2**, *Segments*: **1**.
    Agora, encaixe esse pedaço no lugar certo na presilha vertical que você criou.

20. Selecione o corpo e, na faixa de opções *Graphite Modeling Tools*, selecione *Geometry (All)* → *Attach* e clique no coldre da arma.

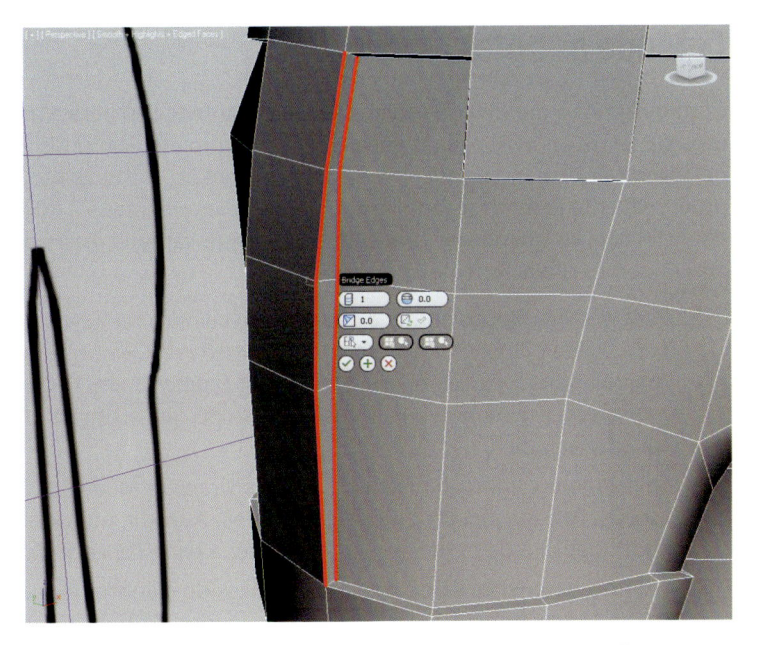

FIGURA 8.13 Use Bridge para preencher o vazio no lado da presilha.

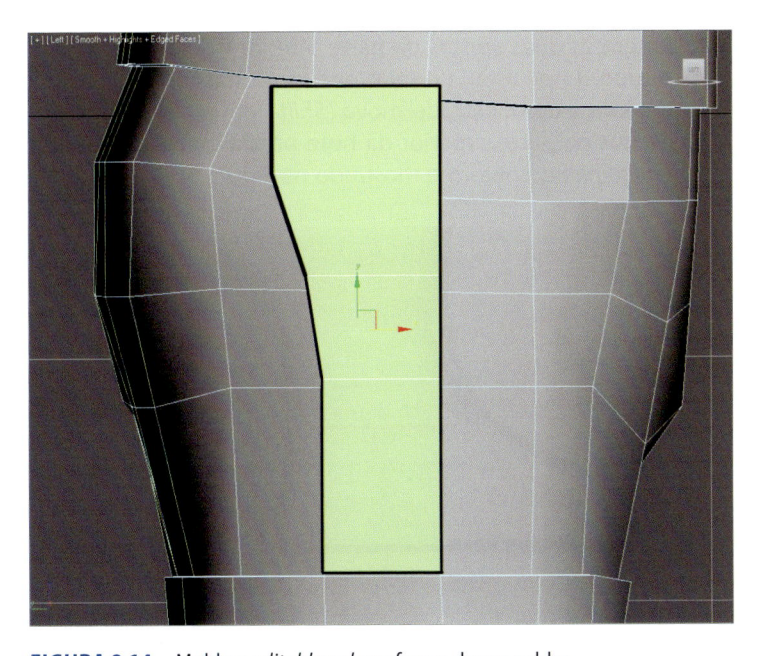

FIGURA 8.14 Molde o *editable poly* na forma de um coldre.

Coloque as botas

Continue com o arquivo de cena do exercício anterior ou abra o arquivo de cena Soldier_V07.max da pasta Scenes do projeto *Soldier* disponível no site da Bookman Editora, *www.bookman.com.br*. Neste ponto, você provavelmente já sente-se familiarizado com as ferramentas e a interface, então, a não ser quando os procedimentos deste capítulo forem novos, diminuiremos gradualmente as etapas.

1. Para gerar as botas, comece criando um cilíndro na *viewport Perspective*. No painel *Create*, selecione *Geometry → Cylinder*. Configure *Radius* em **5,0**, *Height* em **8,0**, *Height Segments* em **1**, *Cap Segments* em **1**, e *Sides* em **8**, e assegure-se de que a opção *Smooth* esteja marcada. Crie o cilíndro.

2. Selecione o cilíndro na faixa de opções *Graphite Modeling Tools* e escolha *Polygon Modeling → Convert To Poly*. A seguir, posicione o cilíndro debaixo da perna esquerda para ser a parte superior da bota.

3. Usando a *viewport Right*, mova os vértices do cilíndro de maneira que a forma imite a forma da parte superior da bota no *image-plane*. Exclua os polígonos superiores e inferiores que foram criados com o cilíndro.

4. Ignore as duas arestas da parte inferior frontal do cilíndro onde o topo do pé estaria e selecione as arestas inferiores do cilíndro em forma de U. Extrude/mova (*Shift+Move*) as arestas da metade de trás da parte superior da bota para a parte inferior do pé no *image-plane*, conforme mostrado na Figura 8.15.

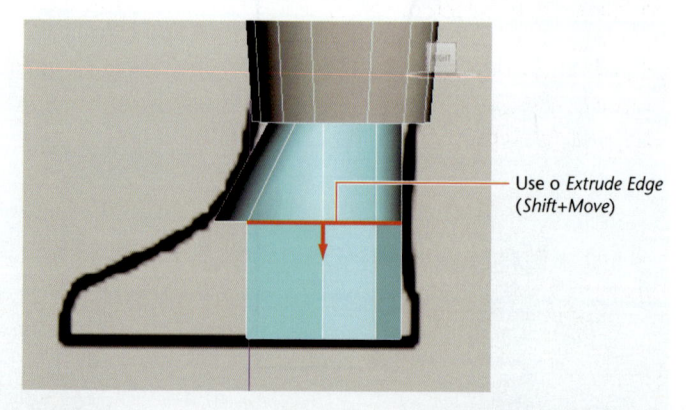

Use o *Extrude Edge* (*Shift+Move*)

FIGURA 8.15 Use *Extrude Edge* para criar outro conjunto de polígonos para a parte de trás em forma de U e para a parte lateral da bota.

5. Selecione as duas arestas da parte inferior frontal que você ignorou previamente e extrude-as/mova-as quatro vezes para formar polígonos extrudados para o *image-plane*, conforme mostrado na Figura 8.16. Você precisará de um total de quatro filas de polígonos para a parte superior e frontal do pé. À medida que extruda, você pode liberar o botão do mouse depois de uma extrusão e, depois, pressionar *Shift+Move* novamente para a próxima extrusão. Repita para um total de quatro novas tiras de polígonos, conforme mostra a Figura 8.16. Forme os novos polígonos conforme necessário para encaixar na parte superior do pé.

FIGURA 8.16 Use *Extrude Edge* para criar quatro novos polígonos que se formam com o *image-plane* para a parte superior do pé.

6. No modo *Edge*, selecione as arestas verticais em ambos os lados do espaço vazio, como apresenta a Figura 8.17 (esquerda). A seguir, na faixa de opções *Graphite Modeling Tools*, selecione *Edges → Bridge → Bridge Settings,* digite três segmentos e preencha o espaço vazio. Repita o mesmo no lado oposto do pé.

Selecione as arestas; use *Bridge* com três segmentos.   Selecione os vértices e solde-os.

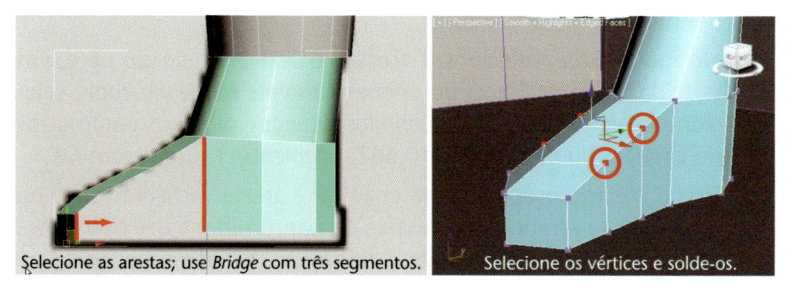

FIGURA 8.17 Use *Bridge* para preencher os espaços vazios e *Weld* para soldar esses espaços.

7. Entre no modo *Vertex* e, na faixa de opções *Graphite Modeling Tools*, escolha *Vertices* → *Weld*, abra o *caddy*, configure *Threshold* em **2,0** e clique em *OK*, conforme mostrado na Figura 8.17 (direita).

8. Na faixa de opções *Graphite Modeling Tools*, selecione *Edit* → *SwiftLoop*. Crie um novo *loop* de aresta horizontal ao redor do pé, do calcanhar até o dedo pela lateral do pé, como está na Figura 8.18.

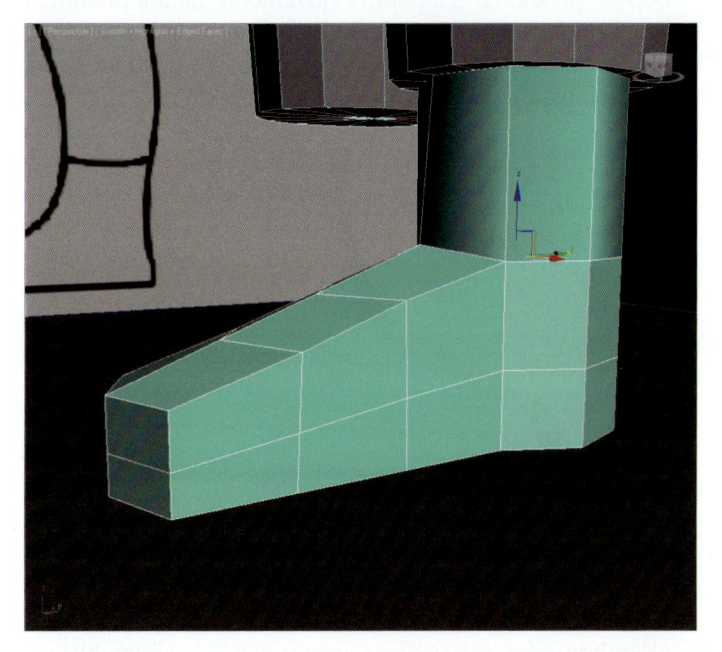

FIGURA 8.18 Use *Swift Loop* para criar uma nova aresta horizontal ao redor da lateral do pé.

Os oito segmentos que você definiu no cilindro original da bota não são o suficiente; portanto, você precisa criar mais segmentos para o cilindro.

9. No modo *Edge*, selecione a aresta vertical do meio do pé e, em seguida, *Loop*. Na faixa de opções *Graphite Modeling Tools*, selecione *Edges* → *Chamfer* → *Chamfer Settings* e digite os parâmetros do *caddy*: *Chamfer Amount:* **0,667**, *Segments*: **1**. Clique em *OK*.

10. Siga o mesmo processo para chanfrar a aresta vertical traseira na bota (que se estende logo abaixo da panturrilha) e use os vértices adicionados para arredondar o calcanhar. A parte superior do pé está um pouco quadrada, então escalone nos vértices e suavize os lados conforme a Figura 8.19.

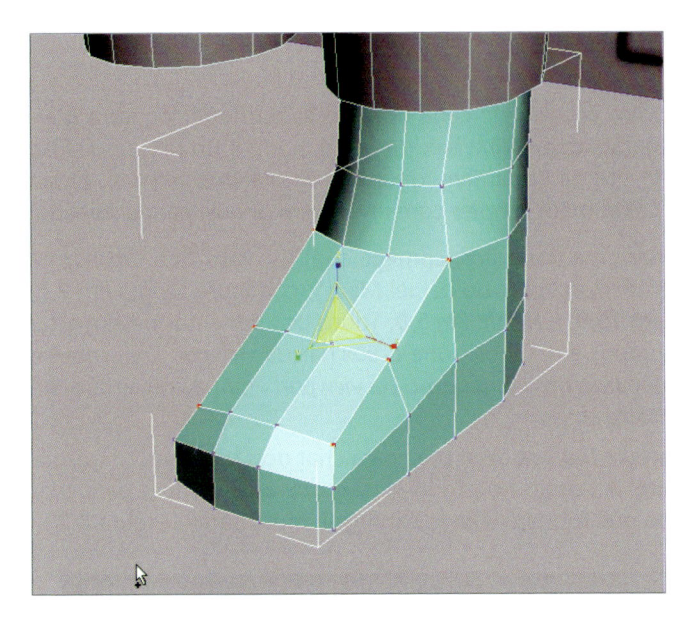

FIGURA 8.19 Suavize as laterais da bota.

Quando estiver satisfeito com a aparência do objeto, centralize o *pivot point* do modelo de soldado e espelhe-o sobre o eixo X como uma cópia (não instanciado). Você pode então unir as botas para o resto do corpo, como fez com o coldre da pistola. A Figura 8.20 mostra as duas botas concluídas, agora ligadas ao corpo.

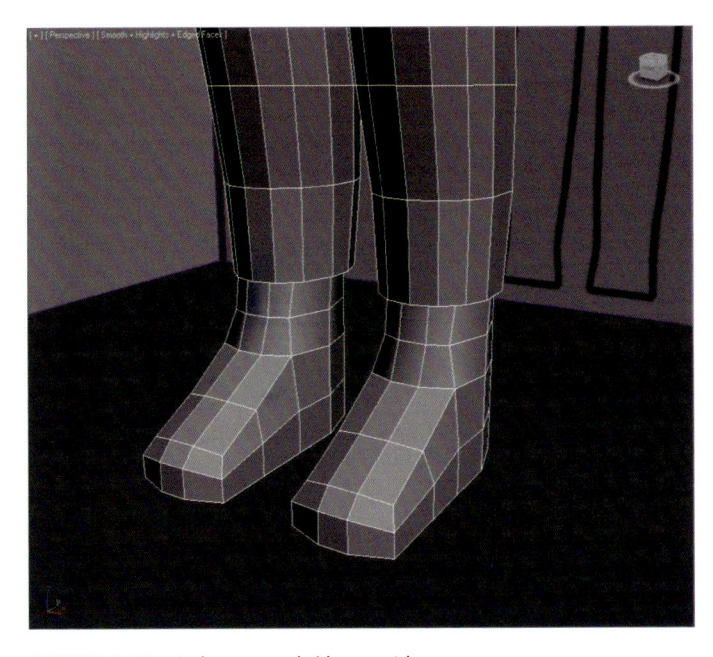

FIGURA 8.20 As botas concluídas e unidas ao corpo.

Crie as mãos

Continue com o arquivo de cena do exercício anterior ou abra o arquivo de cena Soldier_V08.max da pasta Scenes do projeto *Soldier* disponível no site da Bookman Editora, *www.bookman.com.br*. Nesta seção, você criará mãos simples com luvas, sem dedos, para o soldado:

1. Para criar uma das mãos, comece com um *box*. Crie um *box* na *viewport Perspective* e, no painel *Modify*, configure *Length* em **7,5**, *Width* em **16,0**, e *Height* em **5,0**. Todos os segmentos devem estar configurados em **1**. Posicione o *box* na sua *viewport Top*, sobre o pulso. Finalize posicionando-o na *viewport Front* e converta-o em um *editable poly*.

2. Na *viewport Top*, use *Swift Loop* para criar dois segmentos horizontalmente. A seguir, no modo *Vertex*, mova os vértices para criar um arco que formará a luva, conforme mostrado na Figura 8.21.

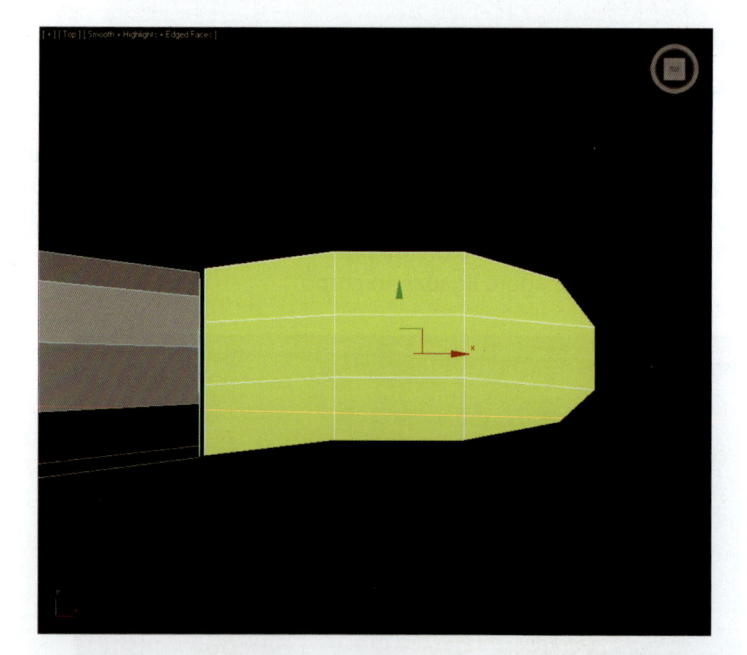

FIGURA 8.21 Refaça os vértices para criar um arco no formato da luva.

3. Com a mão selecionada, vá para o modo *Polygon* e selecione os polígonos na mão onde o pulso e o braço se encontram; em seguida, exclua-os. O resultado é uma mão oca.

4. No modo *Edge*, selecione o *loop* de aresta externo que se estende longitudinalmente ao longo da parte superior e da parte inferior da mão. Depois, na faixa de opções *Graphite Modeling Tools*,

escolha *Edges → Chamfer → Chamfer Settings*, e configure *Edge Chamfer Amount* em **0,7**, como está na Figura 8.22.

5. Use *Swift Loop* para criar uma aresta acima do pulso, ilustrada na Figura 8.23.

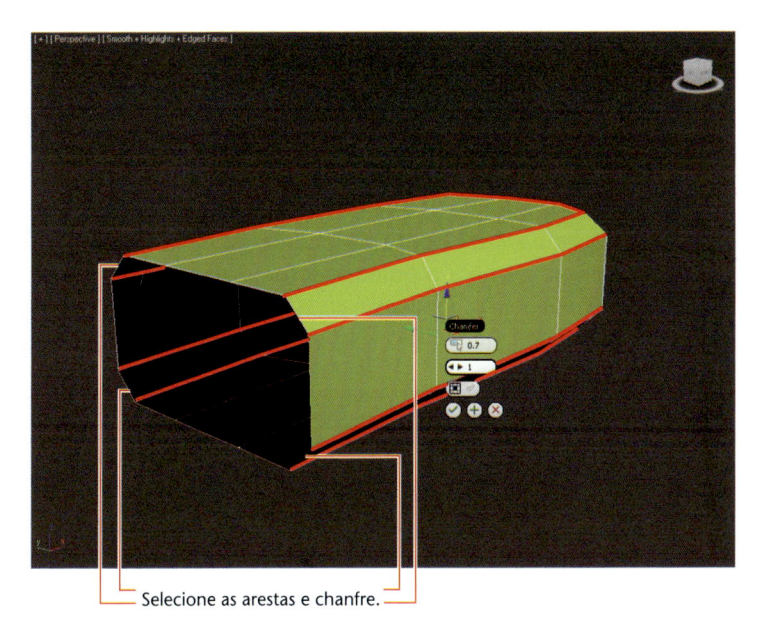

FIGURA 8.22 Selecione e chanfre os *loops* da aresta que se estendem longitudinalmente ao longo das partes superior e inferior da mão.

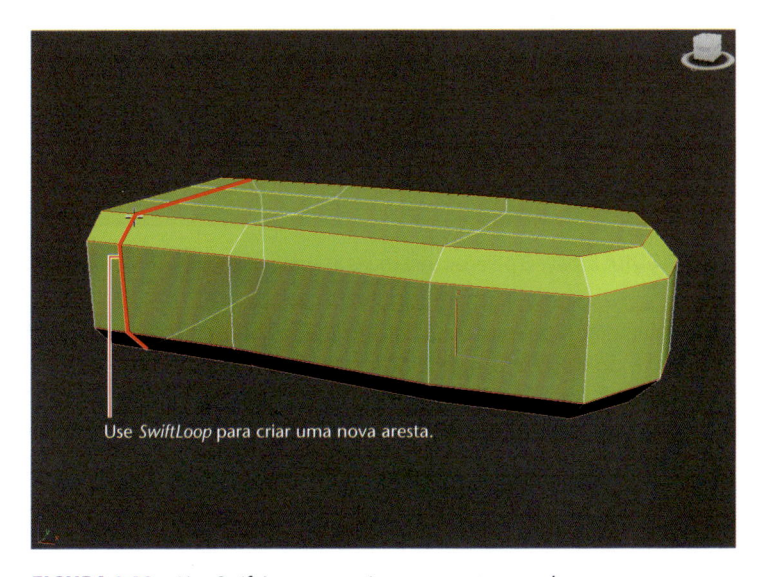

FIGURA 8.23 Use *Swift Loop* para criar uma aresta no pulso.

6. No modo *Polygon*, selecione os três polígonos bem acima da borda recém-criada no lado da mão, onde o polegar deve estar. Na faixa de opções *Graphite Modeling Tools,* selecione *Polygons → Extrude → Extrude Settings* e use um valor de **0,8** para *Height* a fim de começar a puxar para fora o polegar. A seguir, mova as arestas do meio para fora com a intenção de arredondar a forma inicial do polegar.
7. Bisele os polígonos na extremidade do polegar para criar as articulações. Na faixa de opções *Graphite Modeling Tools,* selecione *Polygons → Bevel → Bevel Settings*. Configure *Bevel Amount* em **3,0** e *Outline Amount* em **–0,55**, e clique em *OK*.
8. Repita a etapa 7 na ponta da geometria do polegar para criar outro segmento para o polegar desde a articulação até a ponta. Ajuste os polígonos, vértices e arestas para deixar o polegar parecido com o da Figura 8.24.

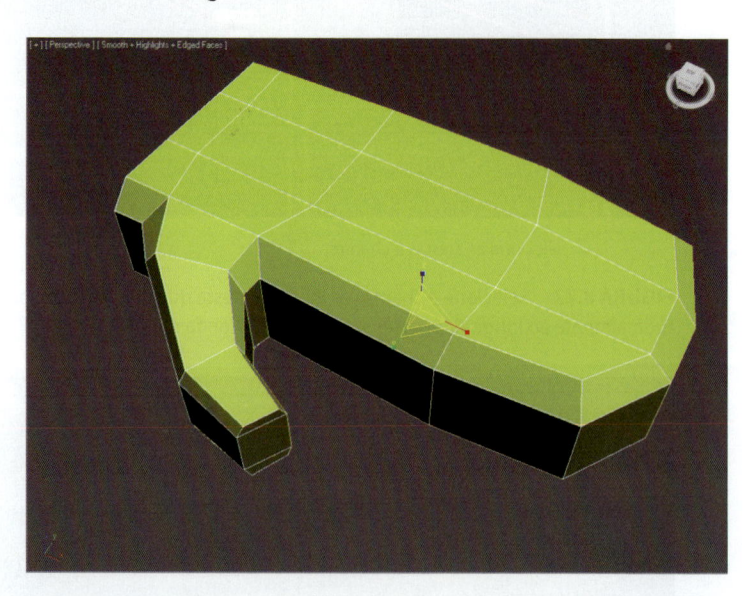

FIGURA 8.24   O polegar com todas as suas articulações.

9. Selecione o polígono nas extremidades do polegar e dos dedos. Na faixa de opções *Graphite Modeling Tools,* escolha *Polygon Modeling* e clique no ícone *Soft Selection* ( ). Na *viewport Front*, mova o polegar e os dedos para baixo a fim de criar neles um leve declive.

10. Na *viewport Perspective,* gradue o pulso para baixo para encaixar do lado de dentro da manga, se necessário. Centralize o *pivot point* do corpo do modelo e espelhe-o como uma cópia para o outro lado. Coloque as mãos nos pulsos e una-as ao resto do modelo. A mão pronta com a luva está na Figura 8.25.

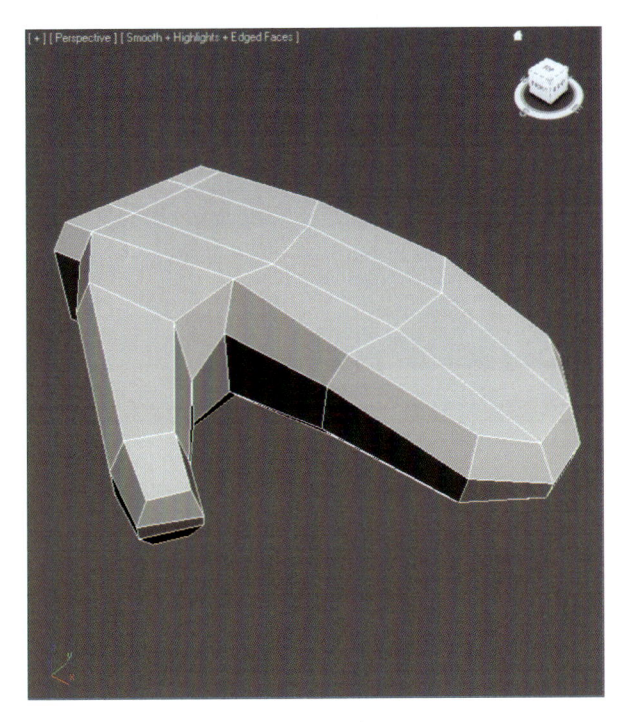

FIGURA 8.25 A mão pronta com a luva.

ALÉM DO ESSENCIAL

Neste capítulo, você completou o corpo principal do soldado e continuou usando *edge loops* e vértices para formar os acessórios e as várias partes do modelo personagem.

EXERCÍCIOS ADICIONAIS

▶ Crie outras bolsas ou presilhas no seu modelo. (Tenha em mente que qualquer mudança que você fizer ao projeto do modelo do livro o tornará diferente daquele que você usa para texturizar no Capítulo 11, "Texturas e fluxo de trabalho *UV*: O soldado.")

▶ Com as ferramentas que você usou para criar o cinto e as bolsas, crie uma geometria para as joelheiras e as cotoveleiras.

(Continua)

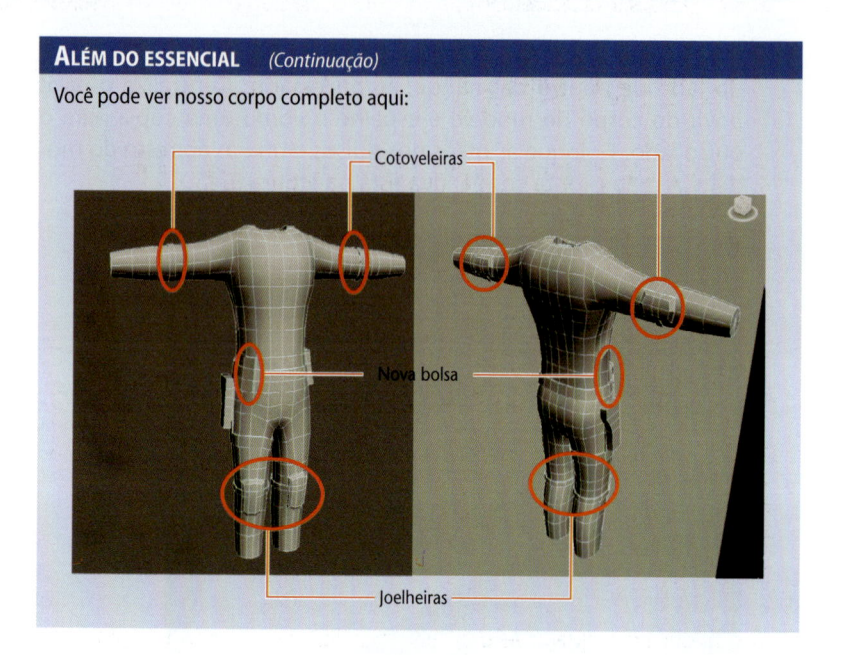

ALÉM DO ESSENCIAL *(Continuação)*

Você pode ver nosso corpo completo aqui:

Cotoveleiras

Nova bolsa

Joelheiras

CAPÍTULO 9

Modelagem poligonal de personagens: Parte III

Neste capítulo você concluirá o modelo do soldado de operações especiais começado no Capítulo 7, "Modelagem poligonal de personagens: Parte I". Você modelará a forma da cabeça, combinando-a com seus elementos (como óculos de proteção e uma máscara facial) e integrando-os na cena. Os elementos de acabamento são fundamentais para o realismo do projeto do modelo e podem ser modelados separadamente, para facilitar, e mais tarde incorporados ao modelo base.

Crie a cabeça

Continue com o arquivo de cena do exercício anterior (do Capítulo 8, "Modelagem poligonal de personagens: Parte II") ou abra o arquivo de cena Soldier_V09.max da pasta Scenes do projeto *Soldier* no site da Bookman Editora, *www.bookman.com.br*.

A cabeça do soldado terá quatro partes: um capacete, óculos de proteção, uma máscara facial e uma forma para a cabeça onde esses acessórios ficarão. A maneira mais fácil de criar e encaixar os acessórios é a partir da forma da cabeça. Primeiro, entretanto, você precisa ajustar a linha do pescoço no corpo para que fique um pouco melhor para trabalhar. No momento, a área do pescoço está próxima de uma forma circular. É preciso que ela se assemelhe a uma forma oval que segue o contorno do resto do modelo.

1. No modo *Polygon*, selecione a parte frontal da linha do pescoço. A seguir, da faixa de opções *Graphite Modeling Tools,* escolha *Polygon Modeling* → *Use Soft Selection* ( ). Depois, escolha o painel *Soft* e altere o valor *Falloff* para **4,000**, conforme mostrado na Figura 9.1. Mova os polígonos para baixo no eixo Y. Faça o mesmo com a parte traseira do modelo.

Essas ações criarão de maneira suave uma linha inferior do pescoço, dando, inclusive, mais definição aos ombros.

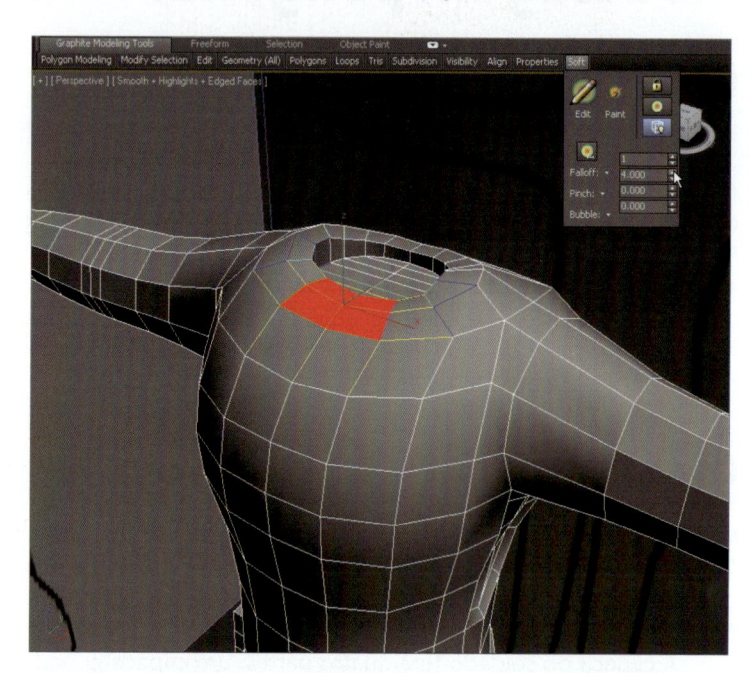

FIGURA 9.1 Selecione os polígonos na frente do pescoço utilizando soft-selection e mova-os para baixo.

2. Crie um cilindro com esses parâmetros:

> *Radius*: **5,0**
>
> *Height*: **6,0**
>
> *Height Segments:* **1**
>
> *Cap Segments*: **1**
>
> *Sides:* **12**

Converta o cilindro para um *editable poly* e posicione-o do lado de dentro da linha do pescoço.

3. Você modelará metade de cada parte e, em seguida, usará espelhamento para economizar tempo. Exclua a metade esquerda, a parte superior e a parte inferior do cilindro e mova as arestas e os vértices de modo que a nova geometria do pescoço tenha uma forma mais aprimorada dentro da sua linha, conforme mostrado na Figura 9.2.

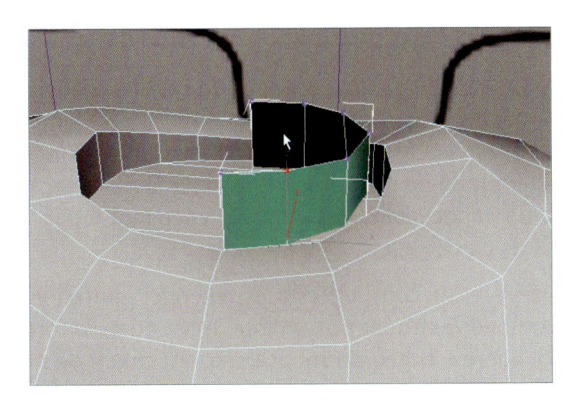

FIGURA 9.2 Exclua a metade do cilindro e suas partes superior e inferior.

4. Selecione as arestas superiores do cilindro e extrude-as/mova-as (*Shift+Move*) para criar outro nível de polígonos. O pescoço agora tem duas filas de polígonos. A seguir, selecione a primeira aresta na parte superior o mais próximo de onde o pomo de Adão estaria e extrude/mova para criar um novo polígono. Mova a aresta para cima ao longo do eixo *Z*, conforme mostrado na Figura 9.3.

Use *Extrude Edge* (método *Shift+Move*)

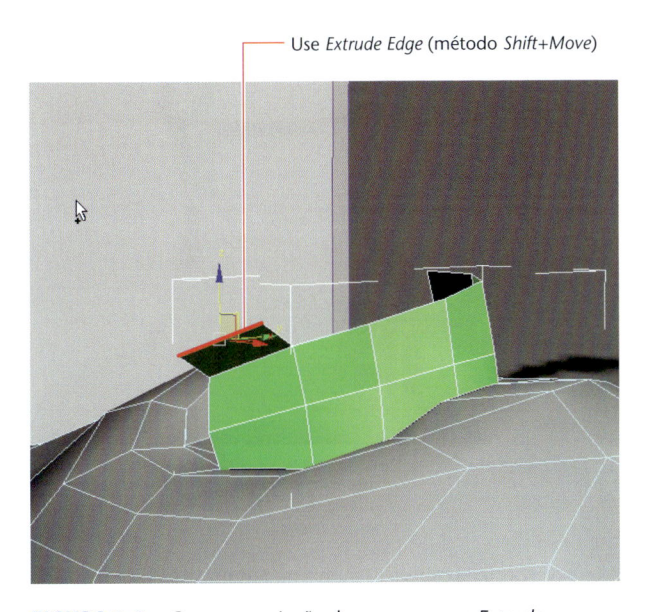

FIGURA 9. 3 Comece a criação do pescoço com *Extrude*.

Contorne a cabeça

Nas próximas etapas, você criará um contorno da cabeça criando uma tira de polígonos e depois vai acomodá-los na *image-plane* lateral. Você extrudará 15 vezes e moverá as arestas a fim de criar uma forma geral para a cabeça. Certifique-se de manter a aresta externa da cabeça dentro das dimensões do *image-plane*; dessa forma, você terá espaço para encaixar os acessórios da cabeça.

1. Você ainda deve estar com a aresta do exercício anterior selecionada. Use mover/extrudar novamente, mas, quando terminar um polígono, libere o botão do mouse; depois, clique de novo e mova a aresta para criar outro polígono extrudado. Você fará isso mais 14 vezes, seguindo a forma da cabeça no *image-plane*, de acordo com a Figura 9.4.

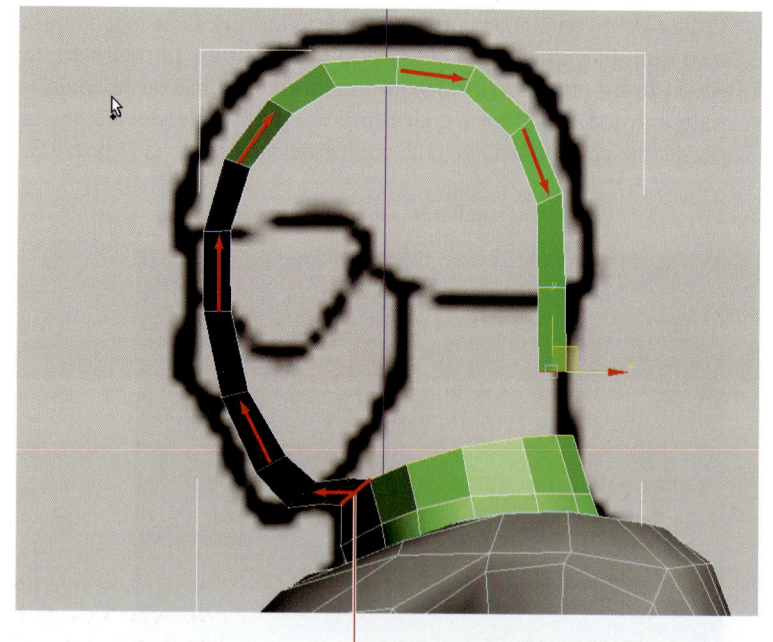

Use Extrude Edge (*Shift+Move*). Faça isso 15 vezes, seguindo a forma da cabeça no *image-plane*.

FIGURA 9.4 Crie o esboço da cabeça usando o método *Shift+Move*, seguindo o *image-plane*.

2. Na *viewport Front*, selecione a aresta na base superior do pescoço mais ou menos onde a orelha pode estar. Usando *Shift+Move*, posicione a tira de polígonos conforme você fez na etapa 1, mas dessa vez no lado da cabeça.

Extrude um total de cinco segmentos para cima a partir do pescoço. No modo *Edge*, use *Bridge* (na faixa de opções *Graphite Modeling Tools*, escolha *Edges* → *Bridge*) para preencher o vazio entre o lado da cabeça e a aresta mais próxima na parte superior da cabeça, conforme mostrado na Figura 9.5.

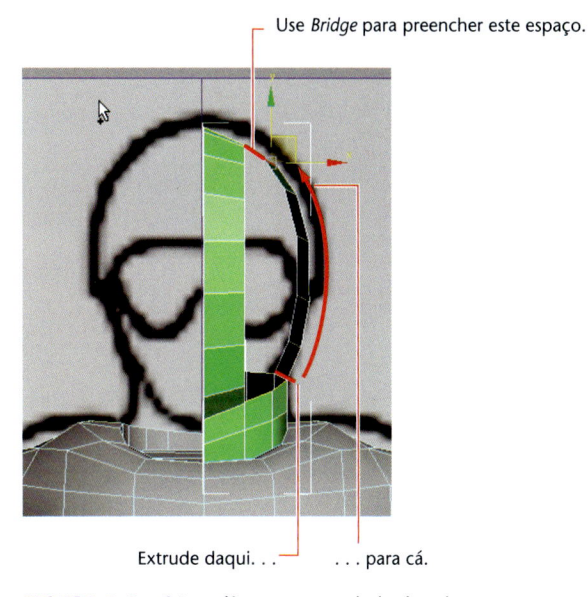

FIGURA 9. 5 Crie polígonos para o lado da cabeça.

3. Para construir a parte frontal da face, comece selecionando as duas arestas bem debaixo do queixo e use *Shift+Move* para extrudá-las para fora à direita, conforme mostrado na Figura 9.6. No modo *Vertex*, selecione a faixa de opções *Graphite Modeling Tools* e escolha *Vertices* → *Target Weld*. Para usar *Target Weld*, clique em um vértice e arraste uma linha para o outro vértice para fundi-los. Então, clique no vértice do novo polígono mais próximo do pescoço e, depois, no próximo vértice do pescoço, mostrado na Figura 9.6. Isso fundirá os novos polígonos para a papada no pescoço.

4. De volta ao modo *Edge*, selecione as duas arestas mais à direita dos polígonos que você acabou de criar para a papada do pescoço e use *Shift+Move* para extrudar essas arestas para cima no eixo Z. Corresponda o número de segmentos com os segmentos na tira externa da cabeça que você já criou. O resultado é mostrado na Figura 9.7.

5. Selecione as arestas mostradas no lado esquerdo da Figura 9.8. Use *Bridge* para curvar a tira em direção à testa, conforme mostrado na Figura 9.8.

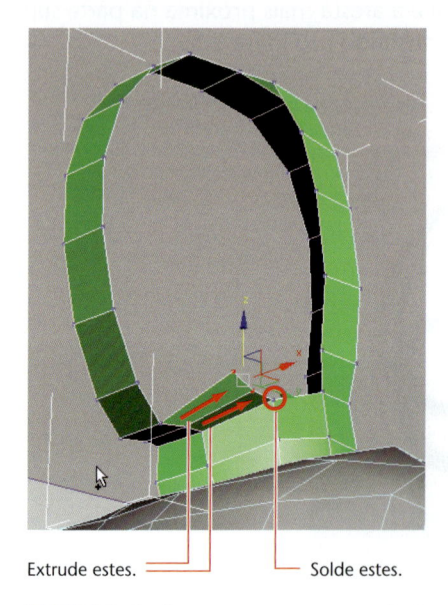

Extrude estes. ────── ────── Solde estes.

FIGURA 9.6   Extrude as arestas para a direita e solde os vértices do pescoço.

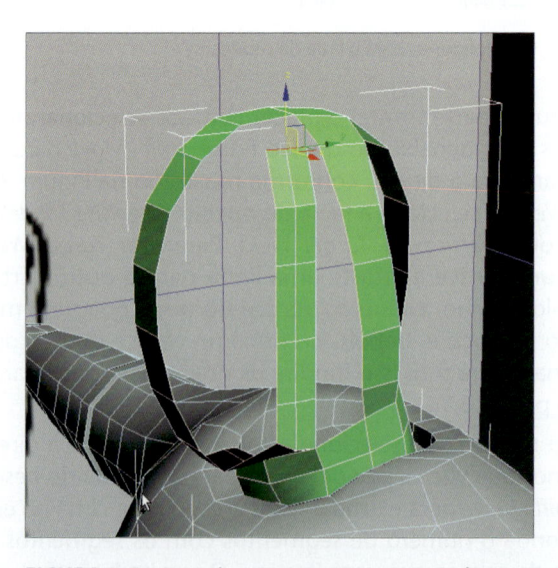

FIGURA 9.7   Extrude uma nova tira; corresponda os segmentos.

6. Como você fez na etapa 5, no modo *Edge*, use *Shift+Move* para extrudar uma outra fila de polígonos em direção à frente da face. A seguir, no modo *Vertex*, use *Target Weld* em qualquer um dos lados da tira frontal da face, conforme mostrado na Figura 9.9.

Selecione estas arestas e use *Bridge*.

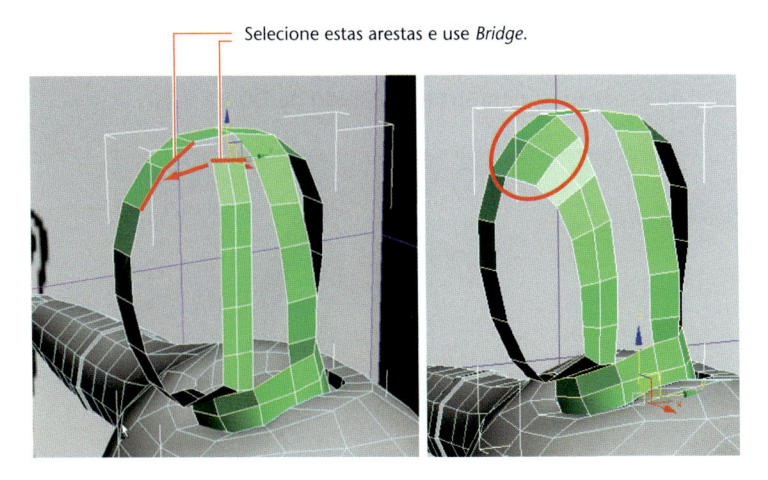

FIGURA 9.8 Use *Bridge* para fechar o espaço vazio.

Extrude Edge (Método *Shift+Move*)

Use *Target Weld* nos vértices

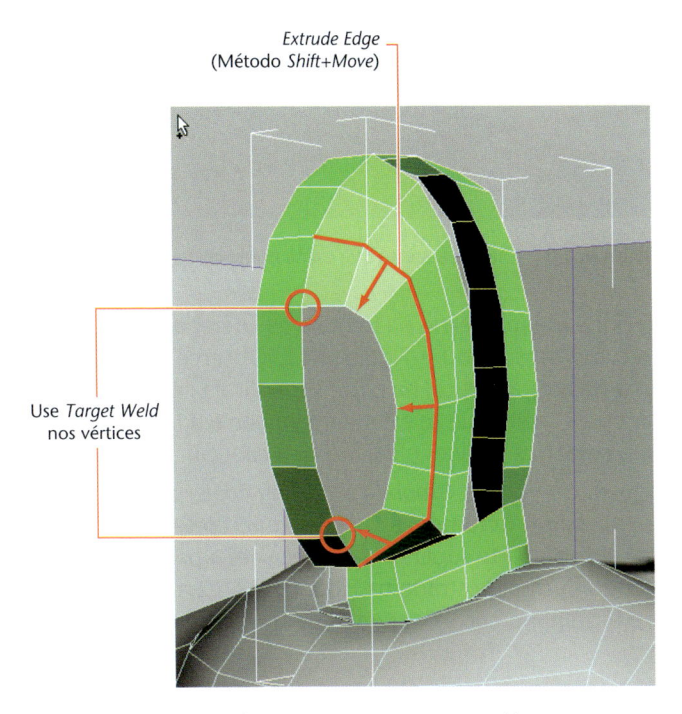

FIGURA 9.9 Use *Shift+Move*, e, a seguir, *Target Weld*.

7. Olhando o conjunto de arestas a partir da parte frontal da tira da cabeça em direção ao lado da cabeça, está claro que você não tem arestas horizontais suficientes. Selecione a aresta mais próxima de onde o canal do nariz estaria e, use *Chamfer* (na faixa de opções *Graphite Modeling Tools*, escolha *Edges* → *Chamfer Settings* → *Chamfer Settings*) com um valor de **1,346** para *Edge Chamfer Amount*. Depois, clique em *OK*. Tente manter as arestas igualmente espaçadas, conforme mostrado na Figura 9.10.

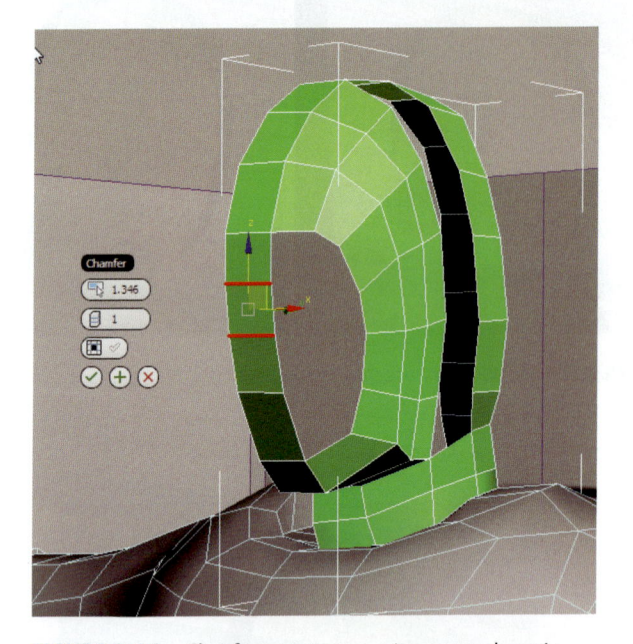

FIGURA 9.10 Chanfre a aresta que cai na ponte do nariz.

8. Selecione as oito arestas na frente e na lateral da face e use *Bridge*, conforme mostrado na Figura 9.11. Observe que não há onde soldar na aresta vertical na parte superior da cabeça. Você precisa criar outra aresta que se estenda para baixo à frente da face, para então soldar os vértices e daí fechar a cabeça.

9. Na faixa de opções *Graphite Modeling Tools*, escolha *Edit* → *Cut* para acessar a ferramenta *Cut*. A seguir, corte a partir da aresta sem saída na parte superior da cabeça até a parte inferior do pescoço, conforme mostrado na Figura 9.12. Certifique-se de começar e terminar o corte diretamente nos vértices.

10. No modo *Vertex,* selecione os dois vértices na parte superior do corte e, na faixa de opções *Graphite Modeling Tools,* escolha *Vertices → Weld* e modifique a configuração de *Weld Threshold* até que os dois vértices estejam soldados juntos.

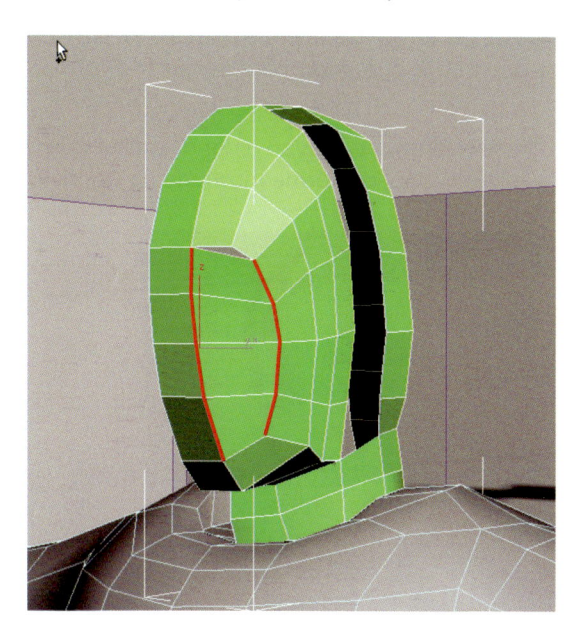

FIGURA 9.11 Selecione as arestas e use *Bridge.*

Use a ferramenta *Cut.*

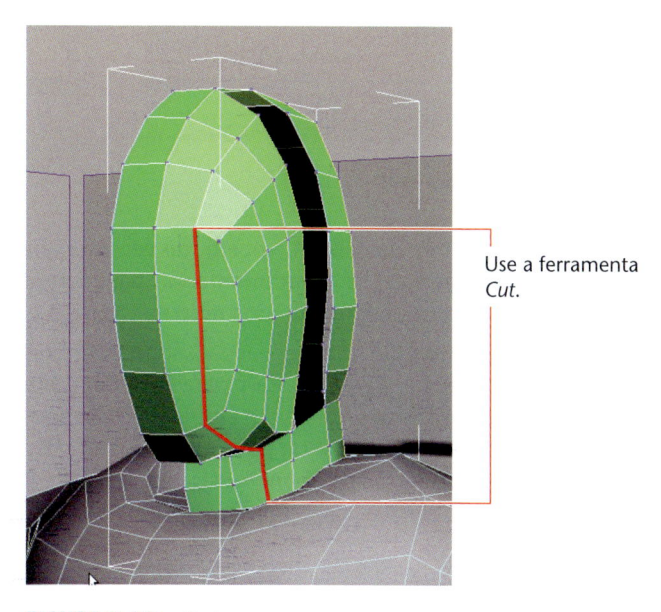

FIGURA 9.12 Corte a nova aresta.

Arredonde a face

Você levará algum tempo para arredondar a face. Ela não tem que ser perfeitamente arredondada, mas vai ajudar se tiver um formato quase redondo. A maior parte da malha da cabeça que você criará estará coberta com óculos de proteção, capacete e máscara facial. Contudo, você pode usar a geometria que criou para encaixar e formar esses acessórios.

1. No modo *Edge*, selecione as arestas ao redor da orelha e use *Bridge* para fechar o espaço vazio, conforme mostrado na Figura 9.13.

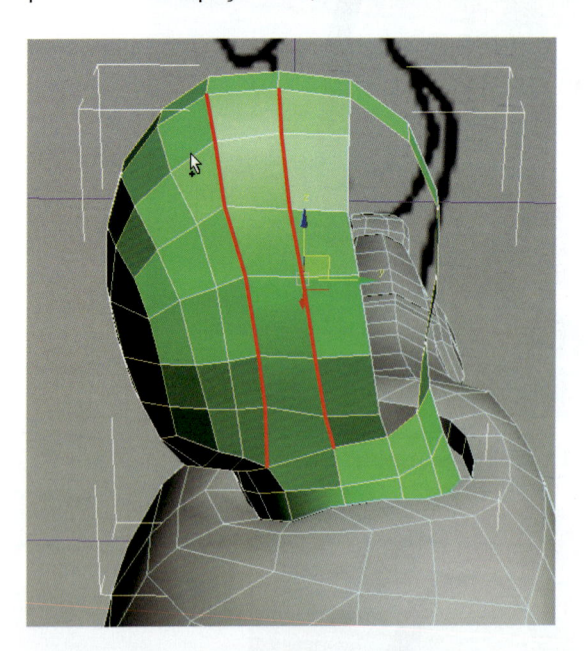

FIGURA 9.13 Ligue as arestas.

2. Olhando a parte de trás da cabeça, você pode ver uma abertura de aresta na parte inferior. Use a ferramenta *Cut* para acrescentar uma outra aresta vertical, conforme mostrado na Figura 9.14.

3. Selecione as arestas no interior do espaço vazio mais próximo da parte de trás da cabeça e use *Shift+Move* para extrudar mais faces em direção às orelhas, de acordo com a Figura 9.15. A seguir, entre no modo *Vertex* e use *Targe Weld* para soldar os vértices soltos nas partes superior e inferior, também mostrado na Figura 9.15.

Use a ferramenta *Cut* para criar uma aresta.   Reajuste o espaço aqui.

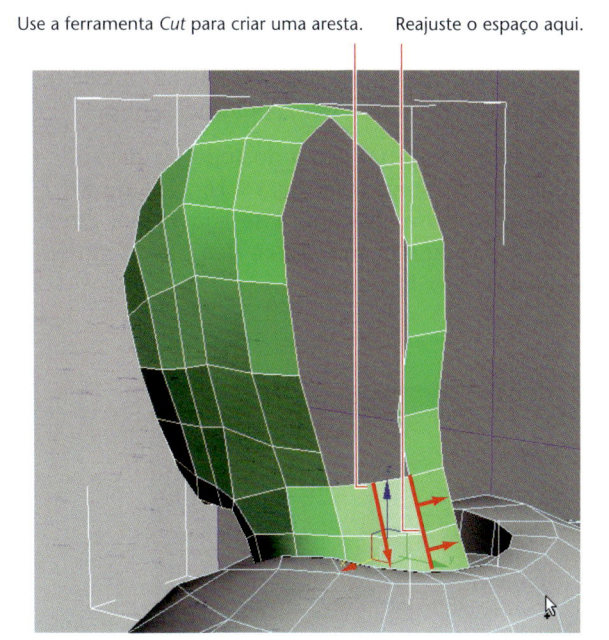

FIGURA 9.14 Crie uma nova aresta para a parte de trás da cabeça/pescoço usando a ferramenta *Cut*.

Target Weld

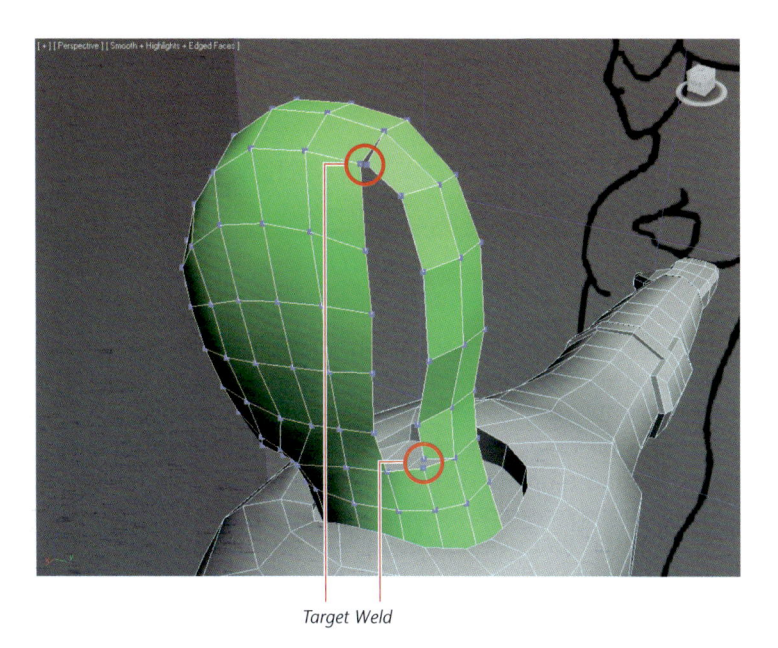

FIGURA 9.15 Extrude as arestas e use *Target Weld* em ambos os vértices soltos.

Crie a parte de trás da cabeça

Você tem o mesmo problema com a parte de trás da cabeça que tinha com a frente da face: não há arestas horizontais suficientes.

1. Chanfre a aresta horizontal perto do topo da parte de trás da cabeça, conforme mostrado na Figura 9.16. Na Figura 9.16, você pode visualizar como os polígonos se ligarão por cima. Nesse caso, depois que criou o chanfro, você terá cinco segmentos que podem se ligar na próxima etapa.

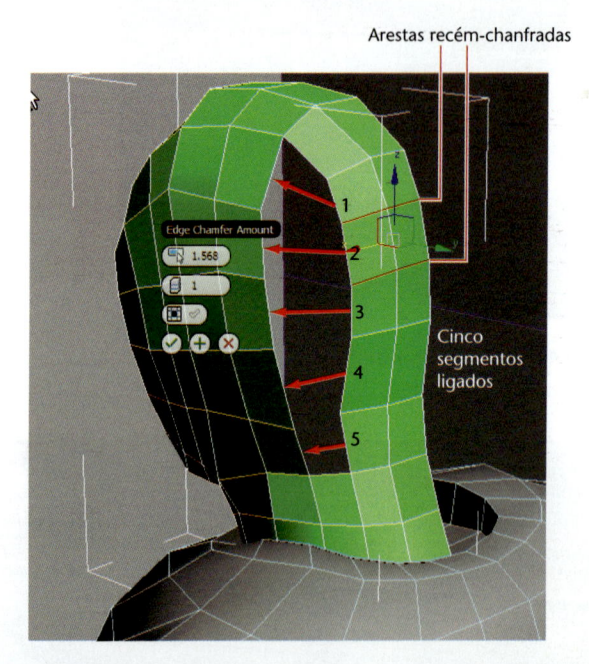

FIGURA 9.16 Chanfre as arestas.

2. Ligue as arestas verticais do espaço vazio, conforme a Figura 9.17. Dessa vez, você tem a quantidade exata necessária para criar uma forma sólida da cabeça.

3. Entre na *viewport Right* e observe como as arestas estão mais próximas da parte da frente do que da parte de trás da cabeça, conforme mostrado na Figura 9.18 (esquerda). Selecione e mova as arestas ou os vértices até que os vértices estejam mais regularmente espaçados (Figura 9.18, direita).

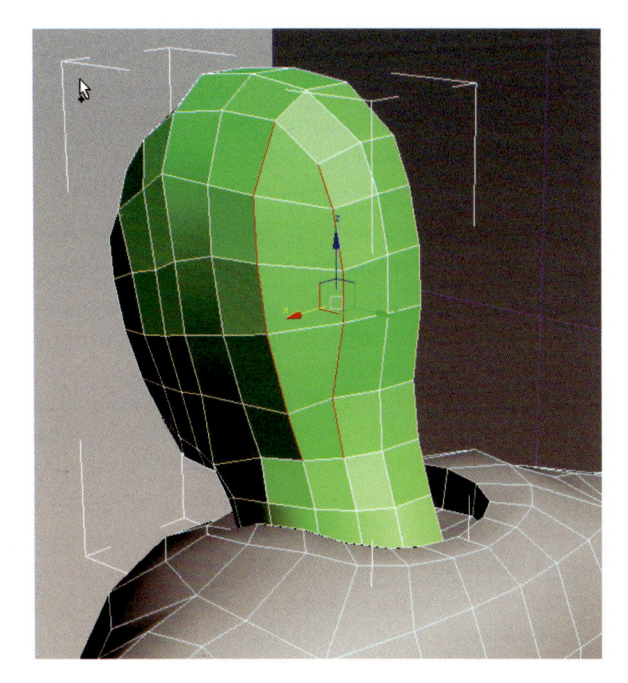

FIGURA 9.17 Ligue as arestas verticais para preencher o último buraco.

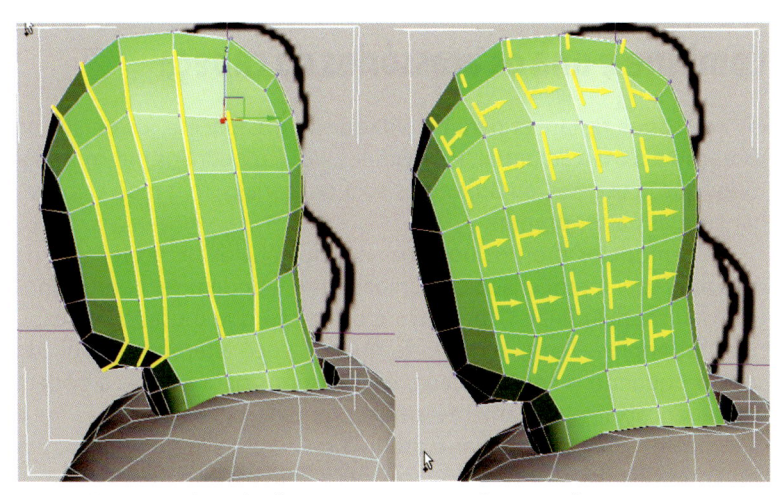

Essa geometria precisa de reparo.   Espace regularmente estas arestas.

FIGURA 9.18 Mova as arestas ou os vértices para espaçar mais regularmente as arestas.

Espelhe a cabeça

Neste momento, faça todos os ajustes necessários para deixar sua malha certinha. Mais uma vez, não é absolutamente indispensável que essa parte fique perfeita porque você irá cobri-la com acessórios nas etapas seguintes. Uma vez que estiver satisfeito, continue com estes passos:

1. Ajuste o *pivot* da cabeça para a aresta esquerda da geometria e espelhe a metade pelo eixo *X*, como uma cópia.

2. Na faixa de opções *Graphite Modeling Tools,* escolha *Geometry (All)* → *Attach* e, a seguir, selecione o outro lado da cabeça para anexá-los. Agora, no modo *Vertex,* desative *Ignore Backfacing;* depois, selecione todos os vértices na costura vertical central da cabeça. Na faixa de opções *Graphite Modeling Tools,* selecione *Vertices* → *Weld Settings* → *Weld Settings.* Use um valor maior para *Weld Threshold* a fim de garantir que todos os vértices estejam soldados quando você clicar em *OK.*

3. Na *Front viewport,* você pode ver que a cabeça está um pouco larga se comparada com o *image-plane.* Escalone-a só um pouco para encaixar-se no eixo *X* de forma que você tenha espaço para colocar o capacete. A cabeça base está completa; agora, você tem que acrescentar os detalhes.

Combine e una os acessórios da cabeça

Os acessórios restantes para o soldado são o capacete, os óculos de proteção e a máscara facial. Para criá-los, você repetirá os mesmos métodos que já usamos, então, vamos economizar algum tempo e combinar com as partes prontas.

Os modelos prontos do capacete, dos óculos de proteção e da máscara facial foram criados separadamente e podem ser combinados com seu modelo final. O processo é o mesmo que o usado nos capítulos anteriores. Tenha em mente que, se você alterou o design do soldado quando o criou na cena, os acessórios para a cabeça podem não se encaixar perfeitamente em seu modelo pessoal. Se esse for o caso, talvez você queira usar o arquivo de cena fornecido nas etapas seguintes ou criar seus próprios acessórios para caber no seu design.

Continue com o arquivo de cena do exercício anterior ou abra o arquivo de cena `Soldier_v10.max` da pasta Scenes do projeto *Soldier* disponível no site da Bookman Editora, *www.bookman.com.br.*

1. Clique no menu *Application* e selecione *Import* → *Merge;* na caixa de diálogo *Merge File,* escolha o arquivo `Soldier_Accessories.max` da pasta Scenes do projeto *Soldier* do site. Clique em *Open.* Na caixa de diálogo *Merge,* conforme mostrado na Figura 9.19, selecione todos os objetos na lista e clique em *OK.* É possível que

você visualize um aviso sobre materiais, conforme mostrado na Figura 9.20; se sim, apenas clique em *Use Scene Material.* O objeto aparecerá na cena, alinhado com o modelo.

FIGURA 9.19 Caixa de diálogo *Merge*.

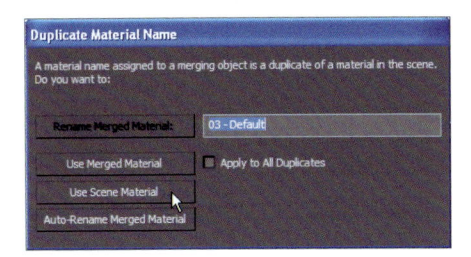

FIGURA 9.20 Você poderá ver este aviso.

Nesse momento, você precisa anexar todos os acessórios ao corpo principal. Isso significa que o modelo do soldado inteiro é uma malha única e pode ser usado para criar o mapeamento UVW para o modelo no Capítulo 11: "Texturas e fluxo de trabalho UV: O soldado".

2. Selecione o corpo e, na faixa de opções *Graphite Modeling Tools*, escolha *Geometry (All)* → *Attach (arrow)* → *Attach From List* para abrir a caixa de diálogo *Attach List*. O uso dessa caixa de diálogo facilita o processo de anexação quando você tiver múltiplos objetos.

3. Como você selecionou o corpo quando abriu a caixa de diálogo *Attach List,* a janela não vai mostrar o corpo como um objeto que você possa selecionar. Selecione os quatro objetos, mas não os *image-planes*, na lista e clique em *Attach*.

O soldado está completo. Bem, pelo menos o modelo. Agora que os objetos da cabeça estão anexados ao corpo, eles não podem ser selecionados individualmente. De fato, o soldado inteiro é um objeto, desde as botas até o capacete. Você tem que selecionar as botas, as mãos ou qualquer acessório que tenha adicionado ao modelo usando o modo *Element* da pilha de modificadores. Você verá essa abordagem em ação no Capítulo 11 à medida que revestir de UVs o soldado. A Figura 9.21 mostra o modelo completo do nosso soldado de operações especiais com alguns acessórios, cotoveleiras e joelheiras acrescentados, e com os acessórios da cabeça.

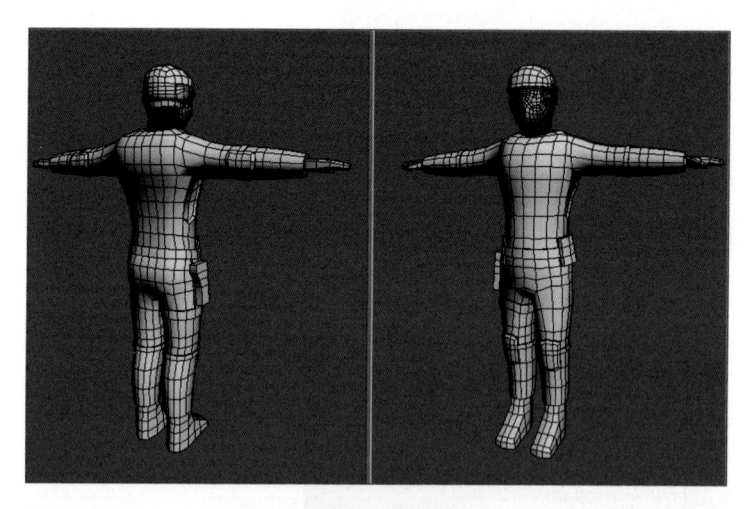

FIGURA 9. 2 1   O modelo do soldado completo.

Vá comemorar, você merece!

Além do essencial

Este capítulo explorou várias ferramentas utilizadas na modelagem. De um simples *box*, você formou um tronco para combinar as formas gerais mostradas nas imagens. Os braços e as pernas foram extrudados e moldados. O uso de *Mirror* exigiu que você modelasse apenas a metade do personagem soldado. A modelagem da cabeça veio a seguir, e então você combinou com os acessórios já prontos de outro arquivo de cena para adicionar detalhes à cabeça do modelo.

Exercícios adicionais

Embora, neste capítulo, tenhamos utilizado um soldado de contagem de polígonos razoavelmente baixa, esse conjunto de ferramentas pode ser empregado para qualquer tipo de modelo. Tente variações dos mesmos temas, como:

▶ Projetar e construir outro soldado de operações especiais para formar uma equipe.
▶ Construir diferentes acessórios para o soldado, como um rifle.

CAPÍTULO 10

Introdução aos materiais: O foguete vermelho

Um material define a aparência de um objeto – sua cor, textura táctil, transparência, luminescência, brilho e assim por diante. Mapeamento é o termo usado para descrever como os materiais envolvem ou são projetados na geometria (por exemplo, acrescentar grão de madeira a um objeto de madeira). Depois que você cria seus objetos, o 3ds Max especifica uma cor simples para eles, como você já viu.

Você define um material no 3ds Max configurando valores para seus parâmetros ou aplicando texturas ou mapas. Esses parâmetros indicam a maneira como um objeto aparecerá quando renderizado. Muito da aparência de um objeto renderizado também depende da iluminação. Neste capítulo e no Capítulo 14, "Introdução à iluminação: O foguete vermelho", você descobrirá que materiais e luzes funcionam bem juntos.

Materiais

Os materiais são úteis para tornar os objetos mais realistas ou para acrescentar detalhes a um modelo. Se você estiver modelando uma mesa e quiser que ela se pareça com madeira polida, você pode definir um material brilhante no 3ds Max e aplicar uma textura de madeira, como um arquivo de imagem de madeira, para o canal *diffuse* desse material.

A principal força em um material é sua cor. No 3ds Max, três parâmetros principais controlam a cor de um material: cor ambiente (*ambient color*), cor difusa (*diffuse color*) e cor especular (*especular color*).

Ambient Color Essa é a cor de um material quando exposto à luz ambiente. Um objeto ficará com essa cor em luz indireta ou sombra.

Diffuse Color Essa é a cor de um material quando o objeto é exposto à luz direta. Em geral, cores difusas e ambientes não são tão diferentes. Por padrão, elas são travadas juntas no *Material Editor*.

Specular Color Essa é a cor do brilho de um objeto brilhante. A cor configura o tom do objeto e, em alguns casos, o grau e aparência do seu brilho.

Por exemplo, em uma nova cena, abra o *Material Editor* escolhendo *Rendering* → *Material Editor* → *Compact Material Editor*. As esferas que você vê em *Material Editor* são *slots* de exemplos onde você pode editar materiais.

Cada ladrilho, ou *slot*, representa um material que pode ser atribuído para um ou mais objetos na cena. À medida que você clicar em cada *slot*, os parâmetros do material são exibidos abaixo. Você edita o material por meio das configurações que vê em *Material Editor*.

Selecione um dos *slots* do material. Vamos mudar a cor do material. No menu de rolagem *Blinn Basic Parameters*, clique na amostra de cor cinza próximo do parâmetro *Diffuse*. Isso abre a caixa de diálogo *Color Selector*. Use os *sliders* à direita para configurar os valores vermelho, verde e azul para cor, ou controle a cor usando os níveis *Hue* (matriz), *Sat* (saturação) e *Value* (valor da cor).

Além disso, você pode acrescentar texturas para a maior parte dos parâmetros de um material. Observe o ícone quadrado vazio próximo à amostra da *diffuse color*. Clique nesse ícone; você obterá o *Material/Map Browser*, que é abordado mais tarde neste capítulo.

Editor de material compacto

O *Material Editor* é o lugar central no 3ds Max onde você faz toda a sua criação e edição de material. Você pode assinalar materiais para qualquer número de objetos bem como ter múltiplos materiais assinalados para diferentes partes do mesmo objeto.

No 3ds Max 2012, há duas interfaces para do *Material Editor*: o *Slate Material Editor* (ou *Slate*) e o *Compact Material Editor*.

O *Compact Material Editor* é a interface que você usará neste exercício. É uma caixa de diálogo menor do que o *Slate* e oferece rápidos *previews* de vários materiais, conforme mostrado na Figura 10.1.

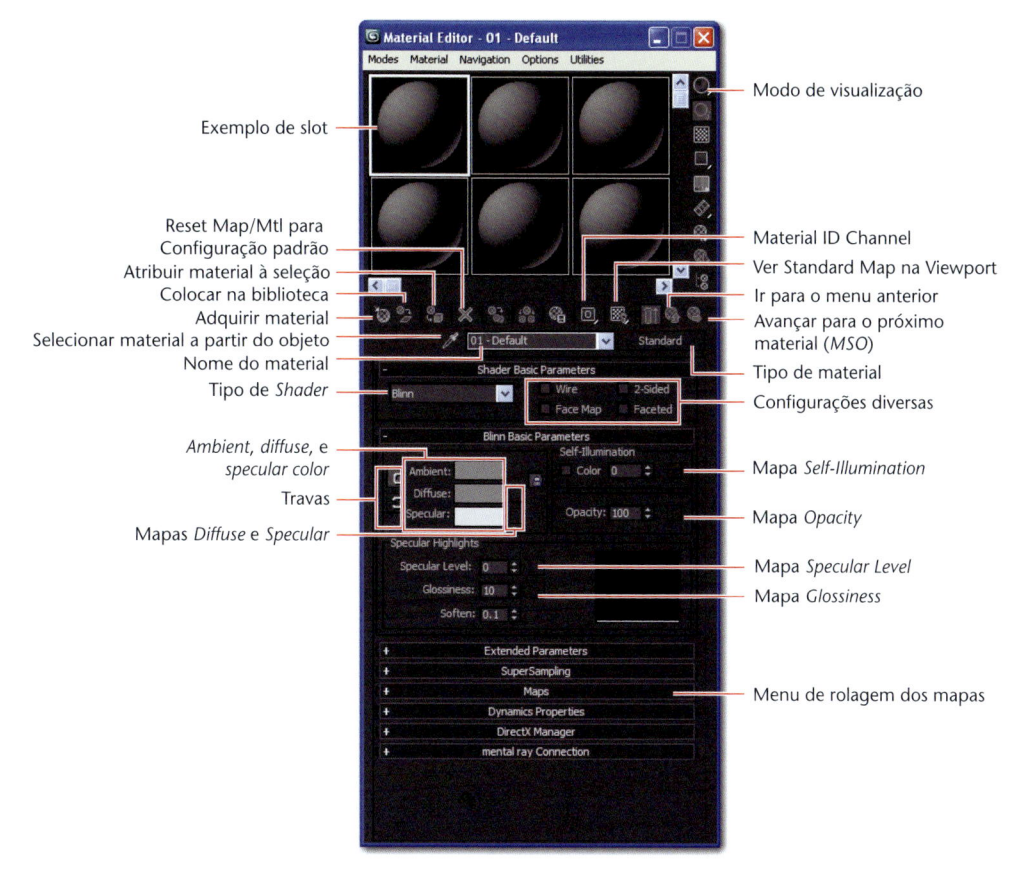

FIGURA 10.1 O *Compact Material Editor*.

Você pode acessar o *Compact Material Editor* abrindo o *Slate*, na barra do menu do *Slate*, selecionando *Modes* → *Compact Material Editor*. Você pode trazer de volta o *Slate* a partir do mesmo menu *Modes*.

Cada material é exibido em uma esfera em um dos *slots* na caixa de diálogo *Material Editor*. Clicar com o botão direito do mouse em qualquer um dos materiais dá a você mais algumas opções, incluindo a capacidade de alterar quantos *slots* de exemplo você conseguir visualizar no *Material Editor*.

O material *Standard* é o tipo de material padrão e é bom para a maioria dos usos. No entanto, quando você precisar de um material mais complexo, você pode alterar o tipo de material para um que satisfaça suas necessidades.

Standard

Material *Standard* é o tipo predefinido de materiais no *Material Editor*. Com ele você pode imitar praticamente qualquer superfície que imaginar.

Shaders

No 3ds Max, você pode controlar o tipo de superfície que trabalha mudando o tipo de *shader* de um material. Seja no *Compact Material Editor* ou no *Slate Material Editor,* você encontrará *Shader Types* como um menu vertical em um menu de rolagem do *Shader Basic Parameters* do material.

O *Blinn shader* é o *shader* padrão no 3ds Max, por ele ser flexível e de múltiplas finalidades. O *Blinn shader* cria uma superfície macia com certo brilho. Se você configurar a cor *specular* em preto, entretanto, o *Blinn shader* perde seu brilho e não exibe um realce *specular*, ficando perfeito para superfícies foscas, tal como papel. A Figura 10.2 mostra os controles do *Blinn shader* no *Material Editor.*

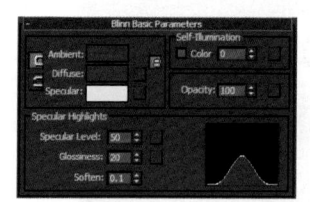

FIGURA 10. 2 O *Material Editor* do *Blinn shader.*

Já que este é o *shader* mais utilizado, vamos olhar para seus controles do *Material Editor*. Você pode definir a cor que você quiser clicando na amostra de cor, ou mapear um mapa de textura para qualquer um desses parâmetros clicando no botão *Map* e escolhendo o mapa desejado a partir do *Material / Map Browser.*

Mapeie o foguete

Agora vamos mergulhar na criação do material para o foguete que modelamos no Capítulo 3, "Modelando no 3ds Max: Parte I", e no Capítulo 4, "Modelando no 3ds Max: Parte II", para deixá-lo pronto para a iluminação e renderização em capítulos posteriores.

Usaremos o *Compact Material Editor* para criar materiais e mapear o modelo *Red Rocket.* A seguir, usaremos *Slate* quando mapearmos o soldado no Capítulo 11, "Texturas e fluxo de trabalho *UV:* O soldado."

Estude a imagem colorida do foguete mostrada no Capítulo 3 na Figura 3.1. Isso lhe dará uma ideia de como o foguete deve ser texturizado. Vamos começar com as rodas.

As rodas

As rodas do foguete de brinquedo real são feitas de plástico razoavelmente liso, brilhante e reflexivo. Os pneus pretos são diferentes das rodas: eles têm uma superfície áspera e irregular, como mostrado na Figura 10.3.

A parte preta do pneu tem uma ligeira rugosidade, que muda o brilho, fazendo a superfície parecer mais fosca.

Apenas plástico branco brilhante simples.
Plástico vermelho brilhante simples.

FIGURA 10.3 O pneu é um plástico áspero, em preto.

O pneu é um objeto único, então utilizaremos uma técnica de textura usando os materiais *Multi/Sub-Object* (*MSO*) para aplicar diferentes materiais aos polígonos de um único objeto 3D.

Crie um material multi/sub-object

Primeiro você criará o material *MSO* da roda, que consiste em três partes distintas: o pneu preto, a calota branca e o parafuso vermelho. Comece abrindo seu modelo pronto do foguete a partir do seu trabalho nos Capítulos 3 e 4 ou abra o arquivo rocket_material_wheel_start.max da pasta Scenes do projeto *Red Rocket* baixado do site da Bookman Editora, *www.bookman.com.br*. Esse arquivo mostra o foguete e todas as suas partes. Quando você abri-lo, selecione a roda e pressione *Alt+Q* para entrar no modo *Isolate Selection*.

1. Abra o *Compact Material Editor* e selecione uma esfera de exemplo. Começaremos com o material vermelho para o parafuso. Nomeie o material **Red Bolt**.
2. No menu de rolagem *Blinn Basic Parameters*, selecione a caixa colorida próximo à *Diffuse*, conforme a Figura 10.4. Isso controla a base da cor de um objeto. Quando *Color Selector* se abrir, crie

uma cor vermelha com os seguintes valores: Red: **200**, Green: **0**, Blue: **0**; a seguir clique em *OK*.

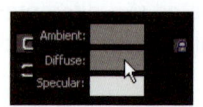

FIGURA 10. 4   Selecione o *box* da cor próximo de *Diffuse*.

3. Altere os realces *specular* para fazer a superfície parecer brilhante. Configure o valor *Specular Level,* que controla a intensidade do realce, em **90** e o valor de *Glossiness,* que controla o tamanho do realce, em **80**.
4. Selecione outra esfera de exemplo e nomeie-a **Wheel White**. Altere a cor difusa para branco. Configure *Specular Level* em **90** e *Glossiness* em **80**, como fez com o material vermelho.
5. Selecione uma terceira esfera de exemplo no *Material Editor* e nomeie-a **Wheel Black**. Altere a cor difusa para preto. Devido ao fato de os realces no pneu serem diferentes, configure *Specular Level* em **50** e *Glossiness* em **20**.

Selecione polígonos

Com um material *MSO*, você seleciona os polígonos nos objetos aos quais quer atribuir um tipo particular de material em vez de selecionar o objeto inteiro.

> Pressionar a tecla *Ctrl* permite que você adicione polígonos à sua seleção, e pressionar a tecla *Alt* possibilita remover polígonos da sua seleção.

1. Pressione F4 para ver as arestas no modelo sombreado e, a seguir, F2, de forma a visualizar apenas as arestas ao redor do polígono quando você selecioná-los.
2. Selecione o objeto roda e vá para a aba *Polygon Modeling* da faixa de opções *Graphite Modeling Tools*. Se essa faixa de opções não aparecer, clique na aba *Modify*. Selecione *Polygon* para entrar no modo *Polygon Selection* (você pode também pressionar 4 para o modo Polygon).
3. Clique na ferramenta *Select Object* (▣) na barra de ferramentas principal. Em seguida, selecione os polígonos que compõem a parte do pneu da roda, como mostrado na Figura 10.5.

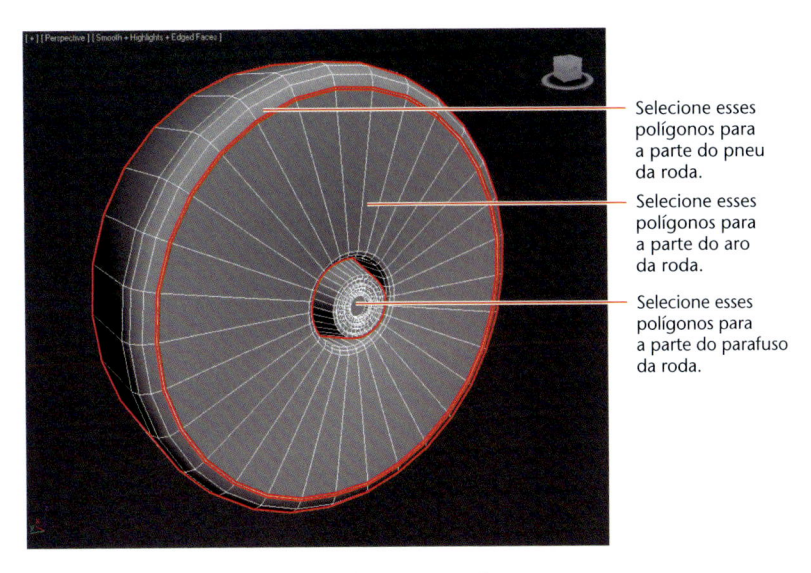

FIGURA 10.5 A roda é composta de três seções distintas.

4. Vá para o *Material Editor*, selecione o material *Black Wheel* e arraste-o para os polígonos selecionados a fim de atribuí-lo a esses polígonos. Você deve ver a roda ficar preta.

5. Selecione os polígonos para a calota branca, conforme mostrado na Figura 10.5, em seguida, retorne ao *Material Editor*, pegue o material *Wheel White* e arraste-o para os polígonos selecionados, atribuindo o material para a porção da calota da roda.

6. Selecione os polígonos da porção do parafuso da roda (Figura 10.5). Arraste o material *Red Bolt* do *Material Editor* para os polígonos selecionados.

> Use a ferramenta *Select Object* e não a ferramenta *Select And Move*. Você não quer acidentalmente mover qualquer um dos polígonos enquanto está tentando selecioná-los.

Sua roda tem agora três materiais distintos aplicados às suas partes apropriadas. Salve o seu trabalho! Você criou um material *MSO*, embora possa parecer que não.

Carregue o material *MSO* para dentro do *Material Editor*

Os três materiais que você vê no *Material Editor* são agora apenas instâncias do material principal, ou *material pai*, chamado de material

Multi Sub-Object. Nos passos seguintes, você carregará esse material para dentro do *Material Editor* de forma que possa ver isto:

1. Saia do modo *Polygon* clicando no ícone *polygon* na faixa de opções *Graphite Modeling Tools*. Abra o *Compact Material Editor* e selecione uma esfera de exemplo que não esteja sendo usada.
2. Próximo ao título do material está um ícone de um conta-gotas (). Clique no conta-gotas e depois na roda. O material *MSO* deve ser carregado no *Compact Material Editor*.
3. Nos parâmetros do *Compact Material Editor* do material *MSO* da roda, altere o nome do material *MSO* para **Wheel**.

Refine os materiais

Continue com seu próprio arquivo de cena. Selecione a *viewport Perspective* e pressione F9 para uma renderização final da roda (F9 é a tecla de atalho para o *Render Last*). Lembre-se de que o resto do foguete está escondido e acessível no *Layer Manager*.

O resultado renderizado, mostrado na Figura 10.6, parece um pouco plano. Os realces *specular* ajudam a fazer um objeto 3D parecer real, mas realces não aparecem em superfícies planas.

FIGURA 10.6 A roda renderizada com uma aparência um pouco plana.

Por exemplo, na Figura 10.7, você pode ver três objetos cilindros de diferentes planicidades. O cilindro com as laterais mais arredondadas mostra mais o realce.

Em geral, objetos brilhantes também são reflexivos, então, se você adicionar reflexos à superfície plana da calota, a renderização fica mais convincente.

Para atribuir um mapa de reflexo para a roda, siga estas etapas:

1. No *Compact Material Editor*, selecione o material *Red Bolt*. Vá para o menu de rolagem *Maps*; clique em *None* (à direita de *Reflection*) conforme mostrado na Figura 10.8. Escolha *Bitmap* no *Material/Map Browser*, que deve estar na parte superior. Navegue até a pasta SceneAssets\Images do projeto *Red Rocket* e selecione o arquivo de imagem do foguete Rocket Refmap Blur.jpg. Se você não vir esse mapa, certifique-se de que o campo *Files Of Type* (tipo de arquivo) esteja configurado em JPG.

FIGURA 10. 7 Objetos planos não exibem particularmente bem seus realces *specular*.

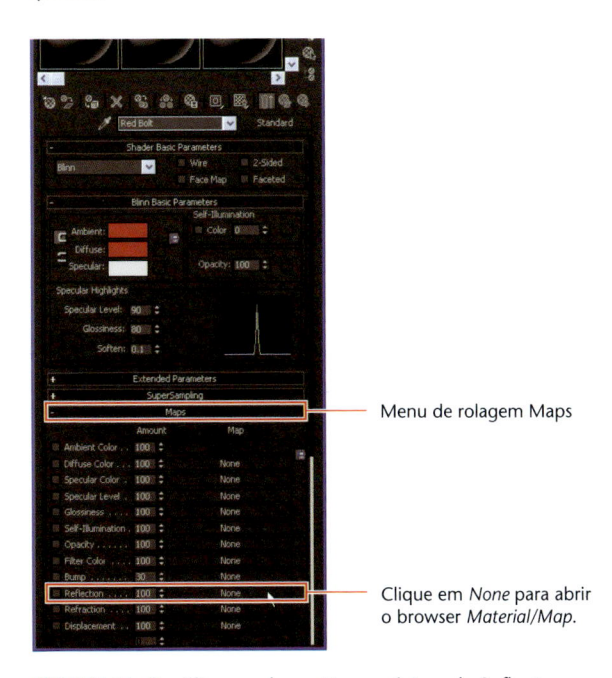

FIGURA 10. 8 Clique na barra *None* próximo de *Reflection* no menu de rolagem *Maps* para acessar o browser *Material/Map*.

2. Renderize um *frame* do parafuso da roda. Agora, o parafuso da roda parecerá mais com um espelho perfeito porque a quantidade de *Reflection* está sendo usada em 100%.

3. Nas ferramentas do *Material Editor,* navegue a um nível superior clicando no ícone *Go To Parent* abaixo de *Sample Slots* (), no menu de rolagem *Maps,* e altere *Reflection Amount* para **30**, conforme mostrado na Figura 10.9.

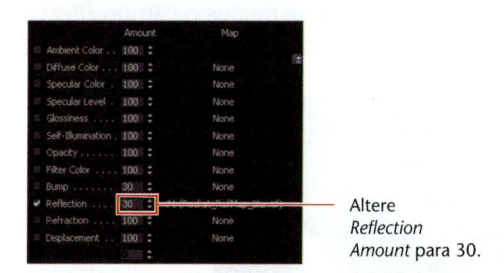

Altere *Reflection Amount* para 30.

FIGURA 10. 9 Altere *Reflection Amount* para 30.

A Figura 10.10 mostra a roda renderizada com o reflexo mapeado. Você deve notar uma sutil diferença entre a Figura 10.10 e a Figura 10.7, que exibe a roda sem reflexos. Você pode ajustar *Reflection Amount* conforme seu gosto.

FIGURA 10. 10 A roda renderizada com os reflexos mapeados.

O reflexo mapeado ajuda a dar mais substância à roda, uma vez que torna o material mais convincente quando renderizado.

Aplique *Bump map*

Bump mapping acrescenta um nível de detalhes a um objeto de forma bem fácil, criando saliências e sulcos na superfície e dando ao objeto um elemento táctil, de que esse objeto precisa (consulte de novo a Figura 10.3). *Bump mapping* utiliza os valores de intensidade (também conhecidos como valores de brilho) de uma imagem ou mapa procedural para simular irregularidade na superfície do modelo sem mudar a topologia real do modelo em si. Para acrescentar um *bump map* ao pneu, siga estas etapas:

1. No *Compact Material Editor*, você deve ter o material *Wheel Black* selecionado e o menu de rolagem *Maps* aberto desde as séries de etapas anteriores.
2. Clique no botão *None* próximo a *Bump map*. Em *Material/Map Browser*, escolha *Noise*.
3. Quando colocar o *noise map* no *slot* do *Bump map*, você será automaticamente levado aos parâmetros do *noise map* no *Compact Material Editor*. Altere o valor de *Size* para **0,02**. Clique no ícone *Go To Parent* para subir um nível até *Material parameters* principal.
4. Vá para o menu de rolagem *Maps* e aumente *Bump Amount* de 30 (o padrão) para **60**.
5. Renderize; você deve ver uma textura no pneu que se parece com a saliência real do pneu na Figura 10.3.

◄
Noise é um mapa de padrões de cores gerado por um processo em três dimensões para que você não tenha que se incomodar com coordenadas de mapeamento.

Agora, você precisará aplicar o material *MSO* que criou para as outras três rodas. A maneira mais fácil é fazer três clones da roda pronta, colocá-los onde as outras três rodas estão localizadas e excluir as rodas originais.

Mapeie os estabilizadores verticais: introdução às coordenadas de mapeamento

Um mapa de imagem é bidimensional, com comprimento e largura, mas sem profundidade. A geometria no 3ds Max, no entanto, se estende em todos os três eixos. As coordenadas de mapeamento definem como e onde os mapas de imagem são projetados sobre superfícies de um objeto e se os mapas são repetidos ao longo dessas superfícies.

As coordenadas de mapeamento podem ser aplicadas aos objetos de várias maneiras. A opção *Generate Mapping Coords* é ativada por padrão. Quando os objetos primitivos são criados e a opção *Generate Mapping Coords* estiver marcada na parte inferior do menu de rolagem *Parameters*, as coordenadas apropriadas de mapeamento são criadas automaticamente.

O material base

O estabilizador vertical superior na rabeta do foguete é um plástico branco, apenas um pouco brilhante e com um decalque, como você pode ver na Figura 10.11. Nesse ponto, você pode facilmente criar o próprio material:

FIGURA 10.11   O estabilizador vertical superior do foguete.

1. Abra o arquivo rocket_material_fin_start.max da pasta Scenes do projeto *Red Rocket* ou continue com rocket_material_wheel_final.max ou com o arquivo que você criou. Quando você abrir esse arquivo, selecione o estabilizador vertical e entre no modo *Isolate Selection*.
2. Abra o *Compact Material Editor* e selecione uma esfera de exemplo disponível. Em *Blinn Basic parameters*, clique na amostra colorida perto de *Diffuse* e torne-a branca.
3. Nomeie o material **Fin_Decal**. Diferentemente dos estabilizadores laterais, o estabilizador vertical, no meio, tem um decalque no seu lado, tendo, assim, seu próprio material. Aplique o material ao objeto "estabilizador vertical" arrastando e soltando a esfera de exemplo do *Material Editor* no estabilizador vertical.

4. De volta ao *Material Editor*, no grupo *Specular Highlights* dos parâmetros *Basic Blinn*, configure *Specular Level* em **80** e *Glossiness* em **60**.

5. Você precisa acrescentar reflexos ao estabilizador vertical. Vá para o menu de rolagem no *Material Editor*, clique em *None* próximo de *Reflection map* e selecione *Bitmap* em *Material/Map Browser*. Navegue até a pasta SceneAssets\Images do projeto *Red Rocket* e selecione Rocket Refmap Blur.jpg para estabelecê-lo como o mapa de reflexo.

6. O *Compact Material Editor* exibirá o menu de rolagem *Bitmap Parameters*. Suba um nível clicando no ícone *Go To Parent*. Vá para o menu de rolagem *Maps* e diminua o valor de *Reflection Amount* para **35**.

Acrescente o decalque

O decalque é uma imagem que você precisa acrescentar ao material. Trata-se de uma imagem 2D, e não será tão fácil aplicar como o mapa *3D noise* que você usou mais cedo para o *bump map* do pneu. O decalque se tornará uma parte da *diffuse color*; você substituirá a cor que criou para *Diffuse* com essa mesma imagem.

1. No *Compact Material Editor,* selecione a esfera de exemplo *Fin_Decal*. Certifique-se de que você esteja no nível superior do material e que você consiga ver o menu de rolagem *Maps*.

2. Clique em *None* perto do mapa colorido *Diffuse*. Escolha *Bitmap* no *Material/Map Browser*, navegue até o arquivo SceneAssets\Images do projeto *Red Rocket* e escolha RedRocketDecal.tif.

3. Na barra de ferramentas *Material Editor*, clique no ícone *Show Standard Map In Viewport* (). Isso faz o decalque ser exibido na viewport.

4. Arraste *Fin_Decal Sample Slot* até o estabilizador vertical. Agora você pode ver o decalque mapeado no estabilizador.

Use o modificador *UVW Mapping*

Usaremos um modificador para substituir aquelas coordenadas na geometria. O modificador *UVW Mapping* faz o decalque agir mais como um decalque real que podemos controlar movendo o *gizmo* para colocar as coordenadas do jeito que desejarmos.

O modificador *UVW Mapping* é normalmente usado para aplicar e controlar as coordenadas de mapeamento. Você seleciona o tipo de mapeamento, independentemente da forma do objeto, e, a seguir, configura a quantidade de *tiling* nos parâmetros do modificador.

As coordenadas do mapeamento aplicadas por meio do modificador *UVW* subjugam qualquer outra coordenada de mapeamento aplicada ao objeto, e os valores de *Tiling* configurados para o modificador são multiplicados pelo valor de *Tiling* configurado no material atribuído.

Para fazer o *UVW Mapping modifier* mapear corretamente o decalque do estabilizador, siga estes passos:

1. Selecione o estabilizador vertical e vá para o painel *Modify*. Na *Modifier List* vertical, escolha *UVW Map*.

2. Na pilha de modificadores, você pode ver o modificador *UVW Map* empilhado no topo do *editable poly*. Você também verá um *gizmo* laranja ao redor da geometria do estabilizador.

3. Vá para os parâmetros do modificador *UVW Mapping* e, na seção *Alignment*, clique no botão *Bitmap Fit*, conforme mostrado na Figura 10.12.

FIGURA 10. 12 A seção de alinhamento para os parâmetros do modificador *UVW Mapping*.

4. Essa ação o levará para a caixa de diálogo *Select Image*. Navegue até a pasta SceneAssets\Images do projeto *Red Rocket* e selecione o arquivo RedRocketDecal.tif. Isso vai alterar o tamanho do *gizmo UVW Mapping* para o tamanho e o aspecto da imagem em vez da geometria.

Agora vamos ajustar *gizmo UVW Mapping*:

1. Na pilha de modificadores, clique no sinal de mais na caixa preta perto do modificador *UVW Mapping* e selecione *Gizmo*.

2. Agora, olhe para o estabilizador superior na *viewport*. Você deve ver a forma plana do *gizmo Modifier*. Você conseguirá transformar o *gizmo* para onde você precisa que o decalque fique no estabilizador vertical.

3. Alterne para a ferramenta *Rotate* e gire 75 graus no eixo *X*.
4. Alterne para a ferramenta *Scale* (pressione R) e escalone negativamente o *gizmo* para **40%**. A seguir, alterne para a ferramenta *Move* (*W*) e centralize o decalque no estabilizador. Na *viewport*, o decalque se parece como um retângulo branco brilhante, enquanto o resto do estabilizador superior está cinza. Está *OK* desse jeito.

Enquanto o decalque deste lado do estabilizador parece bom, se você olhar do outro lado, o decalque está invertido. O tipo de projeção do modificador *UVW Mapping* que você está usando (*planar mapping*) só é útil quando um dos lados de um objeto precisa ser mapeado. Neste caso, você precisa que o decalque apareça corretamente no outro lado do estabilizador.

1. Vá para os parâmetros do modificador *UVW Mapping* e selecione *Box* abaixo de *Mapping*.
2. Isso funciona, mas agora você tem o decalque em lugares que você não quer, conforme mostrado na Figura 10.13. Isso ocorre porque o *Box mapping* projeta a imagem de seis lados usando um mapa planar para cada lado, mas usa *sided-surface normal* (um vetor que define para que caminho uma face ou um vértice está apontando) para decidir a direção do mapeamento. Então, você enganará o modificador e removerá a profundidade.

FIGURA 10. 13 O decalque aparece em lugares que você não quer.

3. Nos parâmetros do modificador *UVW Mapping,* altere o parâmetro *Height* para **0,01**. Não vá até 0, pois o modificador não funcionará corretamente.
4. As cópias dos decalques que você não quer no estabilizador devem desaparecer. Nos lados em que você não quer o decalque, você escalonou o *gizmo Box Projection* até quase zero; as projeções para esses lados estão de fato ainda lá, mas agora elas são

muito pequenas e imperceptíveis no estabilizador. Esta não é a forma mais sofisticada de corrigir o problema, mas funciona para as nossas necessidades. Em CG, o que funciona é o melhor caminho a seguir. Veja a Figura 10.14 com os resultados finais.

FIGURA 10.14 O estabilizador vertical com os materiais finais.

Mapeie o corpo

O corpo do foguete é composto de três áreas materiais:

O corpo principal   Vermelho com um decalque branco.

O painel de controle   Um material metálico cinza.

A ponta   Um plástico branco com detalhes em relevo em forma de gota.

A maneira mais fácil de texturizar é usar a técnica de material *Multi/Sub-Object* que você empregou na roda. O corpo tem um logotipo sobre ele, então ele terá o mesmo problema que o estabilizador: a imagem do logotipo aparecerá no lado oposto do objeto quando você usar mapeamento planar. Outra forma de lidar com a questão do *logo-flipping* é aplicar o material em cada lado separadamente. Você poderia aplicar o mesmo material para polígonos específicos selecionados em cada lado do objeto, mas o 3ds Max permite a aplicação de dois mapas e dois modificadores *UVW Mapping* em vez de um. Isso dá a você controle independente sobre cada lado do corpo do foguete.

1. Abra o arquivo `rocket_material_body_start.max`. Selecione o foguete e entre no modo *Isolate Selection*.
2. Selecione o foguete e a faixa de opções de modelagem. Vá para o modo *Polygon* e selecione os polígonos na metade do foguete. Isso é realizado mais facilmente na *viewport Top*.

O assento e os polígonos do painel de controle estão também selecionados agora. Você pode desativá-los por enquanto. Para fazer isso, vá para a faixa de opções de modelagem e, em *Polygon Modeling* selecione *Ignore Backfacing*; veja a Figura 10.15.

FIGURA 10.15 Selecione *Ignore Backfacing*.

Essa opção permite que apenas os polígonos que estão de frente para você sejam selecionados. Mantenha *Alt* pressionada enquanto seleciona o que você quer subtrair de qualquer seleção. Esse processo pode ser um pouco tedioso, mas precisa ser feito. Uma vez terminado, sua seleção deve se parecer com a Figura 10.16. Na figura, a cor do foguete foi alterada para cinza a fim de mostrar melhor a seleção.

FIGURA 10.16 Selecione uma metade do corpo do foguete, sem o assento ou os polígonos do painel de controle.

Crie o material

Você começará criando um material para o corpo vermelho.

1. Abra o *Compact Material Editor,* selecione uma esfera de exemplo e clique na amostra colorida próximo a *Diffuse.* Altere a cor para vermelho (com valores de R: **200**,G: **0**, B: **0**). Nomeie o material **Rocket Body Right**.

2. Arraste e solte o novo material nos polígonos selecionados do foguete para atribuir o material àquela metade do foguete.

3. Vá para o menu de rolagem *Maps* e clique em *None* próximo à cor *Diffuse.* Escolha *Bitmap* no *Material/Map Browser* e navegue até a pasta SceneAssets\Images do projeto *Red Rocket*. Selecione o arquivo RocketBodyRight.tif. Na barra de ferramentas, clique no ícone *Show Standard Map In Viewport.* Não se preocupe se o mapa não parecer muito correto.

4. Clique no ícone *Go To Parent* na barra de ferramenta *Material Editor* e navegue até o nível superior do material. Na seção *Specular Highlights* do *Material Editor,* altere *Specular Level* para **90** e *Glossiness* para **80**.

5. Vá para o menu de rolagem *Maps* e clique em *None* próximo a *Reflection,* e, em *Material/Map Browser,* escolha *Bitmap*. Navegue até a pasta SceneAssets\Images do projeto *Red Rocket* e selecione o arquivo Rocket Refmap blur.jpg para o reflexo. Volte ao menu de rolagem *Maps* e altere o valor de *Amount* próximo a *Reflections* para **20**.

   O decalque provavelmente ficará inclinado, de forma que você vê parte dele em direção à frente e em direção ao assento do foguete.

6. Volte ao *Material Editor* e, no menu de rolagem *Coordinates* do mapa de RocketBodyRight.tif, desmarque as caixas *Tile UV* para desativar *tilling.* Não se preocupe se o mapa não estiver muito certinho ainda. O mapa no foguete pode aparecer em um esboço esquisito, tal como mostrado anteriormente, ou pode ainda ter uma cor estranha (em alguns casos raros).

   O modelo ainda precisa de coordenadas de mapeamento. Você chegará lá em breve.

Inverta o decalque

Nas etapas seguintes, você criará uma cópia do material de um lado e virará para o outro lado.

1. Volte para a faixa de opções de modelagem e selecione os polígonos no lado oposto do foguete. Lembre-se de desmarcar o assento e os polígonos do painel de controle.

2. No *Compact Material Editor*, arraste e solte a esfera de exemplo do material *Rocket Body Right* em uma esfera de exemplo disponível para fazer uma cópia do material. Renomeie o material **Rocket Body Left**.

3. Vá para o menu de rolagem *Maps* desse novo material e clique no botão próximo à cor *Diffuse* para levar você para os parâmetros de bitmap. Clique na barra com o caminho da imagem e, na janela de seleção de arquivos, selecione `RocketBodyLeft.tif` para uma versão invertida do mapa colorido anterior.

4. No menu de rolagem *Coordinates*, altere o parâmetro *Map Channel* para **2**, conforme mostrado na Figura 10.17. Isso permite que você tenha diferentes conjuntos de coordenadas no mesmo objeto simultaneamente. Não se preocupe se o gráfico *Red Rocket* desaparecer; ele retornará quando você acrescentar o modificador *UVW Mapping* à esquerda do foguete.

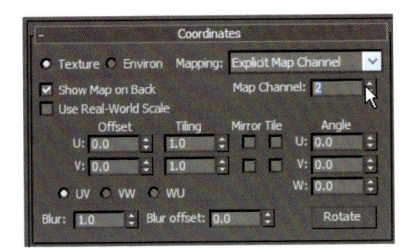

FIGURA 10.17 Altere para *Map Channel 2* no menu de rolagem *Coordinates* do bitmap.

5. Arraste e solte o material invertido nos polígonos selecionados do foguete (representando o outro lado do foguete).

    Você está agora acrescentando as coordenadas de mapeamento. Você tem dois materiais para cada lado do foguete. O lado direito tem *Map Channel 1*(que é padrão) e o lado esquerdo tem *Map Channel 2*. Você começará acrescentando e editando o mapeamento do lado direito com o *Map Channel 1*.

6. Entre no painel *Modify* e clique na entrada *Editable Poly* para deixar o nível de seleção subobjeto. A seguir, em *Modifier List*, escolha o modificador *UVW Map*. Vamos mantê-lo na configuração de mapeamento padrão, ou seja, *Planar*. Nos parâmetros *Alignment* do modificador, altere o eixo *X*, conforme mostrado na Figura 10.18.

7. Clique no botão *Bitmap Fit*, navegue até a pasta `SceneAssets\Images` do projeto *Red Rocket* e selecione o arquivo RocketBodyRight.tif. Isso vai alterar o *gizmo* do modificador para fazê-lo do mesmo tamanho que a imagem bitmap, mantendo proporcional a escala da imagem.

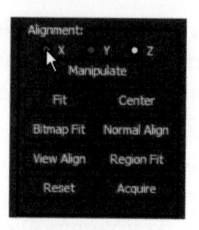

FIGURA 10.18 Altere o eixo *X* nos parâmetros *Alignment* do modificador *UVW Map*.

8. No painel *Modify*, vá para a pilha de modificadores e clique na caixa preta com o sinal de mais próximo ao modificador *UVW Mapping*. Clique em *Gizmo* para conseguir transformar a imagem (via *gizmo*) sem afetar o objeto.
9. Mova o *gizmo Modifier* de forma que a tira branca no decalque esteja alinhada aproximadamente com a frente do foguete.
10. Saia do modo subobjeto do *gizmo* do modificador *UVW Mapping* clicando no modificador na pilha.
11. Acrescente um segundo modificador *UVW Mapping* no foguete e altere o *Map Channel para 2*, conforme mostrado na Figura 10.19.

FIGURA 10.19 Selecione o *Map Channel 2* no modificador *UVW Mapping*.

12. Nos parâmetros *Alignment* do segundo modificador *UVW Mapping*, altere o eixo *X*. Clique no botão *Bitmap Fit*, navegue até onde o bitmap `RocketBodyLeft.tif` está localizado e clique em *Open*.
13. Vá para a pilha de modificadores, clique no subobjeto *Gizmo* e mova o *gizmo* bitmap para alinhar a imagem com o mapa no lado oposto do foguete.

Se você renderizar, deverá ver as tiras dos decalques no lado do foguete, conforme mostrado na Figura 10.20.

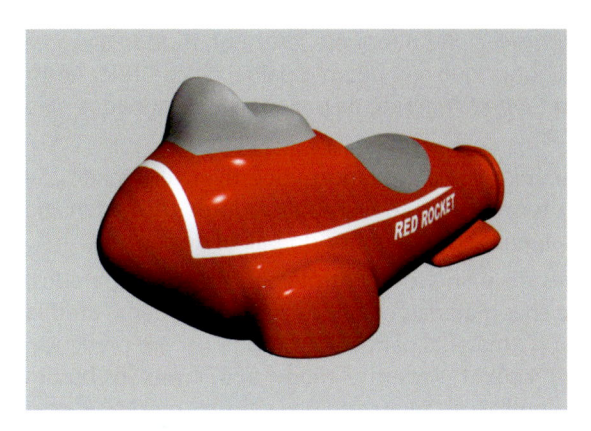

FIGURA 10. 20 Uma renderização do foguete mostra como o decalque está mapeado no corpo.

O painel de controle

Nesta seção, você vai texturizar o painel de controle:

1. Como você fez anteriormente, crie um novo material na esfera de exemplo disponível no *Material Editor* e configure sua cor em cinza. Se você preferir, pode simplesmente usar o cinza padrão (R150, G150, B150).
2. Configure o valor de *Specular Level* em **50** e *Glossiness* em **20**.
3. Nomeie esse novo material **Control Panel**.
    Para o painel de controle, você deve apenas acrescentar um pouco de saliência à superfície para conferir a ele uma aparência melhor.
4. Selecione o material do *Control Panel* no *Material Editor*. No menu de rolagem *Maps*, altere o valor de *Bump Amount* para **20** e clique em *None* para criar um mapa.
5. Selecione *Noise* no *Material/Map Browser* para acrescentar uma textura *noise* ao *bump map*.
6. No menu de rolagem *Noise Parameters* do *noise map*, altere *Size* para **0,02**. Finalmente, você acrescentará um mapa reflexo ao painel de controle, conforme fez com o corpo do foguete.
7. No *Material Editor*, clique em *Go To Parent*; depois, selecione o menu de rolagem *Maps*, configure *Reflection Amount* em **10** e clique em *None* próximo a *Reflection* para acrescentar um mapa.
8. Selecione *Bitmap* no *Material/Map Browser* e navegue até a pasta SceneAssets\Images do projeto *Red Rocket* para selecionar Rocket Refmap blur.tif.

9. Em uma *viewport*, selecione o foguete, entre no modo *Polygon* e selecione os polígonos que compõem o painel de controle. Arraste o material do *Control Panel* até os polígonos selecionados para atribuir o material.

10. Clique no nível *Editable Poly* quando você tiver terminado. Se você ainda não terminou, os dois modificadores *UVW Mapping* serão aplicados apenas aos polígonos do painel de controle.

Como os botões do painel de controle são objetos separados, você pode facilmente criar materiais coloridos para eles. Apenas atribua a cada botão seu próprio material para a sua própria cor em particular. Se você estiver usando `rocket_material_body_start.max`, os botões prontos do painel de controle estão escondidos em suas próprias camadas. Abra a caixa de diálogo *Manage Layer* e exiba a camada.

Crie a ponta do foguete

O material para a ponta é bastante semelhante ao material que você acabou de criar para o painel de controle, exceto pelo fato de que a *diffuse color* deve ser branca.

1. Copie o material do *Control Panel* arrastando-o até a esfera de exemplo vazia no *Compact Material Editor* e alterando sua *diffuse color* para branco. Sinta-se à vontade para ajustar as configurações de *Specular* como você achar melhor. (Um nível *Specular* de 90 e um valor de 80 para *Glossiness* funcionam muito bem.) Nomeie o novo material **Nose**.

    O painel de controle tinha um pequeno *bump map* no material. Vamos removê-lo do material *Nose*.

2. Selecione o material *Nose* no *Compact Material Editor*. Clique com o botão direito do mouse na barra do mapa próximo ao parâmetro *Bump* e selecione *Clear* no menu de contexto.

    O material *Nose* agora não tem *bump map,* mas retém o mapa reflexo do material do painel de controle, poupando-lhe um pouco de trabalho.

3. Selecione os polígonos da ponta e arraste o material do *Material Editor* até os polígonos selecionados para atribuir o material. Quando estiver pronto, clique em *Editable Poly* para retornar ao modo objeto.

4 Salve seu trabalho e assegure-se de que esteja salvando uma nova versão do arquivo para não sobrescrever seu arquivo de cena anterior. Os decalques laterais do foguete vão parecer errados até você clicar na parte superior do modificador *UVW Mapping*.

Você não precisa se preocupar em mapear os polígonos do assento do foguete porque você tem um modelo de um assento para acrescentar.

Vá para o menu *Application* e escolha *Import* → *Merge*, navegue até a pasta Scenes do projeto *Red Rocket*, selecione o arquivo SEAT. max e clique em *Open* para mesclar na geometria do assento. Na caixa de diálogo *Merge,* selecione o objeto *SEAT* e clique em *OK.* A geometria extra acrescenta detalhes ao modelo dando a ele um assento mais bonito. Se necessário, você pode abrir mão dessa geometria do assento que seria mesclada e em vez disso, selecionar os polígonos da área em que o assento deve estar e atribuir um material preto lustroso a eles.

Agora saia do modo *Isolation* e renderize um *frame* de todo o foguete texturizado, conforme mostrado nas Figuras 10.21 e 10.22.

FIGURA 10. 21   O foguete!

FIGURA 10. 22   O foguete visto de trás.

Salve seu trabalho, reconheça seu esforço e comemore!

> **ALÉM DO ESSENCIAL**
>
> Criar materiais pode dar a você um senso de realização porque é essencialmente o último passo para fazer um objeto se parecer com o que você imaginou – com exceção de iluminação e renderização.
>
> Achar a combinação certa de mapas, tipos de *shaders* e tipos de materiais pode fazer uma diferença imensa no visual das suas cenas. Neste capítulo, você aprendeu o básico sobre materiais, mapeou o foguete inteiro que modelou no Capítulo 3, "Modelando no 3ds Max: Parte I", e, por fim, aprontou as coisas para a próxima etapa: iluminação, no Capítulo 14.
>
> **EXERCÍCIOS ADICIONAIS**
>
> ▶ Volte e ajuste todos os materiais do foguete com diferentes tipos de materiais, cores e configurações para ver como eles afetam a renderização do foguete.
>
> ▶ O propulsor não foi feito no execício. Exiba-o e crie um material baseado em imagens.
>
> ▶ Os botões no painel de controle também foram deixados fora do exercício pela mesma razão. Crie materiais para eles.

CAPÍTULO 11

Texturas e fluxo de trabalho UV: O soldado

Os materiais em 3ds Max simulam a física natural de como vemos as coisas regulando a maneira como os objetos refletem ou transmitem luz. Você define um material em 3ds Max configurando os valores dos seus parâmetros ou aplicando texturas ou mapas. Esses parâmetros definem a aparência que um objeto terá quando renderizado. Neste capítulo e no Capítulo 14, "Introdução à Iluminação: O foguete vermelho", você descobrirá que materiais e luzes funcionam bem juntos.

Mapeie o soldado

Neste capítulo, você aplicará os materiais e mapas no modelo do soldado dos Capítulos 7-9. Primeiro você ajustará o modelo para receber as texturas por meio de um processo chamado *UV-unwrap*. Isso permite que você trabalhe com as cores e os modelos do uniforme do soldado e da aparência em geral. Esse processo cria essencialmente um mapa plano que pode ser usado para pintar as texturas em um programa como o Photoshop.

Já usamos o Adobe Photoshop para criar as texturas (ou seja, os mapas) que você usará para o soldado.

A seguir, mostraremos como preparar o modelo para os *UVs* apropriados e como aplicar os mapas que você já pintou. Não demonstraremos o processo de pintura real no Photoshop porque esse assunto vai além dos objetivos deste livro.

UV unwrapping

Defina seu projeto para o projeto Soldier baixado do site da editora. Abra o arquivo de cena `SoldierTexture_v01.max` da pasta Scenes do projeto ou use seu próprio arquivo de cena do modelo final do Capítulo 9, "Modelagem poligonal de personagens: Parte III." Tenha em mente que qualquer alteração de design que você fez ao seu próprio soldado pode causar discrepâncias no *UV unwrapping* e nas etapas do mapeamento nas seções seguintes.

Você vai começar criando emendas que definem os formatos dos braços, de forma que saiba onde pintar as mangas do uniforme no Photoshop. Nesse arquivo, os *image-planes* estão ocultos; se você os quiser de volta, clique com o botão direito do mouse na *viewport* e escolha *Unhide All* no menu de contexto.

Comece definindo as *UVs* com as seguinte etapas:

1. Ative *Smooth+Highlights+Edged Faces view* (F4) das suas *viewports*. Lembre que, se você está utilizando o 3ds Max por meio do *driver Nitrous*, ative *Realistic* em sua *viewport*.

2. Com seu modelo selecionado, escolha *Unwrap UVW* na lista de modificadores.

3. Expanda o modificador *Unwrap UVW* na pilha de modificadores clicando no sinal de mais na caixa preta próximo ao título *Unwrap UVW*. Entre no modo *Face*.

4. No menu de rolagem *Configure*, desmarque *Map Seams*, conforme mostrado na Figura 11.1. Fazer isso desativa o realce verde nas arestas, que é gerado por padrão e não é útil em seu estado atual.

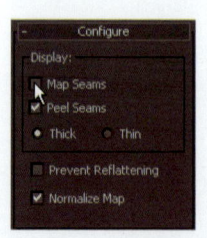

FIGURA 11.1 Desmarque *Map Seam* no menu de rolagem *Configure*.

5. Clique no botão *Point To Point Seam* em direção à parte inferior do Painel de Comando debaixo do menu de rolagem *Channel*, como está na Figura 11.2. Essa ferramenta permite redirecionar as emendas para onde você quiser.

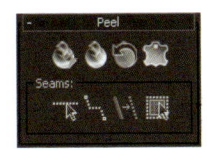

FIGURA 11.2 Clique no botão *Point To Point Seam*.

6. Com o *Point To Point Seam* ativado, clique no centro de um par de interseção de arestas onde você deseja definir o ombro esquerdo, conforme mostrado na Figura 11.3 (imagem esquerda). A linha tracejada "elástica" aparece junto ao seu cursor, permitindo que você saiba que a ferramenta está esperando que o próximo ponto seja selecionado.

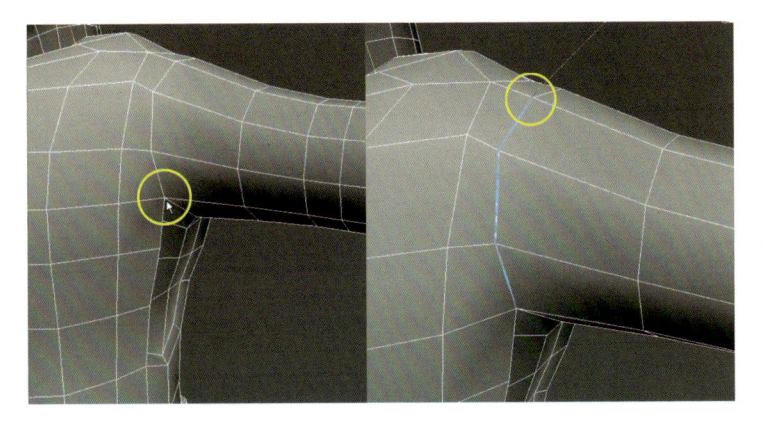

FIGURA 11.3 Pegue essa interseção da aresta para começar a definir a emenda (esquerda). Escolha o próximo ponto na parte superior do ombro (direita).

Enquanto *Point To Point Seam* estiver ativo, você pode navegar usando todas as ferramentas de navegação para olhar ao redor do modelo. O 3ds Max se lembra da última interseção em que você clicou e faz uma emenda precisa no clique seguinte.

7. Selecione as próximas interseções de arestas no *loop* ao redor do ombro. Isso cria um realce azul através das arestas, conforme mostrado na Figura 11.3 (imagem direita).

8. Continue ao redor do ombro até você obter um *loop* completo, finalizando com a interseção que você começou na etapa 6. Você também pode clicar com o botão direito do mouse e, a seguir, recomeçar ou continuar selecionando-as sem sobrepô-las.

9. Selecione a interseção da aresta mais debaixo do braço e continue selecionando as interseções de arestas até o ponto do meio do pulso, conforme mostrado na Figura 11.4. Você terá que alterar para *Wireframe view* (pressione F3) para pegar o último ponto, como na 11.5, na extremidade do antebraço.
10. Clique com o botão direito do mouse para desativar o elástico da ferramenta *Point To Point Seam,* mas mantenha o botão ativo; a seguir, continue cortando um novo conjunto de *UVs* do braço direito, assim como você fez com o braço esquerdo.
11. Clique com o botão direito do mouse e faça emendas fechadas nos detalhes debaixo dos braços em ambos os lados, conforme mostrado na Figura 11.6. Na Figura 11.6, você pode ver as emendas delimitando a área debaixo do braço e continuando até a linha do cinto e através da parte superior da linha do cinto ao redor da cintura. Se escolher um ponto errado, você pode usar o botão *Undo*.

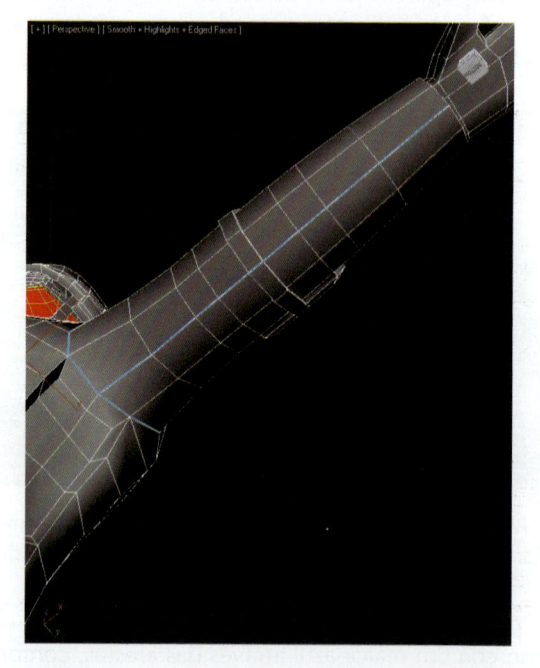

FIGURA 11.4 Selecione as interseções debaixo do braço.

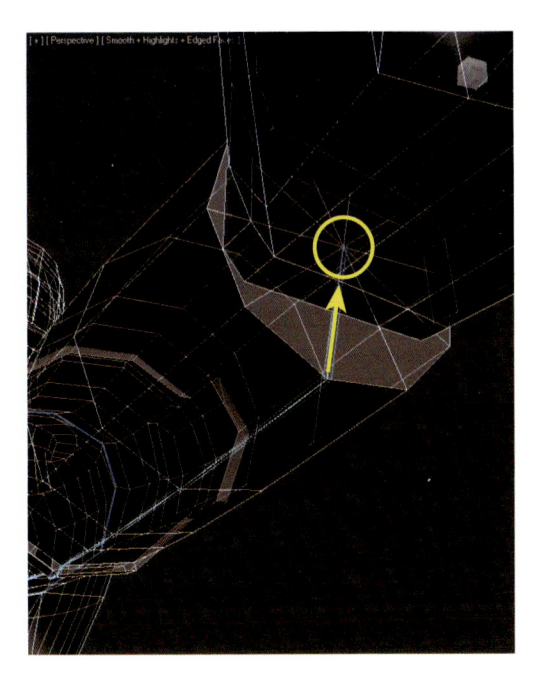

FIGURA 11.5 Altere para *Wireframe view* para escolher a última interseção do antebraço/pulso.

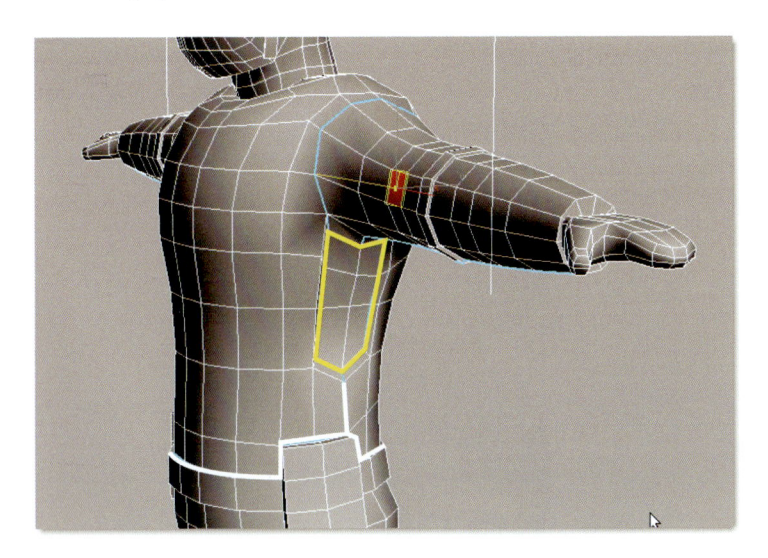

FIGURA 11.6 Acrescente essas emendas para definir as áreas dos detalhes do tronco debaixo do braço.

12. Usando a ferramenta *Point To Point Seam*, corte emendas para as duas luvas longitudinalmente no meio, de pulso para pulso. Você pode ver essa progressão da luva esquerda começar na Figura 11.7. Inicie no pulso no lado do polegar e vá trabalhando até o lado oposto do pulso. Lembre que você pode precisar entrar em *Wireframe view* (pressione F3) para selecionar os pontos apropriados da interseção da aresta. A Figura 11.8 apresenta a emenda ao redor da mão.

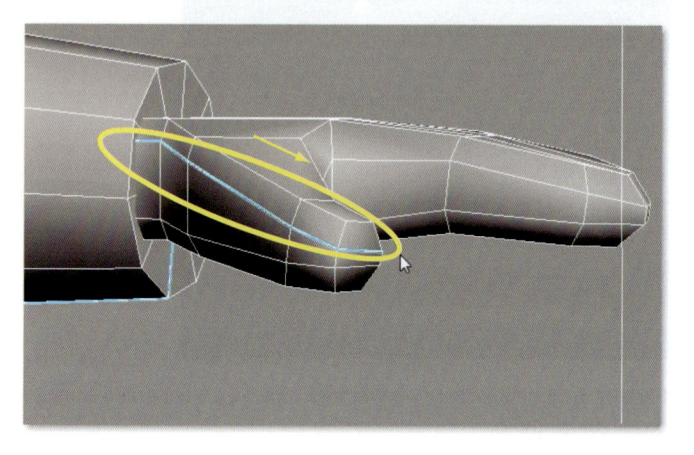

FIGURA 11.7 Corte uma nova emenda ao longo da luva, começando conforme mostrado aqui.

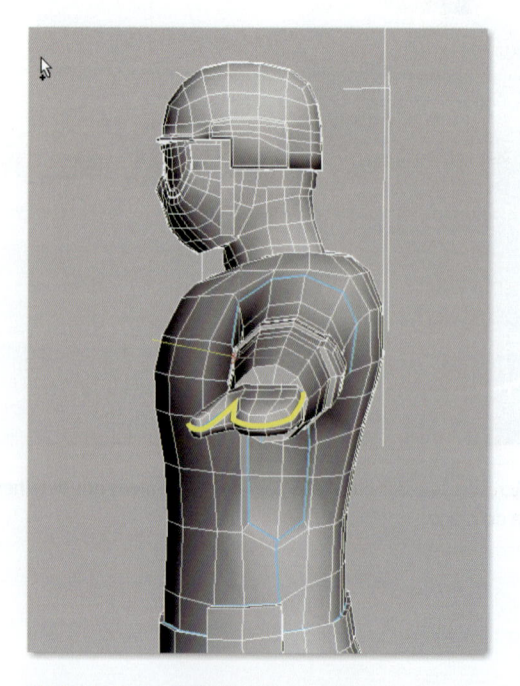

FIGURA 11.8 Trabalhe ao redor da luva.

13. Abra o *Slate Material Editor*. Se o *Compact Material* abrir, escolha *Modes* → *Slate*. No *Material/Map Browser,* escolha o menu de rolagem *Materials*. No menu de rolagem *Standard,* clique duas vezes em *Standard*. Fazer isso carrega um *Standard Material node* para dentro do painel *Active View* no centro da interface *Slate*. Os pontos que se estendem ao longo do lado esquerdo do *Material node* são chamados *Input Sockets* e são usados para conectar outros *nodes*, como texturas no parâmetro do material. O ponto no lado direito do *node* é o *output socket*, usado para conectar esse *node* no *input socket* de um outro.

14. Clique duas vezes no *Diffuse Color input socket* do material, conforme mostrado na Figura 11.9; o *Material/Map Browser* abre de novo. Em *Maps,* selecione o menu de rolagem *Standard,* clique em *Checker* e, a seguir, em *OK*.

FIGURA 11.9 Clique duas vezes no *Diffuse Color input socket*.

SLATE MATERIAL EDITOR

O *Slate Material Editor,* também chamado apenas de *Slate*, é uma caixa de diálogo na qual materiais e mapas aparecem como *nodes* gráficos que você pode conectar, ou "armar", uns com os outros para criar árvores de materiais usando *input e output sockets*. Se você projetar novos materiais, o *Slate* é especialmente poderoso, uma vez que oferece uma visão gráfica de como seus mapas e materiais estão conectados uns com os outros. O *Slate* também inclui ferramentas de busca para ajudar você a gerenciar cenas que têm um vasto número de materiais.

(Continua)

SLATE MATERIAL EDITOR   *(Continuação)*

O Slate é composto de elementos, incluindo o *Material/Map Browser*, que permite que você navegue por materiais e mapas; a *Active View*, onde você faz o trabalho de conectar materiais e mapas; e o *Parameter Editor*, onde você pode alterar os valores dos parâmetros de mapas e de materiais.

Barra de ferramentas — Barra de menu — Material/Map Browser — Input Socket — Output Socket — Navegador — Parameter Editor

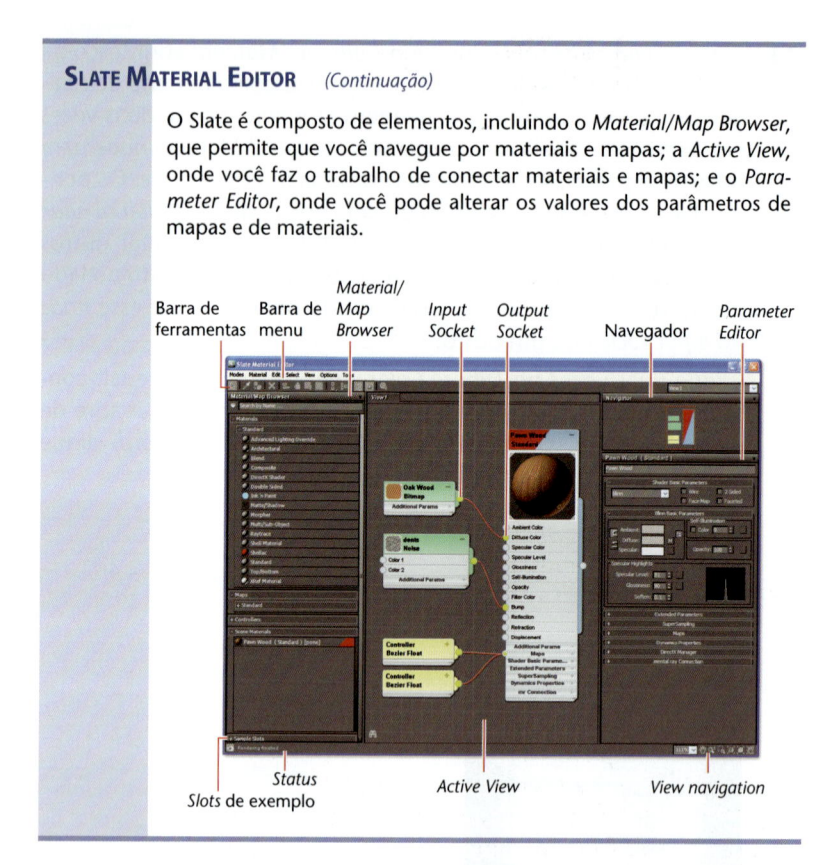

Status — Active View — View navigation
Slots de exemplo

15. No *Slate*, clique duas vezes na barra do título *Checker Map* para abrir seus parâmetros à direita da interface do *Slate* em *Parameter Editor*. Altere os parâmetros *U* e *V Tiling* do *Checker Map* de 1 para 5, conforme mostrado na Figura 11.10.

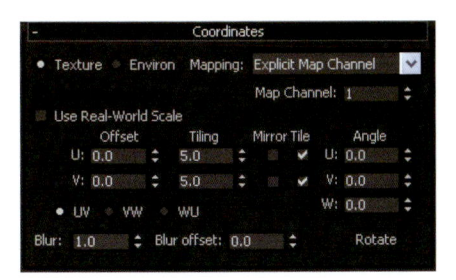

FIGURA 11.10 Configure *U* e *V Tiling* em 5.

16. Clique e arraste o *Material output slot* até o modelo do soldado para atribuir o material e ver a textura no modelo a fim de obter um retorno visual mais arrojado em relação a como seus *UVs* estão se saindo à medida que você os arruma.

17. Na parte superior do *Slate*, clique em *Show Standard Map In Viewport* (▨) se você não puder visualizar o mapa no seu modelo nas *viewports*.

Ajuste os *UVs* do braço esquerdo

Salve seu trabalho agora antes de continuar com o próximo conjunto de etapas para ajustar os *UVs* dos braços em padrões úteis para pintar as texturas. Você pode utilizar o arquivo de cena SoldierTexture_v02.max da pasta Scenes do projeto *Soldier* do site da editora para verificar seu trabalho até aqui ou para pular para este ponto. Nesse arquivo, os *image-planes* estão ocultos; se você os quiser de volta, clique com o botão direito do mouse na *viewport* e escolha *Unhide All* no menu de contexto.

1. Com o modo *Face* selecionado em seu modificador *Unwrap UVW* e com *Point to Point Seam* desativado, clique em um polígono no antebraço esquerdo de seu modelo. Depois, no menu de rolagem *Peel*, clique no ícone *Expand Face Selection To Seams* (▨). Se as emendas forem criadas corretamente na série de etapas anterior, uma seleção de faces no braço ficará vermelha na sua *viewport*, conforme mostrado na Figura 11.11.

FIGURA 11.11 As faces do braço são selecionadas.

2. Você precisa exibir os *UVs* para criar o padrão de pintura no Photoshop (ou em um outro editor de imagem). Para exibir os *UVs* em um padrão útil, clique no ícone *Pelt Map* (▨) no menu de rolagem *Pelt*.

3. Quando você clicar em *Pelt Map*, uma caixa de diálogo *Edit UVWs* e uma caixa de diálogo *Pelt Map* se abrirão. Na caixa de diálogo *Edit UVWs*, clique no menu *View* e desative *Show Grid* e *Show Map* para simplificar *UV view*, como ilustra a Figura 11.12.

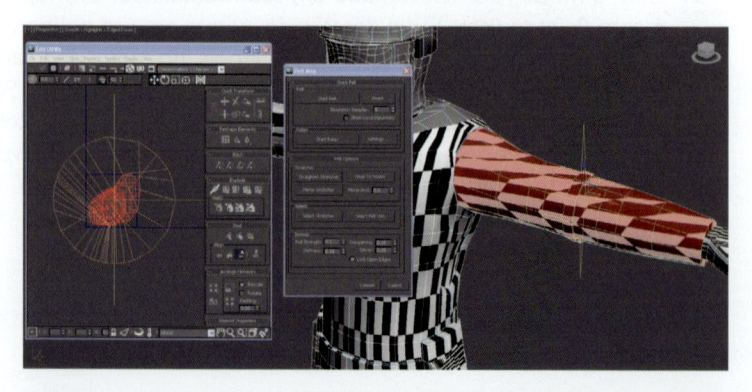

FIGURA 11.12 As caixas de diálogo *Edit UVWs* e *Pelt Map* mostrando os *UVs* do braço.

4. Para desdobrar o mapa, clique no botão *Start Pelt* na caixa de diálogo *Pelt Map*. Isso move os *UVs* na caixa de diálogo *Edit UVWs* em tempo real. Esse procedimento mantém os *UVs* se desdobrando até você interromper, então espere alguns segundos para os *UVs* pararem de se mover e clique em *Stop Pelt*.

5. O braço está quase pronto, mas, se você verificar a textura *Checker* na sua *viewport*, verá que alguns dos quadrados do xadrez são maiores que outros. Para arrumar isso, clique na caixa *Settings* próximo ao botão *Relax* na caixa de diálogo *Pelt Map* e altere a opção vertical para *Relax By Face Angles,* conforme mostrado na Figura 11.13.

FIGURA 11. 13 Configure o menu vertical para *Relax By Face Angles*.

6. Agora, clique em *Start Relax*. Espere até os *UVs* pararem de se mover e clique em *Stop Relax*; depois, clique em *Apply*. Feche a caixa de diálogo *Relax Tool*. Marque sua textura na *viewport* e veja o xadrez do jeito que você o queria.

7. Clique no botão *Commit* na parte inferior da caixa de diálogo *Pelt Map*, ou suas alterações não terão efeito. Você também pode fechar a caixa de diálogo *Edit UVWs*.

Ajuste os *UVs* do braço direito

Repita as etapas 1-7 para o braço direito. Você pode ver na Figura 11.14 que ambos os braços estão agora estendidos e relaxados.

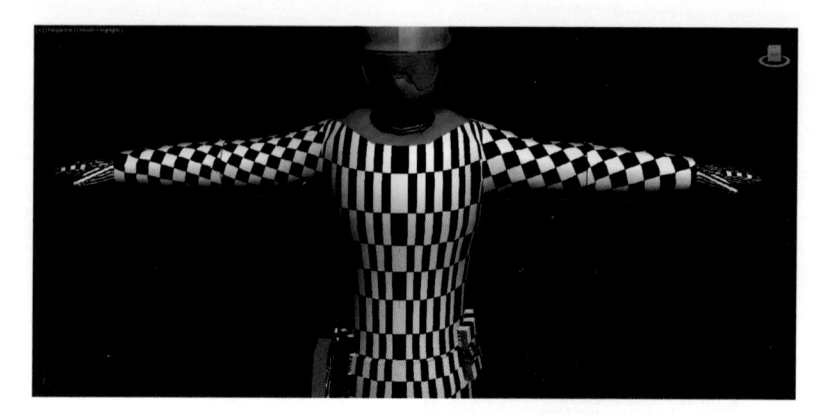

FIGURA 11. 14 Ambos os braços estão estendidos e relaxados.

Unwrapping e *Pelt* para a cabeça

Salve seu trabalho antes de continuar com o próximo conjunto de etapas para exibir os *UVs* da cabeça. Você pode usar o arquivo de cena SoldierTexture_v03.max da pasta Scenes do projeto *Soldier* do site da editora para verificar seu trabalho até aqui ou para pular para este ponto.

Nesta seção, uma vez que é um pouco difícil ver onde emendar, você foi até o *Material Editor* para o material *Standard Checker*. No menu de rolagem *Maps*, você desmarcou *Diffuse Color* para desativar o padrão xadrez.

A cabeça representa um problema: cada parte (capacete, óculos, máscara) é um objeto separado modelado no Capítulo 9 que foi anexado em um polígono editável. Isso significa que, se você olhar atentamente para a geometria, encontrará penetração de objetos, o que torna difícil ver claramente algumas das áreas que você precisa emendar. Você usará uma técnica de visibilidade do subobjeto para controlar o que está visualizando nas seguintes etapas:

1. Selecione *Soldier* e, na pilha de modificadores do painel *Modify*, escolha *Editable Poly* e selecione *Element*. O modo *Element* permite que você selecione objetos separados que são anexados em um único objeto. Quando fizer isso, um aviso de alerta vai aparecer, conforme a Figura 11.15. Selecione *Yes*. Cada vez que você mover entre o modificador *Unwrap UVW* e o modificador *Editable Poly*, verá esse aviso; se isso incomodar, marque a opção *Do Not Show This Message Again*. O alerta diz que qualquer alteração que você fizer naquele nível do modelo terá efeito em todo o resto da

pilha e pode confundir outras partes do seu trabalho. Uma vez que está usando o modo *Element* para ocultar partes da cabeça do modelo para tornar a emenda mais fácil de ver, você não precisa se preocupar com coisas que mudem.

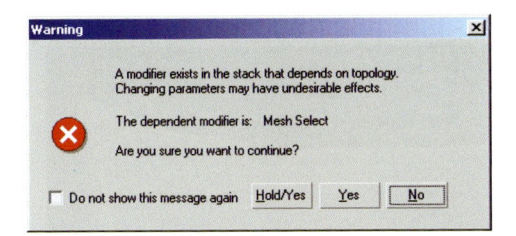

FIGURA 11. 15 Alerta de dependência de topologia.

2. Selecione o capacete e, na faixa de opções do Graphite Modeling, vá para a aba *Visibility* e clique em *Hide Unselected*. Fazer isso oculta todos os elementos não selecionados no modelo, deixando o capacete como o único objeto visível.
3. Saia do modo *Element* clicando em *Editable Poly* na pilha de modificadores. Agora, volte para o modificador *Unwrap UVW* e clique em *Face*. Mova para baixo até o menu de rolagem *Peel* e clique no botão *Point To Point Seam*. Seguindo a linha que aparece na Figura 11.16, crie uma nova emenda no capacete.

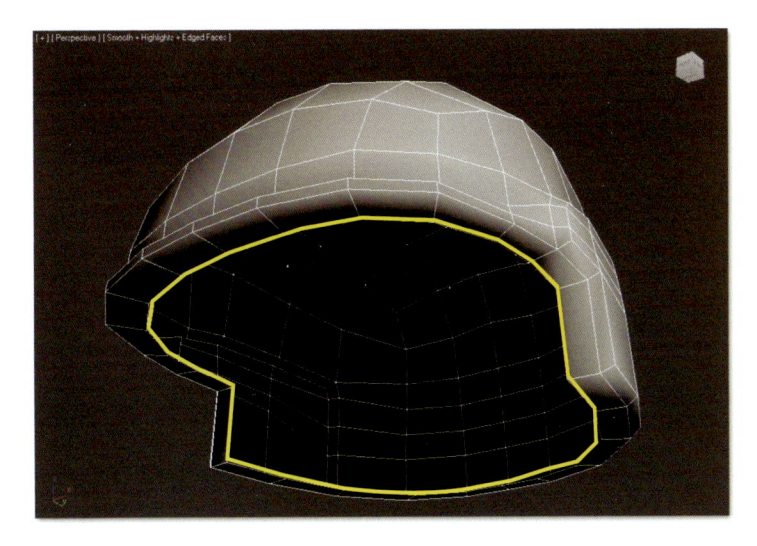

FIGURA 11. 16 Crie uma nova emenda no capacete.

4. Quando a emenda tiver sido criada, clique em *Editable Poly* e selecione o modo *Element* na pilha de modificadores. Na aba *Visibility*, clique no botão *Unhide All*. A seguir, selecione os óculos, clique na aba *Visibility* e, depois, no botão *Hide Unselected*. Repita a etapa 3 nos óculos usando a Figura 11.17 como guia para as emendas.

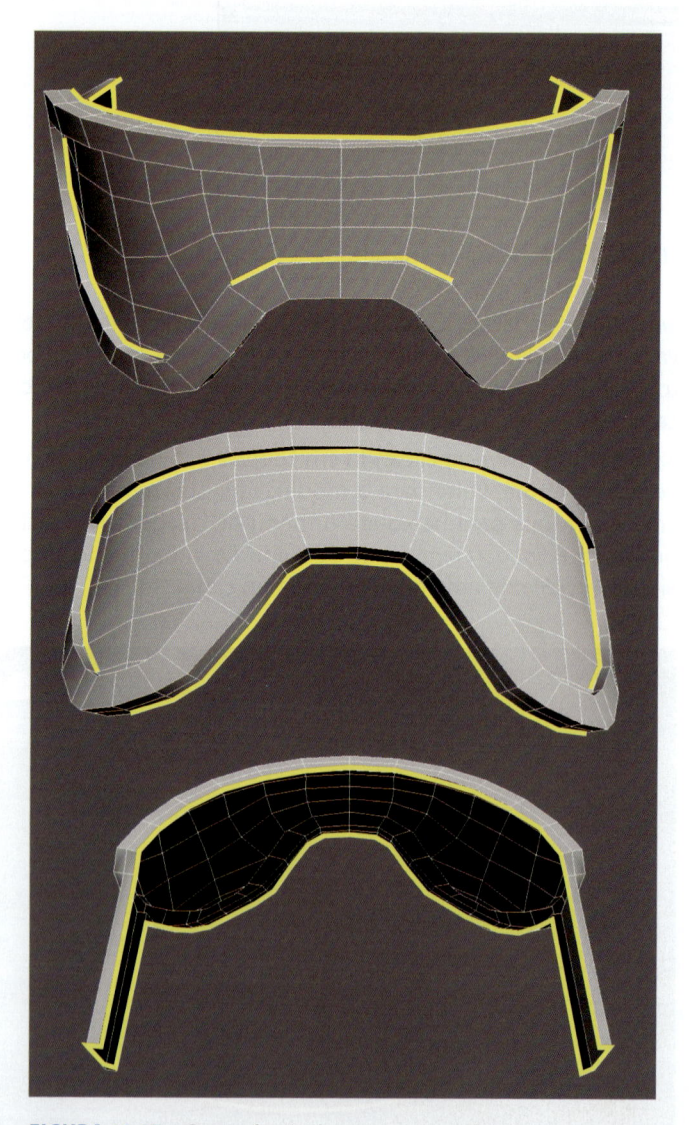

FIGURA 11.17   O guia dos óculos para as emendas.

5. Repita o processo individualmente para a máscara, a cabeça e as tiras do capacete usando *Hide Unselected* para isolar cada um dos três elementos à medida que você trabalha neles. A seguir, siga o mesmo processo de antes para criar as emendas mostradas na Figura 11.18 para a máscara, na Figura 11.19 para a cabeça e na Figura 11.20 para a tira do capacete.

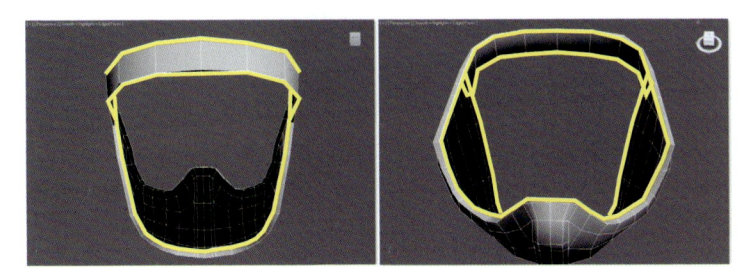

FIGURA 11.18 As emendas para a máscara da face do soldado.

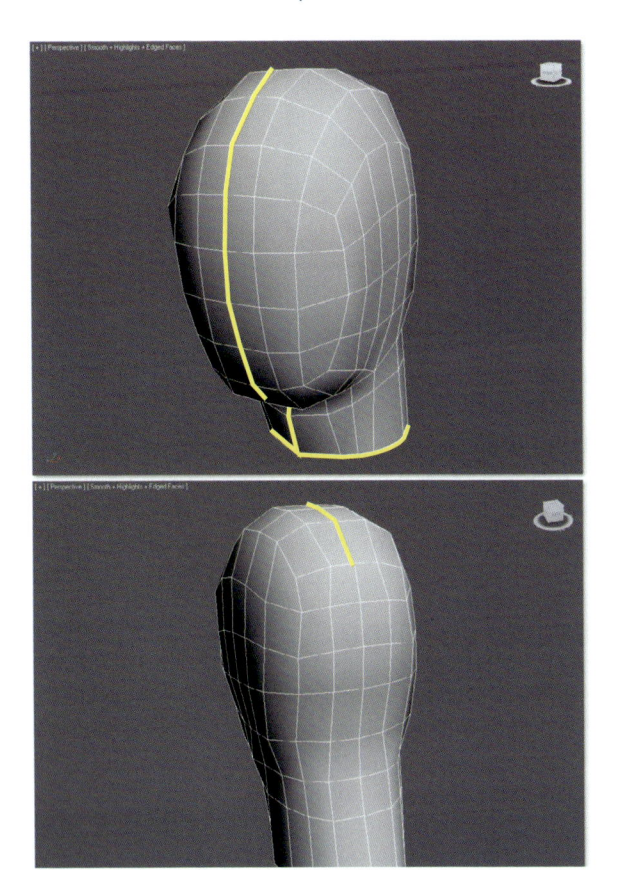

FIGURA 11.19 As emendas para a cabeça do soldado.

FIGURA 11.20 As emendas para a tira do capacete do soldado.

6. Abra o *Material Editor*. No material xadrez do soldado, vá para o menu de rolagem *Maps* e marque a caixa próxima a *Diffuse Color* para ativar o xadrez de novo. Você precisará de quadrados de xadrez quando estender o modelo.

Emende o resto do corpo

Use a ferramenta *Point To Point Seam* para delimitar o restante das partes do modelo e depois utilize as etapas do *Pelt Map* acima, como você fez com os braços. Observe a Figura 11.21 e a Figura 11.22 para a colocação das emendas no corpo do modelo.

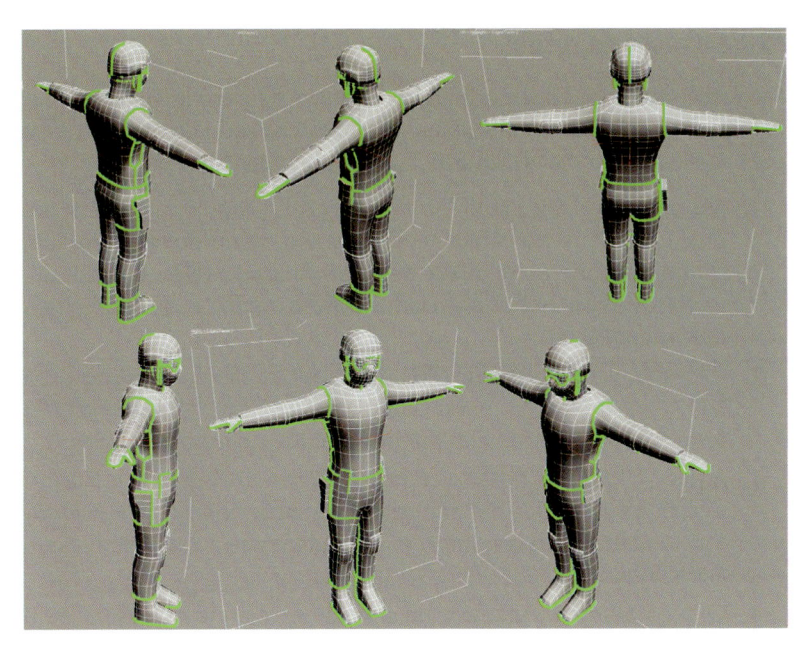

FIGURA 11.21 Siga esses contornos para criar o resto das emendas do modelo.

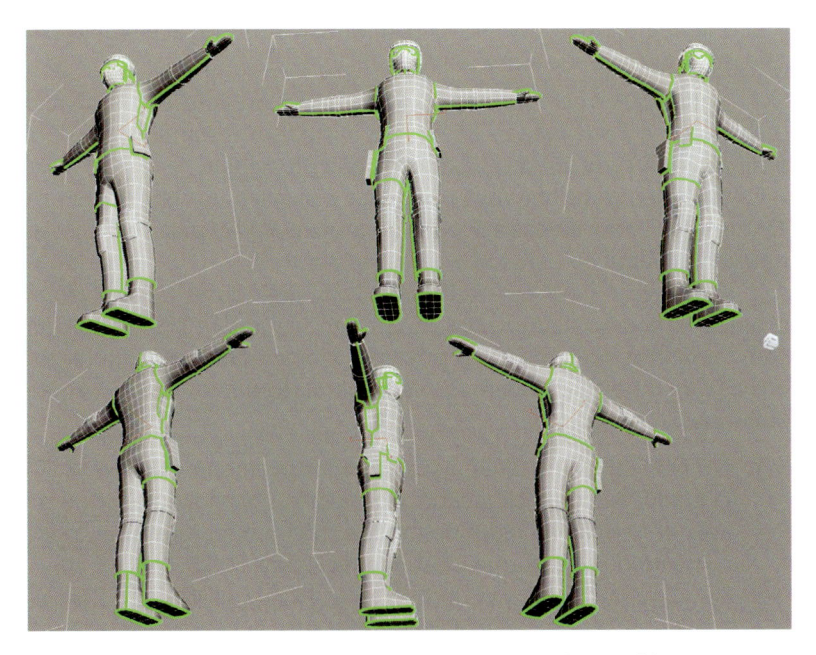

FIGURA 11.22 Siga esses contornos tirados de um ponto de vista diferente para criar o resto das emendas do modelo.

Exiba o resto do corpo

Salve seu trabalho. Você pode usar o arquivo de cena `SoldierTexture_v04.max` da pasta Scenes do projeto *Soldier* baixado do site da editora para verificar seu trabalho até aqui ou para pular para este ponto.

1. No painel *Modify*, clique no botão *Face*. A seguir, clique em um único polígono no capacete. Depois, no menu de rolagem *Peel*, clique no ícone *Expand Face Selection To Seams* (). Isso seleciona todos os polígonos associados com as emendas que você criou para o capacete.

2. Clique no ícone *Pelt Map* () para abrir as caixas de diálogo *Edit UVWs* e *Pelt Map*. Primeiro clique em *Start Pelt*. Você verá os *UVs* se movendo, quando eles pararem, clique no botão *Stop Pelt*.

3. Agora, clique no botão *Settings* próximo ao botão *Start Relax*. Certifique-se de que o menu vertical está configurado em *Relax By Face Angles*, clique em *Apply* e, a seguir, feche a caixa de diálogo *Relax Tool*.

4. Clique no botão *Start Relax* novamente e, quando os UVs pararem de se mover, clique em *Stop Relax*. Para os objetos restantes, você não precisa entrar na caixa *Settings* – apenas clique em *Start Relax*.

5. Clique no botão *Commit*. O padrão xadrez no capacete deve parecer organizado e uniforme.

Agora que você acabou o capacete, vá adiante corpo abaixo usando *Pelt* e *Relax* para exibir os *UVs* nas partes restantes do corpo, desmarcando cada um deles à medida que prossegue.

Salve seu trabalho. Você pode usar o arquivo de cena `SoldierTexture_v05.max` da pasta Scenes do projeto *Soldier* para verificar seu trabalho até aqui ou para pular para este ponto.

Como você pode ver na Figura 11.23, quando os *UVs* estiverem prontos, o padrão xadrez para cada parte separada do soldado está com tamanhos diferentes. Nas próximas etapas, vamos configurar todos os tamanhos para serem iguais, mostrando que os *UVs* são agora uniformes.

1. No painel *Modify*, clique no botão *Face* se ainda não estiver selecionado. A seguir, clique fora do modelo do soldado e faça uma área de seleção ao redor do modelo inteiro para selecionar todos os polígonos, conforme mostrado na Figura 11.23.

2. No modificador *Unwrap UVW*, vá para o menu de rolagem *Edit UVs* e clique no botão *open UV Editor*. O que você verá a seguir é uma bagunça; são *unwrapped UVs* empilhados uns em cima dos outros.

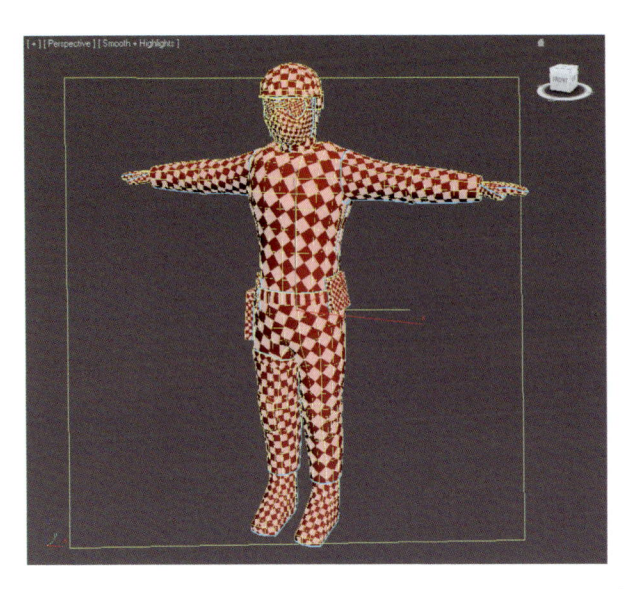

FIGURA 11.23 O modelo do soldado com todos os polígonos selecionados.

3. No menu *Edit UVWs*, escolha *Tools* → *Relax*. Clique em *Start Relax*. Seja paciente e espere o movimento diminuir ou parar antes de clicar em *Stop Relax*. A seguir, feche a caixa de diálogo *Relax Tool*. Isso vai relaxar todos os seus UVs juntos uniformemente, garantindo que todos eles tenham a mesma propriedade real de *UV*. O procedimento é importante para garantir que todos os elementos carreguem o mesmo espaço relativo de textura, conforme mostrado na Figura 11.24.

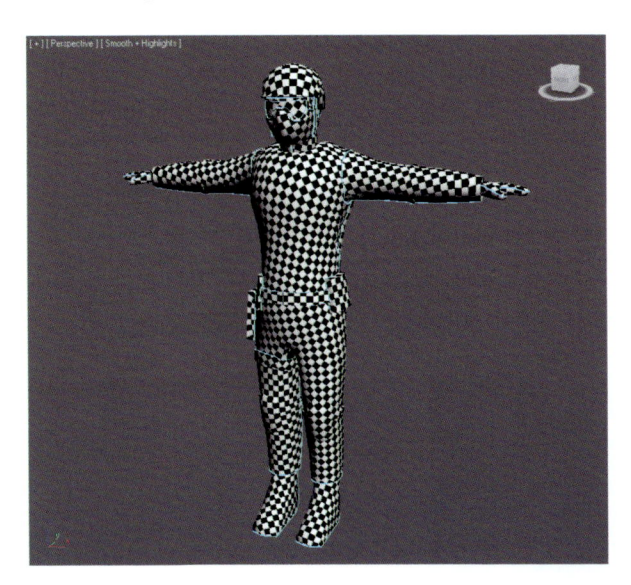

FIGURA 11.24 O modelo do soldado com todos os UVs uniformemente relaxados.

4. Mantenha a caixa de diálogo *Edit UVWs* aberta. Desmarque os *UVs* clicando fora do modelo. A Figura 11.25 mostra o que você deve ver agora.

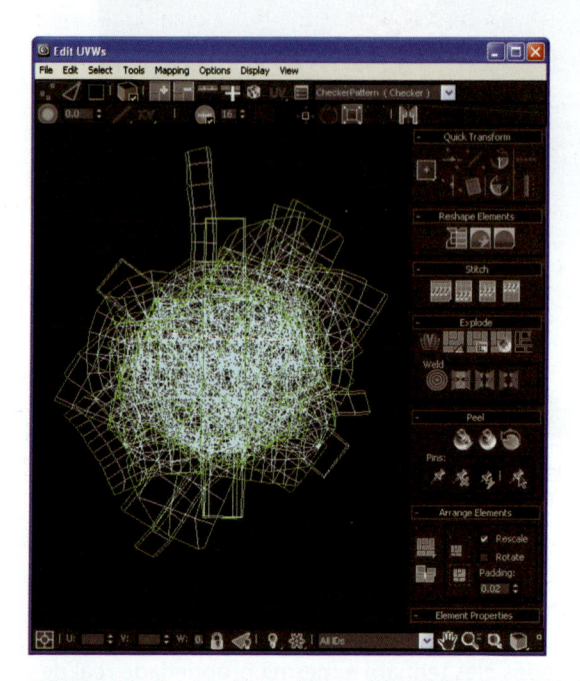

FIGURA 11.25 A caixa de diálogo *Edit UVWs* com os *UVs* do soldado em uma pilha.

Uma vez que você ainda está no modo *Face* no modificador *Unwrap UVW*, se clicar em qualquer lugar na pilha de *UVs*, selecionará uma face. O que você pode fazer agora é selecionar um conjunto inteiro de *UVs* de um elemento em particular de maneira que possa prepará-lo separadamente, dando-lhe algum espaço na tela vazia plana que pode ser usada mais tarde para a pintura de texturas daquelas partes do corpo. A maneira mais fácil de fazer isso é selecionar uma face, ir até a barra de ferramentas na parte superior da caixa de diálogo *Edit UVWs* e clicar em *Select By Element*, conforme mostrado na Figura 11.26.

FIGURA 11.26 Clique em *Select By Element*.

Capítulo 11 ▶ Texturas e fluxo de trabalho UV: O soldado   **245**

Neste ponto, você pode selecionar todos os *UVs* associados a um elemento (como apenas o capacete). Quando você seleciona algo na caixa de diálogo *Edit UVWs*, ele aparece selecionado no modelo nas *viewports*, conforme mostrado na Figura 11.27. Isso lhe ajudará a saber que partes está movendo na caixa de diálogo *Edit UVWs*. Também na caixa de diálogo *Edit UVWs*, você pode lançar mão de todas as ferramentas de navegação que utiliza nas *viewports* para os comandos *pan* (deslocar) e *zoom*. Nas etapas a seguir, você começará a colocar os *UVs* para cada elemento dentro da caixa azul de borda espessa na caixa de diálogo *Edit UVWs* a fim de preparar os *UVs* do soldado na íntegra para as texturas.

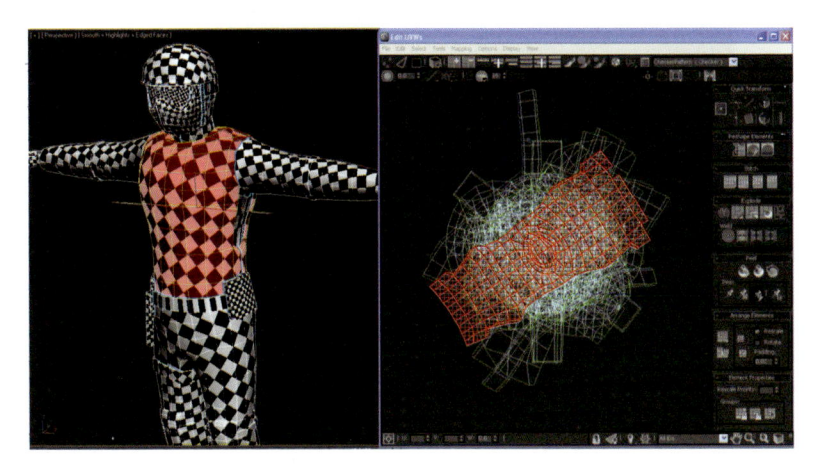

FIGURA 11. 27   Selecione um elemento na caixa de diálogo *Edit UVWs* e ele aparecerá selecionado no modelo.

1. Na caixa de diálogo *Edit UVWs*, arraste uma caixa de seleção ao redor de todos os *UVs*. No menu de rolagem *Arrange Elements* no lado direito da caixa de diálogo *Edit UVWs*, altere *Padding type-in* para **0.0** e clique no botão *Pack Normalize*, como na Figura 11.28. Agora você deve conseguir ver a caixa com borda azul na caixa de diálogo *Edit UVWs* com os *UVs* preparados corretamente, como ilustra a Figura 11.29.

Botão *Pack Normalize*   Campo de *Padding*

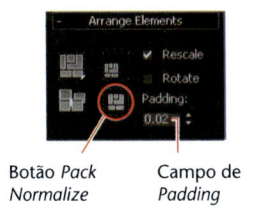

FIGURA 11.28   O menu de rolagem *Arrange Elements*.

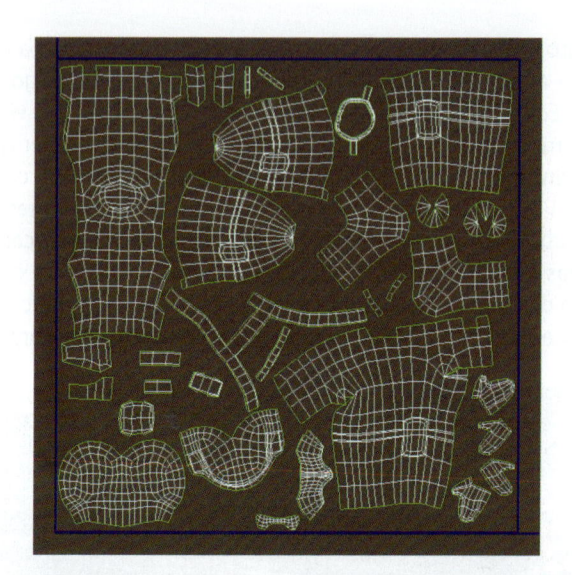

FIGURA 11.29 Os *UVs* corretamente colocados dentro do espaço *UV*.

O objetivo é encaixar os *UVs* nessa caixa sem sair dela e sem sobrepor os *UVs*. Qualquer coisa fora dessa caixa acaba em uma área errada da textura (ou não tendo textura alguma), e qualquer sobreposição faz os *UVs* compartilharem partes da textura de outro elemento. Ambas as situações não são desejáveis. Assim que tiver o layout, você pode selecionar e mover os *UVs*.

2. Na caixa de diálogo *Edit UVWs*, selecione *Tools* → *Render UV Template* para abrir a caixa de diálogo *Render UVs*. Nessa caixa de diálogo, clique no botão *Render UV Template* para criar uma imagem dos seus *UVs*, conforme mostrado na caixa de diálogo *Render Map* na Figura 11.30.

3. Salve a imagem do contorno do *UV* clicando no ícone *Save Image* na caixa de diálogo *Render Map*, exibida na Figura 11.31. Uma vez salva, essa imagem pode ser aberta em seu editor de imagem favorito e você pode usar os pedaços como guias para pintar as texturas do soldado.

Com a imagem do *layout* do *UV* salva, você pode ir para o Photoshop (ou o software de edição de imagem de sua escolha) e criar uma textura para colocar no seu modelo. Levamos a imagem *UV* para o Photoshop e, com uma combinação de pintura e corte e colagem de fotos, criamos o mapa final para o soldado, apresentado na Figura 11.32.

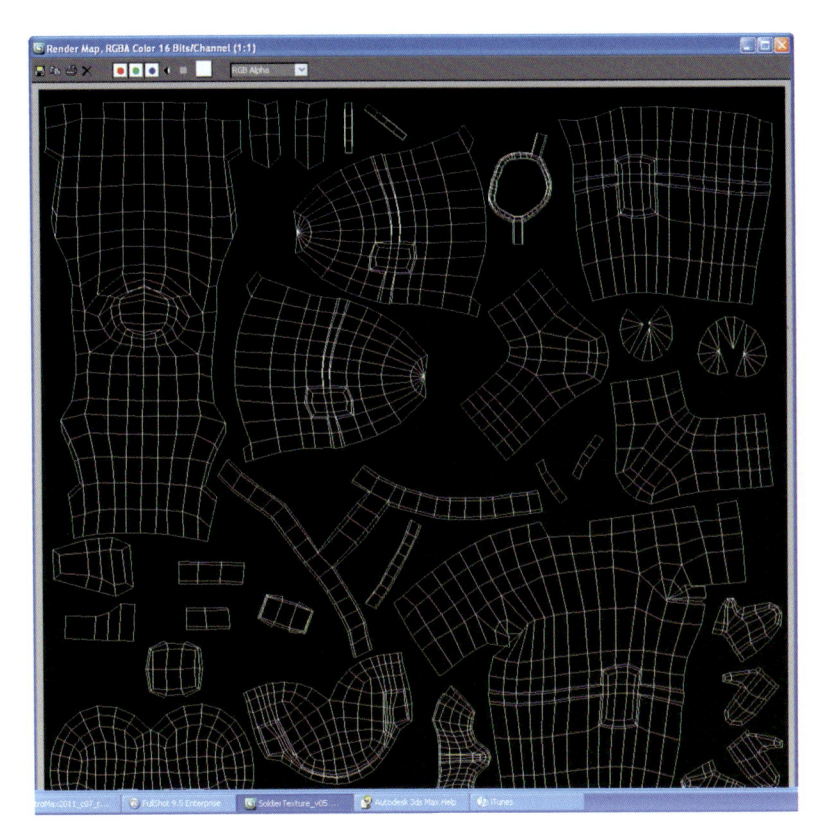

FIGURA 11.30 A imagem renderizada do *UV*.

FIGURA 11.31 Salve a imagem do *UV*.

FIGURA 11.32 O mapa final do soldado.

O mapa de textura, como você pode observar, coloca partes pintadas do corpo do soldado de acordo com o contorno do *UV* que você acabou de criar. Por exemplo, você pode ver claramente o colete do soldado pintado no canto superior esquerdo do arquivo de imagem de textura.

Quanto mais você abre e organiza os *UVs* dos modelos, mais fácil se torna prever como pintar as texturas.

Aplique o *Color map*

Salve seu trabalho antes de continuar com as próximas séries de etapas. Você pode usar o arquivo de cena `SoldierTexture_v06.max` da pasta Scenes do projeto *Soldier* para verificar seu trabalho até aqui ou para pular para este ponto.

Agora é hora de usar o mapa que você se forçou tanto para fazer:

1. Abra o *Slate*. Você deve ver o material xadrez que você criou para o soldado para ajudar com os *UVs*. No *Material/Map Browser*, escolha o menu de rolagem *Materials*. No menu de rolagem *Standard*, arraste e solte um material *Standard* para a área *Active View*.

2. Clique duas vezes no *input socket Diffuse Color* do material para abrir o *Material/Map Browser*. No menu de rolagem *Maps*, selecione o menu de rolagem *Standard* e clique em *Bitmap*. Quando a caixa de diálogo *Select Bitmap Image File* aparecer, nevegue até a pasta \SceneAssets\images do projeto do soldado e selecione o arquivo Soldier_Color_V04.tif.

3. Aplique o material no soldado e clique em *Show Standard Map In Viewport*; o resultado é exibido na Figura 11.33. Pronto! Agora, não valeu a pena todo aquele trabalho árduo com o *UV*?

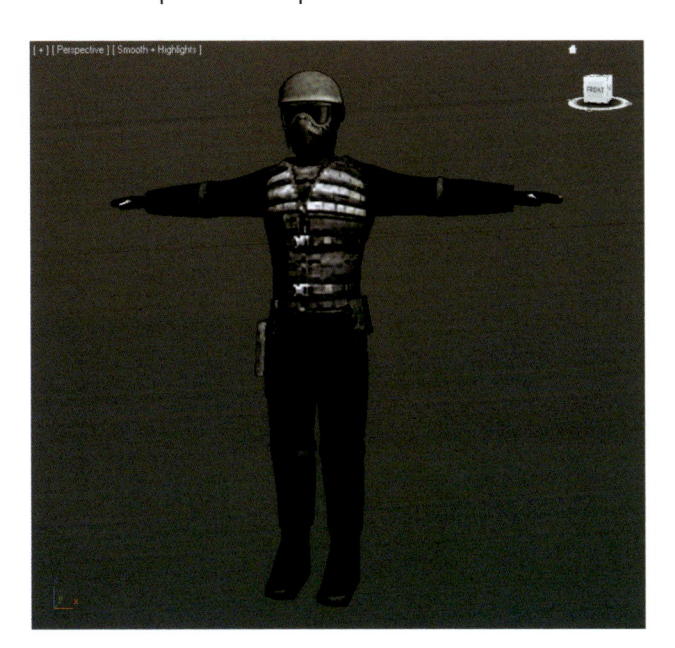

FIGURA 11.33 O soldado com o material aplicado.

Aplique o *Bump map*

O *Bump mapping* proporciona ao objeto a aparência de uma superfície irregular ou com saliências por meio de uma simulação de definição de superfície. Quando você renderiza um objeto com um material do *Bump map*, áreas mais iluminadas (mais brancas) do mapa parecem ser mais elevadas na superfície do objeto, e áreas mais escuras (mais pretas) parecem ser mais baixas na superfície do objeto, conforme mostrado na Figura 11.34.

FIGURA 11.34 O *Bump map* criado no Photoshop pela dessaturação do mapa colorido original para criar áreas escuras e iluminadas que obedecem a textura colorida original.

O mapeamento normal (*Normal Mapping*) é uma técnica usada para simular a iluminação de saliências e buracos. Um mapa normal é normalmente utilizado para simular detalhes de geometria de alta resolução, enquanto na verdade é mapeado em uma malha de baixa resolução para fins de eficiência. Esse vetor é chamado de *normal* (ou simplesmente, uma direção) que descreve uma inclinação da superfície de alta resolução nesse mesmo ponto na superfície. Os canais RGB de um *normal map* controlam a direção de cada *normal* do pixel, permitindo que você simule um grau elevado de resolução de superfície quando aplicado a uma malha de baixa contagem de polígonos. Um *normal map* do soldado é mostrado na Figura 11. 35.

FIGURA 11.35 O *normal map* criado em Photoshop e baseado no mapa colorido original.

Você pode usar uma ou ambas as técnicas de mapeamento para gerar detalhes adicionais de superfície. *Bump maps* são mais simples de criar, uma vez que você pode simplesmente dessaturar o mapa colorido a fim de produzir um arquivo de imagem em escala de cinza. Temos tanto um *normal map* como um *bump map* para você usar. Você continuará com o material *Soldier* que criou no exercício anterior e também adicionará esses novos mapas nas etapas a seguir:

1. Clique duas vezes em *input socket Bump* do material para abrir o *Material/Map Browser*. No menu de rolagem *Maps*, selecione o menu de rolagem *Standard* e escolha *Normal Bump*.

2. Clique na barra de título do *Normal Bump node* para fazer aparecer o menu *Parameters* mostrado na Figura 11.36. Clique no botão *None* próximo a *Normal*. Isso mais uma vez faz aparecer o *Material/Map Browser*. No menu de rolagem *Maps*, selecione o menu de rolagem *Standard* e escolha *Bitmap*. Quando a caixa

de diálogo *Select Bitmap Image File* aparecer, navegue até a pasta /SceneAssets/images do projeto *Soldier* e selecione o arquivo Soldier_Normal_V01.tif.

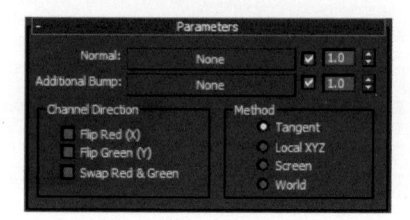

FIGURA 11.36 O menu de rolagem *Parameters* do *Normal Bump node*.

3. De volta aos parâmetros do *Normal Map*, clique em *None* próximo ao *Additional Bump* para abrir o *Material/Map Browser*. No menu de rolagem *Maps,* selecione o menu de rolagem *Standard* e escolha *Bitmap*. Quando a caixa de diálogo *Select Bitmap Image File* aparecer, navegue até o arquivo /SceneAssets/images do projeto *Soldier* e selecione o arquivo Soldier_BS_V01.tif.

4. Clique duas vezes na barra de título *Materials* para exibir os parâmetros do material principal. No menu de rolagem *Maps*, configure *Bump Amount* em **100**.

O *normal map* está aplicado e acabado. Veja a Figura 11.37 com as imagens que comparam o soldado renderizado com e sem o *normal map*. Você pode notar que o *normal map* e o *bump map* criaram muito mais detalhes no corpo do soldado, particularmente em seu colete. Você notará melhor a diferença em sua própria renderização.

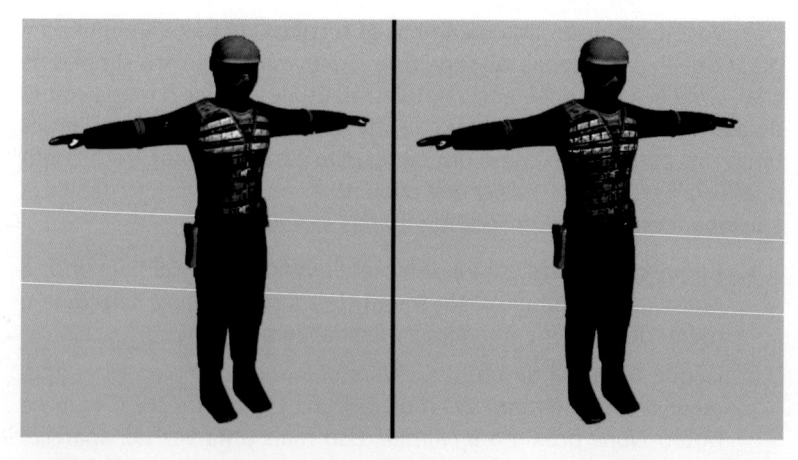

FIGURA 11.37 A imagem da esquerda é uma renderização do soldado sem *normal map* ou *bump map*. A imagem da direita, por sua vez, está renderizada com *normal map* e *bump map*.

Aplique o *Specular map*

Os realces em objetos são um reflexo de uma fonte de luz. *Specular maps* são mapas que você usa para definir o brilho de uma superfície e a cor de destaque sem os complexos cálculos de reflexos em renderização. Quanto maior o valor de um pixel (do preto ao branco, ou 0 até 1, respectivamente), mais brilhante a superfície parecerá no local.

Você adicionará um *specular map* ao soldado a fim de aumentar a quantidade de detalhes que pode obter da renderização. Você reutilizará a imagem que usou para o *bump map* para dar ao soldado um pouco de adereços em seu colete e fivelas.

Em *Slate*, arraste a partir do *output socket* do *Additional Bump bitmap* até o *input socket* do *Specular Level* do material *Soldier* já em sua cena, conforme mostrado na Figura 11.38.

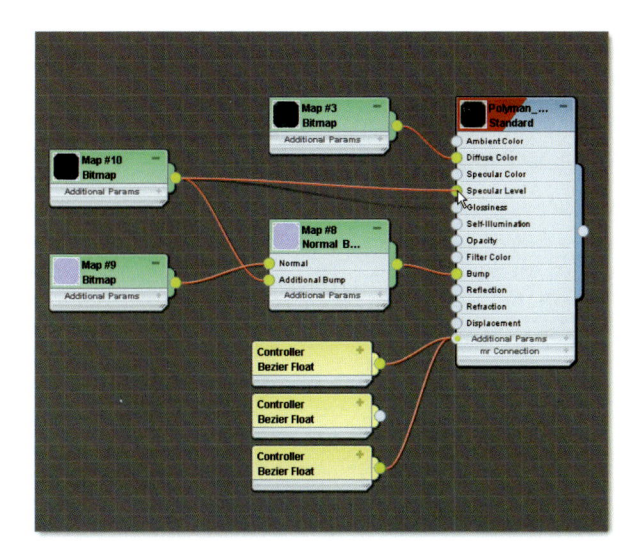

FIGURA 11.38 Arraste a partir do *bump map* para o *slot* do *Specular Level*.

A renderização final do soldado é mostrada na Figura 11.39. Você pode ver o aperfeiçoamento do visual do colete do soldado com *Specular Color Map*.

Você usará o soldado para *rigging* (armação do esqueleto) e animação com o *Character Studio* no Capítulo 12, "*Character Studio: Rigging*".

FIGURA 11.39 A renderização final do soldado.

> **Além do essencial**
>
> Neste capítulo, você configurou o layout do *UV* do soldado usando *UV unwrapping* e o conjunto de ferramentas *Pelt*. Em seguida, atribuiu materiais e mapas criados especificamente para o soldado, enquanto conheceu o *Slate Material Editor*.
>
> **Exercícios adicionais**
> ▶ Crie um novo esquema colorido de uniforme para o soldado a fim de torná-lo mais adequado à camuflagem da selva e mapeie-o.

CAPÍTULO 12

Character Studio: Rigging

Em um momento ou outro, quase todo mundo da comunidade 3D quer animar um personagem. Este capítulo examina os conjuntos de ferramentas do 3ds Max 2012 empregados no processo de configuração de animação de personagem usando o *Character Studio*, um pacote completo incorporado ao 3ds Max que é, em sua maior parte, para animação de personagens bípedes, incluindo seres humanos, alienígenas, robôs e qualquer outra coisa que ande em dois pés, embora você possa ter personagens com mais de dois pés em certas situações.

Fluxo de trabalho do *Character Studio*

O *Character Studio* é um sistema incorporado ao 3ds Max que auxilia a automatizar a criação e animação de um personagem, que pode ou não ser exatamente um bípede (criatura de dois pés). O *Character Studio* consiste em três componentes básicos: O sistema *Biped,* os modificadores *Physique* e *Skin* e o sistema *Crowd*. O *Biped* e o *Physique* são usados para representar e animar um único personagem, e o sistema *Crowd* é empregado para atribuir movimentos e comportamentos semelhantes em múltiplos objetos na sua cena do 3ds Max. Este capítulo cobre as características *Biped* e *Physique*; o sistema *Crowd*, entretanto, está além do escopo deste livro.

O primeiro passo no fluxo de trabalho do *Character Studio* é construir ou adquirir um modelo de personagem adequado. O segundo passo é associar a malha 3D do modelo do personagem ao esqueleto de forma que a animação guie o modelo de forma correta.

Os modelos devem normalmente estar na posição de referência conhecida como "*da Vinci pose*", em que os pés são a largura dos ombros e os braços são estendidos para os lados com as palmas para baixo, conforme mostrado na Figura 12.1. Isso permite que o animador observe todas as funcionalidades do modelo, sem ficar obstruído pelo próprio modelo, em pelo menos duas *viewports*.

FIGURA 12.1 Personagem bípede na posição de referência.

No 3ds Max, um bípede é uma estrutura inicialmente humanoide predefinida. É importante compreender que você anima o bípede que está associado com o seu modelo, e não o modelo em si. Uma vez que o modelo é ligado ao esqueleto, a estrutura bípede guia o modelo. Você usa o modificador *Physique* no *Character Studio* para criar essa relação entre o esqueleto e o modelo.

Mais adiante neste capítulo, você anexará um modelo em um bípede usando *Physique*. Você também pode usar outra metodologia 3ds Max, o modificador *Skin,* para anexar o modelo no esqueleto bípede; no entanto, apenas *Physique* é abordado aqui.

Fluxo de trabalho geral

O bípede padrão, apresentado na Figura 12.2, consiste em pernas, pés, dedos dos pés, braços, mãos, dedos das mãos, bacia, coluna, pescoço e cabeça. Depois que seu modelo estiver pronto, você criará um bípede e, usando seus parâmetros e o transformador *Scale*, ajustará o bípede conforme o modelo. Quanto melhor a relação do bípede com o modelo, mais fácil será a animação.

Quando o bípede estiver bem encaixado ao modelo, você seleciona todos os componentes do modelo, não o esqueleto bípede, e aplica o modificador *Physique* ou *Skin* em um processo muitas vezes referido como *skinning*. É possível que demore um pouco para testar adequadamente e aperfeiçoar a relação entre o modelo e o bípede para se chegar a um nível aceitável.

FIGURA 12.2 O bípede padrão.

> **OSSOS E PELE**
>
> O sistema *Bones* e o modificador *Skin* têm capacidades semelhantes às encontradas no *Character Studio*. *Bones* é uma série de componentes hierárquicos ligados que são utilizados, em conjunto com o modificador *Skin*, para controlar o deslocamento de um modelo semelhante ao do *Biped* e ao método *Physique*. O sistema *Bones* requer um processo de configuração mais tedioso do que o *Biped* para criar um esqueleto e não é abrangido neste livro.

O último passo é animar seu personagem. Você pode fazê-lo adicionando ao bípede qualquer combinação padrão de caminhada, de corrida e de ciclos de saltos, incluídos no *Character Studio*, e em seguida, pode aplicar qualquer animação de forma livre para o personagem, e, finalmente, refinar os *keyframes* de animação em *Dope Sheet*. Contudo, não espere que a caminhada, a corrida e os ciclos de saltos criem um movimento realista. Eles são apenas um ponto de partida e devem ser ajustados para conseguir movimentos aceitáveis.

A melhor maneira de começar é entrar e examinar as ferramentas disponíveis. Na próxima seção, você trabalhará com um bípede e ajustará os parâmetros e os componentes para modificá-lo.

Associe um bípede ao modelo do soldado

O propósito de um bípede é ser o meio pelo qual você adiciona animação ao seu modelo, em vez de animar o próprio modelo usando a manipulação direta dos vértices ou modificadores de deformação. Qualquer movimento atribuído a um bípede é passado através dele para os vértices mais próximos, no modelo associado, basicamente, guiando as superfícies do modelo. Por esta razão, é importante que o bípede se encaixe tão perto quanto possível do modelo.

Crie e modifique o bípede

Nas próximas etapas, você criará e ajustará o bípede para encaixar em um modelo de personagem. Configure seu projeto com o projeto *Soldier* disponível no site da editora. Você pode depois abrir o arquivo CSSoldier.max da pasta Scenes do projeto *Soldier*. Ela contém um modelo de soldado pronto, na posição de referência. Certifique-se de configurar a pasta do projeto à pasta raiz do projeto *CSSoldier*.

Com o arquivo do modelo de soldado aberto, selecione o personagem, clique com o botão direito do mouse em uma *viewport* e escolha *Freeze Selection*. Isso vai evitar que você inadvertidamente selecione o soldado em lugar do bípede.

> **VEJA OBJETOS CONGELADOS**
>
> Se sua cor de fundo é semelhante à sombra padrão de cinza que o 3ds Max usa para retratar objetos congelados, o modelo pode parecer ter desaparecido contra o fundo. Existem várias soluções para essa situação:
>
> ▶ Você pode ir para *Object Properties*, desativar *Show Frozen As Gray*, ativar *See-through* e configurar todas as *viewports* no modo *Smooth+Highlights*. Se estiver usando o driver de exibição *Nitrous*, precisará selecionar o modo *Realistic*.
>
> ▶ Você pode alterar a cor sombreada na caixa de diálogo *Customize User Interface* (*Customize* → *Customize User Interface* → *Colors*).
>
> ▶ Você pode alterar a cor de fundo da *viewport* na caixa de diálogo *Customize User Interface* (*Customize* → *Customize User Interface* → *Colors*).

Siga estas etapas para criar e ajustar o bípede:

1. No painel de comando, *selecione Create* → *Systems* → *Biped*.
2. O primeiro clique configura o ponto de inserção. Arrastando você define a altura do sistema *Biped* e define todos os componentes. Todos os componentes do bípede são medidos em relação ao parâmetro de altura (*Height*) do bípede.
3. Crie um bípede com uma altura aproximadamente igual à do soldado. Isso dimensionará a maioria das partes do bípede de forma semelhante às do soldado, conforme mostrado na Figura 12.3.

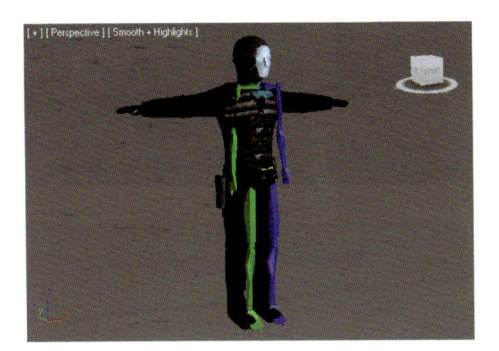

FIGURA 12.3 Crie um bípede com uma altura aproximadamente igual à do soldado.

Clique em qualquer parte de seu bípede para selecioná-lo. Bípedes reagem de forma diferente em relação a outros objetos. A seleção de qualquer componente único do bípede abre o objeto *Biped* inteiro para edição.

4. Com o bípede ainda selecionado, clique na aba *Motion* ( ) do Painel de Comando e entre no modo *Figure*, como apresentado na Figura 12.4. As mudanças nas características ou na pose do bípede devem ser feitas no modo *Figure* para serem retidas pelo sistema.

FIGURA 12.4 Entre no modo *Figure* no menu de rolagem *Biped*.

5. Use os botões *Body Vertical* e *Body Horizontal* no menu de rolagem *Track Selection*, de acordo com a Figura 12.5, e use também o *gizmo* do transformador *Move* para posicionar a bacia do bípede no mesmo local da bacia do modelo, conforme mostrado na Figura

12.6. Com a bacia devidamente localizada, escalonar as pernas ou a espinha dorsal, para corresponder às proporções do modelo, será muito mais fácil. Certifique-se de que a localização esteja correta em todas as *viewports*.

FIGURA 12.5   O Menu de rolagem *Track Selection*.

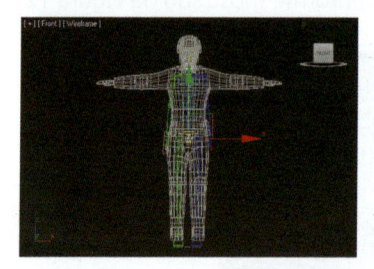

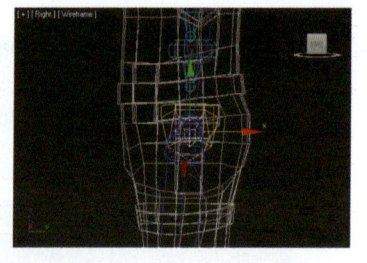

FIGURA 12.6   Corresponda as posições da bacia do bípede com as da bacia do modelo.

Agora, você modificará um lado do bípede para se ajustar ao modelo e colará essa posição no outro lado.

6. Assegure-se de que o sistema de coordenadas do transformador *Scale* esteja configurado em *Local* na barra de ferramentas principal, como ilustra a Figura 12.7. Na *viewport Front,* selecione a bacia e escalone sua largura de forma que as pernas do bípede se ajustem dentro das pernas do soldado. Escalone a bacia na *viewport Right* para que ela seja mais ou menos envolta pela região inferior do soldado. Veja a Figura 12.8.

FIGURA 12.7   Configure o sistema de coordenadas em *Local*.

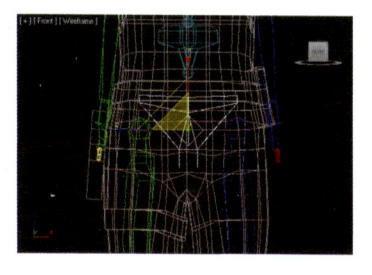

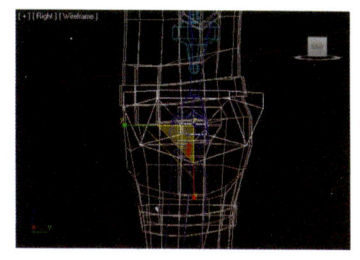

FIGURA 12.8 Escalone a bacia para se encaixar.

7. Selecione a coxa esquerda do bípede e escalone-a ao longo do eixo *X* até que o joelho se alinhe com o joelho do soldado. Escalone-a nos eixos *Y* e *X* até que ela fique parecida em tamanho com a coxa do soldado.

8. Selecione a panturrilha esquerda do bípede. Na *viewport Right*, gire a panturrilha para corresponder ao modelo e escalone-a no eixo *X* até que o tornozelo do bípede corresponda ao tornozelo do soldado. Você pode precisar selecionar o pé esquerdo e usar o transformador *Move*, na *viewport Front*, para orientar a panturrilha do modelo. Escalone a panturrilha para corresponder com as proporções da panturrilha do soldado.

9. Continue trabalhando com a perna, escalonando o pé do bípede para corresponder com o do soldado. Certifique-se de verificar a orientação do pé na *viewport Top*. No menu de rolagem *Structure*, use o parâmetro *Ankle Attach* para mover o tornozelo do bípede um pouco para trás, conforme mostrado na Figura 12.9.

◀ Mover o pé, como descrito na etapa anterior, pode exigir que as proporções da parte superior da perna sejam reexaminadas. Não espere realizar essa tarefa de maneira rápida, sem fazer quaisquer revisões nos componentes que você trabalhou anteriormente.

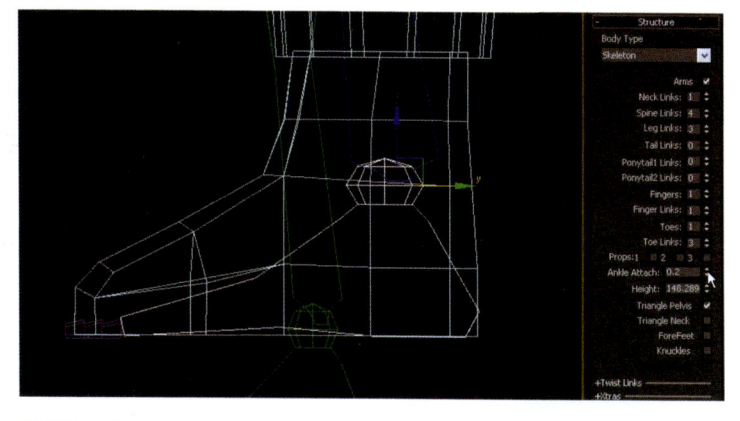

FIGURA 12.9 Aumente o parâmetro *Ankle Attach* para mover o tornozelo.

10. No menu de rolagem *Structure,* altere o número de dedos do pé para **1** e as ligações de dedos para **2**. Devido ao fato de o soldado estar usando botas, um único e largo dedo em cada pé será suficiente.

11. Escalone e mova o dedo do bípede para corresponder à bota do modelo. Assegure-se de escalonar as ligações do dedo no eixo *Z*, como você pode ver na Figura 12.10.

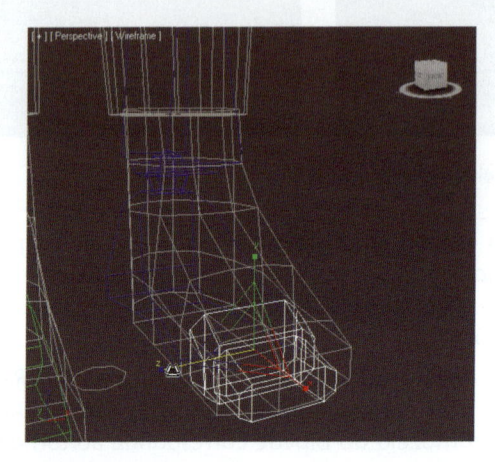

FIGURA 12. 10 Faça coincidir a bota do modelo com o dedo do bípede.

12. Clique duas vezes na coxa esquerda para selecionar tanto ela quanto todos os objetos abaixo dela na hierarquia.

13. Abra o menu de rolagem *Copy/Paste*.

14. As posições devem ser salvas como coleções antes de serem coladas. Clique no botão *Create Collection*, conforme mostrado na Figura 12.11, e renomeie a coleção do a partir do padrão Col01 para **Left Leg**.

FIGURA 12.11 Crie a coleção.

15. Clique no botão *Copy Posture* logo abaixo do botão *Posture* para copiar a posição selecionada. Uma visualização da posição copiada aparecerá na área *Copied Postures* do painel de comando, conforme mostrado na Figura 12.12.

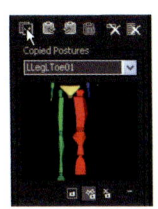

FIGURA 12.12 Copie a posição.

16. Clique no botão *Paste Posture Opposite* (). O tamanho, a escala e a orientação dos objetos selecionados serão aplicados aos objetos recíprocos no lado oposto do bípede.

Ajuste o tronco e os braços

De maneira semelhante ao método usado para ajustar as pernas, você usará os transformadores *Scale e Rotate* para encaixar o bípede no modelo. As localizações dos braços dependem da escala das ligações da espinha dorsal. Você pode continuar com seu arquivo do exercício anterior ou abrir CSSoldier2.max da pasta Scenes do projeto *Soldier* disponível no site da editora. Apenas assegure que seu projeto está configurado no projeto *Soldier*.

1. Na sua cena (ou naquela da página web), selecione o bípede e acesse o modo *Figure* se você precisar.
2. Use *Ctrl*+clique para selecionar todas as ligações da espinha dorsal uma de cada vez e, a seguir, gire e escalone-as para encaixar no tronco do soldado. Apenas a ligação mais inferior da espinha dorsal pode ser movida, e ela moverá todas as ligações acima também. Cada ligação da espinha deve ser levemente escalonada no eixo X para diminuir as clavículas do bípede de forma que corresponda com as do modelo, conforme mostrado na Figura 12.13.

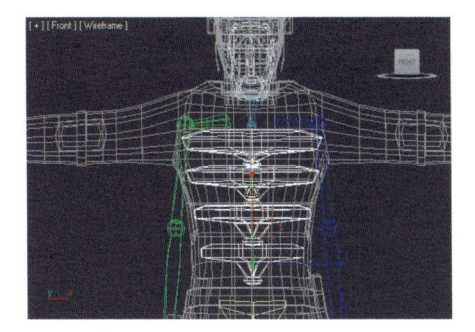

FIGURA 12.13 Corresponda as clavículas do bípede com as do modelo.

3. Mova, gire e escalone a clavícula da esquerda conforme for necessário, colocando o encaixe do ombro do bípede no local adequado.

4. Escalone e gire o braço e o antebraço esquerdo usando as mesmas técnicas que você usou para ajustar as pernas do bípede.

5. Escalone e gire a mão esquerda conforme necessário para se encaixar no modelo.

> Uma vez que os dedos tenham sido ajustados, você não pode voltar atrás e mudar o número de dedos ou as ligações dos dedos. Se fizer isso, todas as modificações neles serão perdidas.

6. As mãos precisam apenas de dois dedos (o segundo dedo é na verdade o polegar) e duas ligações cada uma. Ajuste os dedos do bípede para coincidir com os dedos do modelo, conforme mostrado na Figura 12.14. Dependendo da complexidade e orientação dos dedos do modelo, essa pode ser uma das tarefas mais entediantes em animação de personagens. Aproveite esse tempo gasto aqui e tente acertar. (Você prefere fazer o certo ou ter que fazer tudo de novo?)

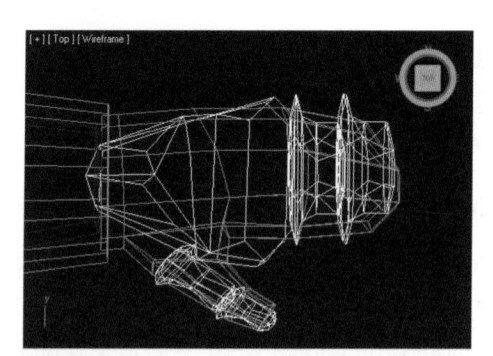

FIGURA 12.14 Corresponda os dedos do bípede aos do modelo.

7. Quando você tiver terminado, cole a posição no lado direito do bípede e faça quaisquer alterações necessárias.

Ajuste o pescoço e a cabeça

O pescoço e a cabeça parecerão fácil de ajustar quando comparados com as mãos. Você precisa garantir que as ligações do pescoço preenchem a área do pescoço do soldado e também escalonar a cabeça para encaixar. Siga estes passos:

1. No menu de rolagem *Structure,* aumente o número de ligações do pescoço para **2**.

2. Mova, escalone e gire as ligações do pescoço para corresponder às proporções do pescoço do modelo.

3. Mova e escalone a cabeça para o tamanho aproximado da cabeça do soldado, conforme mostrado na Figura 12.15.

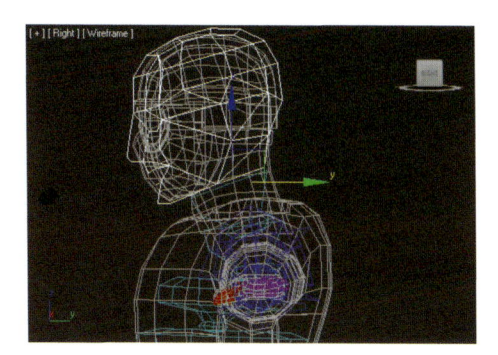

FIGURA 12.15 Faça a cabeça corresponder.

É isso aí. O bípede foi criado e ajustado de acordo com o modelo 3D, e metade da batalha está acabada. Em seguida, você associará o bípede ao modelo e fará ajustes para o processo de associação. Agora seria um bom momento para salvar seu trabalho e fazer uma pausa.

Aplique o modificador *Physique*

O modificador *Physique* é a ferramenta usada para associar o modelo 3D ao bípede de maneira que toda a animação do bípede seja passada ao modelo. É importante lembrar que o modificador é aplicado ao modelo e não ao bípede. Continue com o exercício anterior ou abra CSSoldier3.max da pasta Scenes do projeto *Soldier* disponível no site da editora e siga estas etapas:

1. Clique com o botão direito do mouse em qualquer *viewport* e selecione *Unfreeze All* no menu *quad* para descongelar o modelo do soldado.
2. Selecione todos os componentes do bípede clicando duas vezes no objeto *Bip0001*.
3. Selecione o modelo *Soldier* e clique na aba *Modify* do Painel de Comando.
4. Expanda a lista de modificadores e selecione o modificador *Physique*.

> Se você tiver problemas ao clicar duas vezes em Bip001 em um modelo denso, tente selecionar Bip001 usando a caixa de diálogo *Select From Scene* ( ) e a seguir pressione *Ctrl+Page Down* para selecionar tudo debaixo dele na hierarquia.

5. No menu de rolagem *Physique,* clique no botão *Attach To Node* ( ). O botão ficará escuro e esperará que você identifique o objeto raiz na hierarquia que controla a malha.

6. Pressione a tecla *H* para abrir a caixa de diálogo *Pick Object*. Esse método será mais fácil do que tentar clicar no objeto diretamente em uma cena bagunçada. Selecione o objeto *Bip001 Pelvis* e clique no botão *Pick*.

7. Na caixa de dialogo *Physique Initialization,* aceite os padrões e clique no botão *Initialize*. O cursor se transformará brevemente em uma xícara de café para indicar que a inicialização está em progresso. Ele voltará ao normal quando o processo estiver completo.

Teste o modelo

A parte mais demorada do processo está finalizada. Você criou um bípede, ajustou todos os seus componentes para encaixar no seu modelo e aplicou o modificador *Physique* para ligar o modelo ao bípede. O próximo passo é testar o modelo adicionando animação.

1. Selecione qualquer elemento do bípede e clique na aba *Motion* do Painel de Comando.

2. Entre no modo *Footstep* ( ).

    Os menus de rolagem mudam para exibir as ferramentas de adição e controle de movimento de um bípede. Os modos *Footstep* e *Figure* são exclusivos; você não pode estar em ambos ao mesmo tempo.

3. No menu de rolagem *Footstep Creation,* certifique-se de que a marcha *Walk* esteja selecionada e a seguir clique no botão *Create Multiple Footsteps,* conforme mostrado na Figura 12.16, para abrir a caixa de diálogo *Create Multiple Footsteps*.

FIGURA 12.16   Crie passos com a marcha *walk*.

4. Na caixa de diálogo que aparece, você atribuirá as propriedades de *Footsteps* em relação ao número de passos que desejar, à largura e ao comprimento de cada passo e a qual pé vai pisar primeiro. Configure o número de passos em **8**, deixe os outros parâmetros com seus valores padrão e clique no botão *OK*.

5. Diminua o zoom na *viewport Perspective* para ver os passos que acabou de criar, conforme mostrado na Figura 12.17. Olhe para o *time slider* e observe que a cena agora termina no *frame* 123; isso significa 23 *frames* a mais do que os 100 *frames* que a cena tinha no início deste capítulo. O 3ds Max reconheceu que o bípede ocuparia 123 *frames*, ou apenas 4 segundos para fazer os oito passos dados a ele.

FIGURA 12.17 Diminua o zoom e revise os passos.

6. Clique no botão *Play Animation* na área *Playback Controls*. O que acontece? Nada. Deve-se dizer explicitamente ao bípede para criar as chaves de animação dos passos que você acabou de acrescentar à cena. Arraste o *time slider* de volta ao *frame* 0.

7. No menu de rolagem *Footstep Operations* no Painel de Comando, clique no botão *Create Keys For Inactive Footsteps* mostrado na Figura 12.18. O bípede vai baixar seus braços e se preparar para dar os passos com os quais ele está agora associado.

FIGURA 12.18 O botão *Create Keys For Inactive Footsteps*.

8. Clique no botão *Play Animation* novamente. Dessa vez o bípede vai dar os passos com seus braços balançando e com seus quadris indo para frente e para trás.

Controle a visualização

Agora o problema reside no fato de que, se você aumentar o *zoom* no bípede e reproduzir a animação, ele sairá da tela de forma que você não pode ver o fim do ciclo da caminhada. Isso não é nada bom, certo? Ciclos de movimento podem ser muito lineares e difíceis de controlar, assim, o *Character Studio* contém o modo *In Place* para acompanhar a animação de um bípede. No modo *In Place*, o bípede aparecerá parado no local enquanto a cena se move em torno dele. Contudo, o modo *In Place* não pode ser utilizado em uma *viewport Camera*.

1. Vá para o *frame* 0 e aproxime o zoom no bípede na *viewport Perspective*.
2. Na parte inferior do menu de rolagem *Biped*, clique no texto *Modes and Display* com o sinal de mais à sua esquerda. Esse é um pequeno menu de rolagem, localizado dentro de um outro menu de rolagem, que expande para exibir ferramentas adicionais relacionadas.
3. No menu de rolagem *Modes And Display*, clique no botão *In Place Mode*, conforme mostrado na Figura 12.19.

FIGURA 12.19 Clique no botão *In Place Mode*.

4. Clique no botão *Play Animation* novamente. Dessa vez, o bípede parecerá estar andando no lugar enquanto os passos movem-se debaixo dele. Interrompa a reprodução da animação quando estiver pronto.

   Usar o modo *In Place* ajuda você a lidar com a maneira como um personagem se move sem ter que navegar por todo o espaço 3D com sua *viewport*; logo, você não precisa ficar perseguindo seu bípede. O modo *In Place* é ótimo para ajustar seu ciclo de animação, pois as *viewports* se movem com o personagem no espaço 3D e você pode se concentrar em como o seu corpo está se movendo.

5. Saia do modo *Footstep* e depois selecione o *SoldierBiped* inteiro clicando duas vezes em *Bip001*.
6. Clique com o botão direito do mouse em qualquer *viewport* e escolha *Hide Selection* no menu *quad* para ocultar o bípede e obter uma vista limpa do modelo.
7. Clique no botão *Play Animation*. Seu soldado percorrerá toda a cena. Ele deve ser semelhante ao soldado renderizado mostrado na Figura 12.20.

FIGURA 12.20 O soldado renderizado durante um ciclo de caminhada.

Como você pode ver, ainda é preciso um pouco de trabalho para montar esse personagem com sucesso. Certas partes do modelo parecem se arrastar junto com outras partes próximas. Esse problema é particularmente visível nos pés e nos braços. Você vai corrigi-lo na próxima seção.

Ajuste o *Physique*

Cada elemento do bípede tem uma área de influência, chamada de *envelope*, que determina que partes do modelo são afetadas. O pé esquerdo do bípede, por exemplo, deve controlar o movimento do pé esquerdo do modelo e a parte inferior do tornozelo. No nosso caso, os envelopes estendem-se para afetar alguns dos vértices do lado oposto. Para corrigir os envelopes, siga este procedimento:

1. Clique com o botão direito do mouse na *viewport* e escolha *Unhide By Name* no menu *quad*. Na caixa de diálogo *Unhide Objects*, clique em *Display* → *Expand All*. Selecione todos os objetos *Biped*, e clique no botão *Unhide* para exibir o bípede.

2. Deslize o *time slider* até que o pé esquerdo fique no chão depois de seu primeiro passo. Na *viewport Right*, aumente o *zoom* nos pés e nas pernas e depois renderize a *viewport*. A Figura 12.21 mostra a condição em que o pé esquerdo arrasta alguns vértices ao longo do pé direito.

FIGURA 12.21   Há um problema com os pés.

3. Selecione a malha e depois, no painel *Modify*, clique na opção *Hide Attached Nodes* na parte inferior do menu de rolagem *Physi-*

que Level Of Detail. Isso desativa a geometria do bípede temporariamente e exibe as ligações como linhas finas de cor laranja.

4. Na pilha de modificadores, expanda o modificador *Physique* e selecione o subobjeto *Envelope*, conforme mostrado na Figura 12.22.

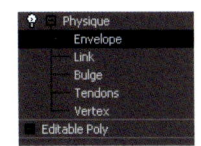

FIGURA 12.22 Selecione o nível do subobjeto *Envelope*.

5. Selecione as ligações de cor laranja para o pé esquerdo e seus dedos. Os envelopes internos e externos aparecem como é ilustrado na Figura 12.23. Observe também que os vértices do modelo que são afetados pelas ligações são exibidos na *viewport* como pequenas cruzes.

Envelope de dentro — Envelope de fora

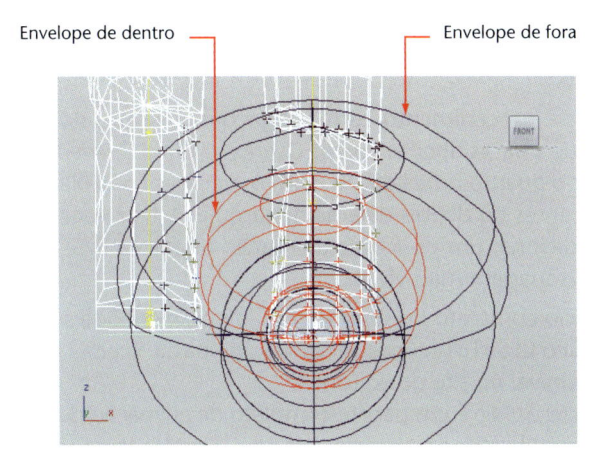

FIGURA 12.23 Envelopes internos e externos do pé e dos dedos esquerdos.

6. Na seção *Envelope Parameters* do menu de rolagem *Blending Envelopes*, clique no botão *Inner*; depois, reduza o valor de *Radial Scale* conforme mostrado na Figura 12.24 até que o envelope abranja a

bota na *viewport Front*. Ao clicar no botão *Inner*, você causa alterações que afetam apenas o limite interno do envelope.

FIGURA 12.24 Reduza a *radial scale*.

7. Repita o procedimento com o botão *Outer* selecionado e veja os vértices do pé oposto ficarem desmarcados à medida que o envelope diminui.
8. Vá para a *viewport Right* e use o parâmetro *Strength* e o transformador *Scale* alternadamente com os botões *Inner* e *Outer* selecionados para ajustar o tamanho e a forma dos envelopes. O objetivo é fazer as ligações do pé afetarem somente a bota e o tornozelo.
9. Repita esse procedimento com as ligações restantes no modelo. Você pode usar as opções *Parent Overlap* e *Child Overlap* para determinar o quanto uma ligação afeta os vértices controlados pelas ligações antes ou depois dela na hierarquia. Talvez você também queira adicionar um pouco de animação de forma livre para deixar o personagem mais vivo.

O exercício completo do *Character Studio Soldier* pode ser encontrado no arquivo `CSSoldierComplete.max` da pasta Scenes do projeto *Soldier* disponível no site da editora.

O *Character Studio* é um pacote completo de animação de personagem; nós mal arranhamos a superfície dele aqui. Existem ferramentas para salvar as configurações do bípede e as sequências de animação. Você pode misturar sequências de animação a partir de arquivos diferentes para criar um movimento inteiramente novo. Quando o modelo não se associa tão bem como você gostaria, é possível usar envelopes para refinar ainda mais o processo de ajuste da malha, definir os vértices a serem excluídos da influência de um objeto *Biped* específico, ou incluir condições de abrangência do envelope para definir o comportamento do modelo, dependendo do ângulo entre os elementos subsequentes do bípede.

A lista continua, mas a boa notícia é que os tutoriais do *Character Studio* e o sistema de ajuda que vêm com o 3ds Max são muito completos, e você deve encontrar as informações lá mesmo para expandir suas habilidades, uma vez que já dispõe de um fundamento básico consistente. É importante perceber que a animação requer nuance, e a melhor animação, com o mais simples equipamento e a mais simples configuração, vai superar uma animação medíocre, criada com a configuração mais maravilhosa, complicada e engenhosa.

Além do essencial

Este capítulo introduziu os fundamentos da configuração do *Character Studio* e do *Biped* do soldado. Usamos *Physique* para aplicar a configuração *Biped* à geometria do soldado e ajustamos os envelopes para obter os melhores resultados na animação.

Exercícios adicionais

▶ Experimente ajustar as proporções do modelo do soldado para criar um novo design de personagem e ajustar o bípede de acordo com ele.

▶ Experimente acrescentar uma cauda ao bípede para deixá-lo mais interessante.

CAPÍTULO 13

Character Studio: Animação

A animação de personagens é um campo amplo e complexo. Este capítulo introduz a você os fundamentos do uso do *Character Studio* e de *bones* para animação. Uma investigação mais extensa sobre essas ferramentas é um dever se você quiser que sua animação seja cheia de vida e tenha qualidade.

Anime personagens

De todas as especialidades da CG, a animação de personagens é uma das mais difíceis de dominar. Em uma palavra, a boa animação de personagens resume-se em *nuance*. Quando você anima um personagem, tem que ter um olho aguçado para o detalhe e um entendimento de como as proporções se movem no corpo de uma pessoa. Configurar um personagem em CG para caminhar o mais parecido possível com um ser humano é incrivelmente complicado. Os sistemas de personagem como o *Character Studio* tornam muito fácil o processo de equipar um personagem com as configurações de bípede e fazem eles se moverem em um ciclo de caminhada muito rapidamente.

Anime o soldado

Bípedes podem ser animados de diversas maneiras, incluindo animação controlada por passos (*footstep-driven animation*) e animação de forma livre (*freeform animation*). Com a animação controlada por passos você adiciona objetos *Footstep* visíveis à sua cena e leva o bípede a dar aqueles passos em determinados pontos no tempo. Os passos podem ser adicionados individualmente ou como um conjunto de passos para caminhar, correr ou saltar. Eles podem ser movidos ou girados para alcançar o resultado e a direção desejados. Quando você usa a animação controlada por passos, as pernas e os pés do bípede não são as únicas coisas animadas; quadris, braços, caudas e todos os outros componentes são animados também. Contudo, essa abordagem é raramente a solução completa para suas necessidades de animação.

A animação de forma livre consiste na animação manual de componentes do bípede, da mesma forma que você animaria qualquer outro objeto, tal como uma bola quicando.

As chaves de animação que são acrescentadas aos objetos selecionados do bípede aparecem na *track bar*, igual aos outros objetos, onde elas podem ser movidas, modificadas ou excluídas para se ajustar à animação.

Acrescente uma sequência de correr e pular

No fim do capítulo anterior, completamos o *rigging* do modelo do soldado e acrescentamos os passos para verificar o funcionamento do modelo. Novos passos podem ser anexados a todos aqueles já existentes. No próximo exercício, você acrescentará passos ao ciclo de animação já existente.

Continue com o modelo do soldado anterior ou abra o arquivo SoldierComplete00.max da pasta Scenes do projeto *Soldier*, disponível no site da editora, www.bookman.com.br. A seguir, selecione o objeto *Bip001*. Se você tiver algum problema, pode pressionar *H* ou abrir o ícone *Select By Name dialog* ( ) encontrado na barra de ferramentas principal. Quando tiver selecionado o objeto *Bip001*, clique em *Select*. Depois, no painel *Motion*, escolha o modo *Footstep*( ).

1. Clique no ícone *Run* ( ) no menu de rolagem *Footstep Creation*. Isso criará uma marcha de corrida para quaisquer passos que você acrescentar aos seus passos atuais na caixa de diálogo *Create Multiple Footsteps*.

2. Clique no ícone *Create Multiple Footsteps* ( ) para abrir a caixa de diálogo *Create Multiple Footsteps*.

3. Altere o número de passos para **10** e clique em *OK*.

4. No menu de rolagem *Footstep Operations*, clique no ícone *Create Keys For Inactive Footsteps* ( ) para associar os novos passos ao bípede.

5. Clique no botão *Play Animation*. O bípede caminha por todos os 8 primeiros passos e depois corre pelos próximos 10. Como você pode ver, a sequência da marcha está de acordo com a definição de uma corrida, mas está longe de ser realista.

   No próximo exercício, você aprenderá a acrescentar ou modificar um movimento de um bípede com a animação de forma livre para criar um ciclo melhor. Agora, clique no botão *Play Animation* de novo para desativar a reprodução.

6. Clique no botão *Jump* no menu de rolagem *Footstep Creation* e, a seguir, no botão *Create Multiple Footsteps*.

7. Na caixa de diálogo *Create Multiple Footsteps*, configure o número de passos em **4** e clique em *OK*. Uma vez que um salto é definido

como uma sequência com os dois pés ou nenhum pé no chão no mesmo intervalo de tempo, quatro passos de salto vão equivaler a dois saltos reais.

8. Clique no ícone *Create Keys For Inactive Footsteps* para associar os novos passos de saltos ao bípede.
9. Clique no botão *Play Animation*. O bípede vai caminhar, correr e depois terminar a sequência com dois saltos, conforme mostrado na Figura 13.1.

> O parâmetro *Actual Stride Height* na caixa de diálogo *Create Multiple Footsteps* determina a diferença de altura entre um passo e o próximo, como em um degrau.

FIGURA 13. 1 O modelo do soldado com o salto do bípede aplicado.

Acrescente animação de forma livre

Quando você configura suas chaves de animação no início, precisa editá-las para combinar um bom sincronismo e uma boa forma. Quando uma parte do corpo está em um movimento, outra parte está acompanhando ou dando suporte ou até mesmo fazendo alguma forma oposta de movimento. Quando você está caminhando e sua perna direita está movendo para frente em um passo, seu braço direito balança para trás e seu braço esquerdo balança para frente para equilibrar.

Você pode facilmente acrescentar ou modificar as chaves de animação de forma livre já existentes do bípede usando o botão *Auto Key* e *Dope Sheet*. Os seguintes exercícios contêm exemplos de animação de forma livre.

Mova a cabeça

As etapas a seguir o guiarão ao longo do processo de criação do movimento da cabeça do seu bípede. Continue com a cena do projeto atual ou abra o arquivo `CSSoldierComplete01.max` da pasta `Biped Scene Files` disponível no site da editora. Como trabalharemos bastante com o bípede neste exercício, seus componentes foram exibidos e o modelo do soldado foi ocultado.

1. Selecione o objeto *Bip001* e, se necessário, saia do modo *Footstep* clicando no ícone *Footstep Mode*.
2. Arraste o *time slider* para o *frame* 50, mais ou menos no ponto em que o bípede tira seu pé esquerdo do passo número 2.
3. Selecione a cabeça do bípede e observe as chaves de animação que aparecem na barra de percurso, conforme a Figura 13.2.

> Os passos são numerados, começando com o número 0 e, inicialmente, alternando da esquerda para a direita. Eles também são codificados por cores, com os passos azuis na esquerda e os verdes na direita.

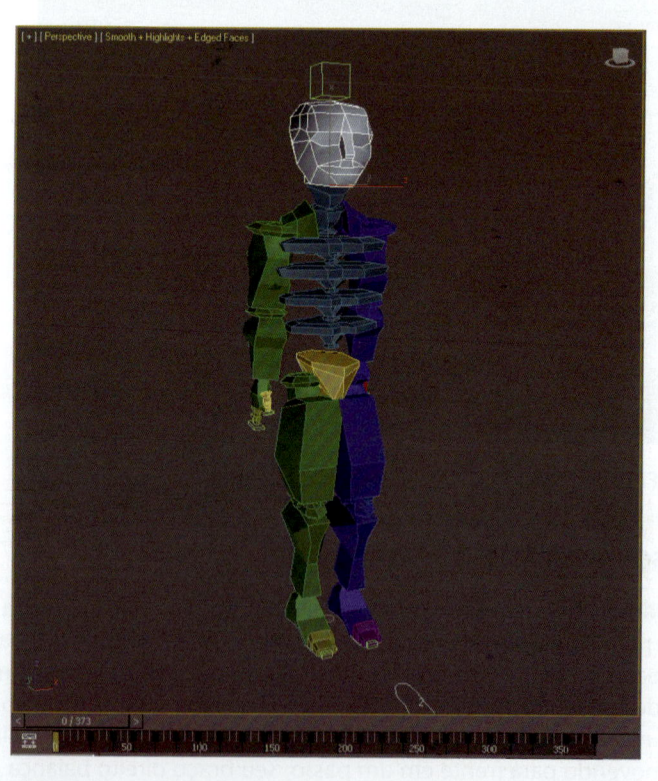

FIGURA 13.2 Selecionar a cabeça do bípede revela todas as chaves de animação do objeto na *track bar*.

Capítulo 13 ▶ Character Studio: Animação **279**

4. Na *track bar*, selecione as duas chaves em ambos os lados do *frame* atual clicando com o botão direito do mouse em qualquer uma e, a seguir, exclua-as conforme mostrado na Figura 13.3.

FIGURA 13.3 Exclua as chaves em qualquer lado do *frame* 50.

5. Clique no botão *Auto Key* ou pressione *N* para ativá-lo.
6. Clique no botão do transformador *Rotate* e gire a cabeça, como na Figura 13.4, para a esquerda e para cima, como se o personagem visse alguém em uma janela do segundo andar fora da tela. Uma nova chave será criada no *frame* 50, gravando o tempo e o valor da rotação da cabeça.

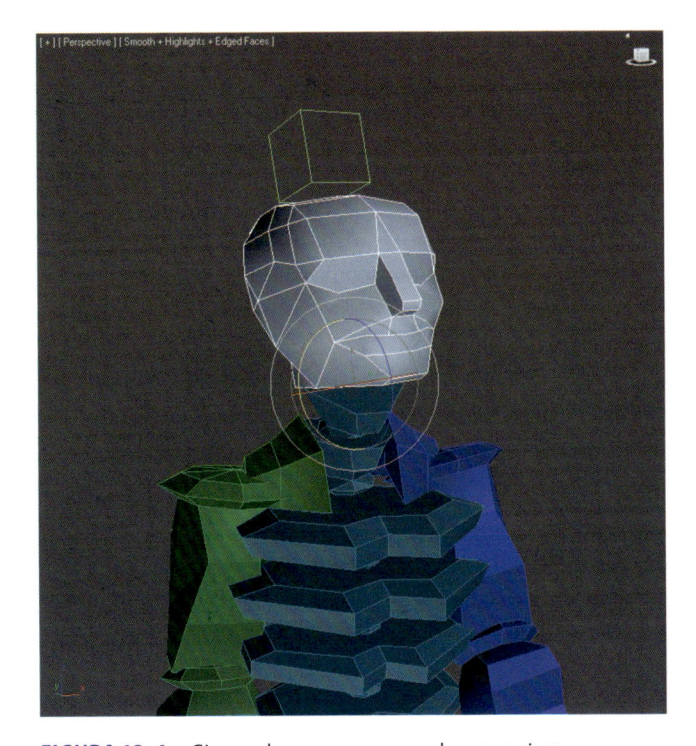

FIGURA 13.4 Gire a cabeça para a esquerda e para cima.

7. Deslize o *time slider* para trás e para frente. Observe a cabeça girar de uma posição neutra à orientação que você criou e a seguir gire de volta para a posição neutra.
8. Selecione todas as chaves entre o *frame* 50 e o *frame* 100 (mas não as chaves nos *frames* 50 e 100). Exclua-as. Isso produzirá espaço para a nova chave que você está prestes a criar. Se as chaves de animação estiverem muito próximas umas das outras, a animação pode parecer vacilante.
9. Selecione a chave no *frame* 50, mantenha pressionada a tecla *Shift* e arraste uma cópia da chave para o *frame* 90, conforme mostrado na Figura 13.5. Use a leitura numérica, na parte inferior da janela do 3ds Max, para arrastar a chave com precisão. Copiar a chave vai fazer seu bípede manter aquela posição do pescoço por 40 *frames* ou cerca de 1 ⅓ segundo. Deslize o *time slider* para rever a animação.

FIGURA 13.5 Arraste para copiar a chave.

10. Selecione a parte de cima do braço esquerdo do bípede.
11. Na *track bar*, selecione e exclua todas as chaves entre os *frames* 50 e 100. As chaves de animação dos braços definem seus movimentos de balanço. Se você arrastar o *time slider* ou reproduzir a animação, o bípede vai manter seu braço enrijecido sem natualidade por 60 *frames*, pois você excluiu as chaves de animação entre os dois pontos onde ele mantém sua mão para a frente. Tudo bem, estamos apenas criando espaço para algumas novas chaves.
12. Mova o *time slider* para o *frame* 60. Essa é a localização da primeira nova chave de animação.

Mova os braços

Agora é hora de animar os braços, os quais são componentes essenciais em qualquer ciclo de caminhada. Para fazer isso, siga estas etapas:

1. Gire o braço para cima, de forma que ele aponte para o mesmo local ao qual a cabeça está olhando.
2. Continue ajustando o braço, a mão e o dedo esquerdo do bípede até que eles apareçam apontando para algo, conforme mostrado na Figura 13.6.

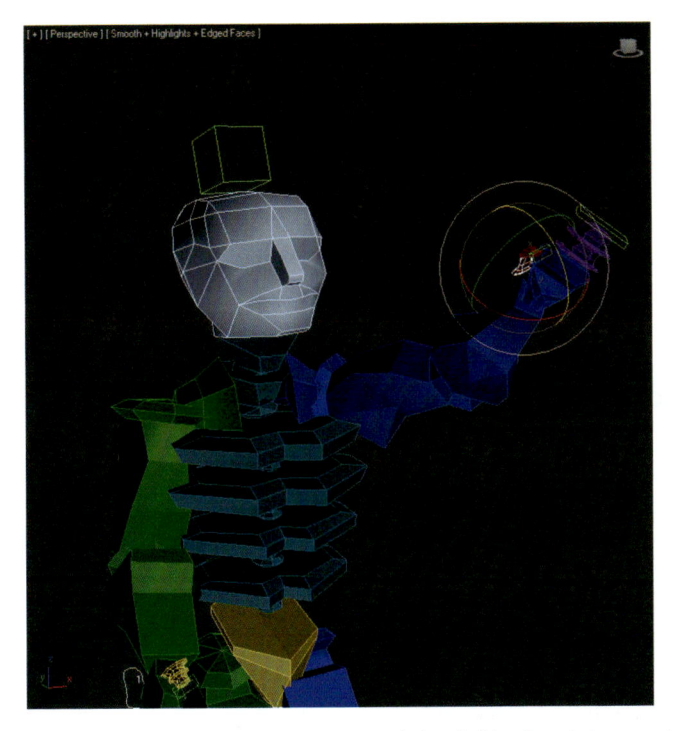

FIGURA 13.6 Gire o braço, a mão e os dedos do bípede até ele assumir uma posição apontando para algo.

3. Clique duas vezes na parte superior do braço para selecioná-lo e todos os componentes abaixo dele na hierarquia.
4. Na *track bar*, selecione a chave no *frame* 60, mantenha pressionada a tecla *Shift* e arraste-a para o *frame* 85 para criar uma cópia dessa chave.
5. Arraste o *time slider* e observe a *viewport Perspective*. O bípede vai caminhar um pouco, notar algo fora da tela, apontar e soltar seu braço enquanto olha para a frente novamente antes de começar a correr e depois a pular.
6. Clique no botão *Auto Key* para ativá-lo.

Complete a sequência do movimento

O arquivo CSSoldierComplete02.max file da pasta Biped Scene Files no site da editora contém a cena completa até esse ponto.

Para prática adicional, acrescente chaves para a animação dos braços do bípede quando ele andar ao longo do ciclo da marcha. Por exemplo, quando o pé esquerdo estiver totalmente estendido e as plantas do calcanhar estiverem no chão, o braço direito deve estar com o cotovelo flexionado e balançado para frente, levemente à frente do corpo do bípede. Como o pé direito se move para a frente durante a etapa seguinte, o braço direito deve balançar para trás e assumir uma postura quase reta. Flexione cada uma das ligações da coluna e balance os braços para trás a fim de preparar o bípede para os saltos.

Use o botão *Body Vertical* no menu de rolagem *Track Selection* para baixar a bacia em uma posição de pré-lançamento, conforme mostrado na Figura 13.7, antes de o bípede se lançar em seu movimento para cima. Lembre-se de que o botão *Auto Key* deve estar ativado para gravar todas as mudanças que você fizer, como chaves de animação.

FIGURA 13.7 Use o botão *Body Vertical* para posicionar o bípede para um salto.

Modifique a animação no *Dope Sheet*

Para alterar a animação que é gerada com o *Character Studio,* você terá que editar os *keyframes* do bípede, uma vez que já está contente com o ciclo de animação básico. Para isso, é preciso usar o *Track View–Dope Sheet*. O *Track View–Curve Editor*, conforme você já viu no Capítulo 5, "Animando uma bola em movimento", é usado para editar as curvas das funções entre as chaves de animação; contudo, a interface *Track View–Dope Sheet* é mais limpa e é usada para editar o valor específico e a posição das chaves. Não é um conjunto diferente de *keyframes* ou de animação; é apenas um modo diferente de editá-los. Além do mais, o acesso para editar as chaves dos passos está disponível apenas no *Dope*

Sheet. No próximo exercício, você acrescentará os passos individuais e modificará o intervalo dos passos no *Dope Sheet* para fazer o bípede dançar e saltar.

Acrescente passos manualmente

Nas próximas etapas, você acrescentará manualmente os passos para o seu personagem bípede. Primeiro, crie uma nova cena com um bípede ou abra `CSSoldierComplete03.max` da pasta `Biped Scene Files` do site da editora. Esse é o bípede soldado sem nenhum passo aplicado.

1. Selecione um componente do bípede e entre no modo *Footstep*.
2. No menu de rolagem *Footstep Creation*, clique no botão *Walk* e, a seguir, no ícone *Create Footsteps* (▣) no frame atual.
3. Na *viewport Top*, clique em vários locais ao redor do bípede para colocar os passos da esquerda e da direita alternando ao seu gosto.
4. Altere a marcha para saltos e clique no ícone *Create Footsteps* (▣) (Anexo) para criar passos adicionais. Crie cerca de 12 passos ao todo.
5. Quando você estiver pronto, use os transformadores *Move* e *Rotate* para ajustar os locais e as orientações dos passos conforme desejado. Sua *viewport Top* deve se parecer com a Figura 13.8.

FIGURA 13. 8 Coloque os passos na *viewport Top* manualmente.

6. No menu de rolagem *Footstep Operations,* clique no ícone *Create Keys For Inactive Footsteps* e, a seguir, reproduza a animação.

7. O *Character Studio* não tem um recurso de detecção de colisão, por isso é muito possível que os membros passem uns pelos outros, o que é bastante desconfortável na vida real. Se isso acontecer, os passos devem ser modificados para eliminar esses problemas. Se necessário, mova os passos que causam colisões ou outras situações indesejáveis durante a reprodução.

Use o *Dope Sheet*

No Capítulo 5, você experimentou o *Track View–Curve Editor* e aprendeu a ajustar os valores dos *keyframes* de animação. Quando o *Track View* está no modo *Dope Sheet*, os *frames* são exibidos como blocos de tempo individuais que podem ou não conter chaves. Embora você não possa ver o fluxo de chave para chave que o *Curve Editor* exibe com suas curvas, o modo *Dope Sheet* tem suas vantagens. Por exemplo, o *Dope Sheet* tem a habilidade de acrescentar *Visibility tracks* para controlar a exibição de um objeto, bem como *Note tracks* para acrescentar informação de texto referente às chaves como lembretes para você mesmo.

Ao usar o *Track View–Dope Sheet*, você pode ajustar o ponto no tempo em que um pé pisa ou se levanta do chão, quanto tempo o pé permanece no chão, e quanto tempo o pé fica no ar. Em vez de aparecer como blocos de um único *frame*, no *Dope Sheet*, assim como em outras chaves, as chaves dos passos aparecem como retângulos de múltiplos *frames* que identificam cada tempo de impacto do pé com o passo. Vamos experimentar o *Dope Sheet* para trabalhar com o tamanho aqui:

1. Saia do modo *Footstep*.

2. Na barra de ferramentas *Main,* escolha *Graph Editors* → *Track View – Dope Sheet*. O *Dope Sheet* se abrirá.

3. No painel *Navigation* à esquerda, role para baixo até você encontrar a entrada *Bip001*. Expanda as entradas dos *Footsteps Bip001* e *Bip001*. As chaves dos passos aparecem agora como retângulos no painel de *Key.* Como esperado, as chaves da esquerda são azuis e as chaves da direita são verdes. Se necessário, clique no ícone *Zoom Region* ( ) no canto inferior direito da janela *Dope Sheet* e arraste uma janela de *zoom* ao redor das chaves do passo, conforme mostrado na Figura 13.9. A região se expandirá para caber no painel de *Key.*

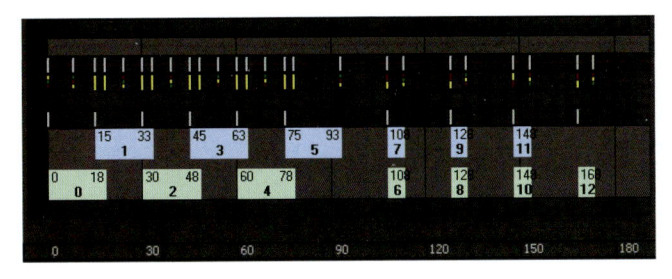

FIGURA 13. 9   O *zoom* das *Footstep keys* (chaves de animação dos passos).

4. Selecione algumas *Footsteps keys* no painel da direita.

    O ponto branco no lado esquerdo de uma chave selecionada identifica o *frame* quando o calcanhar do pé do bípede causa o primeiro impacto no passo. O ponto branco no lado direito de uma chave selecionada identifica quando o pé do bípede se levanta de um passo, conforme mostrado na Figura 13.10. Uma chave azul sobrepondo uma verde indica que ambos os pés estão no chão. Uma área vertical cinza sem passos indica que o bípede está no ar e que nenhum pé está no chão.

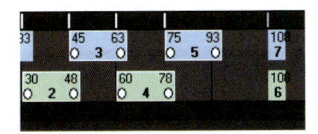

FIGURA 13. 10   Os pontos indicam quando o contato começa e termina. Você pode arrastar um ponto para alterar a duração do contato.

5. Selecione a primeira chave (número 0), coloque o cursor sobre a aresta da direita da chave e arraste o ponto para a direita a fim de aumentar a duração do tempo que o pé do bípede fica no chão.
6. A linha vertical dupla no painel de *Key* do *Dope Sheet* é outro *time slider* que lhe permite deslizar pela animação. Arraste o *time slider* do *Dope Sheet* para um ponto no tempo em que o bípede esteja no ar. Aumentar o tempo no ar, ampliando o espaço entre os passos, impulsionará a altura que o bípede adquire, agindo contra a força gravitacional que o empurra para baixo.
7. Selecione as últimas quatro chaves do salto e arraste-as para a direita a fim de criar um espaço de aproximadamente 30 *frames* de largura, conforme mostrado na Figura 13.11. Isso fará o bípede permanecer no ar por cerca de um segundo.

> ◄
> Você não pode mover o fim de um passo além do começo de outro e precisa manter um espaço de um *frame* entre os passos do mesmo lado.

> É possível mover um passo para além dos limites do segmento de tempo ativo no *Dope Sheet*. Use a combinação de teclas *Alt+R* para estender o segmento de tempo ativo para incluir todas as chaves existentes.

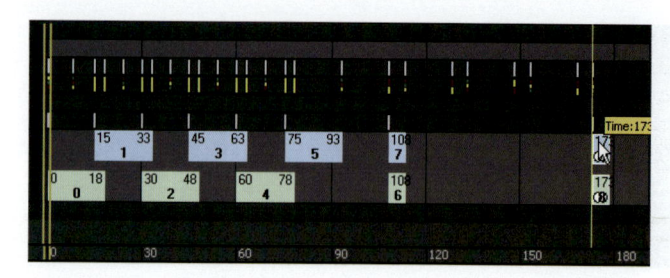

FIGURA 13.11 Crie um espaço de chave para fazer seu bípede ir para o ar.

8. Mova o *time slider* para o *frame* em que ambos os pés estiverem plantados no chão antes de o salto começar. Ative o botão *Auto Key*.
9. Desmarque quaisquer chaves clicando na área vazia no painel de *Key*.
10. Para preparar o bípede para pular, ative *Auto Key*; a seguir, selecione o objeto *Bip001* e mova-o para baixo, fazendo o bípede curvar mais seus joelhos. Gire as ligações da espinha, do pescoço e da cabeça para curvar o tronco para frente e empurre o queixo para dentro. Gire ambos os braços para trás em uma postura pré-salto, conforme mostrado na Figura 13.12. Certifique-se de escolher *Local* como o sistema de coordenada de referência do transformador *Rotate*.

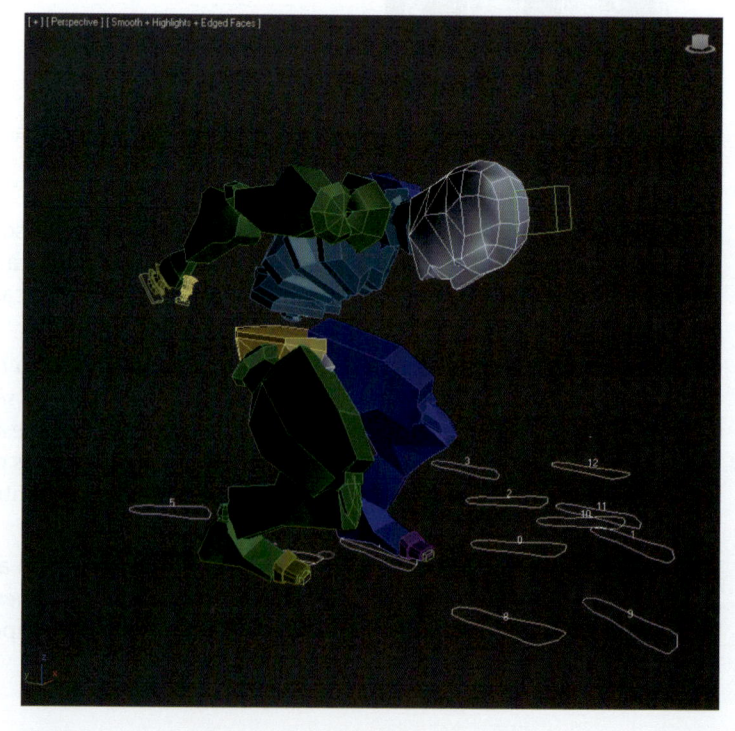

FIGURA 13.12 Prepare seu bípede para pular.

11. Mova o *time slider* para frente até que o bípede esteja no ápice do salto. Gire os componentes do bípede nas posições que você achar melhor, como o espacate mostrado na Figura 13.13. Exclua quaisquer chaves de animação que possam interferir no seu movimento desejado e desative *Auto Key*.

FIGURA 13.13 A posição de seu bípede no meio do salto.

O arquivo `CSSoldierComplete04.max` da pasta `Biped Scene Files` do site da editora contém o exercício completo a fim de que você possa verificar seu trabalho. Esse arquivo tem o modelo de soldado exibido e o bípede oculto. Reproduza a animação e veja como ela fica; modifique onde necessário.

Como você pôde ver nesta seção, há várias maneiras de animar um bípede, inclusive o método controlado (*footstep-driven*), o método de forma livre (*freeform*) e uma boa combinação de técnicas. Você pode também modificar a animação na *track bar*, com o botão *Auto Key* e com o *Track View-Dope Sheet*.

Além do essencial

Este capítulo introduziu você à animação de personagens com o *Character Studio*. Usando o sistema *Biped*, você pode rapidamente criar e ajustar a subestrutura que controla um modelo 3D. Uma vez que o modificador *Physique* associa o modelo ao bípede, a animação de personagens pode ser acrescentada usando animação controlada por passos (*footstep-driven*) ou a animação de forma livre (*freeform animation*).

Exercícios adicionais

- ▶ Acrescente diferentes movimentos de cabeça ou de braço aos passos do seu soldado.
- ▶ Anime o personagem soldado correndo e se esquivando do fogo do inimigo.

CAPÍTULO 14

Introdução à iluminação: O foguete vermelho

A luz revela o mundo ao redor de nós e define forma, cor e textura. A iluminação é o aspecto mais importante da CG e simplesmente não pode ser dominada em um simples estalo de dedos. O truque para iluminar corretamente uma cena em CG é entender como a luz funciona e ver as nuances visuais que ela tem para oferecer. Neste capítulo, você estudará as várias ferramentas usadas para iluminar no 3ds Max.

Este capítulo servirá como fundamento para esse importante aspecto da CG. Ele lhe mostrará o caminho certo apresentando as ferramentas disponíveis e oferecendo oportunidades para começar a usá-las.

Iluminação de três pontos

A iluminação de três pontos é uma abordagem tradicional para iluminar uma cena. Após todos esses anos, os conceitos ainda persistem na iluminação em CG. Nessa configuração, três funções distintas são usadas para iluminar o objeto de uma cena. Basicamente, a cena deve parecer ter apenas uma luz-chave (*key light*) ou primária para definir a direção da iluminação e criar sombras primárias, uma luz mais suave para encher a cena e suavizar um pouco as sombras, e uma luz de fundo para fazer o objeto surgir do chão. Isso não significa que há apenas três luzes na cena.

A iluminação de três pontos sugere que há três ângulos primários de luz para sua tomada, dependendo de onde a câmera está localizada.

Essa abordagem garante que seu objeto principal da tomada de cena em particular esteja bem iluminado e tenha realces e um senso de direção de iluminação usando sombra e tom. A Figura 14.1 mostra uma vista da planta do layout da iluminação de três pontos. O objeto está no meio da imagem.

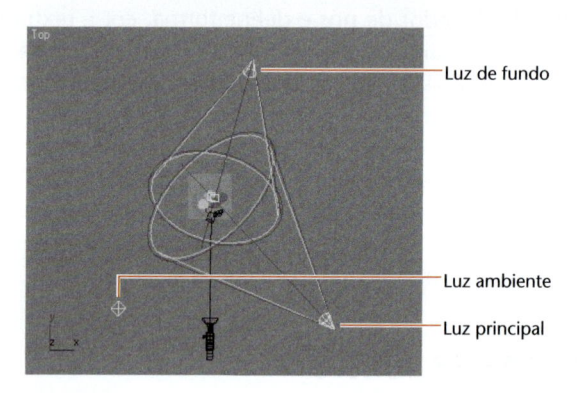

FIGURA 14. 1   Esquema de iluminação de três pontos.

Luzes do 3ds Max

O 3ds Max tem dois tipos de objetos de luz: fotométrico (*Photometric Lights*) e padrão (*Standard*). Luzes fotométricas são aquelas que possuem características específicas para permitir uma definição mais precisa de iluminação, como você veria no mundo real. Elas têm valores de intensidade de base física que imitam de perto o comportamento da luz real. As luzes padrão são extremamente poderosas e capazes de criar realismo, mas são mais simples de usar do que as luzes fotométricas e menos onerosas no sistema na hora da renderização. Neste livro, vamos apenas abordar as luzes *Standard*.

Luzes predefinidas

Na ausência de luzes, uma cena no 3ds Max é automaticamente iluminada pela iluminação predefinida (*default lighting*), de forma que você possa facilmente visualizar um objeto no modo sombreado e testar a renderização sem criar uma primeira luz. A iluminação predefinida é substituída por qualquer luz acrescentada à cena.

Luzes padrão

As luzes no 3ds Max tentam imitar o modo como as luzes reais funcionam. Por exemplo, uma lâmpada que emite luz ao redor de si mesma seria uma *omni light* no 3ds Max. Uma lâmpada de mesa que irradia a luz em uma direção específica em forma de cone seria uma *spotlight*. Cada uma das diferentes luzes padrão lança luz de forma distinta. Vamos ver as luzes mais usadas.

O 3ds Max tem um total de oito tipos de luz em sua coleção *Standard Light*. As seguintes luzes estão na coleção:

- *Target spotlight*
- *Target direct light*
- *Free spotlight*
- *Free direct light*
- *Omni light*
- *Skylight*
- *mr area omni light*
- *mr area spotlight*

As últimas duas nessa lista têm o prefixo "*mr*" para significar que são luzes específicas *mental ray* (veja o Capítulo 16, "*mental ray* e *HDRI*", para saber mais sobre *mental ray*). Um renderizador avançado, *mental ray* em geral é usado para produção atualmente. Ele oferece muitos métodos de iluminação quase sempre complexos e sofisticados que aumentam o realismo de uma cena renderizada. Neste capítulo, cobriremos apenas as cinco primeiras luzes padrão.

Target spotlight

Uma *target spotlight,* conforme mostrado na Figura 14.2, é uma das luzes mais usadas por ser extremamente versátil. Uma *spotligh* lança luz em um raio, semelhante a uma lanterna. Esse tipo de iluminação permite que você ilumine áreas específicas de uma cena sem lançar luz indesejável em áreas que possam não precisar de luz. Você pode controlar o tamanho do *hotspot*, que é o tamanho do feixe de luz lançado.

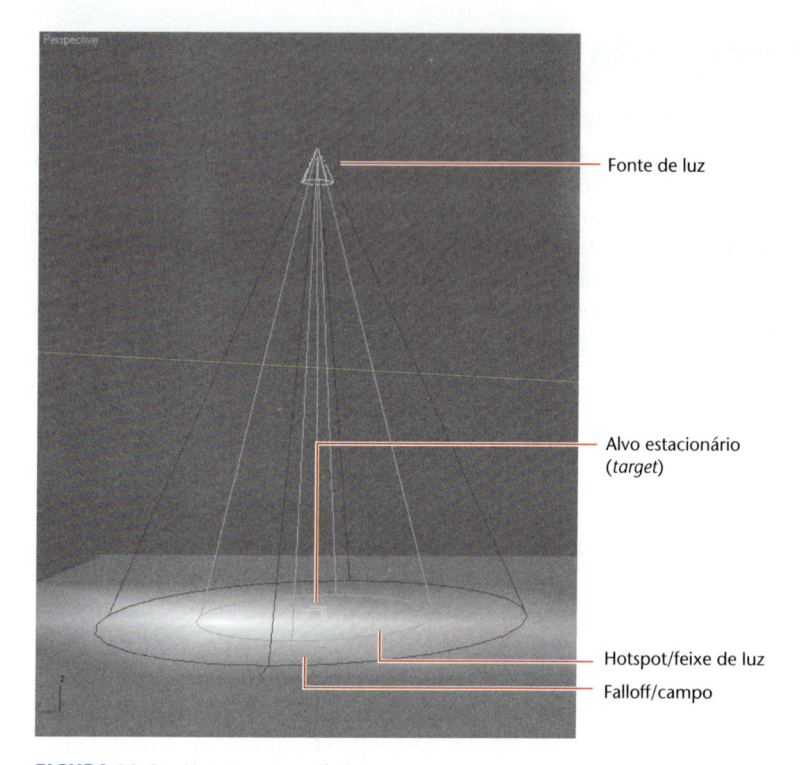

FIGURA 14. 2 Uma *target spotlight*.

A luz é criada com dois *nodes,* a luz em si (fonte de luz) e o *node* alvo (*target*), no qual a luz aponta o tempo todo. Dessa forma, você pode animar a luz seguindo o objeto da cena facilmente, como uma luz *spot* seguiria um cantor em um palco. Selecione o alvo e mova-o como você faria com qualquer outro objeto no 3ds Max. O local do alvo (*target spot*) gira para seguir o próprio alvo.

De maneira semelhante, você pode animar a fonte de luz, e ela vai se orientar nesse sentido para visar o alvo estacionário (*target*). Selecione o quadradinho na extremidade (o alvo) para apontar a luz. Mova (e anime) a luz inteira selecionando a linha que liga a fonte de luz e o alvo. Para acessar os parâmetros da luz, você tem que selecionar a parte superior da luz (ponta do cone).

Crie um *target spot* indo para o painel *Create* e clicando no ícone *Lights* ( ) para acessar as ferramentas de criação de luz.

Em qualquer cena, clique no botão *Target Spot* e na *viewport Top,* clique e arraste uma *Target Spotlight.*

Para criar um *falloff*, selecione a fonte de luz do *target spot*. Vá para o painel *Modify* e abra o menu de rolagem *Spotlight Parameters*, mostrado na Figura 14.3.

FIGURA 14.3   O menu de rolagem *Spotlight Parameters*.

O *falloff*, que pertence às *standard lights* no 3ds Max, está representado na *viewport* pela área entre o cone interno amarelo mais claro e pelo cone externo amarelo mais escuro. A luz diminui para 0 na região externa, criando uma área clara ao redor do círculo do *hotspot* (onde a luz é mais brilhante), conforme mostrado na Figura 14.4.

FIGURA 14.4   O *falloff* de um *hotspot*.

Target direct light

Uma *target direct light* tem alvo e *nodes* de luz para auxiliá-lo a controlar a direção e a animação. Ela também tem um *hotspot* e um feixe de luz, assim como um *falloff*, bem parecido com o *target spot*. Contudo, onde o *target spot* emite raios de luz para fora em um formato de cone a partir de um único ponto (a fonte de luz), a *target direct light* lança raios de luz paralelos de dentro de sua área de feixe de luz. Isso ajuda a simular o efeito da iluminação do sol, porque seus raios de luz (para todos os fins práticos na Terra) são paralelos. A Figura 14.5 mostra uma *target direct light* em uma *viewport*.

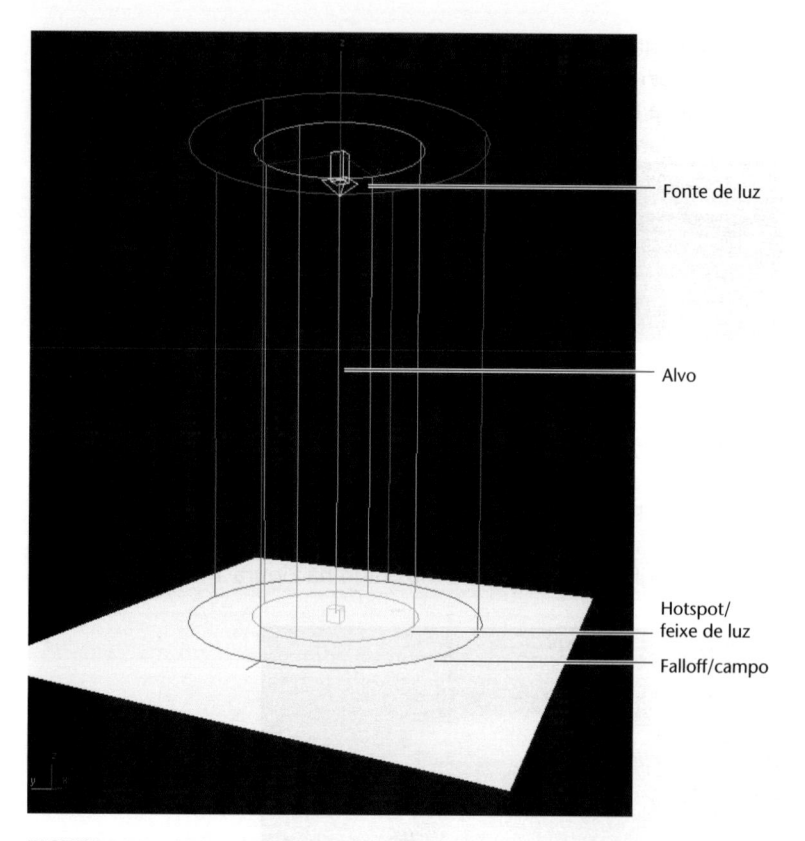

FIGURA 14.5 Uma *target direct light*.

Como os raios direcionais são paralelos, as *target direct lights* têm um feixe em uma forma de caixa retangular ou cilíndrica em vez de um cone.

Você pode criar e selecionar/mover partes de uma *target direct light* da mesma maneira que em uma *target spot*. No menu de rolagem *Directional Parameters,* você vai achar parâmetros semelhantes para a *target direct light*. Embora a *spotlight* e a *direct light* não pareçam ser muito distintos, a maneira como iluminam é radicalmente diferente, conforme você pode ver na Figura 14.6. Os raios da *spotlight* emitem um *hotspot* e uma sombra completamente diferentes em relação à *direct light*, apesar de terem os mesmos valores para os parâmetros.

Free spot ou *free direct light*

Uma *free spotlight*, ou *free direct light*, é praticamente idêntica à *target spot*, e à *target direct*, respectivamente, com exceção de que essa luz não tem objeto-alvo (*target object*). Você pode mover e girar a *free spot* como quiser, confiando na rotação em vez de no *target* para visá-lo em qualquer direção, conforme mostrado na Figura 14.7.

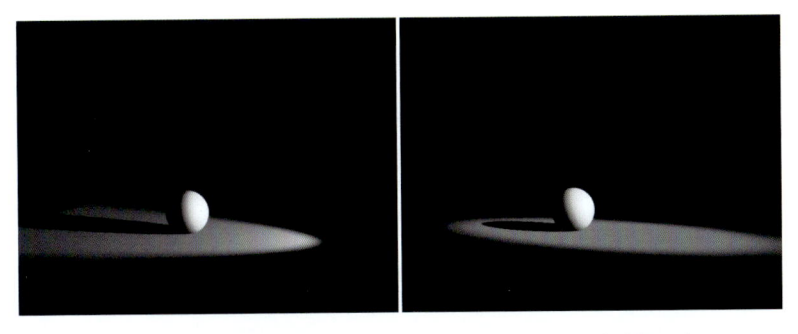

FIGURA 14. 6 Uma *target spot* (esquerda) e uma *target direct spot* (direita).

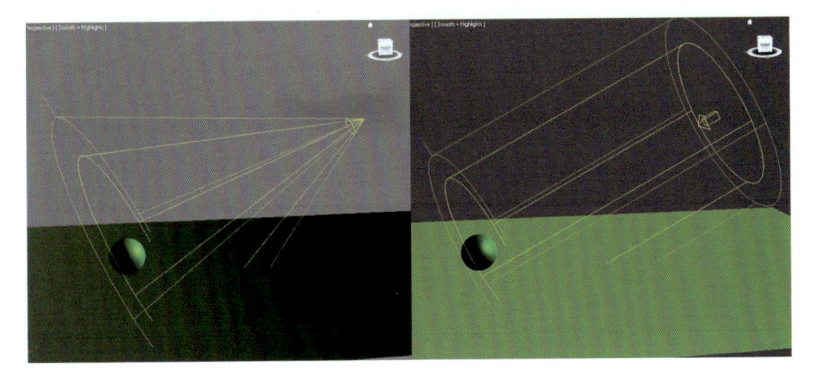

FIGURA 14. 7 *Free spot* (esquerda) e *free direct light* (direita).

Para criar uma *free spot* ou uma *free direct light*, no painel Create, selecione Lights e, em seguida, escolha *Free Spot* ou *Free Direct*. Após, clique em uma *viewport* para criar a luz de fato. Então, mova e gire a *free spot* como você quiser. Outra diferença entre uma *free spot* ou *free direct light* e uma *target spot* ou *target direct light* é que enquanto o comprimento da *target spotlight* é controlado por seu *target*, uma *free spot* ou *direct light* tem, ao contrário, no menu de rolagem General Parameters, um parâmetro chamado Targ. Dist. O padrão é 240 unidades.

Ajustar o comprimento de uma *spot* ou *direct light* não fará diferença quando a luz estiver renderizada; contudo, ver uma luz mais longa nas *viewports* pode lhe ajudar a alinhar a luz com os objetos na cena.

Spot e *direct* (inclusive *target spot* e *target direct*) são excelentes para iluminação principal (*key lighting*), pois são muito fáceis de controlar e dão um senso fantástico de direção.

Omni light

A *omni light* no 3ds Max é um ponto de luz que emana luz a partir de um único ponto em todas as direções ao redor dele. A Figura 14.8 mostra uma *omni light*. Ao contrário de *spot* e *directional lights*, a *omni light* não tem um menu de rolagem especial, e seu menu de rolagem *General Parameters* é muito mais simples.

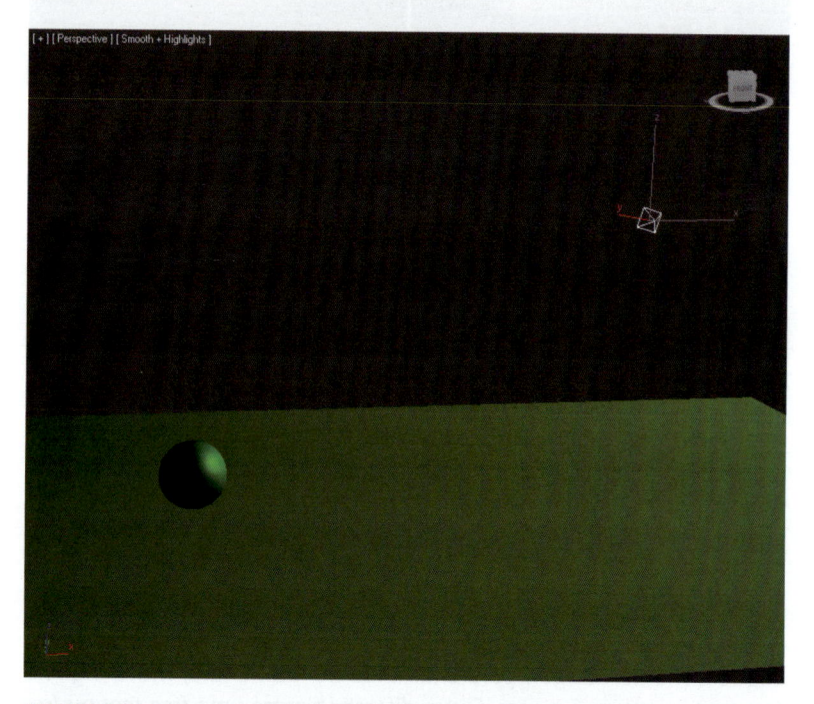

FIGURA 14.8 Uma *omni light* é uma fonte de luz de um único ponto.

> Evite o lançamento de sombras com *omni lights* porque elas vão usar muito mais memória do que uma *spotlight* quando emitirem sombras.

As *omni lights* não são tão boas para simular a luz solar quanto as *directional lights*. Na Figura 14.9, a *omni light* na imagem da esquerda cria direções de iluminação e de sombra diferentes para todos os objetos da cena, e a *directional light* na imagem da direita cria uma direção uniforme de luz e sombra, como o próprio sol faria aqui na Terra.

As *omni lights* são boas tanto para reproduzir luzes de preenchimento como para simular certas fontes de luz na prática.

FIGURA 14.9 *Omni light* (esquerda) e *directional light* (direita).

A iluminação do foguete vermelho

Agora que você tem uma visão geral de como as luzes funcionam no 3ds Max, vamos juntá-las para fazer um bom uso delas e para iluminar o modelo texturizado do foguete vermelho do Capítulo 10, "Introdução aos materiais: O foguete vermelho", e criar o sistema de três pontos. Você trabalhará com a iluminação e configurações no Capítulo 15, "Renderização no 3ds Max".

Ajuste seu projeto atual para o projeto *Red Rocket* que você copiou para seu disco rígido a partir do site da Bookman Editora, *www.bookman.com.br*. Abra rocket_light_start.max da pasta Scenes do projeto *Red Rocket*.

Para começar a iluminar o foguete, siga os seguintes passos:

1. Vá para o painel *Create* e selecione o ícone *Lights* ( ) para abrir a seleção de luzes que você pode criar. Clique no menu vertical *Photometric* e escolha *Standard*, conforme mostrado na Figura 14.10.

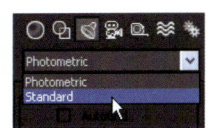

FIGURA 14.10 Escolha *Standard* no menu *drop-down* em *Lights*.

2. Clique no botão *Target Spot* para criar um *target spot*. Vá para a *viewport Top* e clique e arraste a partir do lado direito da *viewport* em direção ao meio. O clique criará uma luz; ao arrastar você insere e posiciona o *target*.

3. Mova a *viewport Front*, selecione a luz e mova-a para cima. Se você não tem uma vista frontal, simplesmente selecione uma das *viewports* e pressione *F* para a *viewport Front*. A posição da luz deve se parecer com a Figura 14.11.

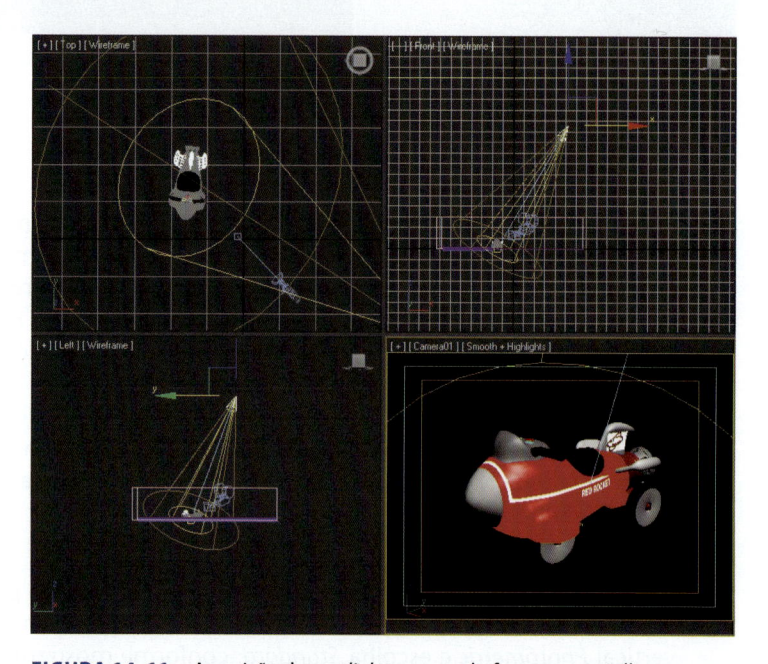

FIGURA 14. 11 A posição da *spotlight* na cena do foguete vermelho.

4. Nomeie a luz **Key Light**. Essa luz terá sombras e dará a cena sua fonte principal de luz e direção.

5. Vá para o painel *Modify*, selecione *General Parameters*, marque a caixa *On* debaixo de *Shadows* e configure *Shadow Type* para *Shadow Map*. Esse é o tipo de sombra padrão.

6. Abra o menu de rolagem *Intensity/Color/Attenuation* e configure o valor de *Multiplier* em **0,8**. A configuração de *Multiplier* age como um regulador de intensidade de luz e controla o brilho da luz.

7. No menu de rolagem *Spotlight Parameters*, altere o parâmetro *Hotspot/Beam* para **18** e o valor de *Falloff/Field* para **38**. Ambos parâmetros afetam a largura do cone de luz. Quanto mais próximos os dois valores são, mais intensa e desprovida de atenuação será a borda da luz; por outro lado, quanto mais longe eles estiverem um do outro, mais atenuada será a luz.

8. Agora você pode tentar uma renderização. Selecione a *viewport Camera*. A seguir, à extrema esquerda da barra de ferramentas principal, clique no ícone *Render Production* ( ); você verá o foguete conforme mostrado na Figura 14.12.

FIGURA 14. 12 Renderize o foguete com a primeira luz no lugar.

Você precisará acrescentar uma *omni light* como luz de preenchimento para aperfeiçoar as sombras:

1. Selecione a luz-chave (o *target spot*) e, no menu de rolagem *Shadow Map Params*, altere o parâmetro *Bias* para **0,1**. O *Bias* move a sombra em direção ao objeto ou para longe dele. A sombra está muito distante do foguete; por isso, na Figura 14.12, ele parece estar flutuando.

2. Nesse mesmo menu de rolagem, altere o parâmetro *Size* para **1500**. *Size* especifica a quantidade de resolução na sombra; quanto mais pixels, mais vibrante e definida a borda da sombra será.

3. Volte para o painel *Create* e selecione *Lights* para criar outra luz. Clique para criar uma *omni light*. Na *viewport Top*, clique no canto inferior esquerdo do ambiente para colocar a *omni*.

4. Na *viewport Front*, mova a luz para cima cerca de metade da altura da tela de fundo.

   A *omni* é apenas uma luz de preenchimento nessa cena, de modo que você não deseja sombra alguma gerada por ela. Além do mais, você vai desativar *specular highlights* no foguete a partir dessa luz para garantir que a renderização aparente ter apenas uma luz no ambiente. Por padrão, as sombras estão sempre desativadas, mas você deve desativar *specular highlights* manualmente.

5. Com a *omni light* selecionada, vá para o painel *Modify* e, debaixo do menu de rolagem *Advanced Effects,* desmarque *Specular.*

6. Vá para o menu de rolagem *Intensity/Color/Attenuation* da *omni light* e altere *Multiplier* para **0,3**.

7. Renderize de novo (pressione *F9*); Você verá a renderização parecer melhor, mas a sombra do foguete ainda estará escura, conforme mostrado na Figura 14.13.

FIGURA 14.13   O foguete com uma luz-chave e uma luz de preenchimento.

Para corrigir a escuridão da sombra, você ajustará a densidade dela.

8. Selecione a luz-chave, vá para o painel *Modify* e, no menu de rolagem *Shadow Parameters*, altere o parâmetro de *Object Shadows Dens* para **0,8**.

9. Você pode pressionar *F9* para qualquer outra renderização ou o ícone bule de chá na barra de ferramentas principal. Você verá que a sombra do foguete fica muito melhor agora, conforme mostrado na Figura 14.14.

FIGURA 14.14 O foguete está iluminado!

Usar sombras inteligentemente é importante na iluminação das suas cenas. Sem as sombras na cena do foguete, ele flutuaria na cena e não teria contato com seu ambiente.

Você pode criar os seguintes tipos de sombra no 3ds Max:

- *Advanced raytraced* – *Raytraced* avançado
- *mental ray shadow map* – Mapa de sombra *mental ray*
- *Area shadows* – Sombras de área
- *Shadow map* – Mapa de sombra
- *Raytraced shadows* – Sombras *raytraced*

Cada tipo de sombra tem seus benefícios e seus inconvenientes. Os dois tipos mais comuns são *shadow maps* (que você já viu) e *raytraced shadows*.

Selecione um tipo de sombra

Para fazer as sombras responder às transparências, será necessário usar *raytraced shadows* em vez de *shadow maps*. Além do mais, se você precisar suavizar suas sombras que são lançadas muito distante do objeto, você terá que usar *area shadows*.

Shadow maps

A *shadow map* é muitas vezes o caminho mais rápido para gerar uma sombra. No entanto, as sombras *shadow map* não mostram a conversão de cor (*color cast*) através de objetos transparentes ou translúcidos.

Quando você está perto de uma sombra, a fim de evitar bordas recortadas em torno dela, use o parâmetro *Size* para tornar a resolução da sombra mais elevada.

Os seguintes parâmetros são úteis para a criação de *shadow maps*:

Bias A sombra é deslocada (de acordo com o conjunto de valores) para mais perto ou mais longe do objeto que lança a sombra.

Size As sombras detalhadas vão precisar de *shadow maps* detalhadas. Se o valor de *Size* for aumentado, o 3ds Max aumentará o número de subdivisões do mapa, o que, por sua vez, aumenta o detalhe da sombra. A Figura 14.15 faz uma comparação usando uma configuração baixa de *Shadow Map Size* com uma quatro vezes maior. Observe como as sombras à esquerda (*Size* = 1024) estão de alguma forma disformes e menos perceptíveis enquanto as sombras à direita *(Size = 4096)* são nítidas e limpas. Aumentar demais o tamanho da *shadow map*, entretanto, adicionará o tempo ao processo de renderização, sem nenhuma ou quase nenhuma utilidade. Um tamanho aproximado de 2048 é bom para a maior parte dos casos. Cenas como esse tabuleiro de xadrez, que tem uma larga escala, exigem valores maiores de tamanho, tais como o 4096 que usamos. A regra de ouro é usar o menor valor de tamanho que lhe dará o melhor resultado para sua cena.

FIGURA 14. 15 A configuração de *Shadow Map Size* afeta o detalhe da sombra.

Sample Range Essa opção cria e controla a suavidade da borda das sombras do tipo *shadow maps*. Quanto mais alto é o valor, mais suaves ficarão as bordas da sombra.

Raytraced shadows

O processo de *raytracing* implica traçar um raio de luz a partir de cada fonte de luz em todas as direções e traçar o reflexo até as lentes da câmera. Com *raytracing* você pode criar sombras mais precisas do que com outros métodos, mas com tempos maiores de renderização. *Raytraced shadows* são realistas para objetos translúcidos e transparentes. A Figura 14.16 mostra um par de peças de xadrez renderizadas com um *plane* gerando sombra sobre eles. O *plane* tem um xadrez mapeado para sua opacidade, de forma que ele possui quadros opacos e transparentes se alternando, definindo assim o tabuleiro. No lado esquerdo da imagem, na Figura 14.16, a luz está lançando sombras na *shadow map* e, no lado direito, está lançando *raytraced shadows*.

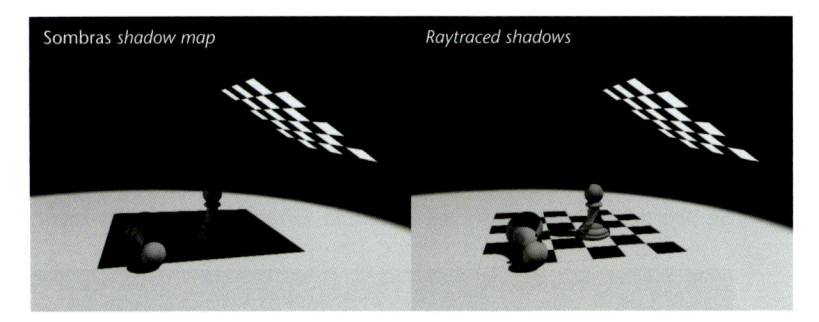

FIGURA 14. 16 *Raytraced shadows* reagem com transparências, mas as *shadow maps* não.

Use *raytraced shadows* quando necessitar de sombras extremamente precisas ou quando as resoluções de *shadow map* não são altas o bastante para a obtenção de bordas nítidas. Você também pode usar *raytreaced shadows* para gerar sombras a partir de objetos renderizados em aramado (*wireframe*).

O menu de rolagem *Ray Traced Shadow Params* controla a sombra. O parâmetro *Ray Bias* é o mesmo que o parâmetro *Shadow Map Bias*, pois controla a distância da sombra em relação ao objeto que a gera.

Atmosferas e efeitos

Efeitos atmosféricos com luzes, tais como neblina ou luzes de volume (*volume lights*), são criados por meio do menu de rolagem *Atmospheres & Effects* do painel *Modify* da luz selecionada.

Ao usar esse menu de rolagem, você pode atribuir e gerenciar efeitos atmosféricos e outros efeitos de renderização que são associados às luzes.

Crie uma luz volumétrica

Criaremos uma luz de neblina neste momento:

1. Abra o arquivo de cena rocket_atmosphere_start.max da pasta Lighting Scenes, disponível no site da editora. Vá para o painel *Create,* selecione *Lights* e clique na luz *Target Direct.* Mova seu mouse até a *viewport Top* e clique e arraste da parte superior da *viewport* para baixo em direção ao foguete.

    Essa cena já está equipada com duas *omni lights*, que estão escondidas, para agirem como luzes de preenchimento no ambiente.

2. Vá para a *viewport Front* e mova a luz para cima ao longo do eixo *Y*; a seguir, mova o *target* de forma que esteja centralizado para apontar a luz diretamente ao foguete, conforme mostrado na Figura 14.17. Assegure-se de que a luz esteja brilhando de fora para dentro do ambiente, através da janela. Chame a luz de **Key Light**.

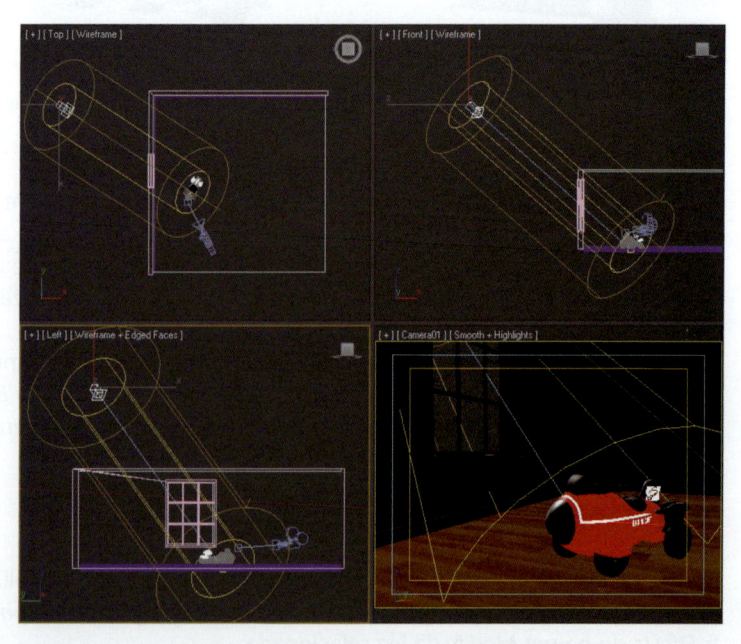

FIGURA 14. 17 Mova a luz para cima e mova o *target*.

3. Ative a *viewport Camera* e faça uma renderização (pressione *F9*); você verá que a cena está sendo iluminada a partir da direção da luz, conforme mostrado na Figura 14.18.

FIGURA 14. 18 Teste de renderização do foguete.

O foguete e o chão apresentam reflexos sobre eles, então aparecem mesmo se não houver luz alguma na cena. É assim que os reflexos funcionam.

Acrescente sombras

Agora você precisa de algumas sombras na cena:

1. Selecione a luz-chave e, no painel *Modify*, abra o menu de rolagem *General Parameters;* na seção *Shadows*, marque a caixa para ativar *shadows*. Selecione *Shadow Map* a partir do menu vertical. Isso ativa as sombras *shadow map* dessa luz.
2. Vá para o menu de rolagem *Shadow Map Params* e defina o tamanho em **2048**; isso acrescentará alguma nitidez à borda da sombra e vai torná-la mais parecida com uma sombra do dia. Também altere a configuração de *Bias* para **0,1**, o que moverá a sombra de forma que ela fique debaixo do foguete. Se você realizar uma operação *Render Last*, não verá sombra alguma.

    Isso ocorre porque a janela está bloqueando a luz. O objeto *glass* (vidro da janela) tem um material cujo valor *Opacity* é reduzido a 0. Contudo, as sombras *shadow map* não reconhecem transparência em materiais. Para resolver esse problema, você precisa excluir o objeto da lista de objetos que são atingidos pela luz.

Exclua um objeto de uma luz

1. No menu de rolagem *General Parameters*, bem abaixo de *Shadows*, está o botão *Exclude*. Clique no botão *Exclude* para abrir a janela *Exclude/Include* mostrada na Figura 14.19.

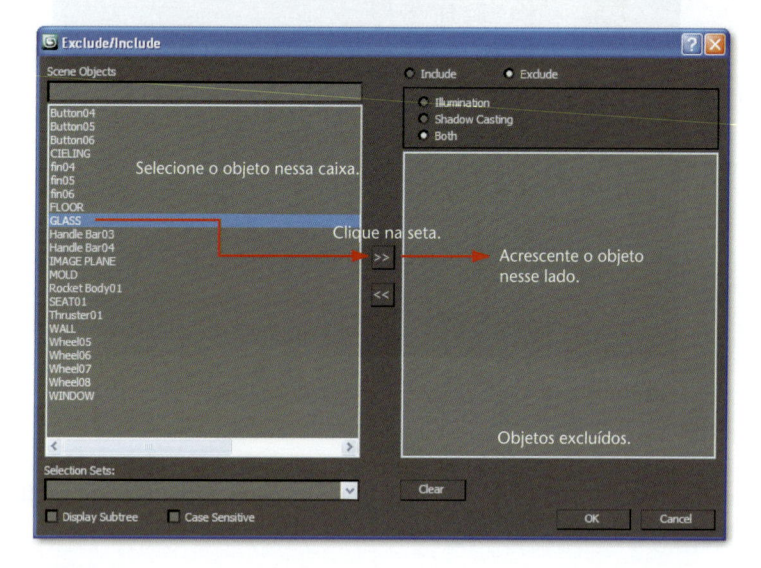

FIGURA 14.19 A janela *Exclude/Include* permite impedir a iluminação de certos objetos na cena.

2. Clique no objeto *Glass* e nas setas da direita no meio da janela, conforme mostrado na Figura 14.19, para colocar o objeto *Glass* no outro lado, impedindo que o objeto receba luz e lance sombras. Clique em *OK*.

3. Renderize sua cena para dar uma olhada. Agora você pode ver as sombras. Não excluímos a janela inteira com seu *frame* porque o *frame* de dentro é, de fato, um ótimo detalhe para lançarmos sombras. A Figura 14.20 mostra a renderização com as sombras.

FIGURA 14. 20 Sombras!

Acrescente um efeito volumétrico

A questão principal deste exercício é acrescentar volume à luz. Isso dará à sua cena uma atmosfera bem necessária.

1. Vá para o menu de rolagem *Atmospheres & Effects* da luz. Selecione *Add* no menu de rolagem para abrir a janela *Add Atmosphere Or Effect*, selecione *Volume Light* e clique *OK* para acrescentar o efeito à luz. O *Volume Light* será acrescentado ao menu de rolagem.
2. Renderize a cena. Você deve ver uma renderização semelhante à da Figura 14.21.

FIGURA 14. 21 Luz com volume!

Para ajustar o volume da luz, selecione a entrada *Volume Light* na caixa do menu de rolagem e clique no botão *Setup*. Isso abrirá a caixa de diálogo *Environment And Effects*. Role para baixo até a seção *Volume Light Parameter*, mostrada na Figura 14.22, para acessar as configurações do volume da luz. Experimente várias configurações para ver como o volume da luz é renderizado.

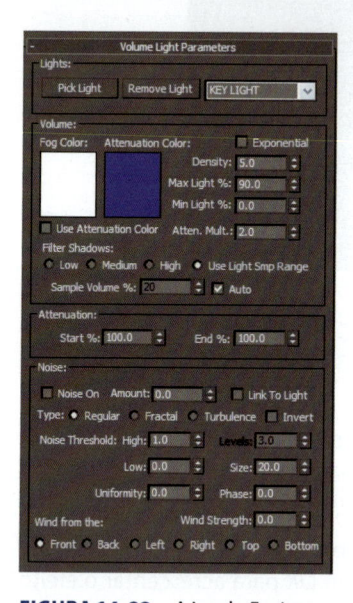

FIGURA 14. 22 A janela *Environment And Effects* exibe os parâmetros da *Volume Light*.

Você pode usar Rocket_Atmosphere_Final.max da pasta Scenes do projeto *Files* da cena *Lighting* do site da editora para ver os resultados deste trabalho e para ajustá-lo como você quiser.

Os parâmetros da *Volume Light*

Os parâmetros padrão da *Volume Light* darão um belo volume à luz para a maior parte das cenas, imediatamente. Se você quiser ajustar as definições de volume, é possível editar os seguintes parâmetros:

Exponential A densidade do volume da luz aumentará exponencialmente com a distância. Por padrão (*Exponential* está desativado), a densidade aumentará linearmente com a distância. Você pode querer ativar *Exponential* apenas quando precisar renderizar objetos transparentes no *Volume Fog*.

Density Esse valor define a densidade da neblina. Quanto mais densa for a neblina, mais luz vai refletir da neblina dentro do volume. As neblinas mais realistas podem ser processadas com cerca de 2 a 6% de valor de densidade.

A maioria dos parâmetros soluciona problemas de volume em sua cena se ela não estiver renderizando muito bem. Às vezes, você simplesmente não sabe qual é o problema e tem que experimentar na tentativa e erro. As configurações *Noise* são outro recurso interessante para adicionar alguma aleatoriedade ao seu volume:

Noise On Alterna *noise* ativando-o ou desativando-o. Os tempos de renderização aumentarão um pouco com *noise* ativado para o volume.

Amount É a quantidade de *noise* aplicada à neblina. Um valor de 0 não cria *noise*. Se *amount* está definido em 1, a neblina renderiza com *noise* puro.

Size, Uniformity e Phase Essas definições determinam a aparência de *noise* e permitem que você defina um tipo de *noise* (*Regular, Fractal, ou Turbulence*).

Acrescentar atmosfera à uma cena pode aumentar a sensação de realismo e de humor. Criar um pouco de volume em algumas luzes pode ser o suficiente para melhorar a aparência de sua renderização. Contudo, acrescentar volume às luzes também pode deixar sua renderização lenta, portanto, administre com cuidado.

Light Lister

Se várias luzes estão em sua cena e você precisa ajustar todas elas, selecionar cada luz e fazer um ajuste de cada vez pode se tornar algo tedioso. É aí que o *Light Lister* do 3ds Max entra em cena. Acessado pela barra do menu principal, em *Tools → Light Lister*, essa palheta flutuante oferece controle sobre todas as suas cenas, conforme mostrado na Figura 14.23.

FIGURA 14. 23 A janela do *Light Lister*.

Você pode escolher visualizar ou editar todas as luzes na sua cena ou apenas aquelas que são selecionadas. Quando configurar os valores de qualquer parâmetro na janela *Light Lister*, as alterações serão refletidas no local apropriado no painel *Modify* para aquela luz alterada.

Além do essencial

Este capítulo revisou os conceitos-chave de iluminação em CG, inclusive a iluminação de três pontos. Você aprendeu sobre vários tipos de luzes que o 3ds Max tem a oferecer, desde as luzes padrão até *target spots*, e como usá-las. Exploramos os parâmetros de luz comum para determinar a melhor maneira de controlar as luzes na sua cena antes de ir adiante para criar vários tipos de sombra. Passamos por uma série de exercícios curtos na qual você criou uma luz volumétrica para um efeito de neblina, e terminamos com um passeio pela janela *Light Lister*.

Exercícios adicionais

▶ Tente iluminar a cena do foguete vermelho para provocar diferentes estados de espírito: sombrio, alegre, assustador e assim por diante.

▶ Ilumine o personagem soldado do Capítulo 13, "*Character Studio*: Animação", em pé ao lado do foguete.

CAPÍTULO 15

Renderização no 3ds Max

Renderizar é o último passo na criação de seu trabalho em CG, mas é o primeiro passo a considerar quando você começa a construir uma cena. Durante o processamento, o computador calcula as propriedades da superfície da cena, iluminação, sombras e movimento do objeto, e salva uma sequência de imagens. Para chegar ao ponto em que o computador toma o controle, você precisa configurar sua câmera e a renderização a fim de obter exatamente o que necessita em sua cena.

Este capítulo ensina como renderizar sua cena usando o "renderizador" *scanline* do 3ds Max e como criar reflexos e refrações usando *raytracing*.

Configurações de renderização

Suas configurações de renderização e as decisões finais sobre a sua cena do 3ds Max, em última análise, determinam como seu trabalho ficará. Se você criar modelos e texturas com a imagem final em mente e equipar a iluminação para elegantemente exibir a cena, os toques finais serão relativamente fáceis de configurar.

A caixa de diálogo *Render Setup* é onde você define sua renderização final do 3ds Max. Abra essa caixa de diálogo clicando no ícone *Render Setup* ( ) na barra de ferramenta principal e selecionando *Rendering → Render Setup* ou pressionando *F10*. Você já sabe renderizar ( ) um *frame* em sua cena para verificar seu trabalho. As definições na caixa de diálogo *Render Setup* são usadas mesmo quando o botão *Render* é acionado, de forma que é importante entender como a caixa de diálogo funciona. A Figura 15.1 mostra a aba *Common* na caixa de diálogo *Render Setup*.

FIGURA 15.1 A aba *Common* na caixa de diálogo *Render Setup*.

A aba *Common*

A caixa de diálogo *Render Setup* é dividida em cinco abas; cada uma tem definições agrupadas por função. A aba *Commom* armazena as funções para as necessidades gerais de renderização, como, por exemplo, o tamanho da imagem, o intervalo de *frames* para renderizar e o tipo de "renderizador" que se deve usar. Algumas das definições de renderização mais necessárias estão descritas aqui.

Time Output Nessa seção, você pode definir o intervalo de *frames* de sua renderização selecionando uma das seguintes opções:

> ***Single Frame*** Renderiza o *frame* atual apenas.
>
> ***Active Time Segment*** Renderiza o intervalo de *frames* utilizado no momento atual.
>
> ***Range*** Renderiza os *frames* especificados.

Output Size O tamanho da imagem de sua renderização, que está definido na seção *Output Size*, dependerá do seu formato de saída da produção, ou seja, como você quer mostrar sua renderização.

> ***Resolution*** De modo predefinido, a caixa de diálogo está configurada para renderizar imgens em uma resolução de 640×480 pixels, definida pelos parâmetros *Width* (Largura) e *Height* (Altura), respectivamente.
>
> ***Image Aspect Ratio*** Alterar o valor de *Image Aspect* ajustará o tamanho de sua imagem ao longo do parâmetro *Height* para corresponder ao parâmetro existente *Width*. Por exemplo, a televisão normal é 1.33:1 (simplesmente chamada de 1.33) e uma televisão de alta definição (HD) é uma *widescreen* com uma proporção de 1.78:1 (simplesmente chamada de 1.78). A resolução de sua produção definirá a proporção da tela.
>
> Na seção *Output Size* da caixa de diálogo *Render Setup*, há um menu vertical para escolher as predefinições de diferentes resoluções de vídeo e filme. A qualidade e a resolução da imagem de uma renderização afetam o tempo que a mesma vai levar. Além do mais, ao diminuir a resolução para uma renderização teste, você pode usar uma renderização de menor qualidade ou desativar certos efeitos, tais como os *atmospherics*.

Options A seção *Options* permite que você acesse vários comandos gerais de múltipla escolha. Você pode alternar a renderização de elementos específicos em sua cena. Por exemplo, se você estiver usando *atmospherics* (*volume light*) ou *effects* (*lens flare*) e não quiser renderizá-los, pode desmarcar as caixas apropriadas.

Render Output Use a seção *Render Output* para indicar que o arquivo deve ser salvo. O formato da imagem pode ser selecionado para ser um único arquivo de imagem ou sequência de arquivos de imagem (tais como arquivos TIFF ou Targa) que formam uma sequência, ou ainda um arquivo de filme tal como o *QuickTime*.

Escolha um nome para o arquivo

Para especificar um local e um tipo de arquivo para renderizar, clique no botão *Files* para abrir a caixa de diálogo *Render Output File* mostrada

314 Autodesk 3ds Max 2012

> Nomeie suas imagens renderizadas de acordo com o nome do arquivo de cena. Dessa forma, você sempre pode saber de que arquivo de cena uma imagem renderizada foi produzida.

na Figura 15.2. Selecione a pasta que você quer renderizar e defina o nome do arquivo. Você pode definir o tipo de arquivo usando o menu vertical *Save As Type*.

FIGURA 15.2   A caixa de diálogo *Render Output File* define como a renderização é salva no disco.

A janela *Rendered Frame*

Quando você clicar no botão *Render* na caixa de diálogo *Render Setup*, a janela *Rendered Frame* se abre, conforme mostrado na Figura 15.3.

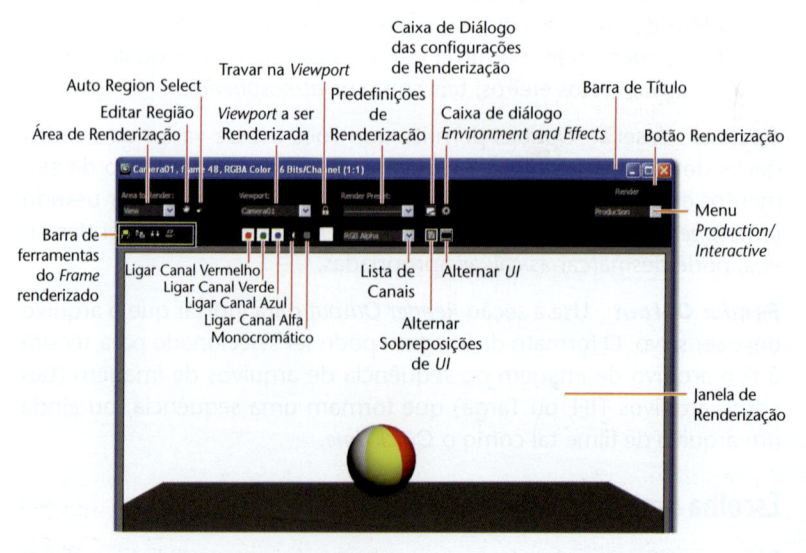

FIGURA 15.3   A janela *Rendered Frame*.

A janela *Rendered Frame* mostra como os *frames* ficam à medida que o renderizador trabalha pela sequência de *frames*. Há uma coleção de botões de rápido acesso no *frame* que também estão disponíveis na caixa de diálogo *Render Setup*.

O processo de renderização

Quando você clica no botão *Render* na caixa de diálogo *Render Setup*, a caixa de diálogo *Rendering* mostrada na Figura 15.4 aparece. Essa caixa de diálogo exibe os parâmetros que estão sendo usados e uma barra de progresso que indica o avanço da renderização. Você pode pausar ou cancelar a renderização clicando no botão apropriado.

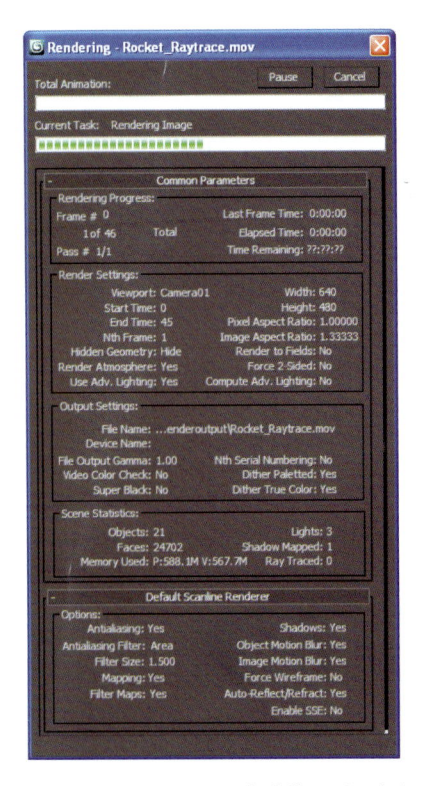

FIGURA 15.4 A caixa de diálogo *Rendering* mostra tudo que você quer saber sobre sua renderização atual.

Atribua um renderizador

De modo predefinido, cinco tipos de renderizadores estão disponíveis no 3ds Max 2012 (sem qualquer *plug-in* adicional instalado), conforme mostrado na Figura 15.5. O *Scanline Renderer* é o renderizador padrão, e a renderização com *mental ray* será abordada no Capítulo 16 "*mental ray* e HDRI". Para acessar a caixa de diálogo *Choose Renderer*, clique no botão à direita de *Production* (▣).

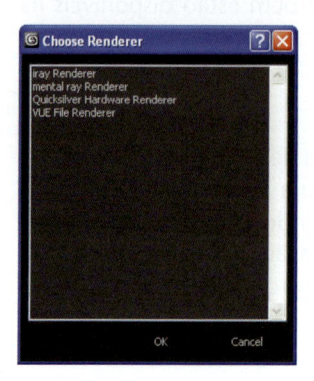

FIGURA 15. 5   A caixa de diálogo *Choose Renderer*.

Renderize a bola em movimento

Ver é crer, mas fazer é entender. Neste exercício, você renderizará a animação Bola em Movimento do Capítulo 5, "Animando uma bola em movimento", para ter uma ideia do que é uma animação em 3ds Max. Apenas siga estas etapas:

1. Defina sua pasta *Project* do projeto *Bouncing Ball* que você baixou para seu disco rígido disponível no site da Bookman Editora, www.bookman.com.br. Abra o arquivo Animation_Ball_02.max na pasta Scenes. Vamos renderizar um filme para ver a animação.

2. Abra a caixa de diálogo *Render Setup*. Na seção *Time Output*, selecione *Active Time Segment*: 0 a 100.

3. Na seção *Output Size*, selecione o botão de predefinição 320×240 e deixe *Image/Pixel Aspect* como está.

4. Deixe o grupo *Options* conforme o padrão e pule para a seção *Render Output*. Clique no botão *Files* para abrir uma caixa de diálogo *Render Output File*. Navegue para onde você quer salvar o arquivo de produção (*output file*), preferivelmente na pasta *RenderOutput* do seu projeto *Bounce Ball*, e clique no menu vertical próximo a *Save As Type* para escolher MOV *QuickTime File* (*.mov) para seu tipo de arquivo de renderização. Em geral, renderizaríamos para uma sequência de imagens em vez de um arquivo de filme como esse; contudo, para renderizações curtas e para verificar a animação, um arquivo *QuickTime* funciona bem.

> Por predefinição, o 3ds Max renderiza seus arquivos para a pasta *RenderOutput* no diretório atual do projeto.

O formato de arquivo de filme do *QuickTime* da *Apple* oferece uma ampla variedade de opções de compressão e qualidade. As definições da qualidade do arquivo do *QuickTime* não são as mesmas que as definições de qualidade de renderização.

> *QuickTime* não é suportado em sistemas 64-bit, então, se você não tiver o *QuickTime* instalado ou se você estiver operando a partir de um sistema 64-bit, terá que dar saída para um arquivo do tipo *AVI*.

5. Depois que você selecionar *MOV QuickTime File* e clicar no botão *Save,* a caixa de diálogo *Compression Settings,* mostrada na Figura 15.6, se abre. Defina os parâmetros do arquivo do *QuickTime* conforme indicado:

   Compression Type (tipo de compressão): *Photo–JPEG*
   Frames Per Second (*frames* por segundo): 30
   Compressor Depth (profundidade de compressão): *Color*
   Quality (qualidade): *High* (alta)

   Clique em *OK*.

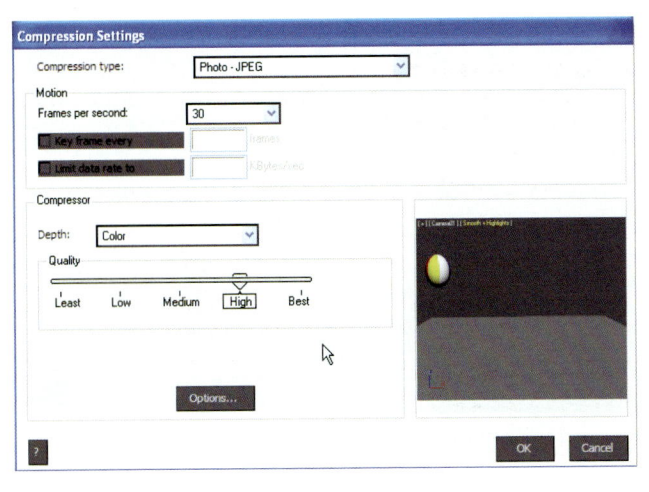

FIGURA 15. 6 As definições de compressão do *QuickTime* afetam a qualidade do arquivo de vídeo *QuickTime* renderizado.

6. Pule para a parte de baixo da caixa de diálogo *Render Setup* e verifique se *Production* está selecionado. Vá para a *viewport* que você quer renderizar no menu vertical *View*. Você precisa renderizar a Camera01.

7. Clique em *Render*.

Depois que a renderização estiver completa, navegue até seu local de saída (está predefinida a pasta *RenderOutput* do projeto Bouncing Ball). Clique duas vezes no arquivo *QuickTime* para ver seu filme e aproveite para tomar um cafezinho.

Câmeras

As câmeras no 3ds Max, conforme mostrado na *viewport Perspective* na Figura 15.7, capturam e produzem toda a diversão em sua cena. Em teoria, as câmeras no 3ds Max funcionam o mais parecido possível com câmeras reais.

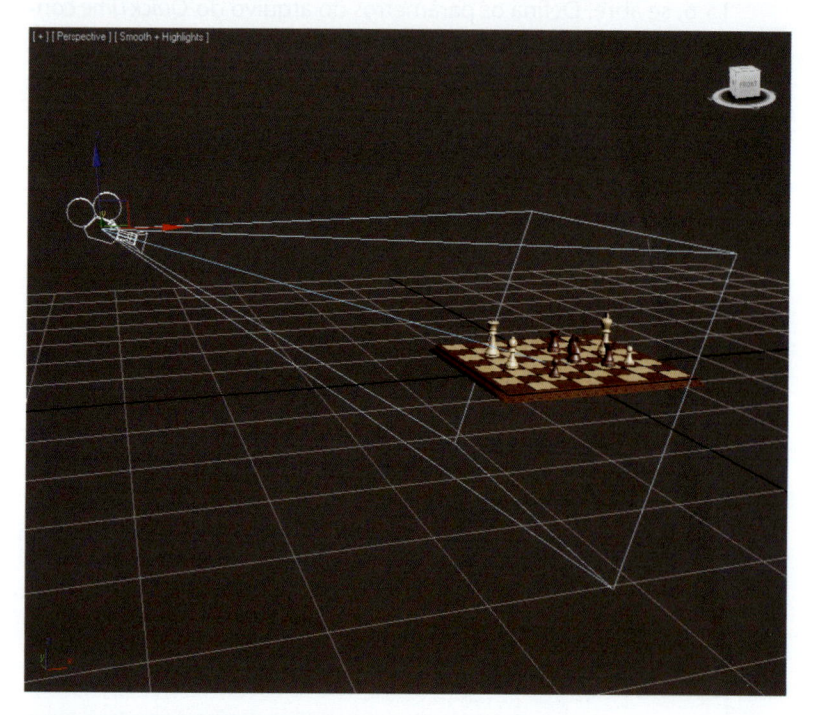

FIGURA 15.7   Uma câmera vista pela *viewport Perspective*.

A câmera cria uma perspectiva a partir da qual você vê e renderiza sua cena. Você pode dispor de quantas câmeras quiser em sua cena. É possível usar a *viewport Perspective* para mover-se ao redor de sua cena, deixando a câmera da renderização sozinha.

Crie uma câmera

Há dois tipos de câmera no 3ds Max: *target* e *free*. Uma *target camera*, assim como um *target spotlight*, tem um *target node* que permite a ela olhar para um ponto definido por onde o alvo é colocado (ou animado). Uma *target camera* é mais fácil de mirar do que uma *free camera* porque, uma vez que você posiciona o *target object* (objeto alvo) na mira, a câmera estará sempre apontando para lá.

Por outro lado, as *free cameras* têm apenas um *node*, de forma que devem ser giradas para mirar o sujeito, assim como uma *free spotlight*. Se sua cena exige que a câmera siga uma ação, você será mais bem-sucedido com uma *target camera*.

Você pode criar uma câmera clicando no ícone *Camera* ( ) no painel *Create* e selecionando qualquer um dos tipos de câmera. Para criar uma *free camera*, clique em uma *viewport* para fixá-la. Para criar uma *target camera*, cique na *viewport* para fixar o *node* da câmera e, a seguir, arraste para extrair e colocar o *target node*.

Use câmeras

A característica principal de uma câmera é a lente, que define a distância focal em milímetros e também o campo de visão (*FOV*, sigla em inglês para *field of view*), que determina em graus a largura da área que a câmera vê. Por padrão, uma lente de câmera do 3ds Max possui 43.456mm de comprimento com *FOV* de 45 graus. Para alterar uma lente, você pode mudar os parâmetros *FOV* ou das lentes, ou pegar uma das lentes em estoque disponíveis para sua câmera nos parâmetros do painel *Modify*, conforme mostrado na Figura 15.8.

FIGURA 15.8 *Stock lenses* facilitam escolher as lentes certas para uma cena.

A maneira mais interativa de ajustar uma câmera é usar as ferramentas de navegação *viewport*. A *viewport Camera* deve ser selecionada para as ferramentas da *viewport* câmera estarem disponíveis no canto inferior direito da *UI*. Você pode mover a câmera ou mudar suas lentes ou *FOV*. Você também pode alterar uma câmera selecionando o objeto câmera, movendo-o e girando-o como faria com qualquer outro objeto.

Falar é fácil!

A melhor maneira de explicar como usar uma câmera é criar uma, conforme as seguintes etapas:

1. Defina seu projeto para o projeto *Rendering Scene Files* que você baixou para seu disco rígido do site da editora. Abra o arquivo de cena `Camera Create.max` da pasta `Rendering Scene Files`. Esse é o tabuleiro de xadrez do capítulo sobre iluminação, mas sem uma câmera. Criar uma câmera é o mesmo que criar uma

luz. É mais fácil criar uma câmera na *viewport Top*, de forma que você pode facilmente orientá-la em relação aos objetos de sua cena. A Figura 15.9 mostra a posição pretendida de uma câmera para essa cena.

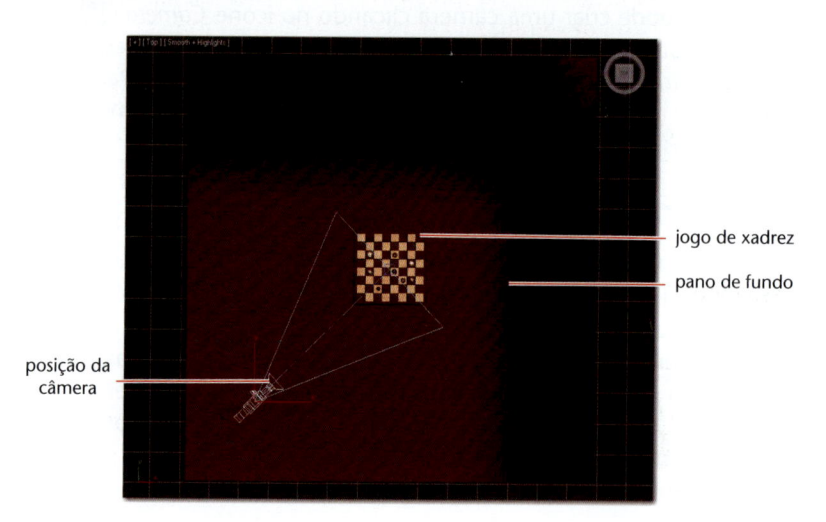

FIGURA 15.9 A câmera ficará aqui.

2. No painel *Create*, clique no ícone *Cameras*. Selecione a *target camera* e vá para a *viewport Top*. Clique a partir da parte de baixo da *viewport* e arraste para o tabuleiro de xadrez. O primeiro clique cria o objeto da câmera. Ao arrastar e soltar se define o local do *target*, da mesma forma quando se cria uma *target light*. Você pode necessitar diminuir o *zoom* de sua visão para conseguir posicionar melhor a câmera.

3. A câmera foi criada ao longo do *plane* de base. Você precisa mover a câmera inteira para cima usando a *viewport Front*. Selecione a câmera e o *taget* para movê-los como uma unidade clicando na linha que conecta a câmera e o *taget* na *viewport*. Use a ferramenta *Move* para recolocar a câmera mais para cima na cena a fim de posicioná-la no nível das peças de xadrez.

4. Para ver a *viewport Camera*, selecione uma *viewport* e pressione a tecla C. Isso altera a *viewport* para qualquer câmera que esteja atualmente selecionada.

Se houver múltiplas câmeras em sua cena e nenhuma estiver selecionada, quando você pressionar C, aparecerá uma caixa de diálogo oferecendo uma lista de câmeras as quais você pode escolher.

5. Agora, renderize a cena (pressione *F9* ou clique no ícone bule de chá na barra de ferramenta principal) a partir da câmera que você acabou de criar e posicionar. Ache um bom enquadramento para o tabuleiro de xadrez e defina sua câmera.

Quando a câmera estiver definida, tire um tempo para dar uma olhada ao redor e ver as alterações na *viewport*. Mover a câmera de um lado para outro é também conhecido como *truck*. Mover a câmera de dentro para fora é chamado de *dolly*. Girar uma câmera é chamado de *roll*. Também altere *Lens* e as definições de *FOV* para visualizar os resultados.

> ◀
> Usar o *zoom* com uma lente (alterar os parâmetros de Lens) não é a mesma coisa que fazer *dolly in* ou *dolly out*. O campo de visão muda quando você aplica *zoom* e fica constante quando você usa *dolly*.

Anime uma câmera

A animação de câmera é feita da mesma forma que a animação de qualquer objeto. Você pode animar a câmera, o *target* ou ambos, assim como os parâmetros da câmera como *Lens* ou *FOV*.

1. Na cena que você acabou de trabalhar, selecione a câmera.
2. Mova o *time slider* para o *frame* 30.
3. Pressione a tecla *N* para ativar *Auto Key*, ou clique no seu ícone.
4. Use a ferramenta *Move* para mover a câmera para mais longe da cena. A ideia é cria uma *dolly*, onde a câmera se afasta da cena.
5. Corra pela animação e faça quaisquer edições que você quiser.

Clipping planes

Em uma cena gigante, você pode excluir ou cortar uma geometria que esteja além de certa distância usando *clipping planes*. Isso ajuda a minimizar a quantidade de geometrias que precisam ser calculadas. Cada câmera tem um *clipping plane* de distância (longo alcance), conforme mostrado na Figura 15.10 (imagem da esquerda) e um *clipping plane* de primeiro plano (para perto), ilustrado na Figura 15.10 (imagem da direita), respectivamente. O *clipping plane* para perto corta a figura de geometria dentro da distância designada a partir das lentes da câmera.

Se achar que um modelo ou uma cena que você importou parece estranho ou está cortado, verifique se seus *clipping planes* estão ajustados para caber no espaço da cena, especialmente com os modelos importados.

Para ativar *clipping planes*, clique na caixa de marcação *Clip Manually* e defina as distâncias necessárias. Quando ativar os *clipping planes* manuais, a câmera exibirá os espaços para perto e para longe nas *viewports* com um marcador plano vermelho.

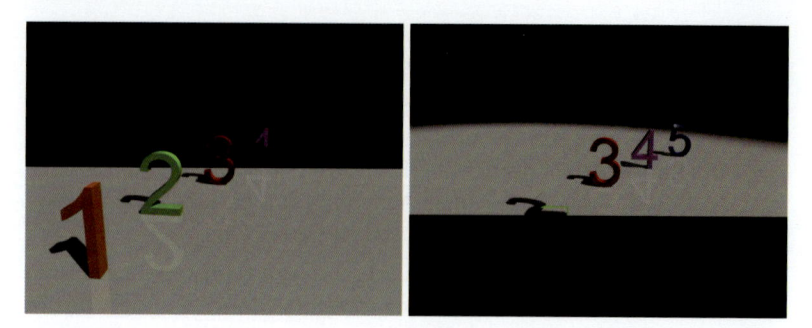

FIGURA 15.10 Um *clipping plane* de longo alcance elimina os espaços distantes de uma cena (imagem da esquerda). Um *clipping plane* para perto elimina os espaços diretamente à frente de uma câmera.

Safe Frame

Para ajudar a garantir que a ação de sua cena esteja contida dentro de uma área segura em telas de TV de definição padrão, você pode ativar a visualização do *Safe Frame* em qualquer *viewport*. Isso, como mostrado na Figura 15.11, mostrará um conjunto de três limites na sua *viewport*.

Área total ativa — Área de segurança de ação

Área de segurança para títulos

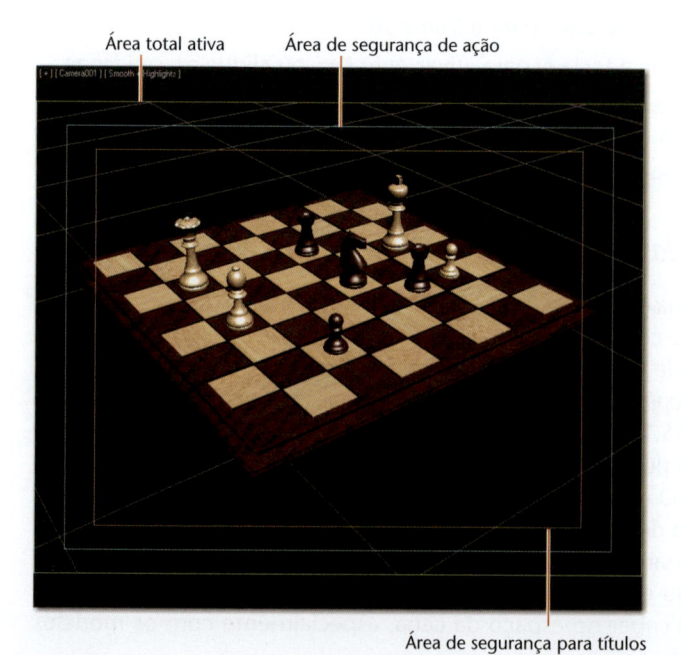

FIGURA 15.11 O *Safe Frame* oferece um limite sugerido para a ação de seu enquadramento.

A área total ativa (*live area*) é a extensão do que será renderizado. A área de segurança de ação (*action safe area*) é o limite em que a ação na cena vai ser exibida em todas ou quase todas as telas de TVs. Finalmente, o limite de área de segurança para títulos (*title safe*) é onde você pode se sentir à vontade para renderizar texto em seu frame.

Para ver as áreas de segurança na *viewport* escolhida, clique no nome da *viewport* no canto superior esquerdo da *viewport* para acessar o menu de contexto e escolha *Show Safe Frame* na lista.

Reflexos e refrações *raytraced*

Como você viu no Capítulo 10, "Introdução aos materiais: O foguete vermelho", é possível aplicar um *image map* a um parâmetro *Reflection* de um material a fim de acrescentar um reflexo simulado ao objeto. Para obter um reflexo verdadeiro dos outros objetos na cena, você precisará usar a metodologia *raytracing*. Há basicamente duas maneiras de criar reflexos *raytraced* em uma cena: usando um *raytraced map* ou um *raytrace material*.

Em muitos casos, o *raytraced map* parece excelente e economiza muito tempo de renderização, ao contrário do *raytrace material*. Tenha em mente, entretanto, que a quantidade de controle que você terá com um *raytrace map* é significativamente menor do que com o *raytrace material*.

Raytrace material

Nos próximos passos, você aprenderá a usar o *raytrace material* para criar reflexos em uma cena com um arranjo de pintura de uma fruta.

1. Defina seu projeto para o projeto *Rendering Scene Files* que você baixou do site da editora. Abra o arquivo `Still_Life_raytrace.max` encontrado na pasta Scenes do projeto *Rendering Scene Files* do site. Se precisar, altere a visão da câmera para *Camera01* em uma das *viewports*.

2. Abra o *Compact Material Editor* e selecione um *slot* de amostra. Clique no botão *Get Material* (⬤) e selecione o *raytrace material* no navegador *Material/Map*.

3 Os parâmetros para criar reflexos estão disponíveis no menu de rolagem *Raytrace Basic Parameters*. Deixe a maior parte desses parâmetros em seus valores predefinidos, mas altere a amostra de

cor de preto para branco. Isso define o reflexo do material até a máxima refletividade.

4. Altere a amostra de cor *Diffuse* para preto a fim de deixar o suporte em que a fruta se encontra nessa mesma cor. Isso faz com que, na renderização, o suporte pareça um material de vidro preto reflexível.

5. Aplique o *raytrace material* no suporte na cena. Renderize a *viewport Camera*. A Figura 15.12 mostra o resultado.

FIGURA 15.12 O *raytrace material* renderiza reflexos.

Refine a renderização

A renderização mostra o *raytrace material* no suporte refletindo como um espelho plano, mas você pode notar as bordas irregulares ou artefatos ao redor dos objetos refletidos. O que você está vendo é uma distorção nos reflexos. Clone essa imagem renderizada pressionando o ícone *Clone Rendered Frame Window* (▓) encontrado na barra de ferramenta da *Rendered Frame Window*.

O *SuperSampling* é uma passagem extra de suavização. Por padrão, o 3ds Max aplica uma única passagem *SuperSample* por todos os materiais na cena.

Na cena atual, selecione o *slot* do *raytrace material* do suporte. Vá para o menu de rolagem *SuperSampling* e desmarque *Use Global Settings*. Marque *Enable Local SuperSampler*. No menu vertical, escolha *Adaptive Halton*, conforme mostrado na Figura 15.13.

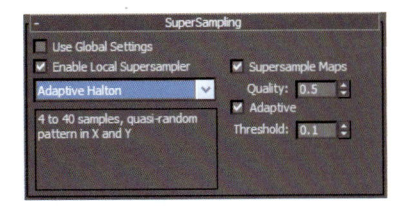

FIGURA 15.13 O menu de rolagem *SuperSampling*.

O método *Adaptive Halton* apresenta um bom desempenho nesse caso. Sempre tente, entretanto, os padrões normais primeiro, pois eles tendem a renderizar mais rápido. Renderize a cena; você notará uma melhora significativa na qualidade dos reflexos, como ilustra a Figura 15.14.

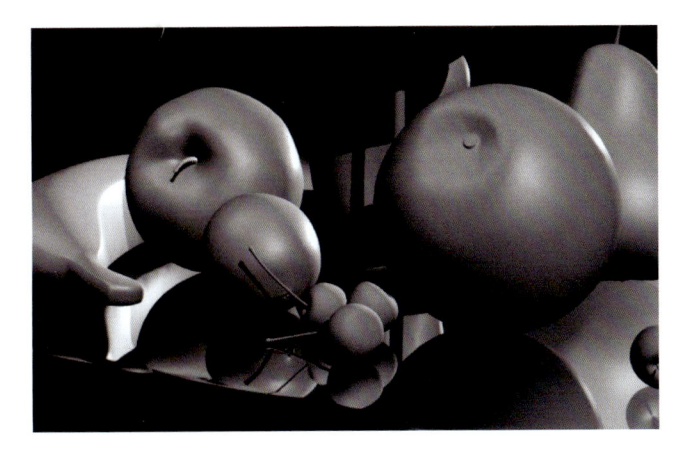

FIGURA 15.14 Reflexos do *raytrace material* com *Local SuperSampling* ativado.

Raytrace mapping

Você pode aplicar *raytracing* apenas a um mapa específico, mas não ao material inteiro. Nesse caso, você atribuirá um *raytrace map* ao canal *reflection map* de um material para obter reflexos reais na cena em um tempo de renderização menor do que se estivesse usando o material que você acabou de fazer. Siga essas etapas:

1. Na cena que você acabou de trabalhar, abra o *Material Editor* e selecione um *sample slot* não utilizado. Mantenha o material definido em *Standard*.
2. No menu de rolagem *Maps*, clique na barra de mapeamento chamada *None* próximo a *Reflection*. Escolha *raytrace map* no navegador *Material/Map*. Deixe os parâmetros de *raytraced map* definidos conforme o padrão.

3. Na barra de ferramenta do *Material Editor,* clique no botão *Go To Parent* ( ).

4. No menu de rolagem *Blinn Basic Parameters,* altere *diffuse color* para preto a fim de corresponder ao suporte preto da renderização anterior.

5. Na seção *Specular Highlights,* altere *Specular Level* para **98** e *Glossiness* para **90**, conforme mostrado na Figura 15.15.

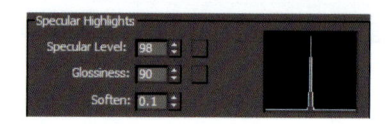

FIGURA 15.15 Os parâmetros *Specular Highlights.*

6. Aplique o material ao objeto suporte na cena e renderize a *viewport Camera*.

7. Você observará a mesma distorção nos reflexos assim como no exemplo anterior. Configure o *SuperSampling* da mesma maneira que fez com o exemplo anterior e renderize de novo.

Dê uma olhada em ambas as imagens criadas com os reflexos usando o *raytrace material* e olhe também aquelas geradas com o *standard material* com o *raytrace map* aplicado ao reflexo. Elas parecem quase idênticas. Contudo, você notará detalhes levemente melhores nos reflexos criados com o *raytrace material*, mas com tempos de renderização maiores.

Refrações usando o *raytrace material*

Refrações usando *raytrace* em vidro podem ser criadas utilizando os mesmos dois fluxos de trabalho para reflexos. O *raytrace material* renderiza melhor, mas demora mais do que um *raytrace map* para o mapa de refração em um material.

Lembre-se de que os tempos de renderização são muito mais lentos com refrações, especialmente se você acrescentar *SuperSampling* à mistura, então, não entre em pânico. Agora você criará refrações usando o *raytrace material*:

1. Na mesma cena, altere a *viewport Camera01* para *Camera02*. Isso proporciona uma visão melhor da taça de vinho a partir do qual faremos a refração, conforme mostrado na Figura 15.16.

2. No *Compact Material Editor,* selecione um *sample slot* não utilizado e clique no botão *Get Material*. Esse será o material para a taça de vinho.

3. Escolha o *raytrace material* a partir do navegador *Material/Map*.

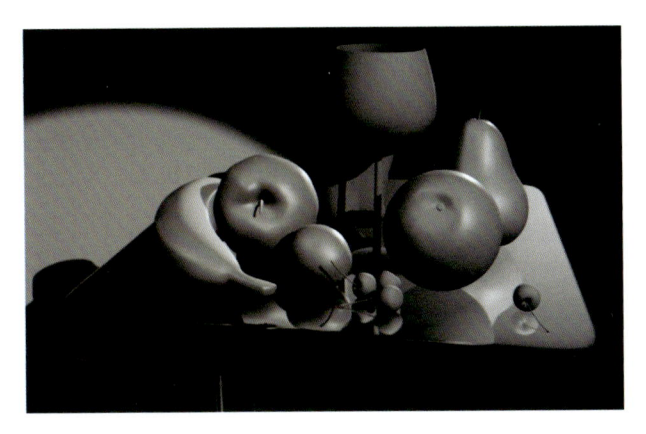

FIGURA 15.16 Altere *Camera01* para *Camera02*.

4. Vá para o menu de rolagem *Raytrace Basic Parameters* e altere a amostra de cor de *Transparency* de preto para branco. (Preto é opaco e branco é totalmente transparente.)
5. Desmarque a caixa próxima a *Reflect* e altere o valor para **20**. Isso define um pequeno reflexo para o material.
6. Olhe o parâmetro *Index Of Refr*. Esse valor define o valor do *index of refraction* (*IOR*) que determina quanto o material deve refratar seu pano de fundo. O valor já está definido para 1,55. Deixe-o assim.
7. Vá para o menu de rolagem *Extended Parameters*, conforme mostrado na Figura 15.17. A seção *Reflections* dos parâmetros está na parte de baixo. Selecione *Additive* e altere *Gain* para **0,7**. Isso acrescenta um pouco de brilho de reflexo para a taça de vinho claro.

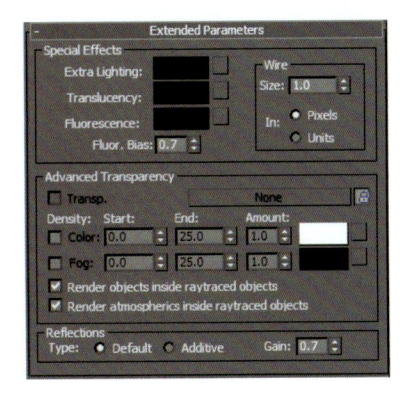

FIGURA 15.17 O menu de rolagem *Extended Parameters* para o *raytrace material*.

8. Vá para o menu de rolagem *SuperSampling* e desmarque *Use Global Setting*. Marque *Enable Local SuperSampler* e mantenha-o definido para *Max 2,5 Star*.

9. No grupo *Specular Highlights*, altere o *Specular Level* para **98** e *Glossiness* para **90**, como ilustra a Figura 15.18.

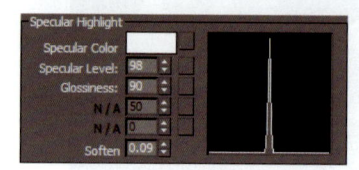

FIGURA 15.18 Os parâmetros do grupo *Specular Highlights*.

10. Aplique o material na taça de vinho. A taça ficará transparente na *viewport*. Renderize. A Figura 15.19 exibe o resultado.

FIGURA 15.19 A refração da taça de vinho é renderizada com o *raytrace material*.

Você notará uma bela renderização da taça de vinho, com uma pequena refração do pimentão.

Altere o parâmetro *Index Of Refr* do material para **8,0**; você verá uma refração muito maior, conforme mostrado na Figura 15.20. Isso pode funcionar melhor para uma garrafa pesada, mas é demais para o vidro. Um parâmetro *Index Of Refr* entre 1,5 e 2,5 funciona muito bem para a taça de vinho, sobretudo na parte inferior do vidro, onde ele arredonda para baixo para encontrar a haste.

FIGURA 15.20 Uma refração muito mais significante é renderizada com um IOR de 8,0.

Refrações usando *raytrace mapping*

Assim como fez com os reflexos, agora usará um *raytrace map* no parâmetro *Refraction* do material da taça de vinho. Nas etapas a seguir, você criará um outro material de refração para a taça de vinho:

1. Na mesma cena, abra o *Compact Material Editor* e selecione um *sample slot* não utilizado. Você manterá o material definido em *Standard*.

2. Vá para o menu de rolagem *Maps* e clique na barra rotulada como *None*, que está próximo a *Refraction*. Escolha o *raytrace map* no navegador *Material/Map*. O material no *sample slot* fica transparente.

3. Clique no botão *Go To Parent* para retornar aos parâmetros do material.

4. Vá para o menu de rolagem *Maps* e clique na barra rotulada *None* próximo a *Reflection*. Escolha o *raytrace map* no navegador *Material/Map*. Saiba que essa definição vai demorar muito tempo para renderizar a imagem. Se você tiver um computador mais lento ou se talvez estiver com pressa, desmarque a caixa *Reflection Map* nos parâmetros do material para desativar o reflexo totalmente.

5. Clique no botão *Go To Parent* para retornar aos parâmetros do material.

6. Vá para o menu de rolagem *Maps* e altere a quantidade *Reflection* para **6**. Isso reduzirá a quantidade de reflexo.
7. Vá para o menu de rolagem *Blinn Basic Parameters* e altere o valor de *Opacity* para **0**.
8. Vá para o menu de rolagem *SuperSampling* e desmarque *Use Global Settings*. Marque *Enable Local SuperSampler* e mantenha-o como *Max 2,5 Star*.
9. No grupo *Specular Highlights*, altere *Specular Level* para **98** e *Glossiness* para **90**.
10. Aplique o material no objeto taça de vinho na cena e renderize conforme mostrado na Figura 15.21. Salve sua cena se quiser mantê-la.

FIGURA 15.21 Use o *raytrace map* no parâmetro *Refraction* para criar refração na taça de vinho.

Você pode controlar o *IOR* por meio dos parâmetros do material no menu de rolagem *Extended Parameters*, na seção *Advanced Transparency*, mostrada na Figura 15.22. Defina o *IOR* em diferentes números para ver como a renderização se compara com as renderizações do *raytrace material*.

Os reflexos e as refrações *raytracing* fazem a renderização ficar um pouco mais lenta. Você pode deixar de fora os reflexos se quiser, mas isso reduzirá a credibilidade da taça de vinho.

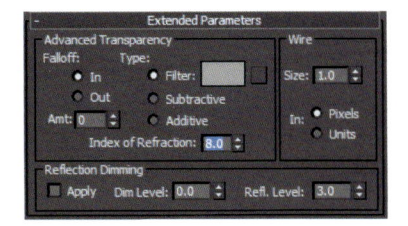

FIGURA 15.22 A seção *Advanced Transparency* no menu de rolagem *Extended Parameters*.

Renderize o foguete

Vamos dar uma rápida olhada na renderização de uma curta sequência de 45 *frames* do foguete. Você basicamente pega a cena do foguete criada no capítulo anterior (com a luz atmosférica de neblina pela janela que definimos). Você precisará ajustar algumas definições da cena, tais como as dos materiais do ambiente e do foguete, para ter as *raytraced reflections* com impacto máximo. Você também animará um movimento de câmera de forma que possa renderizar uma sequência dela para "colar" na porta do seu refrigerador. Vamos lá!

Crie o movimento de câmera

Iniciaremos animando a câmera.

1. Defina seu projeto para o projeto *Red Rocket* disponível no site da editora. Comece abrindo rocket_raytrace_start.max.

    Esse arquivo é o mesmo usado no fim do Capítulo 14, "Introdução à iluminação: O foguete vermelho", mas todos os *reflection maps* foram removidos porque vamos fazer *raytracing* em quase tudo.

2. Para começar a animar, clique no botão *Auto Key* quando estiver no *frame* 0 (Auto Key) para ativá-lo. Vá para o *timeline* na parte inferior da interface e mova o *time slider* para 45. Agora, quando as alterações forem feitas, os *keyframes* serão criados para qualquer objeto selecionado.

3. Selecione a *viewport Camera*, pois vamos criar uma simples animação de câmera. Quando a *viewport Camera* é selecionada, as

ferramentas de navegação da *viewport* mudam, conforme mostrado na Figura 15.23. Essas ferramentas de navegação facilitam o processo de animação da câmera.

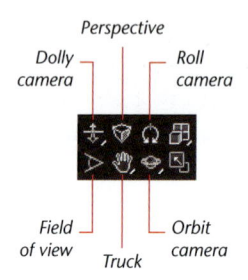

FIGURA 15.23 As ferramentas de navegação da *viewport Camera*.

4. Selecione a ferramenta *Dolly Camera* para mover a câmera para mais perto do foguete. Clique e arraste a ferramenta *Dolly Camera* na *viewport Camera* até você ver apenas a frente do foguete, como ilustra a Figura 15.24.

FIGURA 15.24 Mova (*dolly*) a câmera para mais perto do foguete.

5. Selecione a ferramenta *Truck Camera*, que permite deslocar a câmera. Clique e arraste para cima e para a esquerda na *viewport Camera* a fim de centralizar o foguete na *viewport*.

Capítulo 15 ▶ Renderização no 3ds Max 333

6. Volte às ferramentas da *Camera Navigation* e selecione a ferramenta *Orbit Camera*. Centralize a ferramenta no meio da *viewport* e clique e arraste para a esquerda até você obter uma vista melhor da lateral do foguete.

7. Use a ferramenta *Truck Camera* de novo para mover a câmera mais para a esquerda e centralizar o foguete na *viewport*. A Figura 15.25 deve ilustrar a posição final do foguete na visão da câmera. O movimento da sua câmera terminará nessa posição no *frame* 45 da animação.

FIGURA 15.25 O enquadramento final do seu foguete no *frame* 45.

8. Vá para os controles de animação exibidos na Figura 15.26 e reproduza a animação que você criou. Faça ajustes que você desejar para personalizar o movimento da câmera. Desative o botão *Auto Key* e salve seu arquivo. Lembre-se de atualizar seu arquivo de maneira a não regravar em seu trabalho atual.

FIGURA 15.26 Use os controles para reproduzir a animação.

Acrescente *raytraced reflections*

No Capítulo 10, usamos *reflection bitmaps* para simular os reflexos no foguete usando um bitmap para criar a ilusão de reflexo. O *raytrace map* calcula os reflexos, como eles são de fato no mundo real, refletindo o ambiente do objeto. É claro que, para os reflexos do *raytrace* funcionarem, deve haver algo ao redor para refletir. A fim de demonstrar isso, acrescentaremos *raytracing* ao foguete e ao ambiente.

Para acrescentar *raytraced reflections* ao foguete, comece aqui:

1. Abra o *Compact Material Editor*; você verá todos os materiais que foram criados antes para o foguete.

2. No *Compact Material Editor*, selecione a primeira esfera de amostra na parte superior esquerda; essa é a textura do lado esquerdo do corpo do foguete. Esse é o único lado do foguete que ficará visível em nossa renderização, de maneira que será o único lado que vamos alterar.

3. Vá para o menu de rolagem *Maps*; você verá que o reflexo do bitmap do Capítulo 10 já foi removido. Se você estiver continuando em seu próprio arquivo de cena, simplesmente remova o bitmap atual antes de ir adiante. Para fazer isso, clique com o botão direito do mouse na barra do mapa e escolha *Clear* no menu de contexto.

4. Altere o valor de *Amount* de *Reflection* para **20** e clique em *None* para acrescentar um mapa. No navegador *Material/Map*, escolha *Raytrace*.

5. Renderize um *frame*. Você deve ver um pouco de reflexo do ambiente. Se quiser que o foguete tenha uma quantidade maior de reflexo, volte para o menu de rolagem *Maps* e deixe o valor de *Reflection* acima de 20.

6. Passe pelos materiais no *Material Editor* das partes restantes do foguete para acrescentar *raytrace* nos seus reflexos também. Para esses materiais na cena rocket_raytrace_start.max, você observará que os reflexos dos bitmaps já foram removidos das partes seguintes do corpo para deixá-las prontas para o *raytrace map*:

    ▶ Os dois lados do corpo do foguete (embora você veja apenas um lado do corpo nessas renderizações, pode optar por colocar *raytrace* em ambos).

    ▶ Ponta

    ▶ Estabilizadores

- Calotas (a parte branca das rodas)
- Pneus (a parte preta das rodas)
- Assento

7. Passe pelo *Material Editor* e acrescente *raytracing* a esses materiais. Se você continua com sua própria cena, substitua o bitmap de *reflection* na lista de materiais pelo *raytrace map*.

Não acrescentaremos *raytracing* em tudo no foguete porque os reflexos *raytrace* demoram muito tempo para renderizar. A Figura 15.27 mostra uma renderização do foguete com o *raytrace map* aplicado aos materiais anteriormente mencionados.

FIGURA 15.27 O foguete com os reflexos *raytraced*.

No ambiente, o piso e o vidro da janela devem também ter reflexos *raytraced*, pois os reflexos iriam ficar muito bem com *raytrace* nesses objetos, especialmente com o movimento da câmera. Começaremos com o piso de madeira.

As ranhuras entre os painéis de madeira não devem ter reflexos, apenas os painéis devem refletir. É preciso aplicar uma máscara para os reflexos para bloquear o *raytrace* das ranhuras do chão. O piso já tem um *bump map* para marcar as ranhuras, e é isso que usaremos como máscara também.

Se as texturas de que estamos falando aqui não aparecerem nas *viewports*, selecione o material no *Material Editor* e clique no ícone *Show Standard Map In Viewport* no *Material Editor*. Se os trajetos dos arquivos bitmap não estiverem conectados quando você abrir o arquivo da cena, o 3ds Max abre uma caixa de diálogo de erro, permitindo que você navegue pelas imagens perdidas. Isso pode ocorrer quando houver compartilhamento de projetos e cenas entre computadores, o que é algo comum. Nesse caso, navegue até a pasta do projeto SceneAssets\Images para achar as imagens em bitmap desconectadas.

1. Vá para o *Compact Material Editor* e selecione o material de amostra do piso (o material é chamado FLOORS).
2. Vá para o menu de rolagem *Maps,* altere *Reflection Amount* para **50** e clique em *None* para acrescentar um mapa. Em vez de selecionar *Raytrace,* selecione *Mask.*
3. Clique no botão *None* próximo ao *Map* e selecione *Bitmap* no navegador *Material/Map.* Navegue até a pasta SceneAssets\Images do projeto *Red Rocket* e escolha Beachwood_honey_MASK.tif.
4. Quando o *bitmap* for aplicado, você estará no menu de rolagem *Bitmap Parameters.* Vá para o menu de rolagem *Coordinates* e mude de *Environ* para *Texture.* Sempre que você aplicar um *bitmap* nos reflexos por padrão, o 3ds Max muda o *bitmap* para *Environ* porque ele tenta se comportar como um reflexo real. Precisamos do *bitmap* como máscara para que se comporte como um *bitmap* normal e corresponda ao modificador *UVW Map* aplicado no piso, de forma que suas coordenadas também afetem esse *bitmap,* como ilustra a Figura 15.28.

FIGURA 15.28 Retorne o *bitmap* para *Texture* em vez de *Environ.*

5. Agora, clique no botão *Go To Parent* na barra de ferramenta *Material Editor* para voltar ao menu de rolagem *Mask Parameters.* Selecione a barra *None* próximo a *Mask* e, a seguir, clique em *Raytrace* no navegador *Material/Map.*
6. Renderize o *frame.* Você notará que os reflexos estão muito altos. Você pode, entretanto, ver como as ranhuras não têm reflexos, de forma que a máscara realmente funciona! Para um reflexo melhor, diminua a configuração de *Reflection Amount* do piso no menu de rolagem *Maps* para **10**. A Figura 15.29 mostra uma renderização do foguete.

Ative os efeitos do ambiente

Se você está apenas tentando verificar uma animação com uma renderização, é melhor desativar *raytrace* enquanto faz seu teste de renderização. Para isso, abra a caixa de diálogo *Render Setup* (pressione *F10* ou clique em seu ícone na barra de ferramenta principal) e selecione a aba *Raytracer*; a seguir, vá para o grupo *Global Raytracer Engine Options*, como apresenta a 15.30. Lembre-se apenas de ativá-lo novamente quando seus testes de renderização estiverem prontos.

FIGURA 15.29 Os reflexos no piso estão excelentes!

FIGURA 15.30 O menu de rolagem *Raytracer Global Parameters*.

Para refinar a cena, precisamos de uma atmosfera: *volume* da luz já foi acrescentado à luz principal no capítulo anterior, então, só precisamos ativá-lo. A caixa de diálogo *Render Setup* tem um botão *Deactivate* para *atmospherics*, de maneira que você pode facilmente ativá-los e desativá-los à medida que faz o teste de renderização. Para reativar *atmospherics* na renderização, vá para a aba *Commom* da caixa de diálogo *Render Setup* e, na seção *Options*, marque a caixa *Atmospherics*.

Renderize o frame mostrado na Figura 15.31.

FIGURA 15.31 O foguete está renderizado com o volume da luz brilhando pela janela.

Produza a renderização

Nós precisamos renderizar por inteiro os 45 *frames* do movimento da câmera. Como você viu com a renderização da Bola em Movimento anteriormente no capítulo, a renderização de uma sequência de imagens é feita a partir da aba *Common* da caixa de diálogo *Render Setup*.

Na seção *Time Output*, clique para selecionar *Active Time Segment: 0 to 45*. O arquivo de cena que você começou com o projeto Red Rocket terá seu próprio segmento de tempo definido de forma correta para 0 até 45. Se você estiver trabalhando a partir de seu próprio arquivo de cena, entretanto, você pode definir *Active Time Segment* na sua cena para *0 to 45*, ou o valor de *Range* na caixa de diálgo *Render Setup* manualmente para renderizar do *frame* 0 até o *frame* 45.

A resolução da renderização está definida em *Output Size*. A resolução predefinida é 640x480. Em um bom computador, essa cena com *atmospherics* ativado demorará uma hora para renderizar. Metade do tamanho predefinido é 320x240, o qual levará um quarto do tempo da resolução predefinida (aproximadamente 15 a 20 minutos) para renderizar.

Vá para a seção *Render Output* da caixa de diálogo *Render Setup* e clique em *Files* para abrir a caixa de diálogo *Render Output File*. Normalmente, as animações são renderizadas como sequências de imagens, mas, em nome da simplicidade, vamos renderizar para um filme *Quick Time* (ou para AVI se você não tiver *Quick Time*).

Na caixa de diálogo *Render Output File*, selecione o local em que você quer armazenar o arquivo renderizado e escolha um nome para o filme em *Quick Time* (Rocket_Raytrace.mov, por exemplo). A seguir, no menu vertical *Save As Type*, escolha *MOV Quick Time File (.mov)* e clique em *Save*. A caixa de diálogo *Compression Settings* aparecerá. Mais uma vez, em geral é preferível renderizar para uma sequência de imagens em vez de um arquivo de filme; contudo, nesse caso, um arquivo de filme *Quick Time* será melhor.

Na caixa de diálogo *Compression Settings*, selecione *Photo–JPEG* para o tipo de compressão, defina *Frames Per Second* para **30** e *Quality* para *Best*. Essa definição de *Quality* aplica-se apenas à compressão do arquivo *Quick Time* e não à renderização propriamente. Clique em *OK* para retornar à caixa de diálogo *Render Output File* e em *Save* para retornar à caixa de diálogo *Render Setup*.

Salve sua cena. Você está pronto para renderizar! Apenas clique em *Render* na caixa de diálogo *Render Setup* e saia um pouco de casa com sua família ou bata um papo com alguém ao seu redor. Depois, volte e reproduza o arquivo *Quick Time* que salvou antes no seu computador. A seguir, pegue um ímã gigante e coloque seu monitor na porta da geladeira. Voilà! Você agora está pronto para entrar no mundo da renderização com *mental ray*.

Além do essencial

Renderizar é a maneira utilizada para mostrar sua cena pronta ao mundo ou a qualquer um que parar para dar uma olhada. Nada é mais gratificante do que ver sua criação ganhar vida, e renderização é isso mesmo. Neste capítulo, você aprendeu a configurar e renderizar suas cenas em arquivos. Além disso, você deu um passeio por *raytracing* e câmeras.

A renderização pode ser o último passo do processo, mas você deve fazer a viagem inteira com a renderização em mente, o design, a modelagem, a animação e a iluminação.

Exercícios adicionais

▶ Tente renderizar diferentes resoluções e qualidades para a sua cena e anote os tempos que cada *frame* levou para que você possa avaliar quais configurações funcionam melhor em relação ao tempo envolvido no processamento da renderização.

CAPÍTULO 16

mental ray e *HDRI*

Este capítulo mostrará como renderizar sua cena usando o renderizador *scanline* do 3ds Max e como criar reflexos e refrações utilizando *raytracing*. Além disso, introduz o popular *mental ray Renderer* e o fluxo de trabalho de iluminação *HDRI* (*HDRI lighting workflow*).

mental ray Renderer

O *mental ray* é um popular renderizador de uso geral que tem capacidades fantásticas. Uma de suas qualidades é a habilidade de gerar simulações de iluminação fisicamente precisas baseadas nos princípios de *indirect lighting*. *Indirect lighting* ocorre quando a luz se projeta de um objeto a outro objeto em uma cena. Além disso, a incandescência ou a autoiluminação de um objeto podem iluminar outros objetos na cena. Uma *direct light*, tal como uma *omni light*, não é necessariamente exigida. Outra coisa a considerar é que as refrações e os reflexos de *mental ray* assumem qualidades muito reais quando bem configurados e iluminados.

Ative o *mental ray Renderer*

Para ativar o *mental ray*, no menu principal, escolha *Rendering* → *Render Setup* para abrir a caixa de diálogo *Render Setup*. Na aba *Common*, role para baixo até o menu de rolagem *Assign Renderer* e, a seguir, clique no botão da entrada *Production* mostrada na Figura 16.1. Isso abrirá a caixa de diálogo *Choose Renderer*, ilustrada na Figura 16.2.

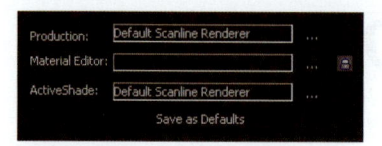

FIGURA 16.1 O menu de rolagem *Assign Renderer*.

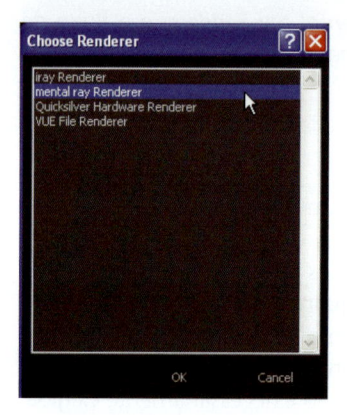

FIGURA 16.2 Selecione o *mental ray Renderer* na caixa de diálogo *Choose Renderer*.

Na caixa de diálogo *Choose Renderer*, selecione *mental ray Renderer* e clique em *OK*. Uma vez que o *mental ray Renderer* estiver atribuído, você pode torná-lo seu renderizador predefinido clicando no botão *Save As Defaults* no menu de rolagem *Assign Renderer*. Agora, a caixa de diálogo *Render Setup* abre com os controles *mental ray* em abas.

A qualidade de amostra do *mental ray*

Quando o *mental ray Renderer* estiver ativado, clique na aba *Renderer* na caixa de diálogo *Render Setup*. Segue uma breve explicação das mais úteis definições de renderização para seu trabalho.

No menu de rolagem *Sampling Quality*, mostrado na Figura 16.3, estão as definições que permitem controlar a qualidade geral da imagem de suas renderizações.

Os valores *Minimum and Maximum Samples Per Pixel* especificam o número de vezes que o *mental ray* gera amostras de um pixel para determinar como melhorar o resultado de suavização para evitar linhas irregulares. Os valores *Spatial Contrast* de *Red, Green, Blue* e *Alpha* determinam o teor exato da amostra dentro desse intervalo. Quanto menores os valores definidos para *Spatial Contrast*, maior a taxa de amostra, levando a uma renderização mais suave com um tempo de renderização maior.

A imagem mostrada na Figura 16.4 foi renderizada com o valor de *Minimum Samples Per Pixel* de 1/16 e o valor de *Maximum Samples Per Pixel* de 1 usando uma definição de *Spatial Contrast* de 0,1 para todos os quatro RGBA. Com o valor de *Minimum Samples Per Pixel* em 4, o valor de *Maximum Samples Per Pixel* em 16, e o valor de *Spatial Contrast* em 0,04 para RGBA, o renderizador se torna muito mais limpo, com um aumento aceitável nos tempos de renderização, como ilustra a Figura 16.5.

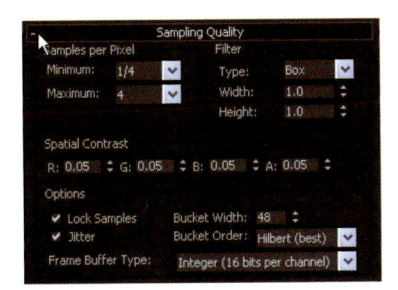

FIGURA 16.3 A aba *Renderer* mostra as definições comuns de *mental ray*.

FIGURA 16.4 Renderização disforme.

FIGURA 16.5 Renderização limpa.

Final Gather com *mental ray*

Uma característica popular do *mental ray* é a iluminação indireta – a simulação da luz que se projeta pelo rebatimento (explicada na próxima seção). Nas abas da parte superior da caixa de diálogo *Render Setup*, clique em *Indirect Illumination*. Há três menus de rolagem; exploremos mais o primeiro deles:

- ▶ *Final Gather*
- ▶ *Caustic* e *Global Illumination* (*GI*)
- ▶ *Reuse* (Cache de Disco do *FG* e *GI*)

Final Gather

O *Final Gather* é um método de renderização em *mental ray* para estimativa de iluminação global (*GI* – *Global Illumination*). Resumidamente falando, *GI* é uma maneira de calcular a iluminação indireta. Dessa forma, os objetos não precisam estar na trajetória direta de uma luz (tal como uma *spotlight*) para serem iluminados na cena. Em poucas palavras, o *mental ray* realiza isso gerando pontos por toda a cena. Esses pontos de luz podem ser rebatidos de objeto para objeto, conferindo luz à medida que se movem, simulando efetivamente como fótons de luz verdadeira agem no mundo físico.

Esse tipo de renderização pode introduzir artefatos ou ruídos no processo de renderizar. Encontrar as configurações certas para equilibrar um processo limpo de renderização com tempos aceitáveis é uma forma de arte e algo um tanto difícil de dominar. A Figura 16.6 mostra o menu de rolagem *Final Gather*. Algumas das opções do *Final Gather*, inclusive como lidar com qualidade e ruídos, são explicadas a seguir.

Grupo básico

Esses são os parâmetros mais importantes na seção *Basic* do menu de rolagem *Final Gather*; eles definem a exatidão e a precisão do movimento dos rebatimentos das luzes, controlando assim o ruído.

FG Precision Presets Slider Define o nível de exatidão da simulação do *Final Gather* ajustando as configurações do renderizador, tais como *Point Density*, *Rays Per Point* e *Interpolation*. Use esse *slider* primeiro para definir a qualidade de sua iluminação na renderização. Na Figura 16.7 (imagem da esquerda), três esferas são renderizadas com uma configuração *Draft* para *Final Gather*, ao passo que a Figura 16.7 (imagem da direita) está definida em *High*. Observe que a imagem da direita apresenta uma renderização mais limpa e também mostra mais o pano de fundo e as esferas do que a qualidade *Draft* na imagem da esquerda.

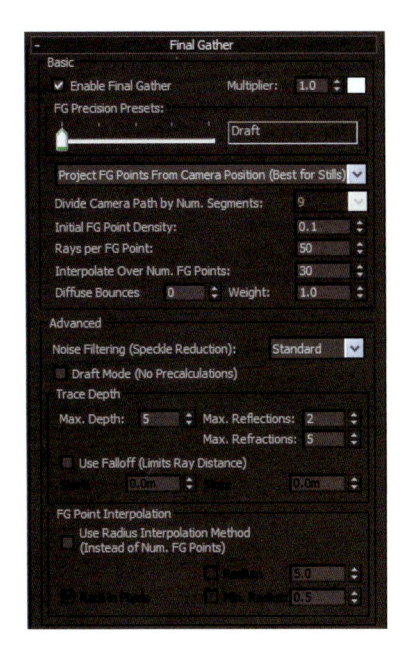

FIGURA 16.6 O menu de rolagem *Final Gather* na seção *Indirect Illumination* da caixa de diálogo *Render Setup*.

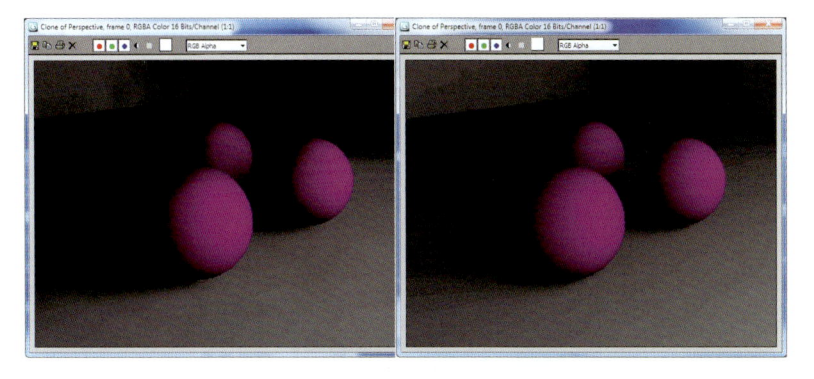

FIGURA 16.7 Na imagem da esquerda, uma configuração *Draft* produz uma renderização teste das esferas. Na imagem da direita, uma definição *High* produz uma renderização de melhor qualidade das esferas.

Initial FG Point Density Esse multiplicador é uma das configurações ajustadas pelo *FG Precision Presets slider*, mas também pode ser definido manualmente. Esse valor define a quantidade e a densidade dos *pontos FG* que são lançados na cena. Quanto maior a densidade desses pontos, mais exata a luz rebatida parece, a custo de tempo de renderização.

Rays Per FG Point Esse valor é controlado pelo *Precision slider*, mas também pode ser definido manualmente. Quanto maior o número de *rays* (raios) usados para computar a iluminação indireta em uma cena, menos ruído e mais exatidão você ganha, mas a custo de tempos maiores de renderização.

Interpolate Over Num. FG Points A interpolação é controlada pelo *FG Precision Presets slider*, bem como por entrada manual. Esse valor é útil para se livrar do ruído nas suas renderizações, a fim de obter resultados mais suaves. Aumentar a interpolação ampliará os tempos de renderização, mas não tanto quanto diminuir os valores de *Point Density* ou *Rays*.

Diffuse Bounces O número de rebatimentos da luz controla o número de vezes que um raio de luz pode rebater e afetar objetos em uma cena antes de parar o cálculo. Se você configurar para rebatimentos mais altos, a simulação de luz será mais precisa, mas os tempos de renderização serão maiores. Uma configuração para *Diffuse Bounces* de 1 ou 2 é adequada para muitas aplicações. A Figura 16.8 mostra a mesma renderização das esferas da Figura 16.7, mas com um valor de 5 para *Diffuse Bounces*. Essa configuração renderiza de forma mais brilhante e também mostra derramamento de cor das esferas roxas no chão cinza.

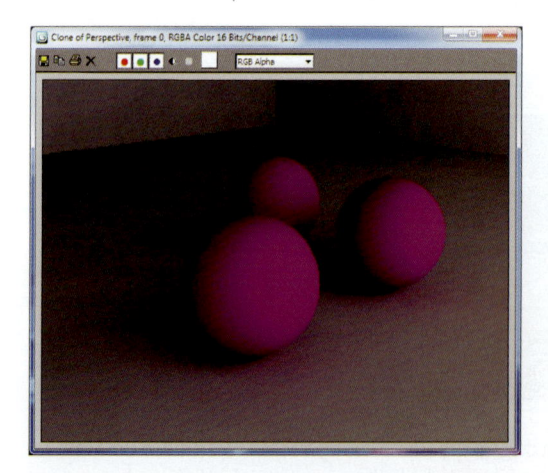

FIGURA 16.8 Rebatimentos mais difusos significam mais luz rebatida.

Grupo avançado

O grupo *Advanced* de definições oferece acesso a maneiras extras de controlar a qualidade de suas renderizações do *Final Gather*. Algumas são resumidamente descritas a seguir. Você deve testar com diferentes configurações à medida que ganhar mais experiência com o *Final Gather* para ver que definições funcionam melhor para suas cenas.

Noise Filtering (Speckle Reduction) Esse valor basicamente distribui de maneira proporcional o brilho dos raios de luz na cena para lhe assegurar resultados mais suaves do *Final Gather*.

Quanto mais alta a filtragem, mais obscura sua simulação do *Final Gather,* e mais longo seus tempos de renderização. Contudo, o ruído na sua iluminação diminuirá.

Draft Mode (*No Precalculations*)   Essa definição permite que você desative um bom número de cálculos que o *mental ray* completa antes de renderizar a cena. Ativar essa definição resulta em uma renderização mais rápida para efeito de visualização e rascunho.

Max. Reflections   Esse valor controla o número de vezes que um raio de luz pode ser refletido na cena. Um valor de 0 desativa os reflexos por completo. Quanto maior o valor, mais vezes você pode ver um reflexo. Por exemplo, um valor de 2 possibilita a visualização de um reflexo de um reflexo.

Max. Refractions   Semelhante ao *Max Reflections,* esse valor define o número de vezes que um raio de luz pode ser refratado através de uma superfície. Um valor de 0 desativa toda a refração.

A Janela do *Frame* Renderizado do *mental ray*

Quando você renderiza um *frame* no 3ds Max, a Janela do *Frame* Renderizado (*Rendered Frame Window*) se abre, exibindo a imagem que você acabou de renderizar. Quando você renderiza com *mental ray*, um painel de controle adicional é exibido na *Rendered Frame Window*, conforme mostrado na Figura 16.9.

FIGURA 16.9   A *Rendered Frame Window* agora mostra vários controles do *mental ray*.

Esse painel de controle lhe dá acesso a muitas das mais úteis configurações da caixa de diálogo *Render Settings*, de forma que você pode ajustar as configurações de renderização de maneira fácil e rápida.

Os materiais *mental ray*

Na sua maior parte, o *mental ray* trata os mapas e materiais regulares do 3ds Max da mesma forma que o *Default Scanline Renderer* trata. Contudo, um conjunto de materiais específicos *mental ray* existe para tirar vantagem extra do potencial do *mental ray*.

O material *Arch & Design* do *mental ray* é excelente para a maior parte das superfícies duras, tais como metal, madeira, vidro e cerâmica. É especialmente útil para superfícies que são lustrosas e que refletem, como metal e cerâmica.

Para mostrar esses materiais, vamos texturizar de novo algumas partes do foguete vermelho do Capítulo 10, "Introdução aos materiais: O foguete vermelho". A Figura 16.10 mostra os parâmetros do material principal do material *Arch & Design*. Vamos olhar as características de que precisamos para o foguete.

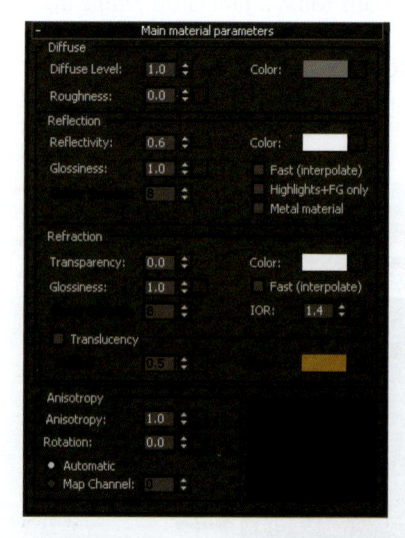

FIGURA 16.10 Os parâmetros do material principal do material *Arch & Design*.

1. Defina seu projeto para o projeto *mental ray* que você baixou do site da Bookman Editora, www.bookman.com.br. Abra o arquivo rocket_mental ray_start.max da pasta Scenes do projeto *Scene Files* do *mental ray* do site. Esse arquivo tem *mental ray* atribuído como renderizador. A cena apresenta o ambiente, o corpo do foguete e o propulsor já texturizados. Não há luzes na cena, mas, porque o *Final Gather* está ativado, ele utiliza as luzes predefinidas (*default*) para gerar uma cena iluminada, conforme mostrado na renderização da Figura 16.11.

FIGURA 16.11 O arquivo do foguete renderizado.

2. Abra o *Slate Material Editor*; na parte superior da área de visualização, você verá duas abas do ambiente e do foguete. Clique com o botão direito do mouse na área em branco próximo às abas, conforme mostrado na Figura 16.12, e crie uma nova área de visualização. Chame-a **More Rocket**.

FIGURA 16.12 Crie uma nova área de visualização.

3. Arraste o material *Arch & Design* para a nova área de visualização da seção do material do *mental ray* do navegador *Material/Map*.
4. Clique duas vezes na imagem miniatura da esfera de amostra para aumentar a área de visualização. Isso também exibirá o material *Arch & Design* no *Material Parameter Editor*.
5. Nomeie o material **Rocket Seat** e, no grupo *Diffuse* dos parâmetros do material principal, clique na amostra de cores. Altere a cor para R: **0,0**, G: **0,0**, B: **0,0** para uma cor preta pura.
6. Deixe *Reflection* em seus valores predefinidos. Isso dará ao assento um leve reflexo. Por padrão, os materiais *Arch & Design* têm reflexo ativado. A área abaixo do grupo *Diffuse* na seção *parameter* do *Slate* é o grupo *Reflection* dos parâmetros. Os reflexos desse

material são calculados usando os valores de *Reflectivity* e *Glossiness*. Quanto maior o valor de *Reflectivity*, mais claros os reflexos serão. O valor de *Glossiness* controla o desfoque dos reflexos: de preciso (um valor de 1) a completamente desfocado (um valor de 0). Quando você borra seus reflexos, quanto mais desfocados eles ficarem, mais ruído haverá na renderização. Você pode usar o valor de *Glossy Samples* para aumentar a qualidade dos reflexos borrados assim que você definir *Glossiness* para nada menor que 1.

7. Arraste uma linha do *output socket* do material para o assento do foguete na *viewport,* conforme mostrado na Figura 16.13.

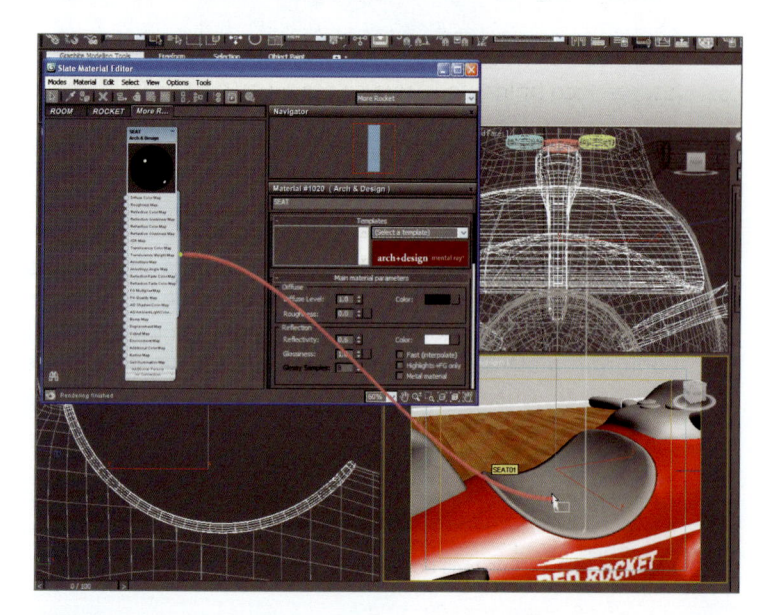

FIGURA 16.13   O material do assento aplicado ao objeto na cena.

Renderize a *viewport Camera* para ver o novo material no assento. A seguir, vá para os estabilizadores. Há três estabilizadores: dois com um material brilhante branco e um com o decalque já aplicado no Capítulo 10. O corpo do foguete e o estabilizador com o decalque já estão texturizados nessa cena. Para se familiarizar com o material *Arch & Design*, você texturizará apenas algumas partes do foguete.

8. Arraste outro material *Arch & Design* para dentro da nova vista da área e nomei-a **Fin**.
9. No grupo *Diffuse* de parâmetros, clique na amostra de cores e altere a cor para branco, usando esses valores: R: **1,0**, G: **1,0**, B: **1,0**.
10. Arraste uma moldura do material *output socket* para os objetos fin04 e fin05 nas *viewports*. Esses são os dois estabilizadores brancos nas laterais do foguete.

As rodas serão feitas da mesma forma que no Capítulo 10: usando o material *Multi/Sub-Object* e arrastando os materiais que foram individualmente criados para os polígonos selecionados. A diferença agora é que você usará o material *Arch& Design*.

A roda está dividida em três materiais: vermelho brilhante para o parafuso, branco brilhante para a calota e preto rugoso para o pneu.

1. Selecione uma das rodas, vá para o modo *Polygon*. Selecione todos os polígonos para o parafuso na roda, tomando o Capítulo 10 como referência para técnicas de seleção.
2. No *Slate Material Editor,* você criará um material vermelho brilhante. Arraste um material *Arch & Design* para a área de visualização. Altere *Diffuse color* para R: **0,8**, G: **0,0**, B: **0,0** e renomeie-o **Wheel_Bolt**. A seguir, arraste-o para os polígonos selecionados do parafuso.
3. Selecione as partes brancas da roda. Depois, no *Slate,* em vez de criar um novo material, use o material *Fin* que você já criou. Arraste uma linha do *output socket* do material *Fin* branco já existente para os polígonos selecionados.
4. Repita o passo 3, mas selecione os polígonos para a parte preta da roda. Em seguida, no *Slate,* vá para as abas na parte superior da área de visualização e clique na aba *Rocket*. Ela tem alguns materiais já configurados para você.
   Escolha o material do *Arch & Design* chamado HANDLE BAR e arraste-o para os polígonos selecionados da roda.
5. Repita o mesmo processo (passos 1–4) nas três rodas restantes, ou apenas exclua-as e clone aquela que estiver pronta.
6. Renderize a *viewport Camera01*. Se não estiver carregada em uma *viewport*, apenas selecione uma *viewport* e pressione a tecla C; isso abrirá a lista *Select Camera*. Escolha *Camera 002*. A renderização é mostrada na Figura 16.14.

FIGURA 16.14 O foguete texturizado.

As luzes fotométricas do 3ds Max nas renderizações do *mental ray*

Muitos dos parâmetros de luzes fotométricas são os mesmos ou semelhantes às luzes padrão (*standard*) que vimos no Capítulo14, "Introdução à iluminação: O foguete vermelho." Aqui, mostraremos os parâmetros que são específicos para luzes fotométricas. Luzes fotométricas simulam a iluminação real usando valores de energia de base física e temperaturas de cores.

1. Você pode continuar com o arquivo que está trabalhando ou pode abrir o arquivo rocket_mental ray_light.max da pasta Scenes do projeto *Mental Ray Scene Files* do site da editora.

2. Na barra *Main Menu*, escolha *Create → Lights → Photometric Lights → Target Light* para criar um *target* de luz fotométrica.

3. Quando você clica no *target* da luz fotométrica, uma janela pop-up se abre recomendando que você use o *Photographic Exposure Control* do *mr* (*mental ray*). Clique em *OK*.

4. Na *viewport Top*, arraste para criar a luz desde a parte de baixo do foguete para cima.

5. Altere para a *viewport Right* e mova a luz para cima. Certifique-se de que a luz permaneça dentro do ambiente.

6. Com a luz ainda selecionada, vá para o painel *Modify*. O primeiro menu de rolagem na pilha de modificadores é *Templates*.

Esse menu de rolagem oferece acesso a várias predefinições de tipos de luz para poupar tempo na criação de uma. Sinta-se à vontade para brincar com as predefinições diferentes e renderizar o *frame* do foguete algumas vezes a fim de ver as diferenças antes de continuar com o exercício e passar para o próximo passo.

7. No menu vertical *Select A Template*, selecione *Recessed 75W Lamp (Web)*.

    Uma luz fotométrica com uma distribuição "*web*" define o comportamento da luz e a luz que ele gera. Os fabricantes de iluminação fornecem arquivos web que modelam os tipos de luz que eles fazem; dessa forma, usar esses padrões de distribuição como *templates*, por exemplo, oferece muitas opções na simulação de luzes reais, como a lâmpada de 75 watts embutida. A Figura 16.15 mostra o padrão de distribuição dessa luz conforme pode ser visto no Painel de Comando.

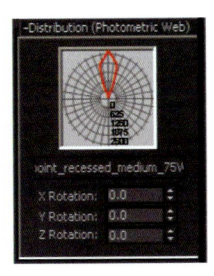

FIGURA 16.15 O menu de rolagem *Distribution* (*Photometric Web*).

8. Você tem que tomar cuidado com algumas coisas básicas agora. Com a luz ainda selecionada, abra o menu de rolagem *General Parameters* e marque a caixa *Targeted*. No começo, você criou uma *target light,* mas, quando usou o *template*, ele removeu o *target*. Ter um *target* em uma luz deixa mais fácil editar a posição da mesma. Marcar essa caixa ativa o *target* de volta à luz.

9. Clique na caixa *Shadows On box* para ativar a sombra. No menu vertical, escolha *Ray Traced Shadows.*

10. Ative a *viewport Camera001* e, na barra do menu principal, escolha *Rendering* → *Environment*. No menu de rolagem *Exposure Control,* clique no botão *Render Preview*, conforme mostrado na Figura 16.16. Você pode notar que a visualização ou aparecerá muito brilhante ou muito escura a princípio. Se isso ocorrer, a função visualização vai operar perfeitamente assim que você renderizar um *frame* pela primeira vez.

FIGURA 16.16 Os menus de rolagem *Exposure Control* e *mr Photographic Exposure Control* na caixa de diálogo *Environment And Effects*.

> Os controles de exposição (*Exposure Controls*) ajustam os níveis de *output* e o alcance de cores de uma renderização. Esses controles são semelhantes às definições de exposição de filme do mundo real (*real-world film exposure settings*) em uma câmera verdadeira.

11. No menu de rolagem *mr Photographic Exposure Control*, selecione *Exposure Value* (*EV*), se já não estiver selecionado. Defina alguns valores de *EV* e veja o que acontece na caixa de diálogo *Render Preview*. Quanto mais alto o número *EV*, mais escura a cena será. Configure o valor de *EV* para **7** ou algo aproximado disso e renderize, como ilustra a Figura 16.17. Você pode continuar a trabalhar com o valor *EV* para testá-lo com o nível de luminosidade. Certifique-se de voltar para 7 e feche a caixa de diálogo *Environment And Effect*.

Os parâmetros de luz fotométrica

Agora vamos olhar no Painel de Comando no menu de rolagem *Intensity/Color/Attenuation* da luz fotométrica da nossa luz de 75W, conforme mostrado na Figura 16.18.

FIGURA 16.17 O foguete até agora.

FIGURA 16.18 O menu de rolagem *Intensity/Color/ Attenuation* da luz fotométrica no Painel de Comando.

O grupo de parâmetros *Color* controla a temperatura de cor da luz, que você pode definir ou com uma cor ou em valores de graus Kelvin, igual às luzes fotográficas reais. O que está predefinido é *D65 Illuminant* (*Reference White*).

O grupo de parâmetros *Intensity* controla a intensidade ou o brilho de luzes medidas em *lm*, *cd* ou *lx at*:

lm (lumen)   Esse é o valor de energia de saída total da luz. Uma lâmpada de 100 watts de uso geral mede cerca de 1750 *lm*.

cd (candela)   Esse valor mostra a intensidade luminosa máxima da luz. Uma lâmpada de 100 watts de uso geral mede cerca de 139 *cd*.

lx at (lux)   Esse valor mostra a quantidade de luminosidade criada pela luz que brilha sem uma superfície a certa distância.

O grupo de parâmetros *Dimming* é outro local para controlar a intensidade da luz. Quando a caixa *Resulting Intensity* está marcada, o valor especifica um multiplicador que obscurece a intensidade existente da luz e toma o controle da intensidade. Começando a partir da última etapa do exercício anterior, vamos agora testar esses valores nos próximos passos:

1. Com a luz 75W selecionada, vá para o Painel de Comando e, no grupo *Color* no menu de rolagem *Intensity/Color/Attenuation,* clique no botão próximo a *Kelvin* e altere o valor para **4000**. Isso dará à luz um pouco mais de calor, acrescentando mais amarelo/vermelho.

2. No grupo *Dimming*, desmarque a caixa próximo a 100% em *Resulting Intensity* para ativar o parâmetro *Intensity*.

3. No grupo *Intensity*, selecione *cd* e defina a quantidade de *cd* para **2500**. Isso iluminará um pouco as coisas.

4. Renderize, conforme mostrado na Figura 16.19.

   A cena ainda parece um pouco escura, e as sombras estão muito escuras também, como se fossem buracos negros. Use o *Final Gather* para iluminar a renderização com um todo. Até aqui, você usou as definições predefinidas do *Final Gather*. É necessário agora que os raios, gerados pela luz, sejam rebatidos. Quanto mais rebatimentos a luz faz, mais luminosidade há no quarto. Contudo, mais rebatimentos tornam a renderização mais lenta. É bom equilibrar os rebatimentos com o controle de exposição (*exposure control*) e com a intensidade da luz, para melhores e mais eficientes resultados.

5. Em *Rendered Frame Window,* quando você já estiver renderizando com *mental ray,* o minipainel do *Final Gather* estará disponível para rápidas alterações. A maior parte desses controles também tem uma *home* na caixa de diálogo *Render Setup,* e alterar o valor em uma caixa de diálogo atualiza o valor correspondente na outra. No minipainel abaixo de *Rendered Frame Window,* de acordo com a Figura 16.20, altere *FG Bounces* para **7**. Renderize e com-

pare a renderização resultante mostrada na Figura 16.21 com a Figura 16.19. A Figura 16.21 apresenta o foguete pronto.

FIGURA 16.19 A renderização do foguete com as alterações de cor e intensidade.

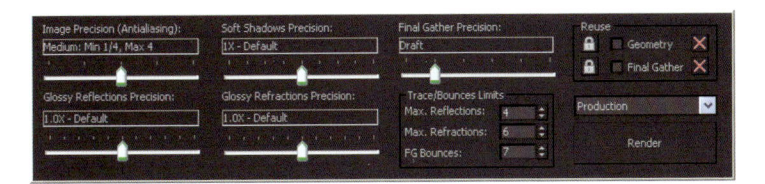

FIGURA 16.20 Esse minipainel dá acesso aos controles do *Final Gather* para ajustar sua renderização de forma prática.

FIGURA 16.21 A renderização pronta, em *mental ray*, do foguete vermelho.

O 3ds Max *Daylight System* em renderizações do *mental ray*

Os sistemas *Sunlight* e *Daylight* simulam a luz do sol seguindo o ângulo geograficamente correto e o movimento do sol sobre a Terra. Você pode escolher o local, a data, a hora e a bússola de orientação para definir a orientação do sol e suas condições de luminosidade. Você pode também animar a data e a hora para obter visuais muito legais de intervalo de tempo e estudo de sombra. Basicamente, esse tipo de luz funciona bem com *mental ray* e *Final Gather*. Neste exercício, você vai usá-lo em sua forma mais básica, fazendo uso de todas as suas predefinições:

1. Abra o arquivo `rocket_mental ray_final.max` da pasta Scenes do projeto *Mental Ray Scene Files* do site da editora. Esse é o arquivo que você concluiu depois de aplicar as texturas *Arch & Design* anteriormente no capítulo.

2. Na barra do menu principal, escolha *Create* → *Lights* → *Daylight System*, conforme mostrado na Figura 16.22.

    Um alerta *Daylight System Creation* aparecerá como na Figura 16.23, perguntando se você quer alterar os controles de exposição para adequar o sistema *Daylight*. Clique em *Yes*.

FIGURA 16.22   O sistema *Daylight*.

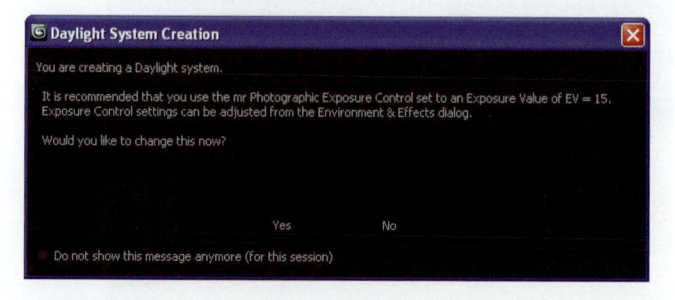

FIGURA 16.23   Alerta *Daylight System Creation*.

3. Em uma *viewport Top*, clique e arraste no centro da cena. Isso criará uma bússola que está anexada ao sistema *Daylight*. Torne-a do tamanho do ambiente.

4. Quando você soltar o botão do mouse, mova-o de forma que a luz seja colocada do lado de fora das paredes do ambiente. O sistema *Daylight* deve simular o sol e o céu, de modo que ele precisa estar do lado de fora do ambiente.

5. Com a luz ainda selecionada, abra o painel *Modify* e, no menu de rolagem *Daylight Parameters,* altere os menus verticais nos parâmetros *Sunlight* e *Skylight* para *mr Sun* e *mr Sky,* respectivamente. Quando você alterar o parâmetro *Skylight*, um alerta do *mental ray* aparecerá perguntando se você deseja colocar um mapa do ambiente *mr Physical Sky* na sua cena. Clique em *Yes,* conforme mostrado na Figura 16.24.

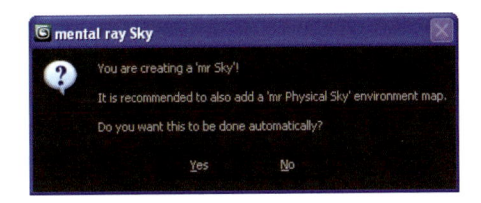

FIGURA 16.24 Acrescente o mapa de ambiente *mr Physical Sky* na cena.

6. Também no *Daylight Parameters*, em *Position*, selecione *Manual*. Isso permitirá o uso da ferramenta *Move* para mover a luz para onde você quiser. A posição predefinida representa o meio-dia. Quanto mais baixa a luz estiver no horizonte na sua cena, mais ela simulará céus escuros ao pôr do sol. Deixaremos a luz na posição predefinida.

7. Selecione a *viewport Camera01* e renderize. Como você pode ver, está muito escuro. Você está tentando simular um dia ensolarado e, afora a iluminação direta estar entrando pela janela, está bem escuro, conforme mostrado na Figura 16.25. Uma boa ferramenta para usar nessa situação é *mr Sky Portal*. Ela oferece uma maneira eficiente de usar uma iluminação de uma cena de céu por meio de uma cena de interiores já existente, que não exige muito *Final Gather* ou *GI* resultando em tempos de renderização muito longos.

Um portal age como uma luz de área *mental ray*. Essa luz adquire seu brilho e cor do ambiente que já está na sua cena.

8. Na barra do menu principal, escolha *Create → Lights → Photometric Lights → mr Sky Portal.*

9. Na *viewport Front*, arraste um *mr Sky Portal* de forma que se ajuste no tamanho da janela na parede. A seguir, em uma *viewport Top*, mova o *mr Sky Portal* de volta, a fim de se alinhar com a abertura da janela dentro do ambiente, de acordo com a Figura

16.26. Certifique-se de que a seta esteja apontando para dentro do ambiente. Renderize a *viewport Camera* novamente. Isso ajuda, mas não é o suficiente; ainda está muito escuro. É hora, então, de usar os controles de exposição.

FIGURA 16.25   A renderização com o sistema *Daylight* está muito escura.

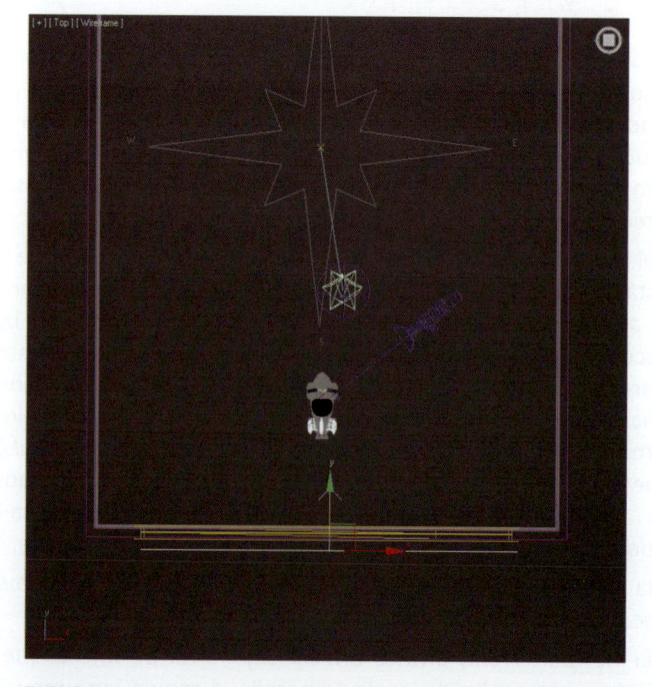

FIGURA 16.26   Mova o *mr Sky Portal* para a janela na parede na *viewport Top*.

10. Na barra do menu principal, escolha *Rendering* → *Exposure Control*. Clique em *Render Preview*.

11. No menu de rolagem *mr Photographic Exposure Control,* altere *Exposure Value (EV)* de 15 (o predefinido) para **12**, conforme mostrado na Figura 16.27. Você deve notar a visualização renderizada mudar para exibir a atualização. Renderize a *viewport Camera* novamente para ver a diferença. Parece bom, mas ainda está um pouco escuro, então, é hora de acrescentar os rebatimentos do *Final Gather*.

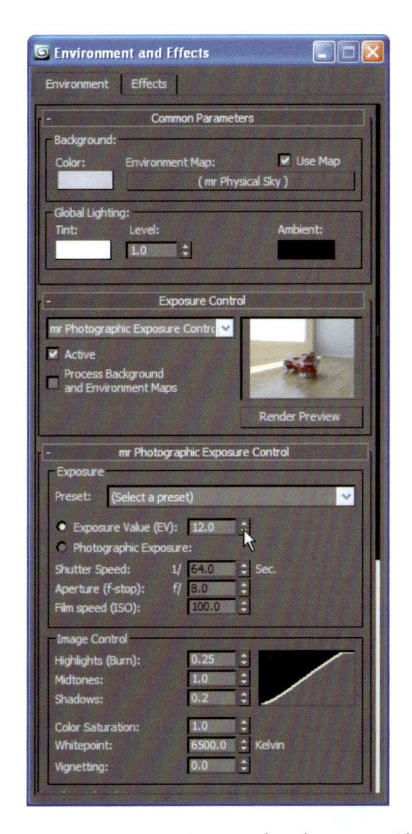

FIGURA 16.27 O menu de rolagem *mr Photographic Exposure Control*.

12. Nos minicontroles do *mental ray* da *Rendered Frame Window*, altere *FG Bounces* para **5**. Renderize a imagem de novo; ela deve se parecer como a Figura 16.28.

FIGURA 16.28 Renderize com *Final Gather Bounces* definido em 5.

É isso aí! Se você quiser brincar um pouco mais, recomendamos mover a luz para uma sombra mais expressiva no piso. Mover a luz pode ter um efeito impactante nos níveis de luminosidade também, então, esteja preparado para editar *FG Bounces* e *Exposure Controls*. A última renderização é mostrada na Figura 16.29.

FIGURA 16.29 A renderização final.

HDRI

A imagem de alto alcance dinâmico (*HDRI*, sigla em inglês) é usada em CG para criar cenas mais realistas do que os modelos de iluminação mais simples conseguem fazer.

Uma *HDRI* é criada quando várias fotos em diferentes exposições são tiradas do mesmo elemento, variando de muito escuro (subexposição), para destacar apenas a partes mais brilhantes da cena, até muito brilhante (superexposição), para capturar as partes mais escuras da cena. Quando essas imagens (tipicamente cinco ou sete) são compiladas em uma imagem *HDR*, você obtém um alcance fantástico de brilho para escurecer determinado elemento ou ambiente.

O *mental ray* pode criar uma mapa do ambiente em sua cena no qual você atribui uma imagem, geralmente uma *HDRI*. Esse mapa usa o brilho de sua imagem para lançar luz na sua cena.

O melhor tipo de imagem para captura de *HDRI* é às vezes chamada de *light probe* (sonda de luz). É uma foto de um ambiente tal como o escritório refletido em uma bola de aço cromado mostrado na Figura 16.30. Você pode também conseguir uma *light probe* usando uma lente de câmera olho de peixe capaz de capturar um campo de visão perto de 180 graus.

A Figura 16.31 exibe o alcance de fotos de subexposto (escuro) a superexposto (brilhante) que foram usadas para compilar essa amostra *HDRI*.

FIGURA 16.30 Uma foto *light probe* da mesa de trabalho do autor, tirada com uma bola de aço cromado.

FIGURA 16.31 As cinco exposições que compõem uma amostra *HDRI* de uma mesa de trabalho.

No próximo exercício, você usará um *HDRI* predefinido da biblioteca *HDRI* do 3ds Max instalado com o programa. Veja a Figura 16.32.

FIGURA 16.32 Imagem *HDR* predefinida da biblioteca do 3ds Max.

Abra o arquivo `soldier_mental ray_start.max` da pasta Scenes do projeto *Mental Ray Scene Files* do site da editora. Essa cena tem o soldado pronto texturizado e um tanque modelado por Federico Esparza, estudante de um dos autores, que foi inspirado pelo design de um tanque no popular videogame *Warhammer 40,000: Dawn of War THQ*. Há um *flat plane* com algumas texturas sujas com fissuras nele, e o arquivo está configurado com *mental ray* como renderizador. Nada muito sensacional, mas já é o suficiente.

1. Quando a cena estiver aberta, na barra do menu principal, escolha *Create* → *Lights* → *Standard Lights* → *Skylight*. Apenas clique em qualquer lugar na sua cena para criar a luz do céu.
2. A seguir, carregue o arquivo *HDRI* para o ambiente. Escolha *Rendering* → *Environment*. No menu de rolagem *Common Parameters* na aba *Environment*, clique no botão *None* em *Environment Map*, conforme mostrado na Figura 16.33. Isso abrirá o *Material/Map Browser*.

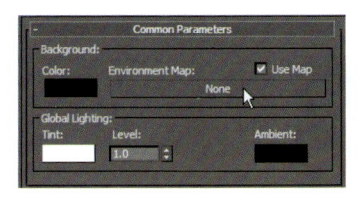

FIGURA 16.33 Acrescente a imagem *HDR* no *Environment map*.

3. Escolha *Bitmap* no menu de rolagem *Standard Maps*. Navegue até a biblioteca livre do 3ds Max na pasta *Maps*, instalada quando você instala o aplicativo 3ds Max 2012 (tipicamente aqui: C:\ Program Files\Autodesk\3ds Max 2012\maps\HDRs) e selecione KC_outside_hi.hdr. A caixa de diálogo *HDRI Load Settings* aparece; clique em *OK*, conforme mostrado na Figura 16.34.

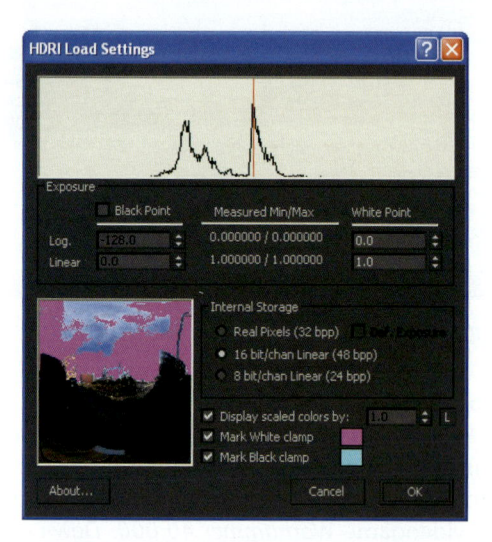

FIGURA 16.34   A caixa *HDRI Load Settings*.

4. O mapeamento do *HDRI* que é carregado no ambiente precisa ser editado. Com a caixa de diálogo *Environment And Effects* ainda aberta, vá para o *Slate Material Editor* e coloque as janelas lado a lado. Arraste o botão *Environment Map* na aba *Environment* para a área de visualização do *Slate Material Editor*. Isso abrirá uma caixa de diálogo *Instance (Copy)*. Clique em *Instance* e, a seguir, em *OK* para carregar o mapa *HDRI* para dentro do *Material Editor*. Clique duas vezes no *HDRI map node* para carregar os parâmetros. No menu de rolagem *Coordinates,* selecione *Environ* e altere o menu vertical *Mapping* para *Spherical Environment*, de acordo com a Figura 16.35.

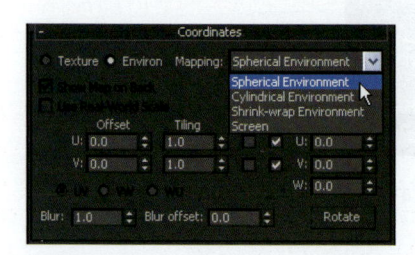

FIGURA 16.35   O parâmetro *Mapping* definido para *Spherical Environment*.

5. Selecione a luz do céu e, nos parâmetros, dentro de *Sky Color*, selecione *Use Scene Environment*. Isso fará com que a luz faça referência ao *HDRI* carregado para dentro do ambiente para a iluminação.

6. Renderize a *viewport Camera*, conforme mostrado na Figura 16.36. Como você pode ver, todas as partes em aço cromado no tanque parecem boas, mas, no geral, a cena fica meio sem vida. Certamente não se assemelha a uma cena ao ar livre durante o dia em um fundo de um lago seco, conforme mostrado na Figura 16.36.

FIGURA 16.36 Fundo de um lago seco como exemplo da iluminação do soldado e do tanque.

Precisamos de mais luz – especificamente, luz solar! O trabalho da luz do céu é criar iluminação indireta. Agora, é a vez do sol. Com o sistema *Daylight*, a cena tinha iluminação direta e indireta, mas o sistema *Daylight* não funciona com *HDRI*, então precisamos de outra maneira para criar a luz do sol nessa cena. Para o sol, podemos usar quase qualquer luz que possa ser direcionada. Usaremos, portanto, *mr Area Spot*. Essas luzes funcionam bem com *mental ray* e têm parâmetros muito semelhantes a qualquer luz padrão. As sombras estão ativadas e definidas para *Raytraced* por predefinição.

7. Na barra do menu principal, selecione *Create → Lights → Standard Lights → mr Area Spot*. Para criar a luz na *viewport*, comece na *viewport Top* e arraste a partir da parte debaixo do soldado e do tanque e suba; a seguir, alterne para a viewport *Left* e mova a luz para cima e para longe da cena, como está Figura 16.37.

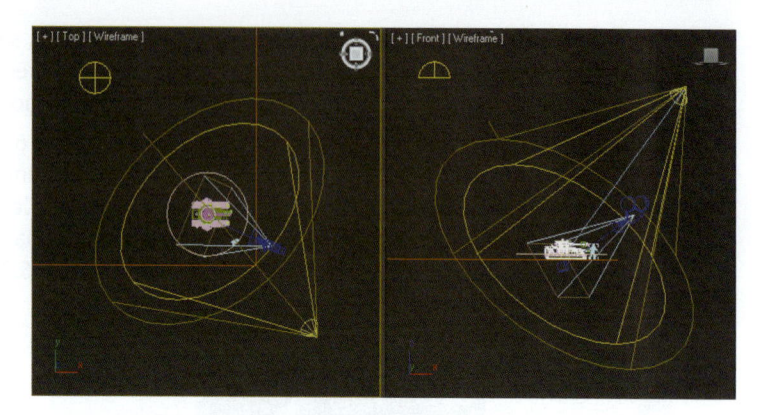

FIGURA 16.37 Coloque o *mr Area spotlight*.

8. Com a luz selecionada, abra o menu de rolagem *Spotlight Parameters* no Painel de Comando e marque *Overshoot*. Isso faz uma *spotlight* iluminar além de sua área de alcance e lançar luz em todas as direções. Defina a quantidade de *Falloff* para **90**, conforme mostrado na Figura 16.38.

FIGURA 16.38 Menu de rolagem *mr Area Spotlight Parameters*.

9. No menu de rolagem *Intensity/Color/Attenuation*, altere a configuração de *Multiplier* para **0,5**. Renderize o *frame* e compare-o com a Figura 16.39. Pronto!

Com o exemplo do tanque, o mapa do ambiente *HDRI* criou uma luz de preenchimento geral para a cena, mas também agiu como um excelente ambiente de reflexo para o detalhe contrastante em aço cromado do tanque. Acrescentar o *mr Area Spotlight* extra possibilitou a criação de uma luz solar como luz principal que deu à cena realces e também definiu sombras direcionais. Os mapas de ambiente do *HDRI* são ótimos para inserir cenários de iluminação complexos, mas também são frequentemente aumentados com as luzes fotométricas e padrão para expor o objeto da cena.

FIGURA 16.39 A renderização final do tanque e do soldado.

> **ALÉM DO ESSENCIAL**
>
> Neste capítulo, você aprendeu o básico de renderização com o *mental ray* no 3ds Max 2012. Você viu as definições de qualidade e como elas podem ajudá-lo a renderizar melhor. Encontrar o equilíbrio certo de configurações para uma renderização limpa é uma arte em si. Você também começou a iluminação com o *Final Gather* e depois aprendeu como *HDRI* pode ser útil para a iluminação.
>
> **EXERCÍCIOS ADICIONAIS**
> - Experimente alguns dos outros mapas *HDRI* que vêm com a instalação do 3ds Max para ver como eles afetam a cena e os reflexos no metal do tanque.
> - Faça experiências com as configurações do *Final Gather* para obter a melhor aparência no menor tempo de renderização possível no caso do foguete vermelho.

ÍNDICE

Aviso ao leitor: Ao longo deste índice os números das páginas em **negrito** indicam discussões iniciais de um assunto. Os números da página em *Itálico* indicam ilustrações.

A

aceleração em animação, 116, *116–117*
Active Time Segment, configuração
    Dope Sheet, 286
    foguete vermelho, 338
    time output, 313
Adaptive Halton, opção, 324–325
Add Atmosphere Or Effect, janela, 307
Adjust Pivot, menu de rolagem, 112, 166
Advanced, configurações, do Final Gather, **346–347**
Advanced Effects, menu de rolagem, 300
Affect Pivot Only, opção, 95, 112, 166
ajustando o soldado
    cabeça, 236–240, *237–240*
    UVs dos braços, 233–235, *234–236*
alças dos keyframes, 118, *118*
alerta de dependência de topologia, 236–237, *237*
Align Selection, caixa de diálogo, 95
alinhamento
    foguete vermelho
        corpo, 219–220, *220*
        propulsor, 95
    lathes, 89
    UVW mapping, 214, *214*
alterando viewport, **9–10**
altura dos bípedes, 259, *259*
alvos na animação da faca, **137–139**, *138–139*
ambient color de materiais, 202
Amount of noise, configuração de, 309
animação
    bola em movimento. *Veja* Bola em Movimento, projeto
    câmeras, 321, 331–333, *332–333*
    controles de chave de animação, 3
    faca arremessada. *Veja* animando o arremesso de uma faca
    passos do bípede, 266–270, *266–269*
    soldado. *Veja* soldado
animação, ciclos de, **113–115**, *114-115*
animação, curvas de. *Veja* curvas e Curve editor
animação de forma livre, 276
    sequência do movimento, 281–282, *282*
    soldado
        acrescentando, 277–278
        braços, 280–281, *281*
        cabeça, 278–280, *278–280*

animação achatar e esticar, **120–121**, *120–121*
animando o arremesso de uma faca, **129**
    bloqueio, 129–131, *130–131*
    dinâmica (momentum), 137
    impulso, 135–136, *135–136*
    objetos pais e filhos, 137–139, *138–139*
    rotação, 133–135, *133–134*, 137
    sequência, 136–137, *137*
    trajetórias, 132–133, *132*
Animation Playback, controles, 16
Ankle Attach, parâmetro, 261
Application, botão, 2, *2*
Application, menu, 1
Apply And Continue, opção, 8
Arch & Design, material, 348–351, *348*
área da axila do soldado, **172–173**, *172-173*
área da virilha do soldado, 159, *160*, 162, *163*
áreas de segurança, 323
áreas seguras em telas de TV, 322, *322*
arestas da cintura do soldado, 163
arestas e edge loops, 63, *63*
    cômoda
        gavetas, 30, *30–31*
        parte superior, 26–27, *26–27*
    foguete vermelho
        corpo, 62–63, *63*, 81
        painel de controle, 69, *70*
    soldado
        área da virilha, 163, *163*
        bolsa, 171, *171*
        botas, 176–178, *176–178*
        braços, 155–157, *155–157*
        cabeça, 188–193, *188*, 190–193, 196, *196–197*
        cava, 150–154, *151*, *153–154*
        cinto, 169
        cintura, 163
        corpo, 166–168, *167*
        face, 194, *194*
        linha do pescoço, 187
        mãos, 180–182, *181*
        pelve, 163
        pernas, 158–161, *158–161*
        presilha da perna, 173
        pulsos, 157, 158
        tronco, 144, 146–149, *146–150*
    UV unwrapping, 226–228
Arrange Elements, menu de rolagem, 245, *245*
arrastando o time slider, **112**

asa-delta, 78, *78*
aspect ratio, **313**
assento do foguete vermelho
    criando, 83–84, *83–84*
    materiais, 223, 350, *350*
Assign Renderer, menu de rolagem, 341–342, *342*
associando o bípede ao soldado
    ajustando, 270–273, *270–272*
    criando, 258–263, *259–263*
    definido, 256
    padrão, 256–257
    pescoço e cabeça, 264–265, *265*
    Physique, modificador, 265–268, *266–268*
    testando, 266–268, *266–268*
    tronco e braços, 263–264, *263–264*
    vista, 268–270, *268–269*
associando os modelos de personagens aos esqueletos, 255
atalhos do teclado, 9–10
atmosfera na renderização do foguete vermelho, 338
Atmospheres & Effects, menu de rolagem, 303, 307
Attach List, caixa de diálogo, 199
Auto, tangente, 118
Auto Key, opção, 112, *113*, 120, 123

B

barra de status, 3
Bias, configuração
    omni lights, 299
    shadow maps, 302
Biped, menu de rolagem, 268
Biped system, 255
bípedes
    animando. *Veja* soldado
    associando. *Veja* associando o bípede ao soldado
bisel e Bevel caddy
    cômoda
        gavetas, 29, *29*
        parte superior, 23–24, *23–25*
    foguete vermelho
        corpo, 82
        rodas do modelo, 98
        vãos das rodas, 68
    soldado
        área da axila, 173
        mãos, 182
Bitmap Fit, botão
    corpo do foguete vermelho, 219
    UVW mapping, 214

372 Índice

Bitmap Parameters, menu de rolagem, 213
Black Wheel, material, 206–207
Blinn Basic Parameters, menu de rolagem, 202, 205, 326
Blinn shaders, 204
blocking, 112
Body Vertical, botão, 282, *282*
bola de aço cromado, 363, *363*
Bola em Movimento, projeto, **111–112**
   achatar e esticar, 120–121, *120–121*
   copiando keyframes, 113, *113*
   curvas de animação
      editando, 118–119, *119–120*
      lendo, 116–117, *116–117*
   exercícios, 128
   modificador XForm, 125–127, *127*
   movendo para frente, 123–124, *123–124*
   refinando, 118, *118*, 120
   renderizando, 316–317, *317*
   rolagem, 124, 125
   sumário, 128
   timing, 121–122, *121*
   Track View - Curve Editor, 113–115, *114–115*
bolsa do soldado, **170–172**, *171–172*
Bones system, 257
Boolean, operações
   foguete vermelho
      assento, 83–*84*
      propulsor, 94–95
   parte inferior da cômoda, 36, 40, 41, *40*
bordas
   cômoda
      parte inferior, 36, 37
      parte superior, 23, *23*
   corpo do foguete vermelho, 81, *81*
   soldado
      braços, 154
      cava, 151
      pernas, 161–162, *162*
      pulsos, 156–157
botas
   bípede, 261–262, *262*
   soldado, 176–179, *176–179*
botões do mouse, **6**, *6*
box modeling, técnicas de, 48
Box Projection, gizmo, 215
Box Under Mapping, opção, 215
boxes
   foguete vermelho, 52–55, *52–55*
   parte superior da cômoda, 21–22, *22*
   tronco do soldado, 144, 145
braços
   bípede, 263–264, *263–264*
   soldado
      ajustando, 233–235, *234–236*
      animando, 280–281, *281*
      criando, 154–157, *155–157*

UV unwrapping, 228, *228*
brilho em HDRIs, 363
Building Envelopes, menu de rolagem, 271
bump maps
   objeto roda, 211
   soldado, 249–252, *250–252*
buracos, iluminação, 250

C

cabeça
   bípede, 264–265, *265*
   soldado, 185
      acessórios, 198–200, *199–200*
      ajustando, 236–240, *237–240*
      animando, 278–280, *278–280*
      arredondando a face, 194, *194–195*
      contornando, 188–193, *188–193*
      criando, 185–187, *186–187*
      emendas, 238, *238*
      espelhando, 198
      parte de trás, 196, *196–197*
caddies, **8**, *8*
caixas vermelhas na timeline, 113
camadas de animação, 123
câmeras e viewport Camera, **318**, *318*
   animando, 321
   clipping planes, 321, *322*
   criando, 318–321, *320*
   foguete vermelho, 331–333, *332–333*
   HDRIs, 363
   luzes volumétricas, 305
   target spotlights, 299
   trabalhando com, 319, *319*
caminhos do guidão do foguete vermelho, **101**, *102*
campo de visão (FOV, field of view), 319
Cap Poly, ferramenta, 82
   cava do soldado, 151
   pernas do soldado, 160
capacete do soldado
   combinando, 198
   emendas, 237–238, *237*
   tiras, 238, *239*
Capsule, ferramenta, 56
carregando materiais MSO, **206–208**
cava do soldado, **149–154**, *150–154*
cd (candela), medida, 356
center points, 126
CG (personagens gerados por computador), 165
Chamfer caddy, 26
chamfer cylinders, 97, *97*
chanfros
   cabeça, 192, *192*, 196, *196*
   mãos, 181, *181*
   parte superior da cômoda, 26

presilha da perna, 173
propulsor do foguete vermelho, 94
soldado
   botas, 178
   braços, 156,*157*
   cinto, 169
   tronco, 147
Character Studio, fluxo de trabalho no, **255–257**, *256–257*
chaves, animação
   copiando, 280, *280*
   criando, 276–277
   editando, 277–278, *278*
   excluindo, 279, *279*
chaves verdes no timeline, 113
Checker Map, configurações, 232
Child Overlap, opção, 272
Choose Renderer, caixa de diálogo, 316, *316*, 341–342, *342*
ciclos, animação
   caminhada, 266–270, *267–269*
   curvas, 113–115, *114–115*
cilindros
   objeto roda, 208
   soldado
      botas, 176
      linha do pescoço, 186–187, *187*
      subtraindo, 83–84, *84*
cinto do soldado, **169–170**, *170*
clavículas do bípede, 263–264, *263*
clipping planes de câmeras, **321**, *322*
Clone Options, caixa de diálogo
   foguete vermelho
      planes, 142, *142*
      propulsor, 95
   puxadores da cômoda, 47,48
colete do soldado, 172
Collapse, opção, da virilha, 162
Collapse Stack, opção, 81
Color Selector, caixa de diálogo, 202
combinando e Merge, caixa de diálogo
   acessórios da cabeça do soldado, 198–199, *199*
   foguete vermelho na cena, 85, 223
Common, aba, **311–313**, *312*, 341
Common Parameters, menu de rolagem, 365, *365*
cômoda. *Veja* Dresser, projeto
Compact Material Editor, **202–203**, *203*
   materiais MSO, 205, 208
   materiais standard, 203
   shaders, 204, *204*
Compression Settings, caixa de diálogo
   bola em movimento, 317, *317*
   renderização do foguete vermelho, 339
conexões e Bridge caddy do soldado
   bolsa, 171–172, *171–172*
   botas, 177, *177*

Índice

cabeça, 189–192, *190–191*, 193
face, 194, *194*
pernas, 159, *160*
presilha da perna, 174, *175*
configuração de qualidade em renderização, 339, **342–343**, *343*
Configurações básicas no Final Gather, **344–346**, *345–346*
conjunto de eixo no foguete vermelho, **76–78**, *76–79*
conjunto do eixo das rodas traseiras, **76–78**, *76–79*
Connect, ferramenta, das gavetas da cômoda, 30, *30*
Connect Edge Segments, configurações, 156
Connect Edges caddy, 30, *31*
contornando a cabeça do soldado, **188–193**, *188–193*
Controller, janela, 121–123
Convert To Ediabale Spline, opção, 92
Convert To Poly, opção
  cômoda, 22, *23*
  foguete vermelho
    corpo, 57, *57*
    roda, 97
  tronco do soldado, 144
coordenadas dos bípedes e menu de rolagem Coordinates, 260, *260*
  área de exibição de coordenadas, 3
  foguete vermelho
    corpo, 219, *219*
      mapeamento de estabilizadores, 211–216, *212*, *214–216*
      renderização, 336, *336*
  viewport, 9
copiando
  chaves, 280, *280*
  keyframes, 113, *113*
  loft shape, 106–108, *107*
  puxadores da cômoda, 47–48, *48*
Copy Posture, botão, 262
Copy Shape, caixa de diálogo, 106
Copy/Paste, menu de rolagem, 262
cor
  base, 205–207
  cômoda, 42, *42*
  luzes fotométricas, 355, 357
  materiais, 202, 206–207, 218
  passos, 278
  refração, 327
  soldado, 248–249, *249*
  specular maps, 253
cor de base dos materiais, 205–207
Core Weld, opção, 46
coroa da parte superior da cômoda, 23–24, *24–25*
corpo
  foguete vermelho
    criando, 55–59, *56–60*
    detalhes, 62–64, *63–64*
    materiais, 216–220, *217*, *219–221*

retoques, 79–82, *79–82*
suavização, 61, *62*
soldado
  emendas, 240, *241*
  exibindo, 241–248, *242–248*
cotovelo do soldado, 156
coxas do soldado, 159–160, *160*
Create Footsteps (Anexo), opção, 283
Create Footsteps (At Current Frame), opção, 283
Create Key, caixa de diálogo, 16
Create Keys For Inactive Footsteps, opção, 267, *268*, 276–277
Create Multiple Footsteps, caixa de diálogo, 266–267, *266*, 276–277
Create panel, 14
Creation method, menu de rolagem, 44
crossing boxes, técnica, 52
Crowd system, 255
curvas e Curve editor
  animação
    achatar e esticar,120–121, *120–121*
    arremessando a faca, 130–138, *131–137*
    lendo, 116–117, *116–117*
    modificador XForm, 125–127, *127*
    movendo a bola para frente,123–124, *123–124*
    refinando, 118–120, *118–120*
    rolagem, 124, *125*
    timing, 121–122, *121*
    trajetória, 132–133, *132*
  perfil, 44, *44–45*
Custom User Interface, caixa de diálogo, 258
Cut, ferramenta, do soldado
  cabeça, 192, 193
  cava, 150, *150*
  face, 194, *195*
  pernas, 158, *159*

D

D65 Illuminant (Reference White), configuração de, 355
da Vinci pose, 255, *256*
Daylight Parameters, menu de rolagem, 359
Daylight System, **358–362**, *358–362*
Daylight System Creation Warning, 358, *358*
Decalque dos estabilizadores do foguete vermelho, 215, *215*
  acrescentando, 213
  invertendo, 218–219
dedos
  bípede, 261–262, *262*, 264, *264*, 271, *271*
  soldado, 280, *281*

Density, configuração, de volume lights, 309
deslocando viewports, 11
detalhes do foguete vermelho
  corpo, 62–64, *63–64*
  guidão, 105–109, *106–109*
  propulsor, 91–95, *92–96*
detecção de colisão, 284
Diffuse Bounces, configuração, 346, *346*
diffuse color
  foguete vermelho, 349, 351
  materiais, 202, 206–207
  reflexos, 324
Diffuse Color input socket, 231, *231*
Dimming, configuração, 356
dinâmica na animação da faca, **137**
Direct3D driver, modo, 8
Directional Parameters, menu de rolagem, 294
Display panel, 14
distância focal das câmeras, 319
Distribution (Photometric Web), menu de rolagem, 353, *353*
dollies, 321
Dolly Camera, ferramenta, 332, *332*
Dope Sheet, 114, **282–287**, *285–287*
Draft, configuração do Final Gather, 344, *345*
Draft Mode (No Precalculations), configuração, 347
Dresser, projeto, 16, **19**
  exercícios, 49
  fotos de referência, 20, *20*
  gavetas, 28–33, *28–33*
  parte inferior, 33–42, *34–42*
  parte superior, 21–27, *21–27*
  puxadores, 42–48, *43–48*
  sumário, 49

E

ease-in e ease-out em animação, 116, *116–117*
Edge Bridge, ferramenta, 171, *171*
Edge Chamfer, configuração, 156
Edged Faces, modo, 21
edição
  curvas de animação, 118–119, *119–120*
  perfis, 46–47, *46–47*
Edit UVs, menu de rolagem, 242
Edit UVWs, caixa de diálogo, do soldado
  ajuste do braço, 234–235
  corpo, 242, 244–246, *244–245*
editabale splines
  conversões, 92, *93*
  parte inferior da cômoda, 38, *39*
efeitos do ambiente em renderização, **337–338**, *337–338*
eixo *XY*, 59, *59*

374 Índice

eixos na janela de exibição, 9
emendas
   foguete vermelho
      conjunto do eixo das rodas traseiras, 77
      corpo, 79–80, *79–80*
   soldado
      cabeça, 238, *238*
      capacete, 237–238, *237*
      corpo, 240, *241*
      máscara da face, 238, *238*
      óculos, 238, *238*
      tiras do capacete, 238, *239*
      UV unwrapping, 226–231, *227–230*
entalhes do propulsor do foguete vermelho, 94–95, *96*
envelopes, bípede, **270–272**, *271*
Environment And Effects, caixa de diálogo
   exposure control, 354, *354*, 361, *361*
   HDRIs, 366
   volume lights, 308, *308*
escalonando
   bípedes
      botas, 271–272
      cabeça, 265, *265*
      clavículas, 264
      pelve, 260, *261*
   bordas do pulso, 156
   foguete vermelho
      corpo, 59, 60
      decalque, 215
      guidões, 108
   puxadores da cômoda, 47
espaço de trabalho (workspace), **1**
   faixa de opções Graphite Modeling Tools, 13, *13*
   gerenciamento de arquivo, 16–18, *17*
   interface. *Veja* interface do usuário
   Painel de Comando, 13–15, *15*
   time slider e track bar, 15–16
Esparza, Federico, 365
espelhando
   corpo do foguete vermelho, 61
   soldado
      cabeça, 198
      corpo, 166–168, *167–168*
      linha do pescoço, 186
estabilizadores do foguete vermelho, **211–216**, *212*, *214–216*
exatidão dos rebatimentos das luzes, 344
Exclude/Include, janela, 306, *306*
excluindo objetos das luzes, **306**, *306–307*
exibindo de objetos, **8–10**, *9*
exibindo o corpo do soldado, **241–248**, *242–248*
Exit Isolation Mode, ícone, 63

Expand Face Selection To Seams, ícone, 233, 242
Exponential, configuração, 308
exposição e Exposure Controls
   Daylight System, 362, *362*
   HDRIs, 363, *364*
   luzes fotométricas, 353, *354*
Exposure Value (EV)
   Daylight System, 361
   luzes fotométricas, 354
Extended Parameters, menu de rolagem, 327, *327*, 330, *331*
Extrude Polygons caddy, 8, *8*
   parte inferior da cômoda, 35, *35*
   vãos das rodas do foguete vermelho, 65, *65*
extrusões
   cômoda
      gavetas, 33, *33*
      parte inferior, 35–36, *35–36*
   foguete vermelho
      conjunto do eixo das rodas traseiras, 76–77, *77–78*
      painel de controle, 71
      propulsor, 94–95
      vãos das rodas, 65–66, *65*
   soldado
      botas, 176–177, *176*
      braços, 154
      cabeça, 188–191, *188–191*
      cinto, 169–170, *170*
      corpo, 167
      face, 194, *195*
      linha do pescoço, 187, *187*
      mãos, 182
      pernas, 158–160, 162
      presilha da perna, 173

F

face do soldado, **194**, *194–195*
face do soldado, máscara da
   combinando, 198
   emendas 238, *238*
falloff
   corpo do foguete vermelho, 58, *58*
   target direct lights, 293, *294*
   target spotlights, 293, 299
feixes
   target direct lights, 293–294, *294*
   target spotlights, 291, 292, 299
FG (Final Gather), 344
   Configurações avançadas, 346–347
   Configurações básicas, 344–346, *345–346*
   iluminação, 356
   rebatimentos, 361–362, *362*
Figure, modo, 259, *259*
fillets
   guidões do foguete vermelho, 101
   parte inferior da cômoda, 38, 39

Final Gather (FG), **344**
   Configurações avançadas, 346–347
   Configurações básicas, 344–346, *345–346*
   iluminação, 356
   menu de rolagem, 344, *345*
   rebatimentos, 361–362, *362*
Flow Connect, opção, 149, *149–150*
fluxo de trabalho UV, **225**
Foguete Vermelho, modelo, **51**
   assento
      criando, 83–84, *83–84*
      materiais, 223, 350, *350*
   combinando na cena, 85, 223
   corpo
      criando, 55–59, *56–60*
      detalhes, 62–64, *63–64*
      materiais, 216–220, *217*, *219–221*
      retocando, 79–82, *79–82*
      suavizando, 61, 62
   exercícios, 85–86, 110
   guidão, 100–101, *100*
      caminho, 101, 102
      detalhe, 105–109, *106–109*
      forma, 102, *103–104*
   iluminação, 297–301, *297–301*
      excluindo objetos de, 306, *306–307*
      Light Lister, 309–310, *309*
      luzes fotométricas, 351–357, 353–355, *357*
      luzes volumétricas, 304–305, *304–305*, 307–309, *307–308*
      sombras, acrescentando, 305–306
      sombras, tipos, 301–303, *302–303*
   image-plane boxes, 52–55, *52–55*
   materiais do mental ray, 348–351, *348–350*, 352
   painel de controle
      criando, 69–75, *69–75*
      materiais, 221–222
   propulsor, 82, *82*, 87–88, *88*
      lathes, 88–91, *88–90*
      objeto 3D, 91–95, *92–96*
   renderizando, 331
      efeitos do ambiente, 337–338, *337–338*
      movimentos de câmera, 331–333, *332–333*
      produção, 338–339
      reflexos raytraced, 334–336, *335–336*
   rodas. *Veja* rodas do foguete vermelho
   sumário, 85, 110
fontes
   target direct lights, 293, 294
   target spotlights, 292

Índice 375

Footstep, modo, 266
Footstep Creation, menu de rolagem, 266, *266*, 276, 283
Footstep Operations, menu de rolagem, 276, 284
formas dos guidões do foguete vermelho, **102**, *103–104*
fotos de referência, **20**, *20*
FOV (field of view), 319
Frame, limites na visão do, **322–323**, *322*
frames no time slider, 112
free cameras, 318–319
free direct lights, **294–295**, *295*
free spotlights, **294–295**, *295*
front view, 4, 53, *54*

G

gavetas da cômoda, **28–33**, *28–33*
General Parameters, menu de rolagem
 excluindo objetos, 306
 freespot e direct lights, 295
 luzes fotométricas, 353
 omni lights, 296
 sombras, 305
Generate Mapping Coords, opção, 211
Geometry (All), aba, 82
Geometry, menu de rolagem, 38, 41
GeoPoly, ferramenta, do soldado
 cava, 151, *151*
 pernas, 160
gerenciamento de arquivos, **16**
 projetos, 16–17, *17*
 versões, 17–18
GI (global illumination), 344
girando
 animação da faca, 133–135, *133–134*, 137
 cabeça do soldado, 279–280, *279*
 clavículas do bípede, 264
 foguete vermelho
  decalque, 215
  lathe do propulsor, 89, *89*
  lofts do guidão, 108–109, *109*
  vãos das rodas, 66, *66*
gizmos, **11–12**, *12*
Glass, objeto, 306
global illumination (GI), 344
Glossiness, configuração
 foguete vermelho, 350
 materiais MSO, 206–207
Glossy Samples, configuração, 350
Graphite Modeling Tools, faixa de opções, 2, *2*, **13**, *13*
gravidade em animação, 118
gross animation, 111
guidão do foguete vermelho, **100–101**, *100*
 caminho, 101, *102*
 detalhe, 105–109, *106–109*
 forma, 102, *103–104*

H

HDRI Load Settings, caixa, 366, *366*
HDRIs (high-dynamic range images), **363–368**, *363–369*
Hide Attached Nodes, opção, 270
Hide Selection, opção, 91
Hide Unselected, opção, 237–239
Hierarchy panel, 14
high-dynamic range images (HDRIs), **363–368**, *363–369*
Home Grid, 9
hotspots
 target direct lights, 293, *294*
 target spotlights, 291, *292*, 299

I

Ignore Backfacing, opção
 cava do soldado, 152
 corpo do foguete vermelho, 217, 217
iluminação, **289**
 de três pontos, 289–290, *290*
 foguete vermelho. *Veja* Foguete Vermelho, modelo
 fotométrica, 290, 351–357, *353–355*, *357*
 padrão. *Veja* luzes predefinidas predefinida, 290
 saliências e buracos, 250
iluminação de três pontos, **289–290**, *290*
Image Aspect Ratio, configuração, **313**
image-plane, boxes, **52–55**, *52–55*
impulso em animação, **135–136**, *135–136*
In Place Mode, botão, 268–269, *268*
Índice de refração (IOR), configuração, 327–330, *329*
indirect lighting, 341, 344
InfoCenter, 3
Initial FG Point Density, configuração, 345
Input Sockets, 231, *231*
inserir e Inset caddy da cômoda
 gavetas, 29, *29*, 31–32, *31–32*
 parte inferior, 35–36, *36*
Insert Keys, ícone, 122
Instance (Copy), caixa de diálogo, 366
instâncias
 espelhando, 166, 168, *168*
 puxadores da cômoda, 48
intenção em animação, 120
intensidade das luzes fotométricas, 356–357, *357*
Intensity/Color/Attenuation, menu de rolagem
 HDRIs, 368
 luzes fotométricas, 354–356, 355
 omni lights, 300
 spotlights, 298

interface do usuário
 botões do mouse, 6, *6*
 caddies, 8, *8*
 elementos, 1–4, *2*
 exercícios, 18
 faixa de opções Graphite Modeling Tools,13, *13*
 gerenciamento de arquivos, 16–18
 Painel de Comando, 13–15, *15*
 quad menus, 6–7, *7*
 sumário, 18
 time slider e track bar, 15–16
 ViewCube, 5–6, *5*
 viewports, 4–5, *4*
  exibição de objeto, 8–10
  gizmos, 11–12, *12*
  navegando, 10–11
interpolação
 FG points, 346
 step, 117, *117*
interpolação de passo, 117, *117*
Interpolate Over Num. FG Points configuração, 346
invertendo o foguete vermelho
 corpo, 61
 decalque, 218–219
IOR (índice de refração), configuração, 327–330, *329*
Isolate Selection, opção, **63**

J

joelho do soldado, 160
juntas do soldado, 182

K

Key, painel de, do Dope Sheet, 285
Key Editing, janela, 119
Key Entry, ferramentas, 121
Key light (luz-chave), 289–290, *290*, 295
Keyboard Entry, menu de rolagem, 21, *21*, 53, *53*
keyframes de rotação, 113
keyframes e keyframing, 16, 111–112
 alças, 118, *118*
 copiando, 113, *113*

L

lathes
 propulsor do foguete, 87–91, *88–90*
 puxadores, 42, 46–47, *47*
layout de quatro viewports, **4–5**, *4*
left view, 4
lente de câmera olho de peixe, 363
lentes
 câmera, 319, *319*
 HDRIs, 363
 zoom, 321
Light Lister, **309–310**, *309*
light probes, 363

limites, envelope, 272
limites externos de envelopes, 272
limites internos dos envelopes, 272
Line, ferramenta
 propulsor do foguete vermelho, 88
 puxadores da cômoda, 43–45
Linha tracejada elástica, 227–228, *227*
live, área, 323
lm (lúmen), medida, 356
lofts do guidão do foguete vermelho
 caminho, 101, *102*
 detalhe, 105–109, *106–109*
 formas, 102, *103–104*
 seção transversal, 105
 splines, 105
loops
 animação, 113–115, *114–115*
 arestas. *Veja* arestas e edge loops
Loops, aba, 30, *30*
lúmen (lm), medida, 356
luvas do soldado
 criando, 180–183, *180–183*
 UV unwrapping, 230, *230*
lux (lx de), medida, 356
luz de fundo, 290, *290*
luz do sol
 Area Spot lights, 368
 omni lights, 296
 skylights, 367
 Sunlight System, 358–359
luzes de preenchimento, 290, *290*, 299–300, *300*
luzes fotométricas
 descrição, 290
 renderizações do mental ray, 351–357, 353–355, 357
luzes predefinidas, 290
luzes volumétricas
 acrescentando, 307–308, *307–308*
 criando, 304–305, *304–305*
 em renderização, 338, *338*
 parâmetros, 308–309

M

Main, barra de ferramentas, 2, *2*
Make New Folder, opção, 17
Make Unique, ícone, 168
mãos
 bípede, 264
 soldado
  animando, 280, *281*
  criando, 180–183, *180–183*
  em forma de luva, **180–183**, *180–183*
Map Parameters, menu de rolagem, 227
Map Seams, opção, 226, *226*
mapas de ambiente, 363, 365, 368
mapas e mapping
 ajustar, 234–235, *234*, 240
 ambiente, 363, 365, 368
 bump

 objeto roda, 211
 soldado, 249–252, *250–252*
 coordenadas, 211–216, 212, *214–216*
 cor, 248–249, *249*
 foguete vermelho. *Veja* materiais e Material Editor
 HDRIs, 366, *366*
 raytrace, 325–326, 326, 329–330, *330–331*
 sombras, 302
 specular, 253, *253–254*
Maps, menu de rolagem
 bump maps, 211
 materiais, 218
 reflexos, 209, *209*
Mask Parameters, menu de rolagem, 336
materiais de referência, **143**, *143*
materiais e Material Editor, 202
 Compact Material Editor, 202–208, *203–204*
 criando, 218
 foguete vermelho, 204
  assento, 223
  corpo, 216–220, 217, 219–221
  estabilizadores, 211–216, *212*, *214–216*
  nariz, 222–223, *223*
  painel de controle, 221–222
  raytrace. *Veja* raytrace, material
  rodas, 205–211, 205–210
 mental ray, 348–351, *348–350*, 352
 modelagem de personagem, 143, 143
 MSO. *Veja* materiais Multi/Sub--Object (MSO)
 refinando, 208–210, *208–210*
 texturas. *Veja* texturas
 visão geral, 201–202
material base dos estabilizadores do foguete, **212–213**, *212*
material do nariz do foguete vermelho, **222–223**, *223*
Material Parameter Editor, 349
Material/Map Browser, 232, *232*
Max. Reflections, configuração, 347
Max. Refractions, configuração, 347
maximizando viewports, **9–10**
Maximize Viewport Toggle, ícone, 10
Maximum Samples Per Pixel, configuração, 342–343
medida candela (cd), 356
mental ray, renderizador
 ativando, 341–342, *342*
 Daylight System, 358–362, *358–362*
 Final Gather. *Veja* Final Gather (FG)
 luzes fotométricas, 351–357, 353–355, 357
 materiais, 348–351, *348–350*, 352

 Menu, barra, 3
 qualidade de amostra, 342–343, *343*
 Rendered Frame, janela, 347–348, *347*
menu de rolagem, 3
menus, quad, **5–7**, *7*
menus em cascata, 7
Mini Curve Editor, 119–121
Minimum Samples Per Pixel, configuração, 342–343
Mirror, caixa de diálogo, 166, *167*
Mirror, ferramenta, 165–166
modelagem de alta contagem de polígonos, 141
modelagem de baixa contagem de polígonos, 141
modelagem de edição de polígonos, 19
modelagem orgânica, 141
modelo foguete. *Veja* Foguete vermelho, modelo
Modes And Display, Menu de rolagem 268
Modify, aba, da parte inferior da cômoda, 38
Modify, painel, 14
Motion, painel, 14
MOV QuickTime, arquivos
 bola em movimento, 316–317
 renderização do foguete vermelho, 339
Move, ferramenta
 UVW mapping, 215
 vãos das rodas do foguete vermelho, 66, *66*
Move, gizmo, **11**, *12*
Move Keys, ferramenta, 135
Move Keys Horizontal, ferramenta, 121, 131, 133–134
Move Keys Vertical, ferramenta, 138
movendo. *Veja* animação
 clavículas, 264
 pivot points, 165, *166*
mr Area Spot, opção, 367–368, *368*
mr Photographic Exposure Control, 352–354, 361, *361*
mr Physical Sky, mapa, 359, *359–360*
mr Sky Portal, menu, 359, *360*
Multi/Sub-Object (MSO), materiais, 351
 carregando, 206–208
 criando, 205–207
 polígonos, 206–207
Multiplier, configuração, da target spotlight, 298

N

navegando em viewports, 10–11
neblina
 acrescentando, 307–308, *307–308*
 criando, 304–305, *304–305*

na renderização do foguete vermelho, 338, 338
parâmetros, 308–309
New Scene, caixa de diálogo, 21
NGons, 151, *152*
noise
 coordenadas, 211
 Final Gather, 346–347
 painel de controle do foguete vermelho, 221
 volume lights, 309
Noise Filtering (Speckle Reduction), configuração, 346–347
Noise Parameters, menu de rolagem, 221
nome para arquivos de renderização, **313–314**, *314*
nomes
 cômoda, 42, *42*
 na renderização, 313–314, *314*
nonuniform rational mesh smooth (NURMS), superfícies do foguete vermelho
 conjunto do eixo das rodas traseiras, 76, 78
 corpo, 61, 62, 80
 painel de controle, 74–75, *74–75*
 vãos das rodas, 66, 67, 69
normal maps, **250–252**, *251–252*
numerando os passos, 278

O

objeto 3D do propulsor do foguete vermelho, **91–95**, *92–96*
objetos
 congelados, 258
 excluindo das luzes, 306, *306–307*
 exibindo, 8–10, *9*
 Painel de Comando, 14–15
 selecionando, 9
objetos filhos na animação da faca, **137–139**, *138–139*
objetos pais, **137–139**, *138–139*
objetos planos, 208–209, *208–209*
óculos do soldado
 combinando, 198
 emendas, 238, *238*
ombros
 bípede, 264
 soldado
  extrudando, 167, *167*
  UV unwrapping, 227, *227*
omni lights
 características, 296, *296–297*
 foguete vermelho, 299–300, *300*
Opções de configuração em renderização, 313
Open Mini Curve Editor, opção, 119, *119*
Orbit, ferramenta
 foguete vermelho, 55
 soldado, 162–163
 viewports, 11

Orbit Camera, ferramenta, 333
oscilação na animação da faca, 138
Out-of-Range Types, opção, 114
Output Size, configurações, **313**, 338

P

padrão
 bípede, 256–257, *257*
Painel de Comando, **13–14**
 abas, 3
 objetos e subobjetos, 15
 pilha de modificadores, 14, 15
 valores e parâmetros de objeto, 14
painel de controle do foguete vermelho
 criando, 69–75, *69–75*
 materiais, 221–222
panturrilha do bípede, 261
parafusos do foguete vermelho
 material, 205–207, 351
 roda, 210
Parameter Curve Out-of-Range Types, 114, *115*, 121, 124
Parameter Editor, 232, *232*
parâmetros e menu de rolagem Parameters
 assento do foguete vermelho, 83, *83*
 bump maps, 251
 materiais e mapas, 232, *232*
 Painel de Comando, 14
Parent Overlap, opção, 272
parte de trás da cabeça do soldado, **196**, *196–197*
parte inferior da cômoda, **33–42**, *34–42*
parte superior da cômoda, **21–27**, *21–27*
passos
 animação controlada por passos, 275–276
 bípede, 266–270, *266–269*
 Dope Sheet, 284–286, *285–286*
 numeração e codificação por cores, 278
 soldado, 283–284, *283*
pastas, 16
Path Steps, configuração, 106, *106*
Peel, menu de rolagem, 233, 237
Pelt Map, caixa de diálogo, 234–235, *234*
pelve
 bípede, 260, 261
 soldado, 162, 163
perfis
 curvas, 44, *44–45*
 editando, 46–47, *46–47*
 foguete vermelho
  guidões, 102, 103–104
  propulsor, 88–89, *89*
pernas
 bípede, 260–262, 270
 parte inferior da cômoda, 36
 soldado, 158–162, *158–162*

personagens e Character Studio, **141**
 animação do soldado. *Veja* soldado
 associando o bípede com o soldado. *Veja* associando o bípede ao soldado
 fluxo de trabalho, 255–257, *256–257*
 materiais, 143, *143*
 planes, 142, *142*
personagens gerados por computador (CG), 165
Perspective viewport, 4
 câmeras em, 318, *318*
 foguete vermelho
  corpo, 56, *56*
  propulsor, 90
 tronco do soldado, 144
pés do bípede, 261, 270–271, *270–271*
pescoço
 bípede, 264–265, *265*
 soldado, 167–168, *167*, 185–187, *186–187*
peso na animação
 animação da faca, 135–137, *137*, 139
 bola em movimento, 120
Phase, configuração, das volume lights, 309
Physique, modificador, 255–256, **265–268**, *266–268*, 271
Physique Initialization, caixa de diálogo, 266
Physique Level Of Detail, menu de rolagem, 270–271
Pick Boolean, menu de rolagem
 parte inferior da cômoda, 41
 propulsor do foguete vermelho, 95
Pick Object, caixa de diálogo, 266
pilha de modificadores, **14**, *15*
piso de madeira, 335
pisos, 335–336
pivot points
 descrição, 126
 movendo, 165, *166*
planes em modelagem de personagem, **142**, *142*
Play Animation, botão, 267–269, 276
pneus do foguete vermelho, **205–211**, *205–210*, 351
Point To Point Seam, ferramenta, do soldado
 capacete, 237
 corpo, 240
 UV unwrapping, 227–230, *227*
polegar do soldado, 182, *182*
polígonos
 de materiais MSO, 206–207
 extrudados. *Veja* extrusões
Polygon, modo subobjeto, 65–67, *65*
Polygon Modeling, aba, 13, 22, 57–58

ponta do foguete vermelho, 57, *58*
pontos no Final Gather, 345
Posição do percurso *Z*, 119
Posição *X* em animação, 123–124, *124*, 126, 134
Posição Y em animação, 123–124, 126, 134
Posição Z em animação, 126, 134
Position keyframes, 113
posturas do bípede, 262–263, *263*
precisão em Final Gather, 344
presilha da perna do soldado, **173–174**, *174–175*
ProBoolean, operações
  foguete vermelho
    assento, 83–84
    propulsor, 94–95
  parte inferior da cômoda, 36, 40–41, *40*
projetos, configuração, **16–17**, *17*
prompt line, 3
propulsor do foguete vermelho, 82, *82*
  criando, 87–88, *88*
  lathes do, 88–91, *88–90*
  objeto 3D do, 91–95, *92–96*
pulsos do soldado
  bordas, 156–157
  mãos, 181, *181*, 183
  UV unwrapping, 228–230, 229
puxadores, cômoda, **42–48**, *43–48*

Q

quad menus, **5–7**, *7*
Quick Access, barra de ferramenta, 1–3
QuickTime, arquivos
  bola em movimento, 316–317
  renderização do foguete, 339

R

radial scale de bípedes, 271–272
Range, configuração, em renderização, 313
Ray Bias, configuração, 303
Ray Traced Shadow Params, menu de rolagem, 303
Rays Per FG Point, configuração, 346
raytrace, material, **323–324**
  mapping, 325–326, *326*
  refinando, 324–325, *325*
  reflexos, 334–336, *335–336*
  refrações, 326–330, *327–331*
Raytrace Basic Parameters, menu de rolagem, 323, 327
Raytraced Global Parameters, menu de rolagem, 337, *337*
raytraced shadows, **303**, *303*
realce colorido em specular maps, 253
Realistic, modo, 9

rebatimentos
  Daylight System, 361, *362*
  diffuse, 346, *346*
  luzes fotométricas, 356–357
Recessed 75W Lamp (Web), opção, 353
Rectangle, ferramenta, 37–38, *37*
Red Bolt, material, 206–207, 209
refinando a animação, **118–120**, *118–120*
Reflectivity, configuração, 350
reflexos
  Final Gather, 347
  foguete vermelho, 349–350
    estabilizadores, 213
    renderizando, 334–336, *335–336*
    roda, 208–210, *209–210*
  raytrace material, 324–325, *325*
  specular maps, 253
refrações
  Final Gather, 347
  raytrace mapping, 329–330, *330–331*
  raytrace materials, 326–328, *327–329*
Relax By Face Angles, opção, 235
Relax Tool, caixa de diálogo, 235, *235*, 242–243
Render Map, caixa de diálogo, 246
Render Output, configurações, 313
Render Output, pasta, 16
Render Output File, caixa de diálogo, 313–314, *314*
  bola em movimento, 316
  foguete vermelho, 339
Render Preview, caixa de diálogo, 354
Rendered Frame, janela
  configurações, 314–315, *314*, 347–348, *347*
  Daylight System, 361
  luzes fotométricas, 356
Rendering, caixa de diálogo, **315**, *315*
renderização do foguete vermelho, produzindo a, **338–339**
renderizando e caixa de diálogo Render Setup, **311**
  atribuindo um renderizador, 315–316, *316*
  bola em movimento, 316–317, *317*
  câmeras, 318–321, *318–320*, 322
  Common, configurações, 311–313, *312*
  Final Gather, 344
  foguete vermelho, 331
    efeitos de ambiente, 337–338, *337–338*
    movimentos de câmera, 331–333, *332–333*
    produção, 338–339
    raytraced reflections, 334–336, *335–336*

luzes fotométricas, 356
mental ray renderer, 341-342
nomes de arquivos, 313–314
processando, 315, *315*
raytrace material. *Veja* raytrace, material
Rendered Frame, janela, 314–315, *314*
Safe Frame, visualização, 322–323, *322*
resolução em renderização, 313, 338
Resulting Intensity, configuração, 356
RGB, canais, de normal maps, 250
ride-on toy, Modelo. *Veja* Foguete Vermelho, modelo
rigging
  associando o bípede ao soldado. *Veja* associando o bípede ao soldado
  fluxo de trabalho, 255–257, *256–257*
rodas do foguete vermelho, **96**, *96*
  bump maps, 211
  colocando, 99, 100
  conjunto do eixo das rodas traseiras, 76–78, *76–79*
  criando, 97–99, *97–99*
  materiais, 205–211, *205–210*
  mental ray, 351
  reflexos, 208–210, *209–210*
  vãos das rodas, 64–69, *64–69*
rolagem em animação, **124**, *125*
rolls, camera, 321
Rotação do percurso *Y*, 138
Rotate, gizmo, **12**, *12*

S

Safe Frame, visualização, **322–323**, *322*
saltos do soldado
  Dope Sheet, 284–287, *285–287*
  sequência correr e saltar, 276–277, *277*
Sample Range, configuração, 302
Sampling Quality, menu de rolagem, **342–343**, *343*
Save As, caixa de diálogo, 18
Scale, gizmo, **12**, *12*
Scale, keyframes, 113, 121–122
Scanline Renderer, 315
Scenes, pasta, 16
seções transversais de lofts, 105
see-through
  corpo do foguete vermelho, 56
  objetos congelados, 258
soldado
  bolsa, 171, *171*
  tronco, 144
segmentos de linha, 46
selecionando
  objetos, 9
  polígonos, 206–207, *206–207*

Select And Move, ferramenta, 55, 57, 123
Select and Rotate, ferramenta, 133
Select Bitmap Image File, caixa de diálogo, 249, 252
Select From Scene, caixa de diálogo, 265
Select Image, caixa de diálogo, 214
sequência correr e saltar, **276–277**, 277
sequência na animação da faca, **136–137**, 137
Set Project Folder, opção, 16–17,17
Set Tangents To Fast, ícone, 119
Set Tangents To Linear, ícone, 124
shaders, **204**, 204
Shadow Map Params, menu de rolagem, 299, 305
Shape Steps, configuração, 106
Shape subobject, modo, 105
Show End Result, opção, 61, 62
Show Frozen As Gray, opção, 258
Show Standard Map In Viewport, opção, 213, 218, 335
simetria e modificador Symmetry do foguete vermelho
    corpo, 61, 79–80
    painel de controle, 71
Single Frame, configuração, 313
Skin, modificador, 255, 257
Skin Parameters, menu de rolagem, 106, 106
skinning, 255, 257, **265–268**, 266–268
Sky Color, configurações, 367
Skylight, parâmetro, 359
skylights em HDRIs, 367
Slate Material Editor, 202
    HDRIs, 366
    shaders, 204
    UV unwrapping, 231
    visão geral, 231–232, 232
Smooth+Highlights, modo, 9
Soft, aba, 58, 58
Soft Selection, 58–59
soldado
    acessórios
        bolsa, 170–172, 171–172
        botas, 176–179, 176–179
        cinto, 169–170, 170
        colete, 172
        presilha da perna, 173–174, 174–175
    animando, 275–276
        animação de forma livre, 277–278
        braços, 280–281, 281
        cabeça, 278–280, 278–280
        Dope Sheet, 282–287
        passos, 283–284, 283
        saltos, 284–287, 285–287
        sequência correr e saltar, 276–277, 277
        sequência do movimento, 281–282, 282

área da cava, 172–173, 172–173
arrumando, 162–164, 163–164
bípede para
    ajustando, 270–273, 270–272
    criando, 258–263, 259–263
    pescoço e cabeça, 264–265, 265
    tronco e braços, 263–264, 263–264
    vista, 268–270, 268–269
braços
    ajustando, 233–235, 234–236
    animando, 280–281, 281
    criando, 154–157, 155–157
    UV unwrapping, 228, 228
cabeça, 185
    acessórios, 198–200, 199–200
    ajustando, 236–240, 237–240
    animando, 278–280, 278–280
    arredondando a face, 194, 194–195
    contornando, 188–193, 188–193
    criando, 185–187, 186–187
    emendas, 238, 238
    espelhando, 198
    parte de trás, 196, 196–197
corpo
    emendas, 240, 241
    exibindo, 241–248, 242–248
corpo principal, 165–169, 166–168
mãos, 180–183, 180–183
pernas, 158–162, 158–162
skinning com o modificador Physique, 265–268, 266–268
texturas
    ajustando a cabeça, 236–240, 237–240
    ajustando UVs dos braços, 233–235, 234–236
    bump map, 249–252, 250–252
    color map, 248–249, 249
    emendas da cabeça, 240, 241
    exibindo o corpo, 241–248, 242–248
    specular map, 253, 253–254
    UV unwrapping, 226–233, 226–233
tronco, 144–154, 145–154
sombras
    acrescentando, 305–306
    mapas, 302
    omni lights, 296, 299–301,300
    raytraced, 303, 303
    target spotlights, 298
    tipos, 301–303, 302–303
Spatial Contrast, configuração, 342, 343
specular color, 202
specular highlights, 208, 326, 326, 328
specular level dos materiais, 206–207
specular maps, **253**, 253–254
specular maps, brilho em, 253
Sphere, material, 336

Spherical Environment, configuração, 366, 366
splines
    conversões, 92, 93
    para lofts, 105
    puxadores da cômoda, 43–46, 44–45
Spotlight Parameters, menu de rolagem, 293, 293, 299, 368
spotlights
    características, 291–293, 292–293
    foguete vermelho, 298, 298
    HDRIs, 368
standard, material, **203**
standard lights, **290–291**
    free spotlights, 294–295, 295
    omni lights, 296, 296–297
    target direct lights, 293–294, 294
    target spotlights, 291–293, 292–293
Standard Maps, menu de rolagem, 366
Start Picking, recurso, 41, 41, 95
suavização; 324
    botas do soldado, 178, 179
    corpo do foguete vermelho, 61, 62
Subdivision Surfaces, gaiola, 74–75, 74
submenus, 7
subobjetos no Painel de Comando, **15**
subtração
    forma cilíndrica, 83–84, 84
    parte inferior da cômoda, 41
sulcos dos guidões, 108, 108
SuperSampling, menu de rolagem, 324–328, 325, 328
SwiftLoop, ferramenta
    foguete vermelho
        corpo, 62–63, 63
        painel de controle, 69, 70
    soldado
        botas, 178, 178
        braços, 155
        mãos, 180–181, 181
        pernas, 161
        presilha da perna, 173
        tronco, 144, 146–149, 146–149

T

taça de vinho, 328–330, 328–330
tamanho
    bípedes, 259, 259
    renders, 313, 338
    shadow maps, 302
    volume lights, 309
tangentes de curvas, 117–119, 117, 120, 124, 127, 127, 135–138
target cameras, 318
target direct lights, **293–294**, 294
target spotlights
    características, 291–293, 292–293
    foguete vermelho, 298, 298

Target Weld do soldado
  cabeça, 189–191, *190–191*
  face, 194, *195*
Templates, menu de rolagem, 352, *353*
testando o modelo do bípede, **266–268**, *266–268*
texturas
  painel de controle do foguete vermelho, 221–222
  soldado, 225
    ajustando a cabeça, 236–240, *237–240*
    ajustando UVs dos braços, 233–235, *234–236*
    bump map, 249–252, *250–252*
    color map, 248–249, *249*
    emendas da cabeça, 240, *241*
    exibindo o corpo, 241–248, *242–248*
    specular map, 253, *253–254*
    UV unwrapping, 226–233, *226–233*
Tiling, configurações, 232, *233*
Time Configuration, caixa de diálogo, 130, *131*
Time Output, configurações, 313, 338
Time slider
  animação da faca, 130, 135
  correndo a animação (scrubbing), 112, *112*
  descrição, 3
  trabalhando com, 15–16
timing em animação, **121–122**, *121*
title safe, limites, 323
tornozelos
  bípede, 261
  soldado, 161–162, *161*
Track bar, 3, **15–16**
Track Selection, menu de rolagem, 259, *260*, 282
Track View - Curve Editor. *Veja* curvas e Curve editor
Track View - Dope Sheet, **282–287**, *285–287*
trajetórias da animação da faca, **132–133**, *132*
transformando objetos com gizmos, **11–12**, *12*
transparência em refração, 330, *331*
tronco
  bípede, 263–264, *263–264*
  soldado, 144–154, *145–154*
Truck Câmera, ferramenta, 332–333
trucks, 321

U
U Tiling, configuração, 232, *233*
Undo, opção, 135
Undo Scene Operation, ícone, 2
Unhide By Name, opção, 91
Unhide Objects, caixa de diálogo, 91, 92, 270
Uniformity, configuração, 309
unwrapping
  soldado
    braço, 233–235, *234–236*
    cabeça, 236–240, *237–240*
  UV, 226–233, *226–233*
Use NURMS, ícone, 61
Use Scene Environment, opção, 367
Use Scene Material, 199
Use Soft Selection, ícone, 58–59, *58*
Utilities panel, 14
UVs. *Veja também* texturas
  soldado
    braço, 233–235, *234–236*
    cabeça, 236–240, *237–240*
    unwrapping, 226–233, *226–233*
UVW Mapping, modificador
  acessórios da cabeça do soldado, 199
  foguete vermelho
    corpo, 219–220, *220*
    estabilizadores, 213–216, *214–216*
    painel de controle, 222
    renderizando, 336

V
V Tiling, configuração, 232, *233*
valores no Painel de Comando, **14**
versões, arquivo, **17–18**
vértices de curva, 44
vértices e modo Vertex
  cômoda
    parte inferior, 38, 39
    puxadores, 43–46, *45*
  foguete vermelho
    conjunto do eixo das rodas traseiras, 77
    corpo, 59, 60, 80, *80*
    detalhe, 64, *64*
    guidão, 101–102
    painel de controle, 70–72, *71–74*
    ponta, 57, 58
    propulsor, 94, *94*
    rodas, 97–99, *98*
    vãos das rodas, 66

soldado
  área da axila, 173
  botas, 178
  braços, 155, 157
  cabeça, 189, 193, *196–198*,197
  cava, 150–151, 150, 153–154
  corpo, 166–169, *167*
  face, 194, *195*
  mãos, 180, *180*
  pelve, 162
  pernas, 159–161, *162*
  pulsos, 157
  tronco, 144, 145, 147, *148*
  splines, 43
ViewCube, controle, **5–6**, *5*
Viewport Configuration, caixa de diálogo, 4
viewports, **3–5**, *4*
  bípedes, 268–270, *268–269*
  exibição de objeto, 8–10, *9*
  navegando, 3, 10–11
vista superior
  em layout de quatro viewports, 4
  foguete vermelho, 53–55

W
Weld Vertices caddy, 157, *157*, 169
welds do soldado
  botas, 177–178, *177*
  cabeça, 189–191, *190–191*, 193, 198
  corpo, 169
  face, 194, 195
  pernas, 162
  pulsos, 157, *157*
Wheel Black, material, 211
Wheel White, material, 206–207
Wireframe, modo, 9, *9*

X
X- Ray, modo, 168, *168*
X Rotation track, 137
XForm, modificador, **125–127**, *127*

Z
zoom
  janela Key Editing, 119
  lentes, 321
  para seleções, 91
  passos, 267, *267*, 284, 285
  roda para, 6
  viewports, 11